国际贸易系列教材

国际经济合作

GUOJI JINGJI HEZUO

主　编○李大鹏　李　延
副主编○（排名不分先后）
　　　　李　玺　蒋兴红　文　佳　张蓝月
　　　　柳　榆　周　汉　张　翔

西南财经大学出版社
Southwestern University of Finance & Economics Press
中国·成都

图书在版编目(CIP)数据

国际经济合作/李大鹏,李延主编. —成都:西南财经大学出版社,2018.1

ISBN 978 - 7 - 5504 - 3340 - 3

Ⅰ.①国… Ⅱ.①李…②李… Ⅲ.①国际合作—经济合作—高等学校—教材 Ⅳ.①F114.4

中国版本图书馆 CIP 数据核字(2017)第 326568 号

国际经济合作

主编 李大鹏 李 延

策划编辑:冯 梅
责任编辑:高小田
责任校对:张特丽
封面设计:何东琳设计工作室
责任印制:朱曼丽

出版发行	西南财经大学出版社(四川省成都市光华村街 55 号)
网 址	http://www.bookcj.com
电子邮件	bookcj@ foxmail.com
邮政编码	610074
电 话	028 - 87353785 87352368
照 排	四川胜翔数码印务设计有限公司
印 刷	四川五洲彩印有限责任公司
成品尺寸	185mm×260mm
印 张	17.5
字 数	401 千字
版 次	2018 年 1 月第 1 版
印 次	2018 年 1 月第 1 次印刷
印 数	1— 2000 册
书 号	ISBN 978 - 7 - 5504 - 3340 - 3
定 价	43.80 元

国际经济合作

主　编　李大鹏　李　延

副主编　李　玺　蒋兴红　文　佳
　　　　张蓝月　柳　榆　周　汉
　　　　张　翔（排名不分先后）

前　言

随着国际分工的不断深化和世界经济一体化的迅猛发展，各个国家在此基础上形成了相互联系、相互依赖、共同发展的世界经济体系。进入 21 世纪以来，伴随着经济全球化的迅速发展，国际经济合作出现了许多新理论、新经验和新问题。近年来，随着我国改革开放的深入发展，国际经济合作也有了很大的发展，但也面临着巨大困难，国内外诸多不安全因素影响着我国企业走出去的步伐。在这样的背景下，我们更需要大力开展国际经济合作。

本教材围绕生产要素国际移动和重新合理组合配置，对国际经济合作进行了理论和实践分析。全书共十四章。第一章为国际经济合作概述；第二章为国际直接投资；第三章为中国利用外商直接投资；第四章为中国对外直接投资；第五章为国际间接投资；第六章为国际风险投资；第七章为国际技术转让；第八章为国际工程承包与劳务合作；第九章为国际租赁；第十章为国际发展援助；第十一章为国际税收；第十二章为区域经济一体化；第十三章为国际经济协调；第十四章为可行性研究与资信调查。

本书具体编写分工如下：第一章、第十四章由重庆工商大学李大鹏编写；第二章、第九章由重庆工商大学文佳编写；第三章、第四章、第十一章由重庆工商大学柳榆编写；第五章、第六章由重庆工商大学周汉编写；第七章、第十三章由重庆工商大学张蓝月编写；第八章、第十章由重庆工商大学李玺编写；第十二章由重庆工商大学张翔编写；全书由李大鹏、李延统稿主编。

本书在编写过程中，得到了重庆工商大学及经济学院各级领导的大力支持，特别是得到了经济学院国际经济与贸易系特色专业建设的支持，在此谨致以诚挚的感谢。

由于时间关系和编者水平所限，书中不当之处在所难免，恳请广大读者批评指正。

编　者

2017 年 12 月

目 录

第一章　国际经济合作概述

第二次世界大战结束后，在新的科技革命的推动下，生产力迅猛发展，各国之间的经济联系日益加强。各国在国际分工的基础上相互联系、相互依赖、竞争协调、共同发展，构成了当今的世界经济体系。没有哪个国家能够脱离这个体系，独立地存在于世界上。任何国家要实现经济现代化都必须遵循世界经济的发展规律，参与国际分工，发展同别的国家长期而稳定的经济贸易合作关系。只有这样，这些国家才能在未来的国际经济竞争中立于不败之地，世界经济才能够得到发展，这是世界生产力发展的客观要求与结果。

20 世纪 80 年代以来，世界形势因"冷战"结束而趋于缓和，经济全球化和区域经济一体化的趋势已成定势。但是，在技术水平不断提高的前提下，传统贸易方式受到冲击，货物贸易摩擦日趋严重。一种新的经济交往方式——国际经济合作，正日益成为国家之间、国际组织之间经济交往的主要方式之一，并在国际经济生活中发挥着越来越重要的作用。

第一节　国际经济合作基本概念

一、国际经济合作的内涵

合作是一种联合行动的方式，是个人与个人、群体与群体之间为达到共同目的，彼此相互配合的一种联合行动，具有行为的共同性、目标的一致性特征，甚至合作本身也可能变为一种目的。成功的合作需要具备以下几个基本的条件：第一，一致的目标。任何合作都要有共同的目标，至少是短期的共同目标。第二，统一的认识和规范。合作者应对共同目标、实现途径和具体步骤等，有基本一致的认识。在联合行动中，合作者必须遵守共同认可的社会规范和群体规范。第三，相互信赖的合作气氛。创造相互理解、彼此信赖、互相支持的良好气氛是有效合作的重要条件。第四，具有合作赖以生存和发展的一定物质基础。必要的物质条件（包括通信、设备和交通器材工具等）是合作能顺利进行的前提，空间上的最佳配合距离，时间上的准时、有序，都是物质条件的组成部分。

国际经济合作是指第二次世界大战结束以后，不同主权国家政府、国际经济组织和超越国家界限的自然人与法人，为了共同的利益，遵照平等互利的原则，在生产领域中以生产要素的移动和重新组合配置为主要内容而进行的较长期的经济竞争与协作活动，还包括以国家间的经济政策协调为重要内容的国际经济协作活动。

根据上面的定义，可以看出国际经济合作具有以下几个方面的含义：

（一）国际经济合作的主体

国际经济合作的主体是不同国家（地区）的政府、国际经济组织和各国的企业法人与个人。

国际经济合作是不同主权国家间的经济协作活动，包括主权国家与国际经济组织、主权国家间的企业法人之间、国际经济组织之间、国际企业法人之间，乃至主权国家非法人机构、学术团体之间的合作。它不同于国内各地区间的自然人、法人（企业或经济组织）和各级政府的经济协作，国际经济合作所涉及的政治风险、文化背景、国家法律、管理条件等都远比国内地区间经济协作复杂。这里强调主权国家间的经济协作，有别于历史上宗主国与殖民地之间统治与被统治的不平等关系。历史上的不平等条约，虽然是主权国家间政府签订的，但这些不平等条约下的经济活动不是建立在平等互利原则基础上的，因此不属于国际经济合作的研究范畴。此外，国际经济合作的迅速而广泛的发展是从第二次世界大战以后开始的，这时的帝国主义殖民体系全面土崩瓦解，许多殖民地国家纷纷走上独立和解放道路，为了发展本国经济，它们积极开展对外贸易与国际经济合作，这时的国际经济合作才真正具有了普遍意义。

（二）国际经济合作的基本原则

国际经济合作的基本原则是平等互利，即主权国家的政府、国际经济组织、区域性经济组织、超越国界的自然人和法人等之间，在平等互利原则的基础上，各以其所具有优势的生产要素通过一定的经济协调机制，共同开展较为长期的经济协作活动。

具体而言，平等互利的原则是指在经济交往中，根据交往双方的需要与可能，有来有往，互惠互利，任何一方都不能将任何不平等的条件或不合理的要求强加于对方。例如，在进行洽谈或签订各种协议、合同时，要在平等的基础上通过协商，兼顾双方的权益，使双方都有利可图。协议或合同一经签订，双方都应严格执行，任何一项条款没有履行，都属于违约行为。合作各方也可在平等的基础上，通过协商或其他途径解决合作中的争议和纠纷。在国际经济合作过程中，不论国家大小强弱，企业规模如何，他们的地位是平等的，都有权享受合作的利益。因此，国际经济合作不同于历史上宗主国对殖民地附属国的掠夺、侵略与剥削，也有别于在不平等条约下，国与国之间的经济活动，它是随着殖民地体系全面崩溃而发展起来的新的经济范畴。

（三）国际经济合作的主要内容

国际经济合作的主要内容是不同国家生产要素的优化组合与配置。由于各国的自然条件和经济发展水平不同，各国所拥有的生产要素存在着一定的差异（包括质量上和数量上的差异），只有将不同国家占有的优势生产要素结合起来，才能更快地发展经济。通过国际经济合作，各国可以输入自己经济发展所必需而又稀缺的各种生产要素，输出自己具有优势的或者多余的生产要素，从而达到生产要素的优化组合，使各国的生产要素充分发挥作用，优势互补，推动各国生产力的发展。

（四）国际经济合作的领域

与国际贸易有所不同的是，国际经济合作是不同国家在生产领域里的相互协作。随着科学技术和生产力的发展，国家间的相互经济联系不断加强，整个世界经济生活日趋国际化。过去的那种主要发生在流通领域的国际经济交流方式已经不能适应科技进步和生产力发展的需要了。现代国际化生产要求在生产领域中实现最有优势的生产要素组合和采用最先进的科技成果，以取得最佳的经济效益。国际经济合作就是世界各国之间在生产领域所进行的经济协作和配合，以及由此产生的经济政策方面的协调。

（五）国际经济合作的期限

国际经济合作要求合作各方建立一种长期、稳定的协作关系，共同开展某些经济活动。因此，国际经济合作活动的周期一般比较长，有些项目的合作周期可能长达数十年，所以一般来讲其风险也比较大。

二、国际经济合作的基本特征

国际经济合作规模日益扩大，其内容和形式更加丰富多彩，常常是多种生产要素的复合转移。以生产要素国际移动为基本特征的国际经济合作活动成为新的国际分工格局中的重要内容。国际经济合作已发展成了一种涉及国家、遍及各个社会经济生活领域、多层次的国际经济关系，并形成了国际经济合作发展的基本特征。

（一）国际经济合作反映一种新型的国家间关系

国际经济合作所反映出来的是一种新型的国家间关系，是主权国家间的经济合作，这是国际经济合作的根本特征。当代国际经济合作的一个必要前提和基本原则是相互尊重国家主权、坚持平等互利，这也是判断主权国家间是否进行经济合作的主要标志。相互尊重主权就是指所有参与国际经济合作的国家政治上是平等的，应该相互尊重，任何一方不得损害对方的政治独立和主权，更不能以武力逼迫对方接受自己的合作条件。平等和互利是紧密相连的，只有在平等的基础上，双方根据自己的需要和可能，独立地自行决定合作的方式与内容，在合作过程中要兼顾对方的利益，各自以自己占优势的生产要素参与合作。对相互间产生的矛盾与纠纷应按国际惯例和有关法律进行协调和解决。

（二）国际经济合作已形成了全球性、广泛性和多层次的格局

20世纪50年代以来，世界经济表现出经济生活国际化趋势和相互依赖关系。经济生活国际化是指各国经济生活超越本国界限在国家间相互协作，经济生活国际化包含生产国际化、市场国际化、资本国际化、金融国际化、科技国际化和经济调节国际化等方面。每个国家都不是在封闭状态下发展的，各国经济相互渗透、融合。经济生活国际化进一步发展成为经济全球化，各种商品和生产要素在国家间流动，实现优化配置，国家间的经济依赖和联系加强。

国际经济合作的形式和层次具有广泛性，这是国际经济合作的综合特征。国际经济合作的领域具有广泛性，几乎遍及经济生活的各个方面和所有领域，渗透到各个层

次。从合作领域看，它包括生产、贸易、金融、科技和各国的宏观经济政策协调等方面的内容。国际经济合作已形成了多层次的格局，它可以是企业间的行为，也可以是政府之间、政府与国际经济组织之间或是区域组织之间的合作；它可以是在微观领域展开的，也可以是在宏观经济方面的合作；其主体可以是具体从事业务活动的企业和个人，也可以是政府首脑。

（三）国际经济合作常常是多种生产要素的复合转移

以原子能技术、航天技术、电子计算机的应用为代表的第三次科技革命，是国际经济合作发展的直接动因。第三次科技革命对生产、通信和运输产生了深远的影响，使国家间的生产和分工成为可能，为生产要素在国际流动和配置创造了必要的条件。国际经济合作就是当代国际分工发展的产物，是以现代科学技术为动力，以生产国际化为基础建立起来的。在以生产要素国际移动和重新组合配置为主要内容的国际经济合作活动中，生产要素的国际移动有时是单一的要素移动，但在更多情况下，是资本、技术、劳动力、资源、信息与管理等多种生产要素的复合转移。国际分工不仅表现为地域和范围上的扩大，在分工深度上也进一步发展。国际分工已由产业间发展到产业内、企业内，尤其是第二次世界大战以后，跨国公司得到了较大的发展，跨国公司与其子公司之间、与其他国家企业之间的生产和投资活动日益频繁，跨国公司是现代国际经济合作的重要主体之一。

（四）国际经济合作中存在着竞争与合作、矛盾与协调的运动规律

一些专家学者将国际经济关系中存在的既相互联系、相互合作，又相互矛盾、相互竞争的现象概括为"4C规律"：竞争（competition）—矛盾（contradiction）—协调（coordination）—合作（cooperation）。"4C规律"反映了国际经济合作中普遍存在的运动规律。

第二次世界大战后，国际经济合作的发展并不是一帆风顺的，始终处于竞争、矛盾、协调、合作的错综复杂的状态中。主权国家必须认识到在宏观国际经济合作中矛盾是普遍、大量、经常性存在的，但这并不排除国家间和平共处和开展经济合作的可能性。国家间在某些问题上会有利益冲突，目标也不一致，而在另一些问题上可能会存在共同的利益和目标，进行某种形式的合作。同时，合作与矛盾冲突也不是一成不变的，有时合作可能会转化为矛盾和冲突，冲突也可能导致新的合作。在微观经济合作中，超国界的自然人或法人在进行经济合作的过程中，也存在着利益分割的矛盾。矛盾对世界经济持续稳定的发展是十分不利的。因此，对国际经济关系中出现的矛盾问题进行必要的协调，已经成为国际社会的共同愿望和要求。只有通过国际经济协调机制的有效运转，国际经济合作才能顺利开展，各国开展国际经济合作的目标才能得以实现。

三、国际经济合作的研究方法

一门学科的研究方法是由其研究对象决定的。国际经济合作学的研究，必须坚持马克思主义的立场、观点和方法，采取实事求是的调查研究方法。所以，马克思主义

政治经济学是国际经济合作的基本理论指导。同时，国际经济合作学是一门新兴学科。一门新兴学科的建立，其研究方法应是多方面的，特别是要从国际经济合作的各种具体实践中总结经验，并升华为理论。为此，还应采取以下一些具体方法：

（一）历史研究的方法

从时间上考察，采用历史研究法。历史研究法即从历史的角度研究国际经济合作关系的运动规律。它包括研究历史上的国际经济合作关系、当前国际经济合作的现状与特点以及未来国际经济合作的发展趋势与战略选择三部分。

（二）微观与宏观相结合的方法

从空间上考察，采用微观与宏观相结合的方法。微观与宏观相结合的方法是指把整个国际经济合作分为各个国家的对外经济合作、次区域性的、区域性的和全球性的对外经济合作进行研究。

（三）比较的方法

从社会制度上分析，采用比较法。比较法即比较各种社会制度——发达资本主义国家之间、发展中国家之间、社会主义国家之间以及不同社会形态之间的国际经济合作，从中比较出各自的特点，以便取长补短，发展国际经济合作理论与实务。

（四）系统分析的方法

从各种方式上研究，采用系统分析的方法。系统分析法主要是剖析和比较各个系统合作方式的发展变化及其运动规律。

（五）数量统计分析方法

从数量上考察，采用数量统计分析方法。数量统计分析方法即通过对各种生产要素的国际移动规模与国民生产总值之比，进行静态分析与动态的比较，来衡量各国对外经济合作的发展程度及其特点。

当然，上述这些研究方法在实践应用中，都不是孤立进行的，而是相互交叉、综合性的运用。

第二节　国际经济合作的研究对象及与相关学科的关系

一、国际经济合作的研究对象

根据国际经济合作的内涵，国际经济合作的实质内容是生产要素的国际转移和重新配置。因此，国际经济合作的研究对象是生产要素在国际转移和重新配置的运动规律以及这一领域中进行国际经济协调的有效机制。国际经济合作的研究对象主要包括以下三个方面的具体内容：

（一）研究国际经济合作形成与发展的理论基础

1857 年，马克思在《政治经济学批判》导言中，曾提到应当研究"生产的国际关系、国际分工、国际交换、输出和输入、汇率等问题"。当时马克思设想过国际经济关系的许多问题，但是由于受到客观条件的限制，没有实现这一设想。如今，随着国际分工的深入发展和经济活动的日益国际化，国际经济关系中出现了很多理论问题需要去研究和探索，如生产要素在国际流动及其表现形式，各国在国际经济交往中表现出来的相互依赖、相互竞争与合作的关系，区域及合作的发展前景等，这些问题都与国际经济合作的形成与发展紧密相连。国际经济合作是伴随着国际分工的广泛和深入而发展起来的，其内容主要是围绕生产要素的组合配置展开的，国际经济相互依赖、相互作用是它的重要特征之一，经济全球化、经济一体化是国际经济合作乃至世界经济发展的趋势。研究这些理论，需要我们用实事求是的立场、观点和方法进行分析，揭示国际经济合作形成与发展的规律。

（二）研究国际经济合作中各国的政策调节和国际经济协调机制

从宏观角度，国际经济合作主要研究各主权国家为鼓励或限制资本、技术、劳务等生产要素的国际移动而采取的宏观调控政策和经济措施；为解决国际经济交往中出现的矛盾，减少摩擦而建立起来的国际经济协调和法律保护问题；当前世界经济发展中区域经济一体化趋势等问题；探讨不同经济制度、不同经济发展水平的国家之间在平等互利的基础上开展国际经济合作的必要性及发展趋势。

（三）研究国际经济合作的具体方式和内容

从微观角度，国际经济合作主要研究合作的范围领域、合作的具体内容、合作的方式及合作的环境；研究合作各方如何通过一定形式在生产、投资、科技、劳务、信息管理等领域进行合作、获取经济利益的过程；研究相关的国际市场、国际经济合作环境和有关国际惯例。这些也是狭义国际经济合作所包含的内容。

二、国际经济合作与相关学科的关系

（一）国际经济合作与国际贸易的关系

1. 国际经济合作与国际贸易的共同点

（1）两者都是国际经济交往的重要形式。国际经济合作与国际贸易是各个国家参与国际分工，获得比较利益的重要手段，两者都需要在国际市场上进行交换，都必须受到平等互利和相互尊重等原则的制约和调节。

（2）两者都与生产要素和商品生产相关。生产要素禀赋决定了国际经济合作中各种生产要素的组合形式和结构类型。同时，生产要素的禀赋也决定了国际贸易中各国参与交换的商品种类、数量和结构。在国际经济合作中，合作各方以自己占优势的生产要素直接参与合作，共同生产商品和劳务；在国际贸易中，各国利用自己相对占优势的生产要素生产商品，通过商品的国际交换实现生产要素间接转移，获得比较利益。

（3）两者常常结合起来，形成综合性的国际经济活动。如国际经济合作方式中的补偿贸易、承包工程都与国际商品贸易结合进行，技术转让、直接投资等也往往与国际商品贸易连接在一起，构成国际经济合作和国际贸易两种业务相互交织的综合性国际经济活动。

2. 国际经济合作与国际贸易的不同点

（1）两者的研究对象不同

国际贸易主要研究国际商品流通的特点和规律，即生产要素间接国际移动的特点和规律，研究的重点是商品的进口与出口，属于流通领域的范畴。国际经济合作主要研究生产要素在国际进行直接移动和重新配置组合的特点与规律及其协调机制，研究的重点在于生产领域的直接协作。

（2）两者的具体运作方式不同

国际经济合作与国际贸易的具体方式不同主要表现在以下几点：

①国际贸易的成交方式比较简单。商品贸易的谈判签约内容相对比较简单，成交较快。而国际经济合作业务的内容一般比国际商品贸易复杂，合作方式多样，合作项目的风险也较大，因而谈判成交时间长，难度大。

②国际贸易的作价比较容易。国际商品贸易在价格和支付条款方面都有国际市场行情和国际惯例可供参考；而国际经济合作项目的价格构成、计算方法以及支付方式等都要比国际商品贸易复杂得多。

③国际贸易的表现形式一般是各种各样的合同，而国际经济合作一般表现为各种各样的项目。虽然项目中包含着合同，但是项目的范围比合同广，除了包含合同外，还包含项目建议书、项目可行性研究报告与项目章程等内容。

（3）两者的业务周期长短不同

国际商品贸易都是买断和卖断的行为，所需时间一般较短。当交易达成后，买方收货付款，卖方交货收款，卖方与买方的交易关系即告结束。而在国际经济合作业务中，各方需要在一段较长的时期内进行合作和发生经济往来，直到合同规定的合作期满或项目完成为止。

（4）两者对各国经济发展所起的作用不同

国际商品贸易主要是通过各国的进口和出口影响各国国民经济，对各方来说，都可从对方获得稀缺的产品，或者通过比较利益节约生产要素的耗费，但并不直接影响各国科技水平和生产力的提高，不能直接解决一国的资金短缺问题。而国际经济合作则是合作各方在生产领域的直接合作。通过资本、技术、劳动力、土地资源等方面的转移，可以直接促进各国技术水平的提高和生产力的发展，并可缓解一国经济建设时的资金紧张状况。

总之，国际经济合作与国际贸易的总的关系是两者相互替代、相互补充、相互促进和共同发展。

（二）国际经济合作与国际服务贸易的关系

如前所述，国际经济合作研究侧重在生产领域中，以资本、技术、劳动力等生产要素的移动和重新配置为主要内容而开展的经济协作活动，包括国际经济合作的具体方式、国际经济合作政策、国际经济协调机制等内容。

国际服务贸易指跨越国界进行服务交易的商业活动，即服务提供者从一国境内向他国境内，通过商业或自然人的商业现场向消费者提供服务并取得外汇报酬的一种交易行为。其具体包括：从一成员的国境向另一成员的国境提供服务；从一成员的国境向另一成员的服务消费者提供服务；由一成员的自然人在另一成员境内提供服务；通过一成员的法人在另一成员的商业存在提供服务。这里的"服务提供"包括任何部门的任何服务（实施政府职能活动所需要的服务提供除外），包括生产、销售和传递等项服务。

从上述概念可以看出，国际服务贸易研究的领域更宽、涉及业务范围更广，包括金融、保险、旅游、教育、医疗、投资等，也包括许可证贸易、技术咨询和技术服务。应当说，国际服务贸易的范围涉及除了货物贸易以外的其他经济活动内容，与国际经济合作研究内容有较大的交叉。但国际经济合作作为一个单独的研究领域，从研究的角度和范围以及研究的专业深度上与国际服务贸易有一定的区别。国际经济合作从生产要素国际直接移动与组合配置角度，研究资本要素、技术要素、劳动力要素以及组织管理等一些新要素跨国移动的运动规律和表现形式。国际经济合作还研究由此产生的国际竞争与协调关系。国际经济协调常常不直接伴随着生产要素的跨国移动，但作为主权国家在经济合作问题上的相互承诺，成为生产要素跨国移动的国际规则，对国际经济合作发挥着重要作用，成为当代国际经济合作的主要特征之一。

第三节　国际经济合作的类型与方式

一、国际经济合作的类型

（一）按参与国际经济合作的主体范围的不同划分

按参与国际经济合作的主体范围的不同，可以划分为国家集团之间的合作、区域性经济合作、全球经济合作。国家集团之间的合作包括发达国家之间展开的北北合作、发展中国家之间展开的南南合作、发达国家与发展中国家之间展开的南北合作、东西方经济合作、社会主义国家间的经济合作等。区域性经济合作是指区域经济一体化，包括各地区所组成的区域性经济同盟、关税同盟、共同市场、自由贸易区、优惠贸易安排等。全球经济合作是建立国际经济新秩序的未来目标模式。

（二）按参与国际经济合作主体的不同划分

根据参加国际经济合作主体的不同，国际经济合作可以划分为宏观国际经济合作与微观国际经济合作。宏观国际经济合作是指不同国家政府之间以及不同国家政府同国际经济组织之间通过一定的方式开展的经济合作活动。微观国际经济合作是指不同国籍的自然人和法人之间通过一定方式开展的经济活动，其中主要是指不同国家对企业或公司间的经济合作活动。宏观国际经济合作对微观国际经济合作的主体、范围、规模和性质有较大的影响，但宏观国际经济合作服务于微观国际经济合作，多数形式的宏观国际经济合作最终都要落实到微观国际经济合作上来，微观国际经济合作是宏观国际经济合作的基础。

（三）按国际经济合作所含内容的不同划分

根据所含内容的不同，国际经济合作可以分为广义国际经济合作和狭义国际经济合作。广义国际经济合作，包括一切超出国家界限的经济交往活动。它不仅包括第二次世界大战以后发展起来的新的国际经济交往方式，而且涵盖了国际商品贸易、国际金融服务等传统的国际经济交往方式。狭义的国际经济合作，特指第二次世界大战以后发展起来的、以生产要素国际转移为主要内容的、主权国家间的经济协作活动。因此，国际经济合作与国际贸易、国际金融等学科有严格的区分。

（四）按参与国际经济合作主体个数的不同划分

根据国际经济合作主体个数的不同来划分，国际经济合作可以分为多边国际经济合作和双边国际经济合作。多边国际经济合作是指两个以上的国家政府之间以及一国政府与国际经济组织之间所进行的经济合作活动。多边国际经济合作又可分为全球国际多边经济合作与区域多边国际经济合作两种具体类型。双边国际经济合作是指两国政府之间进行的经济合作活动。多边国际经济合作与双边国际经济合作一般都属于宏观国际经济合作的范畴。

（五）按参与国际经济合作的经济发展水平的不同划分

根据参加国经济合作发展水平的不同，国际经济合作可以划分为北北合作、南南合作和南北合作。北北合作是指发达国家之间展开的经济合作，南南合作是指发展中国家之间展开的经济合作，南北合作是指发达国家与发展中国家之间展开的合作。经济发展水平差异不大的国家之间的经济合作称为"水平型国际经济合作"，经济发展水平差异较大的国家之间的经济合作称为"垂直型国际经济合作"。

二、国际经济合作的方式

（一）国际投资合作

国际投资合作主要研究国际资本要素在国际移动的表现形式及其具体内容。它包括国际直接投资和国际间接投资两种形式。国际直接投资是指投资者在东道国设立独资企业、合资企业或收购当地企业等形式的国际投资行为。其具体方式有中外合资企业、中外合作企业、外资企业、外商投资股份有限公司、中外合作开发、境外投资企业、境外加工贸易企业、境外研发中心、境外并购、非股权投资等。国际间接投资主要是研究国际证券市场的运行机制。其具体形式包括发行国际债券、境外发行股票等。近年来，还出现了一种蕴涵巨大风险的高新技术产业的投资行为——风险投资。

（二）国际技术合作

国际技术合作主要研究技术要素在国家间移动的有关内容，包括有偿转让和无偿转让两个方面。有偿转让主要指国际技术贸易，其采取的方式有带有技术转让性质的设备硬件的交易和专利、专有技术和商标使用许可贸易等。无偿转让一般以科技交流和技术援助的形式出现，其具体形式包括交换科技情报、资料、仪器样品，召开科技专题讨论会，专家互换与专家技术传授，共同研究、设计和试验攻关，建立联合科研机构和提供某些方面的技术援助等。

（三）国际租赁

国际租赁是一国承租企业为了进行生产以定期支付预定租金的方式向另一国租赁公司借贷设备等，它是以特定的法律形式来进行的一种经济活动。出租人按承租期限收取租金，出租人享有法律上的设备所有权，承租人拥有此项设备的使用权。国际租赁业务是一种新兴的经济合作方式，它是在国内租赁业务基础上发展起来的，在当今国际经济生活中占有重要地位，也是许多国家的企业引进外资、设备的一项重要方式。

（四）国际工程承保与劳务合作

国际工程承包具体形式包括总包、分包、二包、联合承包和合作承包等。其业务涉及的范围比较广，不仅涵盖工程设计和工程施工，还包括技术转让、设备供应与安装、资金提供、人员培训、技术指导和经营管理等。

国际劳务合作主要包括直接境外学生的劳务合作和间接境内形式的劳务合作。其具体形式有劳务人员（劳动力）的直接输出和输入、国际旅游、国际咨询、服务外包及加工贸易中的一些业务环节等。

（五）国际经济信息与经济管理合作

国际经济信息合作主要是指不同国家之间经济信息的交流与交换。国际经济管理合作的具体方式有国家间税收合作、对外签订管理合同、聘请国外管理集团和管理专家、开展国际管理咨询、联合管理合营企业、交流管理资料与经验、举办国际性管理讲习班等。

（六）国际发展援助

国际发展援助是国家间提供经济援助和技术援助的总称。经济援助是资金、物资的支持和帮助；技术援助是智力、技能、资料和工艺等方面的支持和帮助。国际援助是国际经济合作的一种有效形式，在现代国际经济事务中，它已为大多数国家所接受，成为国际经济关系的一个重要方面。国际发展援助主要包括对外援助和接受国外援助两个方面，其具体形式有财政援助、技术援助、项目援助、方案援助、智力援助、成套项目援助、优惠援助、援外合资合作等。

（七）国际经济政策协调合作

国际经济政策协调合作是一个复杂的系统，它包括各国政府代表有协调一致的意愿、讨价还价、达成协议、执行协议的一系列过程。它包括两大类型：一类是以联合国系统、区域性经济组织等为主的，对各国经济进行的协调活动。这种协调活动主要通过政府首脑会议及国家领导人进行的互访、签订多边或双边协定的方式进行。另一类是以区域经济一体化的方式进行的，如建立自由贸易区、关税同盟、共同市场、经济同盟等。WTO 的产生，正是在世界范围内制定了一套能够被广泛接受、客观公正、具有权威性的争端解决机制。这是一项全球性、高层次的经济政策协调合作。

此外，还有双边与多边经贸合作、国际土地合作（具体有对外土地出售、土地出租、土地有偿定期转让、土地入股、土地合作开发等）等其他合作方式。

第四节　国际经济合作的产生和发展

国际经济合作已经成为当代经济生活国际化发展的必然趋势，是各国人民发展经济的客观需要。它是在传统的国际经济联系的基础上产生和发展起来的，所以国际经济合作是一个历史的经济范畴，是国际经济关系在一定历史条件下所采取的特色方式。因此，必须将国际经济合作的演化和发展放在整个国际经济关系的发展历史中加以考察。国际经济合作的产生与发展有其深刻的社会、历史原因。

一、国际经济合作的产生和发展

（一）早期的国际经济合作

早期的国际经济合作主要是围绕早期国际贸易而出现的。例如，在古希腊时代，地中海周边国家的贸易往来已相当频繁。为了保证贸易的顺利进行，由古希腊出面斡旋，各国约定互为对方的船只提供便利，并进而在关税上相互提供一定的优惠。又如，在春秋时代的中国，各诸侯国之间的商业交往已相当发达，而且楚、晋、齐、鲁等国之间均有通商盟约，规定互相之间为货物运输提供方便。再如，在封建社会时期，欧洲出现过"汉萨同盟"式的国际经济合作。14—17 世纪，北欧和中欧国家的一些商业城市结成了一个旨在维护商业利益的组织即"汉萨同盟"。参加同盟的北德意志和波罗的海沿岸的城市最多时达到 160 多个，加入这一同盟的城市被称为"汉萨城市"。同盟以卢卑克为中心，商人代表会议是其最高权力机构，它同时设有最高法院，入盟城市必须遵守同盟权力机构的决定。同盟城市共同分担经济分风险，组织联合贸易团，包租轮船，在西起伦敦、东至原俄国诺夫哥罗德的沿海各地设立商站，垄断波罗的海地区的贸易。同盟的邻近诸国享有商业特惠，统一商法，抵制封建法庭的干预，保护商队的安全，以合作的方式来保障同盟成员的利益。

综上所述，由于在奴隶社会和封建社会时期社会生产力和商品生产尚不发达，自给自足的自然经济占统治地位，加上交通工具落后等因素，国际经济合作处于低级阶段，且往往是偶然的，局部地区发生暂时性的合作，还未形成世界经济体系。

（二）第二次世界大战前的国际经济合作

第二次世界大战前百余年间，世界先后发生了两次科技革命。18 世纪 60 年代，第一次科技革命以蒸汽机和纺织机的发明为标志，此时资本主义的大机器工业已经初步建立，这就要求有一个不断扩大的世界销售市场和原料供应来源与资本主义的大机器相适应；已有的市场范围已不能满足大机器工业发展的需要，迫使资本主义国家到国外寻找新市场，由此逐步形成了国际交换和国际分工，产生了世界经济。19 世纪末 20

世纪初，第二次科技革命随着电动机和电力的发明使用而产生。这次科技革命给资本主义生产关系和国际经济关系带来了新的内容和形式。至此，资本主义生产进入到机器大工业时代，生产快速增长，社会生产力得到空前提高，生产国际化进一步发展。到19世纪末20世纪初，资本主义自由竞争进入到垄断时期。这一时期少数几个帝国列强统治着世界，代表着资本主义经济的存在和发展。它们不是靠正常的国与国之间的经济往来、公平的商品交换或平等互利的国际贸易来支撑，而是靠对广大殖民地的剥削和掠夺来维持。它们从殖民地廉价取得所需原料，然后再反过来向殖民地倾销它们的过剩产品，把殖民地当成它们有利的投资场所。帝国主义国家的大量资本输出，使资本主义市场迅速扩大，形成一个统一的、无所不包的世界市场。这一时期世界经济形成了以资本主义国际化为主的特征。

虽然第二次世界大战前发生的两次科技革命极大地推动了世界范围内社会生产力的发展，并促使世界经济形成和发展，但由于当时帝国主义殖民体系的存在，绝大多数国家丧失了主权，被剥夺了参加平等互利的国际经济合作的权利。因此，当时的国际经济合作不是真正意义上的合作，所以不能形成普遍的、全球性的局面。

（三）第二次世界大战后迅速发展的国际经济合作

第二次世界大战后，国际政治形势发生了根本的改变，帝国主义殖民体系瓦解，许多亚非拉国家获得独立，一批社会主义国家出现，并形成了国际政治舞台上一支新生力量。战前几个主要资本主义国家主宰整个世界命运的时代已然结束，世界政治呈现多极化和多元化的局面。

世界政治格局的改变必然带来经济活动的变化。国际经济合作已发展成为各国参与的、涉及社会各国经济生活领域的、多形式和多层次的国际经济活动。这一时期，各国在更广泛的领域内进行合作，以国际生产要素转移为主要内容的国际经济合作已发展成为世界经济和国际经济关系中一个非常重要的领域。真正意义上的国际经济合作是第二次世界大战以后产生和发展起来的。促进第二次世界大战后国际经济合作产生与发展的主要动因有以下几个方面。

1. 直接原因：第三次科学技术革命的出现

第二次世界大战以后，特别是从20世纪50年代开始，人类历史上出现了新的科学技术革命即第三次科学技术革命，产生了大量的"技术密集型"产品，而且技术商品化的形成，又导致出现了新的独立的生产要素市场——技术市场。在资本、劳动力、土地资源等其他生产要素中，技术的作用也越来越明显，科学技术成为影响一国生产力水平的最重要的因素。第三次科学技术革命对国际生产、国际通信和国际运输产生了深远的影响，使国家之间在生产领域进行广泛合作成为可能，为生产要素在国家间直接转移和重新组合配置提供了必要条件和实际内容。因此，第三次科技革命的出现是国际经济合作在第二次世界大战后产生与发展的直接动因。

2. 重要动因：经济生活国际化和国家间的相互依赖的加强

进入20世纪50年代以后，世界经济的一个重大特点就是经济生活国际化趋势和相互依赖关系的迅速发展与加强。经济生活国际化是生产力发展的直接结果，是世界各国和地区经济生活社会化、生产专业化协作发展超越本国界限而实行国际安排的表现。正是生产力这一最活跃、最革命的因素的不断发展推动生产的社会化超出了一个地区、一个国家，进而把现代社会的整个经济生活推向了国际化。经济生活国际化具体表现为生产国际化、市场国际化、资本国际化、金融国际化、科技国际化和经济调节国际化等方面。经济生活国际化不仅强化了国家之间在经济技术领域的相互依赖，使全球经济融合为一个难以分割的整体，而且也使国家之间在经济协调领域的相互依赖加深。任何国家都不可能在封闭的状态下求得发展，任何国家的经济活动必然会以某种渠道或某种方式传递到其他国家，同时也接受其他国家对自己传递的影响。近年来，经济生活国际化进一步发展到经济全球化，各种商品和生产要素在全球范围内大规模流动与配置，跨越国界的经济活动日益增加，各国经济在各个层面上进一步相互渗透、融合与依存。经济生活国际化和国家间的经济依赖加强成为当代世界经济发展的主要趋势之一，也是推动国际经济合作发展的一个重要原因。

3. 重要载体：跨国公司的大发展

第二次世界大战以后，跨国公司取得了长足的发展。跨国公司与其子公司、分公司之间以及与其他国家之间的生产投资和经济技术活动日益发展，遍及全世界。跨国公司的活动有力地促进了各国之间在生产领域的合作和生产领域的国际化，它们是开展国际经济合作和生产要素国际移动的一个重要载体。

4. 现实基础：第二次世界大战后国际分工的新发展

第二次世界大战后生产国际化的新发展特别表现在生产过程的国际化上。由于科技的发展，出现了许多新型的产业和产品，这些现代化产业和产品的结构和生产工艺十分复杂，技术性能和质量要求很高，它们的生产不仅要求国内许多部门和企业进行专业化协作，而且要求在国际范围进行协作。因此，各国间不仅实现了部门间的国际分工，而且出现了部门内部的国际分工，即实现了按产品、规格型号、零部件、生产工艺流程的国际分工。各国的直接生产过程成为统一的世界生产过程的组成部分。垂直型国际分工、水平型国际分工纵横交错成为当代国际分工的突出特征。与此相适应，各类生产要素不断在国家间移动与重新组合配置，出现了各国在生产领域中进行国际经济合作的各种方式。

5. 推动力量：各类国际经济组织的产生和发展

所谓"国际经济组织"包括区域性经济组织和全球性经济组织两种类型。区域性经济组织指地理区域比较接近的国家间建立的组织或缔结的条约与同盟，如欧盟、北美自由贸易区、东盟等。这些区域性经济组织在协调经济发展目标、采取协调经济政策、进行区域内的经济合作等方面发挥了很好的作用。全球性经济组织包括联合国系统的有关经济组织和有关经济水平相似国家间缔结的经济组织，这些组织在协调组织内部合作、促进南南合作和推动南北合作等方面做了不少的努力，发挥了一定的作用。总之，第二次世界大战后各种类型的国际组织大量涌现，它们在推动国际经济政策协调和各种方式的国际经济组织发展过程中发挥了重要作用。

6. 良好的外部条件：第二次世界大战后国际政治、经济局势的变化

第二次世界大战后，随着殖民体系的瓦解，世界经济格局出现了根本性的变化。

战前由几个主要资本主义国家完全主宰整个人类命运的时代结束了，许多新独立的国家加入了发展中国家的行列，这使广大发展中国家成为世界政治经济舞台上一股不可忽视的力量。另外，社会主义国家的出现，也形成了影响世界政治经济生活的重要力量。

世界政治格局的变化必然会带来世界经济格局的变化。殖民体系的瓦解使原先殖民体系内部宗主国与殖民地之间的贸易活动变成了两个政治上相互独立的国家之间的国际贸易，原先依靠殖民统治为基础的经济掠夺已不能继续存在，取代它至少是在形式上平等互利的国际经济联系。发展中国家为争取经济独立，发展民族经济，改善国际贸易做出了很大努力。它们为了发展民族经济，在进出口贸易等方面采取了一系列保护民族经济的措施。同时，又从发达国家引进了发展经济所必需的资本、技术等生产要素。而发达国家则通过输出资本、技术等继续进入发展中国家市场，这就使发展中国家与发达国家间的经济合作迅速发展。因此，第二次世界大战后出现的这种国际政治经济局势变化为国际广泛开展的经济合作提供了良好的外部条件。

二、当代国际经济合作发展的趋势

国际经济合作的开展，能够推动各国经济的发展和人民生活水平的提高，并能在某些方面发挥国际贸易难以起到的作用，这已成为越来越多国家的共识。国际生产要素市场的进一步发展也会对国际经济合作的开展产生一定的影响。今后，国际经济合作的发展趋势主要有以下几个方面：

(一) 竞争更加激烈

国际经济合作领域中竞争的激烈程度并不亚于国际贸易领域。从经济上的竞争来看，各国都在积极扩大本国产品的国际市场，吸引更多的资本流入本国，争取更多的原材料来源和更大的劳务市场。为了使资源的配置能够尽可能地有利于本国的发展，竞争就不可避免。发达国家仍然是世界经济和国际经济合作的主角，他们积极地参与到多边或双边的国际经济合作中，不断推进区域经济一体化的进程，在国际投资、国际信贷、国际科技服务、国际劳务等领域中开展了广泛的合作。这些国家的经济行为均反映其所追求的特定经济利益和目标，在此过程中必然会遇到支持和反对的主体，因而摩擦和冲突在所难免。但是，我们应该看到，即使这些国家间存在着矛盾和冲突，也不能排除这些国家间开展国际经济合作的可能。在合作中竞争，将成为国际经济合作的新常态。

(二) 集团化

由于国际生产要素移动趋向集团化，因此，各集集团内国家间以及经济集团与经济集团之间的经济合作将会有较多的增加。国际经济合作中出现的集团化趋势，实际上是发达国家之间经济合作加强的表现，因为目前发展最为成熟的区域经济一体化经济集团主要集中在发达资本主义国家。

(三) 经济合作多样化

随着经济一体化程度的不断加深，各种新型的国际经济合作方式不断涌现。目前，国际经济合作的主要方式包括国际投资合作、国际信贷合作、国际科技合作、国际劳务合作、国际租赁合作、国际发展援助和国际经济政策协调合作等。近年来，新出现的国际经济合作形式主要有 BOT 投资方式、非股权形式的国际投资、联合研究与开发新技术或新产品、带资承包工程、带资移民、带资劳务支付形式的补偿贸易、承接国外的加工装配业务、有组织的集体性质的国际劳动力转移、以产品偿还机器设备的补偿贸易、向国外客户出租仪器设备、购买外国发明的专利技术的使用权、对外进行国际咨询业务、合作开发资源和特许经营等。国际经济合作的多样化体现为合作方式的多样化，也体现为合作层次的灵活多变。当代国际经济合作的层次在逐步提升，由企业与企业之间、政府与政府之间的合作向区域合作和跨区域合作的方向转变。

（四）经济政策协调经常化、制度化

国际经济协调属于宏观国际经济合作。国家与国家之间的经济依赖程度不断加强，为了保障和推动生产要素的国际移动能够更加顺利地进行，需要不断加强国际经济协调。随着经济一体化的不断推进，国际经济协调本身也将依照发展、互利、自由、协商和平等的原则进行相应调整，以适应不断变化的世界经济和国际经济合作发展需要。调整的方向主要包括加强多边国际协调；促进资金、技术向发展中国家转移；促进世界生产布局的调整；加强对跨国公司的管理。为了实现上述目标，美日之间、美欧之间、欧盟成员方之间以及 WTO 成员国之间进行的经济政策协调日益频繁，而且正在向常规化、制度化方向发展。

（五）跨国公司成为国际经济合作的主体

在当今世界经济的舞台上，跨国公司已成为最活跃的主体之一，并且拥有强大的竞争力。跨国公司在世界范围内进行贸易投资、配置资源、通过补贴、转移定价等各种方式规避监管和关税，甚至垄断国际市场，从而获得巨额利润。随着世界经济不断发展，全球跨国公司的经营规模也在不断地扩大，跨国公司的力量日益庞大，特别是发达国家的跨国公司凭借其雄厚的资金和先进的技术，对发展中国家的生产和销售进行直接或者间接的控制，有些采取非法的手段逃避所在国海关、税务以及外汇管制机构的监管，损害了东道国的利益，这也是国际经济合作中值得关注的问题。发展中国家要对此进行深入的研究并采取相应的措施来反击跨国公司的控制，维护自身的发展权益。

第五节　国际经济合作的意义和作用

国际经济合作的开展打破了以商品贸易为主的国际经济交往格局，为国际经济联合增添了新的内容。国际经济合作的开展不仅会对直接参加合作的各国的经济起到积极作用，而且也会对整个世界经济的发展产生良好的影响。国际经济合作的作用主要表现在以下几个方面：

一、加深了各国的生产国际化和经济国际化

由于国际经济合作是各国间重点在生产领域开展的较长期的经济协作活动，所以也是各国在生产领域的相互结合，也就是生产的直接国际化，这就大大地扩展了生产力发展的空间，使世界经济由传统的以世界市场为主要特征的时代，演变成以世界工厂为主要特征的时代。

二、通过经济协调行动改善了世界经济外部环境

国家间在政策方面进行协调，发展区域合作和跨区域合作是第二次世界大战后国际经济合作的重要内容和主要特征之一。第二次世界大战以后，国家间在经济上的协调包括经济发展水平相近国家间的协调，区域性经济组织、跨区域经济组织以及世界范围所进行的协调等多种形式。国际经济协调有利于克服国际经济中的矛盾和纠纷，有利于解决国际经济中的不平衡现象，从而有利于各国之间开展各种形式的国际经济合作。

三、实现了各国之间在生产要素数量、质量和结构方面的互补，提高了生产要素的使用效率和收益

国际经济合作促进了生产要素在国家间的互通有无，这不仅表现在生产要素种类的互补上，更重要的是在同类生产要素数量、质量和结构的互补上。通过国际经济合作，可以获得某些稀缺资源，实现生产要素的最佳配置；可以获得发展所迫切需要的资金技术；可以获得廉价劳动力，从而降低生产成本。生产要素由闲置或过剩的国家流向短缺的国家，由价格低、报酬低的国家流向价格高、报酬高的国家，实际上就是由使用效率低的国家流向使用效率高的国家，由此提高了生产要素的利用率。

四、扩大了国际贸易的数量和范围，影响和改变了国际贸易的流向

生产要素的国际移动能够扩大国际贸易的数量和范围。资本和技术要素的国际移动会导致机器设备和原材料等资本货物类商品的国际贸易的增加；一国把从国外输入的生产要素投入出口产品生产企业或出口产业部门，会推动该国出口贸易的扩大；国际工程承包业务的开展会带动和扩大与此相关的设备材料等商品的进出口；生产要素的国际移动数量的增加还意味着世界服务贸易规模的扩大。此外，生产要素的国际移动也影响和改变国际贸易的流向。以直接投资形式出现的资本要素的国际移动，可以突破贸易保护主义的限制，实现国外生产国外销售，从而使国际贸易的商品流向发生改变。

五、生产要素的国际移动会改变一些国家参加国际分工的态势

20 世纪 50 年代劳动密集型产业由欧美转移到日本，20 世纪 60 年代开始转移到亚洲"四小龙"，20 世纪 80 年代转移到泰国、马来西亚等东盟国家和中国东南沿海地区。近年来，日本等发达国家开始向国外转移一些资本密集型产业。任何产业的国际转移

都包含着一部分资金、技术等生产要素的国际转移，它们都是通过生产要素的国际移动实现的，生产要素的国际移动会导致某些出口产业的国际转移和某些替代进口产业的加速建立。一个国家要加速本国替代进口产业的发展，就必须采用开放式的替代进口发展战略，通过输入国外的生产要素促进本国替代进口产业与产品的发展，从而实现本国产业结构的高级化和现代化。随着出口产业的国际转移，相关国家的出口产业结构、出口企业组织结构和出口商品结构必然会发生变化，从而改变这些国家在国际分工中的地位。

六、使不同国家具有优势的生产要素结合起来产生了较大的规模经济效应

国际经济合作使生产要素从丰裕的国家向稀缺的国家转移。根据要素的边际收益递减的规律，当密集地使用某一生产要素生产产品时，该要素的边际收益呈递减的趋势。如果生产要素不能在国家间直接转移，某种要素禀赋充裕的国家，只能密集使用充裕要素进行商品生产，则它所拥有的生产要素禀赋优势最终将为密集使用过程中的边际收益递减所抵消，不能成为真正的优势。通过国际经济合作，生产要素从丰裕的国家流向稀缺的国家，与当地丰裕的生产要素组合，形成新的生产能力，进而提高要素的边际收益，带来更大的经济效益。

国际经济合作使不同国家具有优势的生产要素结合在一起，产生较大的规模经济效应。通过国际经济合作，一个国家可以从其他国家获得自己稀缺的生产要素，将自己所拥有的优势生产要素与其他国家的优势生产要素相结合，扩大产品生产规模，这不仅能抑制密集使用某一生产要素而产生的边际收益递减现象，还能带来规模经济效应。

七、国家间的经济协调行动为世界各国经济发展提供了良好的外部条件

国家间在政策方面进行协调，发展区域合作和跨区域合作是第二次世界大战后国际经济合作的重要内容和主要特征之一。第二次世界大战以来，国家间在经济上的协调包括经济发展水平相近或差距较大的国家间的协调，区域性经济组织、跨区域经济组织所进行的协调等多种形式。国际经济协调有利于克服国际经济的矛盾和纠纷，有利于解决国际经济中的不平衡现象，从而利于各国之间开展各种形式的国际经济合作。

思考题

1. 国际经济合作的概念和含义是什么？
2. 国际经济合作的具体方式有哪些？
3. 国际经济合作与国际贸易的区别和联系是什么？
4. 简述国际经济合作的发展阶段及其原因。
5. 简述国际经济合作发展的主要趋势。

第二章　国际直接投资

国际直接投资作为以资本生产要素运动为媒介并带动劳动、土地、技术等其他要素在国际上移动，实现生产要素在世界范围内的重新组合与配置的一种方式，对于加速国际分工深化和区域经济一体化、集团化，以及促进世界经济发展，发挥着举足轻重的作用，是当今国际经济合作方式中的重要内容之一。

第一节　国际直接投资概述

一、国际直接投资及其类型

（一）国际直接投资的含义及特点

国际直接投资是指投资者为了在国外获得长期的投资效益并得到对企业的控制权，通过直接建立新的企业、公司或并购原有企业等方式进行的国际投资活动。从一国角度出发，国际直接投资也被称为对外直接投资或外国直接投资（FDI）。根据国际货币基金组织所下的定义，对外直接投资是指在投资者所属经济体以外的经济体所经营的企业中拥有持续利益的一种投资，其目的在于对该企业的经营管理具有有效的发言权。

国际直接投资是生产资本国际化的实现形式。在直接投资过程中，一个国家的生产要素以生产资本的形态输出到国外，组织和经营直接的生产过程，从而使投资国的生产过程扩展到国际范围。在这一过程中，投资者的跨国投资行为，主要是集中在生产领域，并直接控制被投资企业的运作和经营，控制其生产活动。正因为如此，国际直接投资过程也就是生产国际化的过程，二者是分不开的。

（二）国际直接投资的类型

按照不同的标准来划分，可以把国际直接投资分为不同的类型或形式。

（1）按照投资者控制被投资企业产权的程度可以分为独资经营、合资经营、合作经营和合作开发等形式。独资经营是指完全由外商出资并独立经营的一种国际直接投资方式；合资经营是指两国或两国以上的投资者在平等互利原则基础上，共同商定各自在被投资企业的股权比例，并根据东道国的法律，通过签订合同举办合营企业，共同经营、共负盈亏、共担风险的一种投资方式，这也是在国际直接投资中较为常见的一种方式；合作经营与合作开发都是以签订合同或协议为基础的国际经济合作形式。

（2）按照投资者控制被投资企业的方式，也可以把国际直接投资分为股权参与式的国际直接投资和非股权参与式的国际直接投资。按照这一标准，独资经营属于全部股权参与式投资；合资经营属于部分股权参与式投资；而投资者没有在东道国企业中参与股份，以其他一些形式如许可证合同、管理合约、销售协议等进行的直接投资，均属于非股权参与式的直接投资。

（3）按照投资者是否建立新企业，国际直接投资可分为创建新企业与控制现有国外企业两类。一国投资者到国外单独或合作创办新的企业，或者组建新的子公司进行生产经营活动，均属于前一种形式；而通过收购国外公司或与国外公司合并以获得对东道国企业的控制权，则属于后一种形式。

（4）按照投资主体与其投资企业之间国际分工的方式，可以把国际直接投资分为水平型投资、垂直型投资和混合型投资。水平型直接投资也称为横向型直接投资，是指一国的企业到国外进行投资，建立与国内生产和经营方向基本一致的子公司或其他企业。这类子公司和其他企业能够独立完成生产和销售，与母公司或国内企业保持水平分工关系。垂直型对外直接投资是指一国投资者为了生产过程的不同阶段实现专业化而将生产资本直接输出到另一国进行改厂或建立企业的投资活动，与其国内出口则主要体现为互补关系。这是因为海外企业与国内企业形成一种互为市场的关系，任何一方市场规模的扩张，都会对另一方生产的发展产生直接的扩散效应。混合型投资是指兼有权益性质和债权性质的投资。这种投资通常表现为混合性证券投资。如购买另一企业发行的优先股股票、购买可转换公司债券等，均属于混合型投资。

二、国际直接投资理论

第二次世界大战后尤其是进入 20 世纪 60 年代后，随着西方跨国公司以及对外直接投资的发展，西方经济学者对这一领域产生了极大兴趣，并进行了理论上的探讨和研究，形成了各种派别和众多的理论。这里仅做简要的介绍和评述。

（一）垄断优势理论

垄断优势理论是由美国经济学家海默于 1960 年在其题为《国内企业的国际经营：对外直接投资研究》的博士论文中首次提出的。在其论文中，海默研究了 1914—1956 年美国对外投资的资料，发现 1914 年前美国几乎没有对外证券投资，直到 20 世纪 20 年代开始出现对外证券投资。而第二次世界大战后，美国对外投资迅速增加，但对外证券投资发展却异常缓慢。海默得出对外直接投资与对外证券投资有着不同行为表现的结论，并以垄断优势论加以解释。20 世纪 70 年代，海默的导师金德尔伯格对这一理论进行了补充和完善，从而形成了跨国公司理论的基础——垄断优势理论。该理论同时又被称作"海默—金德尔伯格传统"替代了"赫克歇尔—俄林模型"，成为研究对外直接投资最早、最有影响的基础理论。

海默等人认为，要解释第二次世界大战后的对外直接投资，必须放弃国际资本流动传统理论中关于完全竞争的假定，应从不完全竞争的角度进行研究。所谓不完全竞争，是指由于技术垄断、商标、产品差别及规模经济引起的，偏离完全竞争的市场结构。一个企业或公司之所以对外直接投资，是因为它比东道国同类企业具有更有利的垄断优势，从而在东道国生产能获得更多的利润。

企业的垄断有三类。第一类来自产品市场的不完全的优势，如商标、产品差别、销售技能、操作价格等；第二类来自生产要素市场不完全的优势，如专利和专有技术、获得资金的优越条件、管理技能等；第三类来自规模经济的优势，包括内部和外部的规模经济优势。通过对外直接投资，跨国公司可以使其拥有的垄断优势得以充分利用，从而在产品成本、产品差别等方面具有竞争优势。但是跨国公司对外投资的目的并不仅限于此，它还力图扼杀东道国国内企业的竞争，并对投资企业实行长期控制。

海默还具体分析了美国企业的对外直接投资的原因。他认为，美国企业之所以进行对外直接投资，一是为了绕过东道国的关税壁垒，以维持和扩大市场；二是为了保住企业对国外运营及技术运用的控制，并获得技术资产的全部收益。因此，他认为，美国企业对外直接投资应以独资经营方式为主要形式。

垄断优势理论的突破在于它用垄断和不完全竞争替代了完全竞争，并将国际直接投资同国际证券投资区别开来研究，从而成为跨国公司理论的基石。但是，这一理论也有不足之处。由于它是以经营的分析为基础，其理论就缺乏普遍意义；它不足以解释生产部门跨国的地理布局和服务也属于跨国经营的行为，而且也无法解释发展中国家以及 20 世纪六七十年代日本企业对外直接投资的行为。

（二）产品周期理论

产品周期理论是根据产品周期不同阶段的特点来研究对外直接投资的过程。该理论由美国哈佛大学教授弗农提出，并于 20 世纪 70 年代初进一步做了修正。

弗农认为，当企业在市场上推出新产品时，产品的周期就开始了，并先后经历创新、成熟和标准化三个阶段，不同的产品阶段决定了企业不同的生产成本和生产区位的选择。企业的对外直接投资，是企业在产品周期运动中由于生产条件和竞争条件变化而做出的决策。在产品的整个生命周期中，跨国公司在外建立子公司发生在第二阶段和第三阶段。按照这种理论，到国外建立子公司的跨国公司一般都拥有技术和产品垄断优势。这种优势是当地企业所没有的，或许也不能在市场上买到。他们对外投资建立子公司的目的就是维持并充分利用其垄断优势，以在国外谋取最大化利润。

产品周期理论运用动态分析技术，对国际直接投资由发达国家投向不发达国家的经济现象解释得比较清楚。同时，该理论回答了企业为什么要到国外直接投资和为什么能到国外直接投资以及到什么地方投资的问题。此外，该理论的另一独特贡献在于它强调对外直接投资和出口是由同一企业进行的，并将对外直接投资和对外贸易统一起来进行分析。一般认为，该理论基本符合 20 世纪五六十年代美国企业的现实。但是 20 世纪 80 年代以后，大量新兴工业化国家的跨国企业，对发展中国家甚至发达国家进行投资，这种"新横向"投资和"逆向"投资显然无法用产品生命周期理论加以解释；同时，该理论对于那些以国外自然资源为目标的对外直接投资，以及目的不在于出口替代的对外直接投资而言，显然无法做出合理的解释。改理论的研究对象集中在美国跨国公司的对外直接投资上，因而其研究结论对于那些经济结构与美国不尽相同的国家的公司所从事的对外直接投资也难以做出令人满意的解释。

（三）比较优势投资理论

20 世纪 70 年代末，日本学者小岛清运用比较优势原理，把贸易与对外直接投资结合起来，以投资国和东道国的比较成本为基础，着重分析对外直接投资的贸易效果，提出了对外直接投资的"比较优势理论"。其基本思想是对外直接投资应该从本国（投资国）已经处于或即将陷于比较劣势的产业——边际产业（也是接受国具有显在或潜在比较优势的产业）依次进行。日本在 20 世纪 60 年代至 80 年代对东亚地区的直接投资显示出如此特性。小岛清理论较好地印证了日本对外直接投资初期的特性，但 20 世纪 80 年代尤其是 90 年代以后日本对外直接投资情形并不符合小岛清理论，有的学者认为小岛清理论是一个阶段性的对外直接投资理论。虽然小岛清理论并不能完全解释对外直接投资现象，但我们可以从另外角度去理解和运用这一理论。处于对外直接投资发展初期阶段的国家，其对外直接投资大部分是以成熟技术和利用发展中国家低廉生产要素开始国际化经营的，因此该理论也可以用以指导对外直接投资初期的社会实践。中国的对外直接投资在现阶段较大程度符合这一特征，中国企业的跨国经营大部分集中于发展中国家，使用成熟技术，利用当地低廉生产要素，满足当地市场需求。

（四）内部化理论

英国里丁大学教授巴克利、卡森和加拿大学者拉格曼共同提出了"内部化理论"。他们认为，由于市场信息的不完全性和中间产品（尤其是专有技术、专利、管理及销售技术等信息与知识产品）的价格难以确认，造成市场交易成本过高。跨国公司只有将中间产品市场交易纳入到公司内部经营活动中，以内部市场取代低效率的外部市场，才能减少交易成本，最大限度地提高公司的利润。

内部化理论最早可以追溯到科斯 1937 年的研究。科斯在《企业的性质》一文中指出，市场配置资源是有成本的。在不完全竞争的市场上，企业的经营目标是追求利润最大化。当中间产品外部交易市场不完善时，企业就会产生创造内部市场的动力。而当市场内部化的范围超越国界时就产生了跨国公司。

20 世纪 90 年代以后跨国公司的全球投资、国际兼并都反映出跨国公司建立全球网络系统的战略特性，内部化理论是目前国际直接投资方面的主流理论之一，在国际上影响比较大，它强调管理水平对企业国际化的意义，但内部化理论在解释国际生产的必然性和国际生产的地理分布等方面有一定的困难。

（五）国际生产折中理论

英国著名的跨国公司问题专家、里丁大学国际投资和国际企业教授约翰·邓宁综合了垄断优势理论、内部化理论，并结合国际贸易理论中的资源禀赋学说提出了"国际生产折中理论"，试图全面探讨对外直接投资的动因、投资决策、投资方向三个主要问题。其理论主要回答了企业利用国外资源和国外市场的方式，为什么在不同的国家会有所不同。他认为，跨国公司对外直接投资应具备所有权优势（即垄断优势）、内部化优势、区位优势，这三个方面的优势决定了对外直接投资的动因、投资决策和投资方向。如果说所有权优势和内部化优势是国际直接投资的必要条件，则区位优势是国际直接投资的充分条件，只有三种优势同时存在，国际直接投资才会成功。该理论认为，所有权优势、区位优势、市场内部化优势的组合不仅说明国际企业或跨国公司是否具有直接投资的优势，而且还可以帮助企业选择国际营销的途径和建立优势的方式，主要有以下两层含义：

第一，从选择营销方式的条件来看，国际企业要对外直接投资必须同时具备所有权，市场内部化和区位三种优势，而出口则只需要拥有所有权和市场内部化优势，如果企业只拥有所有权优势那就只能选择技术转让方式；

第二，从建立某种优势的途径来看国际企业要同时拥有三种优势所带来的收益，那就必须选择国际直接投资方式。如果公司仅采取出口方式，就会丧失区位优势的收益，如果只采用技术转让的方式，那么企业就会丧失内部化和区位优势带来的收益。

邓宁的国际生产折中理论最为完整地解决了对外直接投资研究的三个问题，对直接投资有着较为完整的解释力；国际直接投资的实践也证实了邓宁理论的正确性。国际生产折中理论一直被认为是较为完善的对外直接投资理论。

（六）小规模技术理论

小规模技术理论是由美国学者威尔斯针对发展中国家的对外直接投资提出的。该理论注意到发展中投资母国对发展中国家跨国公司的"特定优势"的影响，认为发展中国家跨国公司的技术优势具有十分特殊的性质，是投资母国市场环境的反映。在现代社会，不仅大规模生产中的现代化技术是企业的竞争优势，而且适合小规模生产的技术也同样可能在竞争中占有优势。原因在于：发展中国家的制成品市场规模小，需求量有限，小规模市场中的发展中国家的企业技术具有劳动密集、成本较低、灵活性高等特点，与大企业相比反而具有相对优势。发展中国家的企业通常采取低价策略，不需要高昂的广告费用，以物美价廉为特色，是大型跨国公司无法比拟的。发展中国家企业对外投资有很多是满足海外同一种族团体的需要，形成民族纽带性的投资，独特的文化特色也是竞争优势所在。根据这一理论，我国在服装、小商品以及民族手工业等方面都具有相对比较优势，可以跨国经营，尤其是我国的民营中小企业，不仅生产成本低、运作灵活，而且也形成了相对的优势，正是跨国经营的优势企业群体。

具体来说，发展中国家跨国公司具有如下三点优势：

第一，小规模技术优势。由于发展中投资母国大多市场规模不大、需求多样化，从而迫使发展中国家的企业不得不将引进的技术加以改造，使其生产技术更具有灵活性，提供品种繁多的产品，以适应本国小规模、多样化的市场需求，从而具有小规模技术的特征。这些经过改造的小规模技术成为发展中国家跨国公司到类似市场开展对外直接投资的特殊优势之一。

第二，当地采购和特殊产品优势。威尔斯发现，当发达国家的技术转移到发展中国家后，往往需要对其加以改造，以便适应发展中国家当地的原料供应和零部件配套生产的能力，而这一优势同样成为发展中国家企业对外直接投资的特殊优势之一。另外发展中国家的对外直接投资往往还带有鲜明的民族特色，能够提供具有民族文化特点的特殊产品，在某些时候它甚至可以成为压倒性的经营优势。

第三，物美价廉优势。小规模技术理论没有一概而论地认为发达国家企业就具有竞争优势，而是区别了不同产品和不同市场。它认为在民族产品与小规模技术相联系的非名牌产品上，以及发展中国家市场上，发展中国家的企业与发达国家的企业相比是可能具有竞争优势的。威尔斯的理论摒弃了那种只能依赖垄断的技术优势打入国际市场的传统观点，将发展中国家对外直接投资的竞争优势与这些国家自身的市场特征有机结合起来，从而为经济落后国家发展对外直接投资提供了理论依据。

但从本质上看，小规模技术理论是技术被动论。威尔斯显然继承了弗农的产品生命周期理论，认为发展中国家所生产的产品主要是使用"降级技术"生产在西方国家早已成熟的产品。再有它将发展中国家跨国公司的竞争优势仅仅局限于小规模生产技术的使用，可能会导致这些国家在国际生产体系中的位置永远处于边缘地带和产品生命周期的最后阶段。同时该理论很难解释一些发展中国家的高新技术企业的对外投资行为，也无法解释当今发展中国家对发达国家的直接投资日趋增长的现象。

第二节　国际直接投资的动机

跨国公司对外直接投资的动机源于企业为了自身的利益和发展而进行的对外扩张。企业对外直接投资的原因很多。一般来说，企业对外直接投资的原因主要包括以下类型。

一、追求高额利润型投资动机

追求高额利润，或以追求利润最大化为目标，这是对外直接投资最根本的决定性动机。追求高额利润是资本的天然属性，当在国外投资比在国内投资更有利可图时，资本必然流向国外。美国跨国公司对外直接投资，特别是在发展中国家的直接投资所获利润要远远高于在国内投资的利润。例如，在20世纪70年代末，美国国内制造业平均利润率为13%左右，而1979年美国在发达国家直接投资的利润率为19.2%，在发展中国家直接投资的利润率高达32%。美国在发达国家和发展中国家直接投资利润率，20世纪80年代中期分别为16.2%和17.2%，1987年分别为21.3%和13.8%，1989年分别为14.6%和17.2%。如此丰厚的利润，是企业进行对外直接投资最大的驱动力。

二、资源导向型投资动机

资源导向型投资是指企业为寻求稳定的资源供应和利用廉价资源而进行的对外直接投资。这类投资又可分为两种情况：一是寻求自然资源，即自然资源导向型投资，企业对外直接投资是以取得自然资源为目的，如开发和利用国外石油、矿产品以及林业、水产等资源；二是寻求人力资源，利用国外廉价劳动力。

三、市场导向型投资动机

市场导向型投资可分为以下四种情况：开辟新市场，企业通过对外直接投资在过去没有出口市场的东道国占有一定的市场；保护和扩大原有市场，企业在对出口市场的开辟进行到某种程度之后，通过对外直接投资在当地进行生产和销售更为有利；克服贸易限制和障碍，企业可通过向进口国或第三国直接投资，在进口国当地生产或在第三国生产再出口到进口国，以避开进口国的贸易限制和其他进口障碍；跟随竞争者，在寡头垄断市场结构，即少数大企业占统治地位的市场结构中，当一家企业率先到国外直接投资，其他企业就会跟随而至，有时甚至不惜亏损，以维护自己的相对市场份额，保持竞争关系的平衡。

四、效率导向型投资动机

效率导向型投资动机是指企业进行对外直接投资的目的在于降低成本，提高生产效率。通常有两种情况，第一是降低生产成本。如果企业在国内生产出口产品，其生产成本高于在国外生产时，可通过对外直接投资方式在国外设厂生产，以降低生产成本以及运输成本等，提高生产效率。第二是获得规模经济效益。当企业的发展受到国内市场容量的限制而难以达到规模经济效益时，企业可通过对外直接投资，将其相对闲置的生产力转移到国外，以提高生产效率，实现规模经济效益。

五、分散风险型投资动机

企业在进行对外直接投资过程中面临着种种风险，主要有经济风险（如汇率风险、利率风险、通货膨胀等）和政治风险（如政治动荡风险、国有化风险、政策变动风险等）。对于政治风险，企业通常采用谨慎的方式对待，尽可能避免在政治风险大的国家投资；对于经济风险，企业主要采用多样化投资方式来分散或减少风险，通过对外直接投资在世界各地建立子公司，将投资分散于不同的国家和产业，以便安全稳妥地获得较高的利润。

六、技术导向型投资动机

企业可通过对外直接投资来获取东道国的先进技术和管理经验，这种动机的投资通常集中在发达国家和地区的资本技术密集型产业。第二次世界大战后，发达资本主义国家之间的对外直接投资不断增加。进入 21 世纪以来，这种趋势更加突出，国际直接投资的 80%左右集中在发达国家之间，欧盟和日本不断扩大对美国的直接投资，而美国也在不断增加在欧盟和日本的直接投资，出现这种情况的一个重要原因就是各国为了获得对方的先进技术。

七、追求优惠政策型投资动机

企业被东道国政府的优惠政策所吸引而进行直接投资，可减少投资风险，降低投资成本，获得高额利润。这类投资一般集中在发展中国家和地区。东道国特别是发展中国家东道国的优惠政策，对外国直接投资产生了强烈的吸引力，促进了企业对外直接投资的发展。

八、环境污染转移型投资动机

转移环境污染是一些国家的跨国公司进行对外直接投资的重要动机之一。环境污染是威胁人类生存和经济发展的世界性问题，一些发达资本主义国家迫于日益严重的环境污染问题，严格限制企业在国内从事易造成污染的产品生产，从而促使企业通过对外直接投资，将污染产业向国外转移。在发达国家对外直接投资中，尤其是在制造业对外直接投资中，化工产品、石油和煤炭产品、冶金、纸浆造纸这四大高污染行业所占比重是相当高的。

九、全球战略性投资动机

跨国公司的全球战略是跨国公司在全世界范围内安排投资，从事生产经营活动的战略。全球战略是跨国公司的对外直接投资发展到全球化阶段的一种投资动机。跨国公司在进行对外直接投资决策时，所考虑的并不是某一子公司在某一时期或某一地区的盈亏得失，它所关心的是跨国公司长期的、全局的最大利益，将其所属各机构、各部门看作是一个整体，有时不惜牺牲某地区某部门的局部利益，以保证全球战略目标和整体利益的实现。

对外直接投资的各种投资动机可以单独存在，也可以同时并存，其中追求高额利润型投资动机是最基本的投资动机，而其他各种类型的投资动机都是它的派生形式。

第三节　国际直接投资的主要方式

一、投资方式选择的影响因素

企业对外直接投资方式选择就是围绕如何将企业国内优势高效地转移到国外，实现其战略目标，让这些优势充分发挥其价值的过程。从企业优势跨国转移和利用这一视角，我们对上述从理论推演中得出的影响因素进行分析，大致可以分为三类：一是来自优势转移起点的因素，如企业优势资源的性质和价值，企业的国际经验等；二是来自优势转移终点的因素，如东道国的政治、经济环境，社会文化差异和配套资源等；三是企业海外战略，如企业海外投资战略、投资动机等。企业直接投资方式的选择就是这三类因素共同作用的结果。

(一) 从企业优势资源转移起点因素看

我国机械、纺织、轻工和家电等行业的企业在发展中国家直接投资，应采用独资新建或合资新建方式。我国的机械、纺织、轻工、家电等在国内已经处于市场饱和，处在产业的成熟阶段，而且有比较成熟的技术，企业所具有的技术、知识和管理优势相对比较容易转移。如果当地政府对直接投资股权有所限制，则可采用合资新建模式投资。

对于以高技术和创新为特征的行业，在发达国家直接投资，应该采用合资并购方式。对以高技术和创新为主要特征的行业，发达国家资金、人才等配套实施方面比较齐全，具有技术上的优势，而且考虑到这些行业技术更新快，投资金额大，合资可以降低投资风险，并购可以节省进入时间，能比较迅速地获得新技术，促进企业技术进步和产业升级。因此，我国企业以直接投资进入发达国家这些行业时应采用合资并购方式。

对拥有较多国际经验和较强实力的大企业，宜采用独资新建；而对缺乏国际经验的小企业，宜采用合资并购。当前，我国对外直接投资中，以国有大型企业为主，但中小民营企业表现日渐突出。我国对外投资的大企业往往拥有较先进的技术、管理和营销技能，具有较多国际投资经验，对国际市场比较了解，熟悉东道国投资环境，为了防止这些优势的扩散，需要较强的控制力度，应该采用独资新建为宜。而实力比较弱小的企业，缺乏国际投资经验，对国外经营环境比较陌生，宜采用合资并购的方式，以充分利用合作者在技术、管理等方面的优势。

（二）从优势资源转移终点因素看

东南亚国家和我国社会文化差异比较小，经济发展水平差异不很大，直接投资中，应采用独资新建方式。东南亚各国与我国有着相似的地理、人文环境，社会文化产差异比较小，这些国家经济发展比较快，市场潜力比较大，对我国企业具有的技术、知识和管理能力有良好的吸收能力，具备相应的配套资源和环境支撑，投资风险相对较小，因此在这些国家的直接投资，我国企业可采用独资新建的方式。

欧美各国和我国社会文化及经济发展水平差异都比较大，则在直接投资中，宜采用合资并购方式。对于欧美等西方国家，我国的直接投资总量比较少，一般是为了获得其先进的技术和管理经验，应采取合资并购的方式进入。通过并购，企业可以直接获得所需的技术和知识资源，带动国内技术的快速发展和升级。采用合资的形式，企业可以减少资源的投入，而且在企业运营中得到合作伙伴的帮助，以充分利用和转移这些技术和管理知识。

（三）从企业海外投资战略看

为了获得全球资源，实行全球一体化战略，则直接投资应该采用独资新建方式；如果是为了实现当地化战略，则应该采用合资并购方式。如果企业投资的战略是为了获得全球的资源，则倾向于采用独资新建方式，加大母公司的控制力度，以获得全球的协调和资源最优配置，实现企业的全球规模经济和范围经济。而对于海外投资战略是为了寻求当地化战略，以快速有效地对当地需求变化等市场环境做出反应，则企业应该给当地企业充分的经营自主权，发展他们和当地供应商、顾客、政府等的关系网络，采用合资并购方式。

以获得海外资源为动机，应选用合资并购方式；以获得海外市场为动机，在趋于饱和的市场，应该选用合资并购，在成长潜力大的市场，应选用独资新建。如果是为了获得海外资源，则可采用合资并购。资源类型企业往往投资巨大，投资开发周期长，投资风险比较大，而我国企业规模普遍偏小，实力有限，所以不宜采用独资模式，合资可以使得企业和合资伙伴共担风险，从长期的互利关系中得到稳定的资源供给。如果企业投资的动机是为了获得海外市场，在那些潜力比较大的市场，采用新建模式；在需求趋于饱和的市场，则应采取并购的方式。

二、国际直接投资的主要方式

国际直接投资方式包括创建境外企业和跨国并购。

（一）创建境外企业

创建境外企业是指外国投资者在东道国境内设立的部分或全部股份归外国投资者所有的企业。如果创办的是新企业，也称绿地投资，其主要形式有国际独资企业和国际合营企业两种。

1. 国际独资企业

国际独资企业即国际独资经营企业，是指外国投资者按照东道国的法律，经东道国批准，在东道国境内设立的全部资本为外国投资者所有的企业。这是国际直接投资最典型、最传统的形式。国际独资企业最大的特点是所有权与经营权都由外国投资者独资享有，同时也由该投资者独享投资利润并承担责任和风险。

创办国际独资企业的主要目的是：第一，投资者可以根据母公司的总体战略来布局子公司的设立地区，协调整个公司的经营活动，并使企业内部的财务管理更具弹性；第二，独享企业机密和垄断优势，减少扩散的不利影响；第三，独享经营成果和税收方面的优惠政策；第四，经营决策和经营活动具有自主性，避免合资人之间因民族文化、价值观念、管理方式等不一致而造成的摩擦。

国际独资企业的主要形式有国外分公司和国外子公司。

（1）国外分公司

①含义

国外分公司是指在东道国依法设立的，在组织和资产上构成母公司一个不可分割部分的国外企业。国外分公司不是一个独立的法人企业，不能单独承担法律义务和责任，经营管理上完全受母公司的控制。同时，母公司对其经营活动的后果承担连带责任。

②特征

分公司一般没有自己的名称，使用的是母公司的名称或在母公司名称后加上所在地国家的名称。股权完全为母公司掌握，其他投资者不能参与。一切业务活动听从母公司的安排，没有自己独立的经营决策权。不进行独立的经济核算，分公司营运过程中编制资产负债表，有关业务收支列入母公司的总账中。在日常业务经营活动中，分公司必须以母公司的名义并受托开展业务。分公司由于无法律、经济上的独立性，所以其偿债责任是连带的，即清偿时，不仅仅限于公司内部资产，而且连带整个公司所有的资产。

③设立分公司的有利之处

第一，设立分公司时只需缴纳少量登记费，手续比较简单。第二，母公司只要控制了分公司的管理人员，就可以全面的控制分公司的经营活动。第三，东道国对分公司在该国以外的财产没有法律上的管辖权。因此，分公司在东道国以外转移财产比较方便。第四，由于分公司与母公司同属一个法律实体，不是独立核算的法人，所以分公司在国外的纳税一般少于子公司，许多国家的税法都规定国外分公司的亏损额可在母公司税前利润中扣除。

④设立分公司的不利之处

第一，分公司在注册时须披露母公司的全部业务和财务收支状况，给母公司的业务保密带来损害；第二，母公司对分公司的债务承担无限责任，分公司在终止或撤离时只能出售其资产，而不能出售其股份，也不能与其他公司合并；第三，分公司的业务收母公司支配，在东道国又被当做外国公司来看待，因而难以开展业务。

（2）国外子公司

①含义

国外子公司是指由母公司投入全部股份资本，依法在东道国设立的具有法人资格的独资企业。国外子公司具有独立的法人资格，有自己独立的公司名称和公司章程，有自己完整的组织结构、公司章程和独立的财务报表制度。在服从母公司总体战略和总体利益的前提下自助经营企业的各种商务活动，并对自己的经营后果承担法律责任。

②特征

第一，有单独的公司名称；第二，有独立的公司章程来规范日常营运；第三，能独立支配企业资产与流动资金；第四，有自己的资产负债表；第五，可以自主召开股东大会及董事会；第六，有独立的诉讼权。

③设立子公司的有利之处

子公司可以独立的得到东道国的银行贷款，或是在当地的证券市场上融资，且其偿债责任只限于子公司的资产；子公司在东道国终止营业时，可灵活选择采用出售其股份、与其他公司合并或变卖其资产的方式回收投资；在国际避税地设立避税地子公司，有利于母公司开展避税活动；由于子公司在东道国是以一个本国公司的身份开展业务，所以受到的限制比较少，比分公司更能开拓当地市场；由于子公司有较大的自主权，在经营管理上可以充分发挥其创造性。

④设立子公司的不利之处

因为子公司在东道国是一个独立法人，设立程序较复杂，费用较高；在国外设立子公司必须建立起东道国公司法所规定的行政管理机构，还必须对东道国大量的法律法规进行研究，这就增加了子公司的行政管理费用；子公司需要公开自己的财务状况，这必然会增加子公司的竞争压力。

⑤国际避税地公司

其为一种特殊的子公司，企业设立这类公司的主要陆地不是从事生产经营活动，而是转账、避税。国际避税是指跨国纳税人利用各国税法内容上的差异，采取变更经营地点或经营方式等各项方法和手段，以最大限度地减轻国际税负的行为。

国际避税地主要分为三类。第一类是指没有个人或企业所得税及一般财产税的国家或地区，一般称为"国际避税地"。这类国家和地区有巴哈马、开曼群岛、百慕大、安道尔等。投资者到这些国家或地区设立企业，只需要向当地有关部门注册登记，缴纳一定的注册费就可以完全免除其个人所得税、企业所得税和一般财产税。第二类是指完全放弃居民税收管辖权，而只实行地域税收管辖权的国家和地区。这类国家和地区来源于巴拿马、阿根廷、哥斯达黎加、利比里亚等。第三类是指按照国际惯例指定税法并实行征税，但提供某些税收优惠的国家或地区。这类国家和地区包括加拿大、希腊、爱尔兰、卢森堡、荷兰、英国、菲律宾等。例如，在卢森堡，国家为控股公司提供了一种免税待遇，控股公司可免缴公司税、利润税、资本利润税、财务税以及发行债券的印花税等。

2. 国际合营企业

国际合营企业是指由两个或两个以上国家或地区的投资者，在选定的国家或地区投资，并按照该国或该地区的有关法律简历起来的共同经营、共同管理、共担风险、共负盈亏的企业。其一个突出特点是所有权分享，任何一个合资企业都至少涉及两个投资者，各个投资者在所有权分享的基础上共同承担企业的管理责任。其为当前国际直接投资中最普遍的投资方式。

国际合营企业设立的主要形式有股权式与契约式两种。

（1）国际股权合营企业

①含义

国际股权合营企业是由两个或两个以上不同国籍的投资者以股权结合方式共同投资设立的企业，投资各方无论以何种形式出资，都需折成一定数量的股份。投资者按股权比例参与经营，分享经营成果、分担经营风险。

②投资方式

股权合营企业的投资方式与投资比例。合营企业的资本可以用现金、外汇，也可以用土地、厂房、机器设备，或者以专利、商标等工业产权以及技术资料、技术协作和专有技术等折价出资。在中国立法中，允许外国资本用以投资方式的规定是比较宽松、优惠的。中国的《合资法》规定："合营企业各方以现金、实物、工业产权等进行投资。"有的国家是不允许以技术投资的，如印度，其《外国投资法》明确规定不允许技术资本化。哥伦比亚法律也规定，不允许外国资本以技术形式投资。一些允许以技术形式投资的国家，在技术投资所占的比重上也是有限制的，如有的国家规定不许超过外国投资总额的20%。中国没有明文规定，但并不是毫无限制，而是根据具体情况区别对待。

③投资比例

投资比例为所有合资企业创立之前谈判的核心问题。一般来说，一方在企业中投资比例越大，起对企业的控制权也就越大。因此，各国在《投资法》中对外国投资者在合营经营企业中的投资比例限额都有明文规定。对外国投资者在企业中的投资比例定得过高，东道国较容易失去对合资企业的控制权，而且还会让收益外流；若是定得过低，又不利于吸收和利用外资。大多数国家引进外资发展经济的实践表明，对外国合营者的投资比例在50%较为适宜，既体现平等互利原则，又利于调动外国合营者的投资积极性。

④股权合营企业的组织机构

目前，国际上股权合营企业以股份有限公司和有限责任公司的形式为最多。其最高权力机构是股东大会，但执行股东大会权力的是董事会。董事会由一定数目的董事组成，其人数多少须由合资双方根据企业规模大小共同商定。

⑤董事会的主要职责范围

董事会的主要职责范围主要是对企业的重大问题进行决策，如任免高级管理人员；对企业的发展规划、生产经营活动方案、收支预算决算等作出最高决策。合资企业章程修改及企业终止、解散、转让等都由董事会决定。

（2）国际契约合营企业

①含义

国际契约合营企业是指由两个或两个以上不同国家的投资者根据东道国的政策法令组建起来的、以合同为基础的经济联合体，在生产、销售、服务、自愿开发、工程建设或科学研究等方面进行广泛合作。契约合资企业与股份合营企业的区别在于：前者并不是严格用各自投入的资本多寡来决定合作各方的权利和义务，而后者是以货币计算各方投资的股权和比例，并按股份比例分担盈亏；前者不一定要建立具有法人地位的合营实体，可以以各自的法人身份合作，后者则一定要建立具有法人地位的合营实体。

②投资方式

国际上设立契约合营企业的投资方式比较灵活。外方投资者必须以现金作为主要投资资本，此外，还可以设备、工业产权、专有技术和技术"诀窍"甚至生产原材料等折价作为投资资本。而东道国的投资者原则上不投或少投外汇现金，主要提供场地使用权、厂房、资源、公用设施以及部分设备和劳务等，一次折价作为投资。

③利润分配比例

对此可由合作各方商定并在合同中规定，无须按股权比例来确定。利润分配可以采取利润分成、产品分成或其他分配方式，由参与合作经营各方商定。合作期满后，外方合作者彻底退出企业，使企业的全部资产及其所有权转归为东道国合作者一方所持有，则利润分配实际上是规定在这个企业合作经营期间如何清偿外方合作者的全部投入项目价值以及可能获得的利润，它具有偿付投资项目价值的性质。而债务与亏损的分担，实行有限责任制。契约合营企业对债权人的责任以企业本身的资本为限，合作各方对企业的责任以自己的出资为限，对外不负连带责任。

④组织形式

国际契约合营企业的组织形式一般可分为"法式"的和"非法人式"的合营企业两种。"法人式"合营企业是指投资各方在东道国境内设立具有独立的财产权、法律上有起诉权和被起诉权的合作经营实体，订立企业章程，建立独立的公司组织，并成立作为企业最高权力机构的董事会。投资各方对企业承担的债务责任以它的全部财产为限。而"非法人式"合营企业的投资各方在东道国境内不设立具有法人资格的合作经营实体，没有独立的财产所有权。投资各方仍以各自的身份在法律上承担责任，企业的债权债务由投资各方派代表组成联合管理委员会，作为最高决策机构。投资各方都把其参加合作项目的财产交给联合管理机构管理使用，且他们仍分别对这些财产具有所有权。委员会及其职能机构的人员名额分配是对等的，不按股权比例分配，投资各方对企业管理具有相等的决定权。除成立联合管理机构外，企业也可委托合作方中的一方或聘请无关的第三方负责管理。企业对外承担的责任一般以其全部出资为限，实行有限责任制。

在中国，契约合营企业被称为合作经营企业或合作经营项目。契约合营企业中投资各方是根据经营的需要在契约中规定投资各方投入资本的具体形式和数量，根据合营的目的和条件，在契约中规定投资各方产品分成、收入分成或利润分成的比例，同时，在契约中具体规定投资各方应承担的风险和责任。合资各方的共同经营活动都以共同签订的契约为唯一依据。契约合营企业是更为灵活的投资方式，适用于某些规模较小，周期较短的生产项目和开发项目。

（二）跨国并购

自 20 世纪 80 年代以来，跨国并购交易在国际直接投资流量中所占的比重越来越大，全球跨国公司的成长发展史也可以说是跨国并购的历史，19 世纪 70 年代出现了第一次并购浪潮，1916 年起出现了第二次并购浪潮，20 世纪 60 年代末出现了第三次并购浪潮，20 世纪 70 年代末出现了第四次并购浪潮，直至 20 世纪 90 年代出现了第五次并购浪潮，其影响力一直延续至今。目前，跨国并购在国际直接投资中起着非常重要的作用，而且已成为国际直接投资的主要形式。

1. 跨国并购的含义

跨国并购是兼并和收购的简称，是指一国企业为了达到某种目标，通过一定的渠道和支付手段，将另一国企业的所有资产或足以行使经营管理控制权的股份收买下来。联合国贸发会议关于跨国并购是这样定义的：跨国并购包括外国企业与境内企业合并；收购境内企业的股权达 10% 以上，使境内企业的资产和控制权转移到外国企业。跨国并购是跨国公司全球化发展的最高层次活动，是跨国公司实现企业外部经营内部化的基本方式，是企业国际化经营的一种有效手段。

（1）跨国兼并

跨国兼并是指已经存在的当地和外国附属企业获得占有控制权的份额。跨国兼并的结果是两个或两个以上的法人合并为一个法人，具体地说，跨国兼并又分为跨国合并和跨国吸收兼并两种类型。

①跨国合并又称为跨国平等合并，是指两个公司并为一体，并购后双方的法律实体地位都不存在，而是以新的名称取而代之。该种方式的并购一般采用换股收购的方式进行。如 1998 年，德国的戴姆勒-奔驰汽车公司和美国的克莱斯勒汽车公司实现平等并购后，双方的法律实体地位都不存在了，合并后的公司名称为戴姆勒-克莱斯勒公司。该种形式的合并多出现在双方规模大且实力相当的两家公司中。

②跨国吸收兼并则是兼并公司兼并了被并方公司，从而使被并方实质上丧失了法律上的实体地位，成为兼并方的一个分公司。这种兼并方式多出现在实力相差悬殊的公司之间的并购交易中，如 1999 年，日本烟草公司兼并雷诺国际等。

（2）跨国收购

跨国收购是指在已经存在的当地和外国附属企业中获得占有控制权的份额。其最终结果不是改变法人的数量，而是改变被收购企业产权的归属或经营管理权的归属。其包括收购东道国的外国附属企业和收购东道国的本地企业。

①收购东道国的外国附属企业是指在已经存在的外国合资企业中，外方的母公司通过增加资本来缩减另一方的股权比例，从而获得更大的控制权。

②收购东道国的本地企业则是通过购买股权的方式收购当地的私人企业，有时是一些私有化项目或已经国有化的项目。对于跨国收购而言，获得部分的控制权也可以说是获得了控制权，因此有时获得了 10% 以上的股权就被认为是跨国收购，这正符合联合国关于跨国并购的解释。

2. 跨国并购的类型

根据不同的划分方式，跨国并购有以下几种类型：

（1）按照并购双方从事业务的关联程度划分

①横向并购，又称水平式并购，是指属于同一行业的企业之间的并购行为，其目的一般是消除竞争、扩大市场份额、增加垄断实力。通常，横向并购较多发生于刚刚经过高速成长期，开始进入平稳发展期的行业领域中，这时市场已不能容纳过多的竞争者，一些实力较强的企业便会希望通过横向并购以巩固其市场地位。事实上，对于一些实力较弱企业来说，被并购可能是一个不错的出路，即使对于一些大企业来说，并购可能对大家都有好处。当然，当被并购方不愿放弃控制权，或者有一家以上的公司同时试图收购同一家公司时，才会发生恶意并购的情形。

②纵向并购时指产业链中下游企业间的并购行为。纵向并购的目的是加强对产品生产与流通的各个环节的控制，从而更好地控制成本与质量。与横向并购不同，纵向并购的重点不在于追求规模效应，而在于提高效率。由于纵向并购使得并购后公司的业务扩展到原来并不是很熟悉的领域，从而增加了管理上的难度。因此，纵向并购对于已有一定规模的公司会更有成功的机会。同时，纵向并购较多发生在处于增长阶段的行业中，因此企业并购后，必须有足够大的市场空间供其发展。

③混合并购是指生产和经营没有直接联系的产品或服务的企业之间的并购行为。混合并购时为了分散风险，实施多元化经营，提高企业对经济环境化的适应能力。近年来，跨国公司并购多采取这种方式。

（2）按照并购时的支付方式划分

①现金购买是指用现金购买目标公司部分或全部的资产或股份以达到控制目的的并购行为。股权购买是指以并购方股票收购全部或部分目标公司，或以并购方股票按一定比例而交换目标方股票，以达到控制目的的并购行为。

②混合购买是指以现金、股票、债券等多种手段购买或交换目标方的资产或股份，以达到控制目的的并购行为。这种方式比较灵活，所以在实际并购中采用的比较多。

（3）按照并购方进行并购的态度划分

①善意并购是指并购企业以较好的条件与目标企业协商并购事宜，取得其理解和支持。目标企业的经营者提供必要的资料给并购企业，双方在平等、友好的基础上达

成为双方所满意和共同接受的并购协议。

②恶意并购是指并购公司实现未与目标公司经营者协商就在二级市场收收购目标公司股票，迫使目标企业接受条件，出售企业，从而获得目标公司控制权的并购行为。恶意并购过程中一般双方关系紧张，信息也不对称，且目标公司往往会尽力反并购，采取各种反并购策略。

③"熊抱"是介于善意并购和恶意并购之间的并购方式，是指并购方先向目标公司提出并购协议，如果目标公司接受，并购方将以优惠的条件并购之；否则，并购公司将在二级市场上大举购入目标方股票，以恶劣的、敌意的条件完成并购。

思考题

1. 简要分析建立国外子公司有哪些利弊。
2. 简述国际直接投资的动机。
3. 简述国际直接投资的相关理论。
4. 试分析中国利用外商投资方式的变化。
5. 请说明中国企业对外直接投资面临的挑战。

第三章　中国利用外商直接投资

　　利用外资是中国对外开放基本国策的重要内容，自改革开放以来，我国政治社会环境稳定，国民经济持续高速增长，逐渐变成外商投资的热点区域，外商投资无论在数量上还是规模上都获得了空前的发展。中国利用外商直接投资对中国的经济发展也产生了积极作用。本章主要介绍外商直接投资对中国经济发展的作用；中国利用外资的新增问题及对策；中国利用外商投资的法律法规。通过本章的学习，可使学生对中国利用外商直接投资有一个整体的了解，重点是掌握外资在华直接投资的形式。

第一节　中国利用外商直接投资概述

一、中国利用外商直接投资的基本情况

（一）外商直接投资项目数和投资额

　　改革开放的几十年间，中国一直是外商直接投资的热点目的地。即便近年来，中国经济增长有所放缓，但中国市场对全球的吸引力并未减退。2016 年，中国政府继续进一步扩大开放、创新外资管理体制、完善和优化投资环境，中国利用外资规模再创历史新高，质量进一步提升。2016 年全年，全国新设立外商投资企业 27 900 家，同比增长 5%，吸收外资（不含金融领域）约 7 850 亿元人民币，是全球第三大外资流入国，并连续 25 年居发展中国家首位。全国实际使用外资金额 8 132.2 亿元人民币，同比增长 4.1%。其中，服务业实际吸收外资增长 8%，占比 70.1%，提高 2.6 个百分点。

（二）外商直接投资的来源

　　中国利用外商直接投资的来源地结构一直很稳定，以亚洲为主，其中来自中国港、澳、台的资金一直占较大比重，其中中国香港的直接投资额度尤为重要。2016 年对中国内陆地区投资前十位国家/地区依次为：中国香港（871.8 亿美元）、新加坡（61.8 亿美元）、韩国（47.5 亿美元）、美国（38.3 亿美元）、中国台湾省（36.2 亿美元）、中国澳门（34.8 亿美元）、日本（31.1 亿美元）、德国（27.1 亿美元）、英国（22.1 亿美元）和卢森堡（13.9 亿美元）。中国港、澳、台地区投资者与中国大陆在血缘关系、语言、文化等方面，有着天然的亲近性，特别是中国香港地区，与大陆的经济关系一直十分密切，1988 年大陆颁布了鼓励台湾同胞来大陆投资的规定后，中国台湾地区投资也增加较快。20 世纪 90 年代初期以后中国港、澳、台地区投资比例逐渐下降，

一方面是由于日本、美国和欧盟大跨国公司在华投资增长较快，另一方面是受亚洲金融危机和其他多方面因素的影响，中国港、澳、台地区投资能力在不同程度上有所下降。

（三）外商直接投资的组织形式变化

1. 我国外商直接投资企业组织形式变化表现出阶段性

改革开放以来，我国外商直接投资取得了迅速发展，1979 年到 2008 年我国外商直接投资总额累计达 14 794 亿美元。外商直接投资的企业组织形式发生了显著变化。大致以 1987 年为界，分成两个阶段。第一个阶段以中外合资经营企业、中外合作经营企业和合作开发为主要的外商直接投资企业组织形式；第二个阶段以外商独资企业和中外合资企业为主要组织形式，其中中外合资企业和中外合作企业的比例持续下降，而外商独资企业的比例持续上升，并成为我国外商直接投资企业的最主要组织形式。

2. 我国外商直接投资企业独资化趋势不断增强

进入 20 世纪 90 年代以后，外商独资企业迅速发展成为我国最主要的外商投资企业组织形式，而且还在继续发展。随着我国市场经济体制的建设逐步推进，市场体系不断完善，市场的不确定性逐渐降低，交易成本减小，为外商独资企业的发展提供了市场条件。从外商来看，外商投资在我国经过一段时间的机遇试验阶段以后，进入战略投资阶段，即为了进一步增强自己的竞争实力，外商开始进一步增加生产和经营规模，搜索潜在的市场机遇，提高在当地市场的份额。因此，许多外商建立独资企业的欲望增加。从技术上来看，外商投资企业同国内企业比较起来，技术较先进。为了减少技术溢出，防止中方模仿技术，外商也愿意独资。

3. 一些外商直接投资组织形式没有得到合理的利用

由于我国资本市场尚未开放，外商投资利用我国资本市场发展股份制企业受到严格的限制。因此，外商投资股份制企业的发展数量比较少。由于缺乏资本市场对外商投资企业的制约，外商投资转移价格、侵犯我国企业无形资产的行为比较严重，同时外商也不能够利用我国资本市场进行融资。中外合作企业这种企业组织形式在我国改革开放初期曾盛行一时，后迅速减少。究其原因，这种组织形式可以允许外资通过加速折旧收回投资，迎合了改革开放初期"三来一补"的外商直接投资需求。随着我国经济体制改革逐步深入，市场体系逐渐完善，特别是对私有财产权保护的法律体系逐渐建立起来，中外合作企业存在和发展的背景已经不复存在，因此中外合作企业的优势丧失。另一方面，由于我国中外合作企业法将合伙仅限为普通合伙，非法人型中外合作企业只能是普通合伙，使得有限合伙人受到了抑制，限制合作制企业组织形式作用的发挥。

（四）外商直接投资的产业结构分布

20 世纪 70 年代末期到 80 年代初期，外商在华投资主要在旅游宾馆和中低档加工贸易型制造业。此后，工业领域的投资项目不断增加，在外商实际投资额中占主要份额。20 世纪 90 年代初期，投资于房地产业的外资增加较快，个别年份占到外商实际投资额的 1/3 以上，最近几年这一比例有所下降。

目前来看，农业领域吸收外商投资规模较小，在该领域的投资主要来源于中国香港、中国台湾和新加坡。外商投资经营企业是外商投资农业领域的主要企业类型。而投资于制造业的累计外资虽然仍占比重较高，但其每年的投资规模稳中有降。截至 2015 年年底，制造业领域累计设立外商投资企业 510 904 个，占全国累计企业数的 61.08%；实际使用外资金额 6 466.04 亿美元，占全国累计吸收外资金额的 49.97%。而 2015 年当年的制造业外资投资约占全国外资总额的 31.3%。制造业利用外资主要集中在六个行业，分别是通信设备制造、计算机及其他电子设备制造业、交通运输业、电气机器器材制造业、化学原料及化学制品制造业、专用和通用设备制造业。高技术制造业继续增长，而钢铁、水泥、电解铝、造船、平板玻璃等国内市场产能严重过剩的行业基本上未批准新设外资企业，有利于加快我国产业结构调整和优化进程。从该领域的外资来源上来看，2015 年中国香港投资制造业的企业数和实际投资额度都位列第一，其次是是韩国、英属维尔京群岛、日本和新加坡。制造业的外商投资经营企业居多，选择中外合资企业这种形式的仅占 20% 多一点。服务业利用外资的比例越来越大。近年来，中国服务业对外开放政策、对外资金准入放宽，吸引力增强，计算机应用服务、综合技术服务、建筑、金融、卫生、文化艺术等成为外资流入的热点领域，跨国公司地区总部、研发中心、物流中心、结算中心等高附加值投资呈上升的态势。从 2011 年起该领域吸引的外资已经连续几年超过制造业。

其投资资金主要来自中国香港和新加坡。可见，外资投资产业结构已由制造业为主转向以服务业为主。这反映了中国利用低要素成本与优惠政策吸引外资的阶段基本结束，将进入一个质量不断提升的新阶段。中国吸收外资逐步从以引进资金为主，向引进资金、技术、人才、管理、服务并重转变。

外商投资形成此种产业分布态势的主要原因有三。

第一，作为人均收入水平较低的发展中国家，中国制造业产品在国际市场上有较强竞争力，制造业形成传统意义上外国投资者青睐的领域。但金融危机后，随着发达国家扩大就业、吸引制造业回流等措施的实施，制造业吸引外资的能力有所下降；此外，中国国内要素成本上升，劳动密集型制造业吸引外资比较优势下降，也引起传统制造业对外资吸引力锐减。但另一方面近年来，随着中国高技术人才丰裕、产业配套体系完备、基础设施逐步完善等综合竞争优势的培育形成，以及战略性新兴产业政策措施的实施推进，外商对战略性新兴制造业、高新技术制造业的投资快速增长。

第二，20 世纪 90 年代中期之前，中国服务业领域的对外开放一直在很小范围内试点，对外资的限制较多，影响了服务业领域的对外开放，因而该领域的累计外商投资总额和企业数目都还不及制造业。但随着中国服务业不断扩大开放，通过放宽外资服务业准入门槛，大力发展服务贸易等一系列政策措施，积极引进全球高端要素，承接国际服务业转移加速，服务业在中国利用外资总额中所占比重持续上升。

第三，农业经营承包责任制的实行，使农业领域吸收外商直接投资受到限制。

二、中国利用外商直接投资对中国经济产生的作用

（一）外商直接投资对中国经济产生的正面效应

1. 增加了资本供给，弥补了建设资金

中国是一个经济不发达的发展中国家，资金短缺是中国经济高速发展的主要障碍之一。首先，外资的投入直接增加了中国建设资金的有效供给。长期以来缺少资金是制约中国许多行业、项目和地区发展的瓶颈，尤其像交通、能源、通信等一些基础设施部门，这些部门投入资金大，回报周期长，单靠自我积累进行基础设施建设比较困难。这些部门的发展滞后又成为整个经济发展的障碍，尽快解决建设资金不足的问题成为中国经济迅速发展的关键。其次，外国投资者来华投资的同时带来了大量中国经济建设适用的技术、设备和产品，节约了中国必须进口的物资，可以集中外汇资源进口其他物资和技术。最后，外资与中资合营，增加了中国企业的担保和信用能力，有利于中国企业主要是中外合资企业获得国际上的信用资金。

2. 增加了财政税收，提高了外汇储备

吸收和利用外资，尤其是随着中国利用外资规模的不断扩大，外商投资企业的税收增长超过其他经济类型逐渐成为中国财政税收的重要来源之一。目前中国涉外税收中有90%以上来自外商投资经济。另外，作为主要投资集中在制造业领域的外商投资企业，从2001年开始增值税额占全国工业增值税额的比重已经高于其在全部工业增加值中的比重。目前外商投资企业已经成为中国出口创汇的主力军。

3. 促进了经济增长，增强了经济活力

实践和经验分析表明，改革开放和利用外资较早的地区经济腾飞也较早，利用外资较多的东部沿海经济发展较快，经济实力较强。统计表明，中国利用外资的数量变化方向与GDP增长情况的变化方向高度一致，在利用外资速度增长迅速的年份经济增长的速度也加快了。相关研究成果进一步证明，中国利用外资和经济增长之间具有显著正相关关系，按照综合效应计算，20年来中国GDP年均9.7%的增长速度中大约有2.7个百分点来自利用外资的贡献。国际货币基金会的研究成果证明，中国在20世纪90年代10.1%的平均经济增长率中，直接由外资产生的贡献约3%。中国吸引外资的历程充分说明，外资对于加速经济增长、增加经济活力起了重要的促进作用。

4. 促进了经济结构调整的升级和优化

第一，利用外资调整和优化了中国的所有制结构，对形成多种所有制共同存在和发展的经济格局起到了积极的推动作用。

第二，利用外资调整了产业结构，推动了中国工业化的进程。从中国利用国外直接投资的实践和统计数据来看，外商直接投资主要集中在第二产业，在第二产业中游主要集中在制造业，投资于制造业的外资又主要集中在电子、通信、机械、化工和纺织等行业，彩电、计算机、传真机、空调、冰箱、音响、照相机、手表等产品。在上述领域通过外商投资企业引进先进技术和设备，填补了国内的一些技术空白，发展了一些国内没有的产业部门，改造了传统部门，促使大批产品升级换代，缩小了中国工业

与世界先进水平的差距，迅速实现了我国以轻纺工业和家电工业为代表的产业升级和进口替代，甚至实现大量出口，加快了国内的产业结构调整和升级的步伐，有力地推动了中国工业现代化进程。

第三，外资带动了出口，优化了外贸出口的结构。改革开放之初，中国制造业不发达，高技术产业在世界市场上没有地位，只能出口煤炭、石油以及农产品等原料和初级产品。20 世纪 80 年代中期以后随着外资的进入，工业制成品在出口产品中的比重不断提高，这与外商投资企业的出口产品绝大部分是工业制成品有关。外商投资企业出口产品中机电产品一直是占据第一位并且保持了高速增长的态势。外商投资企业出口工业产品的迅速增长是从根本上改变中国主要出口农矿产品落后状态的重要因素。

第四，外资促进了产品和消费结构的调整升级。

5. 引进了技术，提升了研发水平

外资进入中国建立外商投资企业进行生产经营，为中国带来的不仅仅是资金，同时还必须附带不同水平的实用技术。同时，在中国吸引外资之初，要求外国投资者采用先进技术是审批的重要条件之一，中国对外资附带引进的技术有一定的水平和适用要求。这些技术直接或间接地提高了中国相关行业的技术水平，节约了中国自主研发的时间和费用，提高了资助研发的水平和能力。其实现途径如下：一是通过外商投资企业直接引进高新技术，包括外商投资者新建的企业和改造境内现有的企业。二是通过设备投资引进国外的先进技术。三是通过外国投资者、外商投资企业的当地化促进中国技术的进步。四是外国投资者直接在境内设立研发公司。

6. 促进观念转变，引发体制创新

尽管中国利用外资的直接目的在于解决资金技术和管理问题，但对于资金已经相对充裕的正处于转型期的中国而言，体制改革的攻坚阶段对外资的关注不仅仅局限于此，而是把目光更多地投向了外资对中国观念转变和体制创新带来的推动。实际上中国从利用外资伊始，就同时包含了中国改革开放迫切需要的观念和体制改革创新的外部因素。经验证明，在转变观念和体制创新方面，外部力量的作用常常会起到巨大的推动作用。中国改革开放和利用外资的历程不仅仅是解决资金技术的历程，更重要的是观念转变、体制创新的历程，在这个历程中外资发挥了重要的作用。一般来说，外资进入越早、越深的行业和地区，观念越新，制度越完善，行业管理越规范，经济发展形势越好，创新能力和竞争力越强；反之，对外资限制越多、审批越复杂、进入门槛越高的行业和地区，问题越多，发展越落后。

三、我国利用外商直接投资中存在的主要问题及政策建议

（一）我国利用外商直接投资中存在的主要问题

1. 服务业仍然开放不足，利用外资质量有待继续提高

我国外资主要集中在制造业和房地产业，而农业、基础设施、高新技术产业、高端服务业等领域的投资比重仍然很低。2013 年我国实际利用外资额中房地产业占 23.24%，信息传输、计算机服务和软件业占 2.32%，交通运输、现代物流和邮政业占

3.4%，农、林、牧、渔业仅占 1.45%。在信息服务、教育培训、医疗卫生、文化创意、养老服务、金融保险、咨询等服务业领域，还有很大吸收外资的空间。我国外资虽然规模大，但长期集中在产业链低端的加工制造业，在解决大量就业的同时也产生了"分工锁定效应"，不利于劳动者素质提升，难以产生技术外溢效应；房地产业则具有投机性高、回报大的特点，推动了境外热钱涌入，对国内房价炒作、资产泡沫等产生不利影响。究其原因，主要是我国服务业开放政策仍然滞后，上述服务业领域大多在独资、股比等方面进行限制，导致外资准入存在障碍。引进外资注重资金规模，而忽视外资的科技创新价值，忽视中小型高技术外资企业等，也是造成外资质量差、综合效益低的重要原因。

2. 外资区域发展不平衡，产业趋同现象突出

我国区域外资经济发展仍极不均衡，不能按照区域比较优势进行分工布局。中西部地区劳动力成本低、土地资源丰富，具有承接加工贸易转移的比较优势，近年来中西部地区城市基础设施逐步完善，与东部城市的差距缩小，极大地增强了外商投资的吸引力，但在市场体制环境、产业配套能力、高端技术人才、交通便利等方面仍存在较大差距，导致承接加工贸易转移速度较慢，承接跨国公司高端服务业转移存在较多困难。而东部发达地区尤其是区域中心城市，土地、资源、劳动力等要素成本上升，产业结构已经进入服务经济发展阶段，具备了转移加工贸易的条件，但基于地方政府追求财政税收、GDP 考核等因素影响，很难主动将产业转移到中西部地区。目前东部地区产业布局存在严重的同构现象，长三角地区上海与江苏的同构率达 90%，与浙江的同构率也达 70%。

3. 招商引资存在过度竞争，忽视环境成本现象突出

我国长期以来以 GDP、利用外资等作为地方政府政绩考核的重要指标。在这一导向的驱动下，许多地方政府在吸收外资中注重数量扩张，而忽视质量的提升，注重通过土地、税收、财政补贴等优惠政策相互竞争，而忽视区域比较优势和产业分工，造成一些地区高污染、高耗能、资源消耗大的外资比重上升。一些煤焦化工、制鞋业、造纸业等外资企业的生产活动严重破坏和污染了当地环境和生态。

4. 相关法律、服务体系仍不完善

目前，我国利用外资的相关法律法规存在开放性、创新性不足，没有与国际接轨等问题，在执行过程中存在有法不依、执法不严等问题。如对于知识产权保护措施不力，山寨、盗版等现象比较普遍，严重影响了软件信息技术、文化创意等高端服务业和高技术产业的外商投资。部分外商通过转移定价等手段来获得利润，损害了中方股东利益，逃避税收监管。此外，一些基层政府部门的服务意识差、办事效率低、寻租行为严重以及海关监管方式、服务手段滞后等服务质量问题也抑制了外资进入。

（二）政策建议

1. 以提高外资质量为着力点，优化外商投资环境，实现利用外资高质量增长

一是把以招商引资规模作为政绩考核指标的导向，转变到着力提高引资质量和综合效益上，由招商引资向招商选资转变。二是把单纯吸引境外资金与引进先进技术、

现代化管理经验、国际标准规范、国际化人才结合起来，扩大外资的技术溢出和管理溢出效应。三是注重引进高科技外资项目。尤其要发挥跨国公司技术创新优势，鼓励跨国公司开发新技术、转移关键技术，扩大技术溢出效应。在重大科技项目招标上，要做到内外资一视同仁。鼓励内外资企业共同研发，提高国内企业研发的国际化水平，提高我国企业自主创新能力。四是营造良好投资环境，提高政府服务效率。着力提高我国知识产权保护水平，通过加强廉政建设，健全相关法律法规，形成良好的政治生态，建设自由公平的市场竞争环境；加快基础设施建设，加强生态环境保护，为吸引外资提供良好的服务和便利。

2. 发挥自由贸易试验区的先行先试作用，推动利用外资政策创新、模式创新和管理创新

推广复制上海自贸区准入前国民待遇、负面清单管理等先行先试的做法，以开放促改革，切实改革与贸易投资自由化、便利化不相适应的体制机制，实现利用外资政策的创新发展，由过去靠土地、税收等优惠政策转变为靠市场机制、开放环境吸引外资。与此同时，通过在我国沿海、沿边、内陆等不同区域设立若干自由贸易园区，进一步创新利用外资模式，放宽外资准入，探索推广外资负面清单管理制度、人民币国际化，以及在银行、保险、医疗、教育等领域设立外商独资企业等方面的经验。同时，推动国家级经济技术开发区、边境经济合作区、跨境经济合作区转型升级，加强分类指导，更好地发挥区域引资平台作用，加快沿边地区开发开放。

3. 把利用外资与国内产业转型升级紧密结合，推动外资产业结构优化和价值链攀升

一是鼓励吸引外资进入战略性新兴产业、生产性服务业、先进制造业、现代农业等领域。应结合国内产业结构调整方向以及全球跨国直接投资发展趋势，加快对上述领域外资的政策倾斜，尤其要大力吸引信息技术、节能环保、生物医药、电子通信、金融保险、医疗教育、文化创意等领域外资，在我国区域中心城市吸引更多的跨国公司投资研发中心、设计创新中心、财务结算中心、教育培训中心、总部基地等高端服务业。二是促进加工贸易转型升级。目前，加工贸易仍然是跨国公司投资的主要领域，在为我国解决大量农村劳动人口就业的同时，也造成了我国产业国际分工低端、全球价值链低端、产品低附加值的格局。应充分利用跨国公司加工制造业布局的优势延长产业链，促进加工贸易落地生根，形成区域产业配套能力，加强国内企业、中小企业的产业链配套和产业集群发展。

4. 把利用外资与促进区域协调发展紧密结合，促进外资区域合理布局、均衡发展

一是继续对外商投资中西部欠发达地区给予优惠政策，进一步提高中西部地区的开放水平和吸引力。中西部地区人力、土地等资源要素丰富，资源禀赋优势明显，但对外开放水平低一直是制约产业升级、经济发展的重要因素，应加强政策层面的支持，重点吸引跨国公司大项目落户，带动当地经济发展。二是加快东部地区外资结构向高级化发展。利用产业集聚、人才聚集、创新要素集聚等优势，加快吸引高新技术产业、现代服务业、先进制造业等领域外资，鼓励加工贸易向中西部地区转移。三是加速东中西部外资产业链融合，促进外资区域均衡布局。目前，跨国公司在我国的产业链布

局已经形成了在东部地区、区域中心城市布局研发、设计、物流、咨询、总部等高端服务业，在中西部欠发达地区布局加工制造业的格局。应充分发挥东中西部互补优势，打破地方保护主义和市场分割，加速东部地区与中西部地区产业链融合互动发展，形成跨国公司在我国的全产业链布局，推动中西部地区产业集聚、要素集聚能力提升，带动区域扩大就业、经济增长和转型升级。

四、我国利用外资趋势展望

随着全球经济复苏的动力增强，全球直接投资将继续活跃，发展中国家将继续成为跨国直接投资增长的引擎，扮演越来越重要的角色。我国将继续成为全球最具吸引力、增长最快的跨国投资市场，未来仍然是我国利用外资的战略机遇期。

（一）利用外资新的竞争优势已经形成

在低成本劳动力、土地等传统比较优势下降的同时，我国利用外资新的竞争优势已经形成。主要表现为以下方面：一是我国产业配套优势明显，多数城市基础设施完善，人才素质较高，逐步形成了全产业链发展的格局；二是我国东中西部地区吸引外资具有梯度优势；三是在我国创新驱动战略下，劳动生产率提升有较大空间，要素成本仍具有一定的竞争力，在一定程度上抵消了成本上升压力；四是外资政策创新、体制机制改革红利继续释放，在积极探索外资准入前国民待遇、负面清单管理模式等改革措施下，我国吸引外资环境将继续改善；五是我国已经培育出一批有国际竞争力的行业和企业，比如通信、电力、高铁等，在价格、技术等方面具有明显的国际竞争优势；六是我国民营企业竞争力不断增强，加入世贸组织以来年均增速高于外贸出口18.4 个百分点，已经成为我国外贸最具活力和出口潜力的市场主体；七是上海自贸区设立之后，新一轮自贸园区战略将带动我国利用外资的继续增长；八是"一带一路"战略的推进，将大力促进我国利用外资与对外投资的双向互动发展。

（二）利用外资规模将呈现趋稳、趋缓的新常态

从吸收外资规模上看，我国将持续保持世界第二、发展中国家第一的地位。从不同发展阶段来看，自 2001 年我国加入世贸组织之后，吸收外资进入高速增长期，2002—2008 年实际利用外资年均增幅高达 9.8%；全球金融危机后跨国资本流动总量萎缩，2009 年全球 FDI 急剧下跌 33%，而我国仅下降 13%；2009—2013 年，我国实际利用外资年均增幅 6.9%，我国吸收外资已经开始进入一个增速趋缓、稳健发展的新时期。

（三）外资结构将呈现以服务业为主持续优化的新阶段

我国服务业市场潜力巨大，随着服务业开放政策的不断完善，体制改革红利逐步释放，人才规模、产业配套能力、基础设施等方面的优势不断增强，服务业将成为我国利用外资的主要增长点。随着金融、电信、能源等垄断行业进一步开放，服务业市场准入进一步拓宽，金融、教育、文化、医疗、育幼养老、建筑设计、会计审计、商贸物流、电子商务等领域吸收外商投资的潜力会得到释放，服务业吸收外商投资将继

续拉开与其他产业的差距。

（四）"一带一路"战略的推进将继续推动中西部地区外资增长

积极推进"丝绸之路经济带""21世纪海上丝绸之路""孟中印缅经济走廊"建设，加快同周边国家和区域基础设施互联互通建设，形成全方位开放新格局，使我国在全球经济中的重要地位更加凸显。

第二节　外商在中国直接投资的区位选择分析

外商直接投资的区位决策是一个复杂的多阶段的过程。在大多数情况下，外商首先选择要投资的国家，然后再具体确定国内建厂地区和厂址。因此，外商直接投资区位研究实际上包括两个方面的内容：一是外商直接投资的国别选择；二是外商直接投资的国内区位选择。本节的主要目的是为了说明后者，即外商在华直接投资时的区位选择。

一、外商在华直接投资的区位选择与产业链布局

（一）外商在华直接投资的区位转移历程

外商在华直接投资的区位选择大致经历了三个发展阶段：1979—1991年、1992—2000年、2001年至今。

1979—1991年为起步阶段，这时候的投资区域大都集中于广东、福建两省及沿海城市。外商直接投资高度集中在沿海地区的主要原因是：第一，在整个20世纪80年代，中国对外开放的区域主要在沿海，这些开放地区政策优惠，投资环境较好，是外国投资者的首选区域。第二，这段时间，来中国的投资者中，从事加工贸易出口的比例较高，因此倾向于选择在出口方便的沿海地区。第三，来自中国香港、澳门、台湾地区的投资者及其他国家和地区的华人投资者，绝大多数祖籍是广东、福建等沿海地区，有在其祖籍优先投资的愿望。第四，在计划经济时期，政府在沿海地区建设的国有大企业较少，计划经济的遗产较少，容易形成利于外商投资企业经营的环境。

1992—2000年进入成长阶段，投资区域分布开始由沿海向广大的中部地区辐射。

自2001年中国加入WTO以后，外商在华投资出现了由东部沿海向中部某些地区转移的趋势，但外商在华直接投资仍高度集中在东部沿海地区。虽然近年来国家采取多方面措施鼓励外商投向西部地区，西部地区吸收的外商直接投资不但总量规模小，而且增长速度比较缓慢。

此外近年来，外商在华直接投资出现新一轮的"北上"或"北扩"趋势，即由以珠江三角洲为核心的南部沿海地区逐步向以长江三角洲、环渤海湾地区为核心的中部和北部沿海地区转移扩散，由此带来了沿海地区外商投资的较快增长。在环渤海湾地区，除北京和天津外，其他省市实际利用外商直接投资也呈现较快的增长势头。即便如此，在沿海地区内部，长江三角洲的地位日益重要，而且东部地区依然是外商投资

的"热点"地区。截至 2015 年年底，中国东部地区累计实际使用外资金额 13 991 亿美元，占全国实际使用外资总额的 85.19%；中部地区累计实际使用外资金额 1 339 亿美元，占比 8.15%；西部地区累计实际使用外资金额 1 093 亿美元，占比 6.66%。

（二）外商在华直接投资区域产业链布局

外商在华直接投资区域结构优化加速，不同区域产业链的布局更趋合理。东部地区外资产业结构逐步升级，该地区外资结构已经逐步向战略型新兴产业、高新技术产业和现代服务业升级。随着西部大开发、中部崛起等区域发展战略的实施，中西部地区在吸引外商投资的增速、规模、结构等方面都有显著提升。与此同时，中国东部地区吸引外资比重则有所下降，外资呈现由东部向中西部区域转移的态势。这主要是由于外资逐步将制造加工环节、生产基地转移到中西部地区；把地区总部及研发、设计、运营、财务、物流、营销等生产性服务业布局在北京、上海、深圳等一线城市或区域中心城市，形成了东、中、西部地区制造业与服务产业链融合发展的态势。

外商投资全产业链发展的趋势，对发挥中国区域比较优势、深化区域产业分工、推动区域产业转型升级具有极大的促进作用。

二、影响外商对华直接投资区位选择的因素分析

外商直接投资在我国地域上的差异是各种经济与非经济因素共同作用的结果。可把影响外商在华直接投资的地区选择因素分为成本因素、政策法规因素、市场因素和集聚经济因素。

（一）成本因素

1. 劳动力成本

劳动力工资成本是影响外商直接投资区位决策的成本因素中最为主要的成本。作为人口大国，中国具有丰富而廉价的劳动力资源，这种成本竞争优势对跨国公司具有强大的吸引力。劳动力导向战略是跨国公司对华直接投资重要的区位选择战略。除了成本因素，劳动力素质也直接影响到劳动生产率的高低。特别是在一个东道国内部，低劳动力成本经常意味着低的劳动生产率，只有那些低成本并且具有较高劳动生产率的区位，才能比低成本、低劳动生产率的区位更具有吸引力。

2. 交易成本

由于外商对东道国的政策法规及市场等因素不熟悉，外商直接投资会诱发许多交易成本，而这种交易成本在东道国内部空间差异明显。一般来说，经济发展核心区、外资集中区、边界地区以及开放地区的交易成本相对较低。我国作为发展中国家，由于市场开放有限，经济发展水平空间不平衡，信息传输渠道少，因此，交易成本是重要的外商投资区位决定因素。在我国，市场化程度越高的地区越能吸引到外商直接投资。

3. 信息成本

相对于当地投资者，外国投资者由于缺乏对当地经济和商业环境的了解，从而涉及较高的信息成本。因此，外商的区位选择应该是信息成本的理性反映。在中国，信

息成本较低的几类地区主要是：地区经济中心、沿海地区、已经建立大量"三资"企业的区域以及外商可以享受优惠政策的区域。

(二) 政策法规因素

从全国各个区域来看，我国利用外商直接投资具有明显的地域分布差异。在中国，外商直接投资的政策允许程度和开放时序是不同的。中央政府的渐进性开放政策深刻地影响外商直接投资及与其相关的外向型经济的地区差异格局。最早得到这种政策的地区一旦获得政策上的优势，对其发挥潜在的区位优势将是有很大推动作用的，并且还会形成一种非均衡发展模式下的自我强化力量，这些都使外资倾斜政策的影响更加重要而且持久。

我国政府在制定"七五"规划时，已经明确了对东、中、西三大经济地带的划分，并针对处于不同地带的地区实行不同的经济发展战略，使沿海地区率先走向国际市场。截至目前，外商直接投资经济在地区间的差异格局仍然与东、中、西三大地带的划分基本上一致，各地带间吸收外商直接投资所表现的时间序列上均体现了一种发展政策的差别。

(三) 市场因素

市场因素是东道国吸收外商直接投资的最为重要的区位因素之一，市场导向型投资的主要目标是开发利用当地市场。这种类型的外商直接投资通常需要考虑尽量接近市场，因为接近市场一方面可以减少交通运输成本，减少寻找产品市场、要素市场的成本；另一方面也可以及时得到市场反馈信息，从而及时改变经营策略，生产更适合当地市场需要的产品。

1. 市场规模与市场增长潜力

投资于一个大的市场将有机会获得范围经济，从而降低边际生产成本。中国市场具有开发程度低和潜力大的特点，在未来能够产生巨大的需求。据统计，中国市场上的消费品种类仅仅是美国市场的 1/3 左右，而且竞争有限，外商可以比较容易地进入市场。并且这种市场进入成本低，投资回收期短。

2. 对外开放水平

与市场有关的另一个指标是对外开放水平，开放水平的提高会增强该地区对外资的吸引力。中国两年来的开放力度不断加大，对外贸易取得了巨大发展，但由于市场结构和政策倾斜，中国的不同地区在开放程度上有明显的差异，东部地区与中西部地区之间形成了鲜明的对比。

3. 市场发育水平

我国东部地区的市场发育程度远远高于中西部地区，与梯度推进的对外开放政策相对应，中国也经历了一个由计划经济逐步向市场经济转型的时期。从经济体制改革开始，中国经济的市场化进程在空间上就出现了不平衡发展。在转型经济中，外商偏向于经济自由化和市场发育程度高的地区，以便他们能够减少外部不确定性以及交易成本和信息成本。

（四）集聚经济因素

集聚经济效应通常是指由于一些特定的经济活动在空间上集中而产生的正面外部经济效益。集聚经济的存在也意味着成本节约，既包括传统成本的节约，也意味着交易和信息成本的节约。集聚经济的存在可以增强区域的外资吸引力，它与基础设施质量、专业化供应商、劳动力市场以及知识外溢等有关。

1. 基础设施质量

基础设施和基础工业的发展状况决定着社会生产的规模和效益，特别是具备一定投资规模的大型企业，如果生存在一个基础设施薄弱的经济环境中，将会导致投资收益递减。在我国，各地区的投资硬环境差异非常大，例如东部沿海的广东省和江苏省经过十几年的努力，目前的基础设施建设已经相当完善。根据国家统计局的统计数据显示，截至 2015 年年底，东部地区的交通线路综合密度为 1 597 千米/平方千米，同期中部地区为 68 千米/平方千米，而西部仅为 29 千米/平方千米，与东中部地区相差甚远，成为外资进入的"瓶颈"。

2. 专业化供应商

行业的地区集中可以提供一个足够大的市场使得各种各样的专业化供应商得以生存。在我国，具有说服力的是广东东莞，这里集中了大量的来自海外特别是我国台湾地区的计算机和电子设备制造商，是公认的全国电子产品配套能力最强的地区，在此设厂，有助于厂商增强其竞争力和建立竞争优势。有了特定产业的集聚，就能吸引相关的 FDI 进入，而我国西部就非常缺乏这种集聚，是吸引 FDI 的薄弱环节。

3. 劳动力市场

厂商的集中能为拥有高度专业化技术的工人创造出一个完善的劳动力市场。在其他条件相同的条件下，拥有高度熟练的劳动力的地区比其他地区在吸引外商直接投资上更有优势。在我国，自 20 世纪 80 年代以来，大量的专业技术人员纷纷"孔雀东南飞"，造成了我国东部沿海地区的劳动力市场不论是数量还是质量都优于中西部地区。

4. 知识外溢

在现代经济生活中，知识至少和其他生产要素如劳动力、资本和原材料一样重要，尤其是在高度创新的行业中，知识的作用更加明显。当一种行业集中分布在一个较小的区域时，知识的非正式扩散经常非常有效。

第三节　中国利用外商直接投资的主要形式

外商直接投资在中国主要表现为三种形式：中外合资经营企业、中外合作经营企业、外商独资企业，简称为"三资企业"。此外还有较少数量的其他类型直接投资，如合作开发、BOT 投资、补偿贸易、加工装配和国际租赁等形式。

一、中外合资经营企业

中外合资经营企业（Chinese Foreign Equity Joint Venture）亦称股权式合营企业，

简称合资企业，是指依照中国有关法律在中国境内设立的外国公司、企业和其他经济组织或个人与中国公司、企业或其他经济组织共同举办的合营企业，即两个以上不同国籍的投资者，根据《中华人民共和国公司法》和《中华人民共和国企业法人登记管理条例》的规定共同投资设立、共同经营、共负盈亏、共担风险的有限责任公司。

中外合资经营企业是中国利用外商直接投资各种方式最早兴办和数量最多的一种。目前在吸收外资中还占有相当大的比重。

（一）合资企业的特点

中外合资经济企业是按股份公司形式设立的"股权式"合营企业。体现出合营各方共同投资、共同经营、共担风险、共负盈亏的"四共原则"。

（1）共同投资：中方和外方共同投资，投入的股本可以是现金、实物、工业产权、场地使用权等。按《中华人民共和国中外合资经营企业法》的规定，外方投资的比例一般不低于注册资本的25%，但对上限未作规定，比多数发展中国家不允许超过40%的规定更为开放，更利于吸收外资。

（2）共同经营：投资各方共同组成董事会（Board of director），聘任总经理和副总经理，组成经营管理机构，共同负责企业的生产经营活动。但是经营权与控制权在中、外双方分配中有矛盾。股份制合营必须有通用语的经营权，但同时又必须实现合营各方的分权，而事实上经营权更多的是掌握在外方手中，因此掌握资金、技术、销售渠道、管理技术四个基本因素。由于具有此种特点，在晚上投资企业中，合资企业成为国际上较为广泛使用的合作方式。

（3）共担风险：合资各方对企业的亏损和债务根据出资比例共同承担。《中华人民共和国中外合资经营企业法》明文规定，合资企业的形式为有限责任公司，即合资企业仅以自己公司的财产承担责任，债权人不能追索股东投资以外的财产。

（4）共负盈亏：合作企业获得利润，根据合作各方所占注册资本的比例进行分配。合资双方在追求最大限度利润方面目标是一致的，但双方都有各自不同的具体目标。外方的目标：一是利用东道国的经营条件、自然条件等降低生产成本，扩大生产销售；二是利用东道国和其他地区的公司提供强有力的服务和支持，以便实现全球战略；三是利用当地科技资源，发展跨国科技，保持科技领先地位。中方的目标：一是利用外商的财力、信贷渠道、管理技术、销售渠道发展自己；二是利用外商的销售网络，扩大出口，增强商品竞争力；三是把国外市场要素尽量内部化，增加生产要素的稳定性。二者相互利用，矛盾焦点集中在利用对方优势方面。

（二）合资企业的法律特征

中外合资企业具有以下法律特点：

（1）合资经营企业是我国合营者与外国合营者共同设立的企业。外方合营者包括外国的公司、企业、其他经济组织或者个人，中方合营者则为中国的公司、企业或者其他经济组织，不包括中国公民个人。

（2）中外合资经营企业的组织形式为有限责任公司，具有法人资格。"有限责任"实际上有两层含义：一是企业以其全部资产为限对外承担债务责任；二是企业合营各方以其出资额为限对企业承担责任。

（3）合资各方出资：

①出资方式：合资各方可以以现金、实物、工业产权、场地使用权等进行出资，构成企业注册资本。无论以何种方式出资，均要以同一种货币计算各自的股权，即合资各方的出资，无论以何种方式进行出资，都必须用统一的一种货币方式来表示，如美元或人民币。

②注册资本：合资企业的外方合营者出资比例一般不得低于25%。并且在合营期限内注册资本不得减少，只能增加。《中华人民共和国公司法》中对注册资本最低限额的规定也适用于中外合资企业：以生产经营、商品批发为主的公司人民币50万元，以商业零售为主的公司人民币30万元，科技开发咨询、服务性公司人民币10万元。

（4）合资企业不设股东会，实行董事会领导下的总经理负责制。其最高权力机构为董事会，董事会成员由合营各方按投资比例协商分配，并载明于合营企业合同和章程。董事会成员一般至少有三名（每期任期4年，可连任）。如果一方的人员担任董事长，则一般由对方的人员担任副董事长。合营企业一方对他方委派的董事不具有否决权，但董事的资格应当不违反公司法关于董事任职条件的规定。董事会的职责是讨论并决定企业的一切重大问题（如企业发展规划，生产经营方案、收支预算和分配、劳动工资计划、停业，以及最高经营管理层的任命、聘用及其职权和待遇等）。董事会的议事规则应在企业章程中明确规定，但董事会必须有2/3以上董事出席才有效，而且对于合营企业的章程修改、经营终止和解散、注册资本的增加或转让、企业合并等事项的决议，则需有出席董事会议的全体董事一致通过。

（5）合资企业必须经中国政府批准，领取批准证书。在工商行政管理部门注册登记，领取营业执照，取得中国法人地位，并作为纳税义务人按照中国税法的规定按期纳税。

（6）合资企业享有自主经营的权利：《中华人民共和国中外合资经营企业法实施条例》第七条规定：在中国法律、法规和合营企业协议、合同、章程规定的范围内，合营企业有权自主地进行经营管理，有关部门应给予支持和帮助。外国投资者分得的利润和其他合法权益，可以汇出境外，也可以在境内再投资。

（7）合资经营企业合资各方的收益分配，都是在企业税后利润中根据各方的出资比例进行分配。

（8）合资企业的经营期限有的行业要求约定，有的行业不要求约定。合资企业中属于国家鼓励和允许投资的项目，可以约定也可以不约定经营期限；属于国家限制发展的项目，一般要求在合营合同中约定经营期限。约定经营期限合资企业，合资各方同意延长经营期限的，应在距经营期满6个月前向审批机关提出申请，取得批准。未申请延长经营期限和未取得批准的，经营期满时，企业终止。

（三）合资企业的负面效应

合资企业在技术、资金、管理等方面为我国带来了有益的一面，但不容忽视的还有其负面效应，尤其是在经济转轨时期，表现在以下方面：

（1）由于未规定外商投资的上限，使合资企业由一般性合资经营变成控股经营。20 世纪 90 年代，国外一些大型跨国公司以其雄厚的资金和技术优势，在我国某些行业和经济领域形成控股优势，控制合资企业的经营决策权，使其更容易通过各种途径，将合资企业的利润转移出去，实现赋税最小化。

（2）无形资产流失，品牌消失。外方控股后，往往期待用国外品牌攻克或占领国内市场，限制国内已有一定声誉品牌的发展，甚至导致其逐渐没落。同时，外商运用控股权限制企业的技术开发，企业只能应用引进的技术，甚至对中方实行技术保密，中方人员鲜有机会参与产品的研发，导致企业的发展在极大程度上依赖于外方，跨国公司并购控股国内一些行业中的龙头企业，并使同行业的其他大多数企业无法与其竞争，于是转化为垄断优势。

（3）外商稀释中方股权进行对企业的隐形收购。在合作经营的过程中，中方往往因缺乏追加资本，在增资扩股的时候只能放弃增股机会，使外方股份比例不断增加，股权不断扩大，由参股变成控股。外商通过增资控股，进一步扩大对合作企业的经营决策权，进而垄断国内市场，再通过各种方式垄断产品价格，转移利润和偷税、漏税。

（4）跨国公司人才技能的优势。外商与中方合资，可以择优选员。这就让外商在人才技能的优势上找到的最佳区位。虽然外商投资的支撑点易转移，但传统因素，如自然资源的可获取性、劳动力成本的低廉性，仍然是决定其投资行为的重要因素。在经济转轨时期，外商并购国有企业主要是选择部分有盈利的企业或企业中的精华业务，把企业原有的债务、离退休人员、富余人员的安置等负担留给原企业。这样，国有企业的包袱更重，全面技改和转制的目标根本无法达到，而这些恶果最终还得由国家来承担。

《中国外商投资报告（2016）》显示，截至 2015 年年底，中外合资企业累计设立 31.68 万家，占比 37.88%；累计实际投资金额为 4 383.28 亿美元，占中国吸收外资总额的 26.69%。

二、中外合作经营企业

中外合作经营企业（Foreign Cooperative Joint Venture）亦称契约式合营企业，简称合营企业。它是指外国公司、企业和其他经济组织或个人与中国的公司、企业或其他经济组织依据《中华人民共和国中外合作经营企业法》，以双方投资或提供合作条件的方式，在中国境内设立的、依照共同签订的合作经营合同所规定各方的权利和义务的合作经济组织。

（一）合作经营企业的特点

（1）合作方式较为灵活，双方容易达成协议。中外各方的投资一般不折算成出资比例，利润也不按出资比例分配。各方的权利和义务，包括投资或提供合作的条件、利润或产品的分配、风险和亏损的分担、经营管理的方式和合同终止时财产的归属等项目，都在合作各方签订的合同中确定。它适用于投资见效快、利润较高，采用的技术不复杂的项目。

（2）从性质上讲，它是一种非股权契约形式进行生产的企业。这种合作企业对中外双方都有好处。对外商而言，可避免股权合营产生的摩擦，在短期内以灵活机动的方式实现自己的盈利目标。对东道国企业来说，可筹措资金，引进设备，扩大生产。

（3）在产业导向上，合作开发项目一般集中在基础性设施和矿产资源的开发上。这种特点有利于跨国公司得到急需的资源，有利于解决东道国资金技术不足的问题。

（二）合作经营企业的法律特征

1. 合作企业各方提供的合作条件

中外合作者的投资或者提供的合作条件可以是现金、实物、土地使用权、工业产权、非专利技术和其他财产权利。中外合作企业一般由外国合作者提供全部或大部分资金、技术、关键设备等，中方提供土地所有权、厂房、可利用的设备设施，有的也提供一定量的资金。

合作各方向合作企业提供的合作条件属于合作企业的财产，不以货币的形式表示，但应做辅助登记，对企业的债务承担责任。中国合作者所提供的投资和合作条件，依照有关法律、行政法规的规定须进行评估的，应进行评估。评估结果应作为合作谈判依据，防止国有资产流失。

2. 对外国合作者出资比例的规定

不具有法人资格的合作企业中，外国合作者的投资不得低于中国和外国合作者投资额之和的25%。在依法取得中国法人资格的合作企业中，外国合作者的投资一般不低于合作企业注册资本的25%。

3. 组织方式和合作条件

中外合作者可以共同举办具有法人资格的合作企业，即有限责任公司，也可以共同兴办不具有法人资格的经济实体，即合作方共同出资或提供合作条件，按照合作企业合同的约定经营管理企业，合作各方对企业的债务承担无限连带责任，企业不具有法人资格。非法人合作企业合作各方提供的合作条件或投资可由合作各方分别所有，也可以共同所有，由合作企业统一管理和使用，任何一方不得擅自处理。

具有法人资格的合作企业设立董事会及经营管理机构，董事会是最高权力机构，决定企业的一切重大问题。不具有法人资格的合作企业设立联合管理委员会，由合作各方派代表组成，代表合作各方共同管理企业。另外，合作企业成立后，经董事会或联合委员会一致同意，报原审批机关批准，还可以委托合作一方或第三方经营管理企业。

4. 收益分配和风险承担

合作企业属于于契约式的合营企业，因而合作各方以各种方式的投资，不一定要求作价，也不一定要按照各种的出资比例分配收益和承担风险。合作各方可以协商确定各方的出资方式、责任、权利和收益分配等，并将其具体写在合同中。在企业成立后的经营过程中，合作企业有盈余或发生亏损，各方应得的权利和应付的义务均按合同约定执行。换言之，合作企业合同是企业成立的基本依据，合营各方的权利义务不是取决于投资比例与股份，而是取决于合作企业合同的约定。

5. 投资回收与合作（营）期限

《中外合作经营企业法》规定，如果中外合作者在合作合同中约定，合作期满时合作企业的全部固定资产归中国合作者所有的，可以在合作企业合同中约定外国合作者在合作期限内先行收回投资，但仍应依照有关法律的规定及合同对合作企业的债务承担责任。这一做法，一方面可以解决国内企业缺乏投资来源的问题，另一方面对许多急于回收投资的外国投资者也具有极大吸引力。

外国合作者在合作期限内可按下列方式提前回收投资：

（1）中外合作者在合作企业合同中约定分配比例时，扩大外国合作者的初期分配比例。

（2）经财政税务机关审查批准，外国合作者可以在合作企业缴纳所得税前回收投资。

（3）经财政税务机关审查批准的其他回收投资方式。

合作企业的经营期限由中外合作者协商确定，并在合同中写明，报审批机关批准。如果合作各方要求延长合作期限，须在合作期满前180天向原审批机关提出申请，说明合作合同执行情况、延长期限的原因及目的。

（三）中外合资与中外合作经营企业的区别

1. 投资、收益和风险债务的分担方式不同

合资企业称为股权式合营，合资各方的投资物都要折价计算投资比例；其收益和风险债务的分担都是在企业税后利润中根据各方的出资比例进行分配。合作企业称为契约式合营，其投资、收益分配、风险债务的分担，以及企业终止时剩余财产的分配等问题，均由合作各方在合作合同中约定，一般不与各方的出资比例直接联系，不采取股权的方式计算合作企业各方合作者的投资、收益分配及风险债务的分担。合作者享受的权利和承担的义务均与出资无关。

因此，利润高、周期长的行业，如种植业、养殖业、服务业、旅游业、能源开发业和采矿业等，较多采用合作经营方式。由于合作经营方式避免了对有形资产评估和无形资产作价入股问题的商议，因此在这些行业中更多地使用国际许可证贸易进行技术转移。所以说合作经营中的技术创新效应体现在促使产业结构调整和升级，从而使合作者得到利益机会。

2. 法律依据不同

合资企业的法律依据是《中华人民共和国中外合资经营企业法》及其实施条例，该组织形式在中国具有独立的法人地位；合作企业的法律依据是《中华人民共和国中外合作经营企业法》及其实施细则，合作企业既可以是法人企业，也可以是非法人企业。

3. 组织方式与管理方式不同

合资企业是有限责任公司，其组织方式是成立董事会，作为企业的最高权力机构，董事会任命总经理等高级管理人员，中外双方共同管理。合作企业的管理不尽相同，具有法人地位的合作企业一般成立董事会，非法人式的一般是成立联合管理委员会，

由联合管理委员会的组成人员决定企业的重大事宜。联合管理委员会可以决定任命或聘请总经理负责合作企业的日常经营管理工作。总经理对联合管理委员会负责。另外，中外合作经营企业依法律的规定，经联合管理委员会一致同意；可以聘请中外合作者以外的他人经营管理，表现特别突出的有饭店餐饮业、房地产业和公共交通服务业等。

4. 合营期满资产处理方式不同

合资企业在合营期间不得擅自减少注册资本，合资各方可以从企业清偿债务后剩余的财产中收回投资本金。合作企业则不同，根据法律规定，如果各方合作者在合作合同中约定，合作期满时合作企业的全部固定资产归中国合作者所有的，可以在合作企业合同中约定外国合作者在合作期限内先行收回投资，但仍应依照有关法律的规定及合同对合作企业的债务承担责任。先行收回投资可以通过分得较多的利润、产品或者抽取固定资产折旧费等形式完成。

(四) 合作经营企业面临的问题

合作企业在发展过程中，由于国家鼓励兴办产品出口的或者技术先进的生产性合作企业，因此在新产品开发、产品升级换代、增加出口创汇等方面取得了长足的发展。但是也产生了一些问题，主要体现在以下方面：

1. 合同法规漏洞大

由于合同制度不严密，管理不善，造成国有资产流失严重。这种后果的产生，与中方企业法律意识淡薄，短视行为，对无形资产不重视，行政作风不严有密切关系。我国缺乏对相关国家涉外法规的系统研究，缺乏对新出现法律关系的探索预测，缺乏关于经贸活动管控的具体规定，缺乏对中国企业跨国投资经营活动的法律保护机制，缺乏国际铁路货运联运的组织协调体系，缺乏仲裁司法协助有效解决争议问题的权威制度，因而导致经贸活动中法律与合同得不到严格执行，违法行为得不到有效遏制。

2. 管理工作远落后于发达国家

法制化管理尚未健全，政府行为过多，管理机构重叠，司法、海关、商检、外贸、税收、金融机构协调配合能力欠缺，权威与效率不足，信息反馈不灵敏，研发等知识性、科技性投入比例偏低，阻碍了技术创新的步伐，对我国跨国经营形成障碍。

根据《中国外商投资报告 (2016)》，截至 2015 年年底，中外合作企业累计设立 6.07 万家，占比 7.25%；累计实际投资金额为 1 100.07 亿美元，占中国吸收外资总额的 6.7%。

三、外（独）资企业

外资企业（Enterprise Operated Exclusively with Foreign Capital）即外商独资企业，是指外国的公司、企业、其他经济组织或者个人，依照《中华人民共和国外资企业法》（以下简称《外资企业法》）在中国境内设立的全部资本由外国投资者投资的独立核算企业。根据《外资企业法》的规定，设立外资企业必须有利于我国国民经济的发展，并应至少符合下列一项条件：

（1）采用国际先进技术和设备，从事新产品开发，节约能源和原材料，实现产品升级换代，可以替代进口的。

（2）产品全部或者大部分出口（即年出口产品净值达到当年全部产值 50% 以上），实现外汇收支平衡或盈余的。

（一）外资企业的特点

（1）外资企业是外国投资者根据中国法律在中国境内设立的。尽管外资企业的全部资本均来自于外国投资者，但它是根据中国法律在中国境内设立，受中国法律的管辖和保护，是具有中国国籍的企业。这是外资企业与外国企业的根本不同，因为外国企业是依据外国法律在国外设立并在该国从事经营活动的企业，它具有外国国籍。

（2）外资企业是独立的法律主体。一般情况下，外资企业以自己的名义进行经营活动，独立核算，独立承担民事责任，外国投资者对其债务不承担无限责任。这是外资企业与外国企业在中国境内设立的分支机构的根本不同，外国企业的分支机构是外国企业（如母公司或总公司）在东道国经许可设立的一个附属机构，不具有独立的民事主体资格，其经营活动只能以母公司或总公司的名义来进行，并由母公司或总公司承担民事责任。除非外资企业设立时已登记为无限责任的独资或合伙企业。

（二）外资企业的法律特征

（1）外国投资者可以用可自由兑换的外币出资，也可以用机器设备、工业产权、专有技术等作价出资。经审批机关批准，外国投资者也可以用其从中国境内兴办的其他外商投资企业获得的人民币利润出资。以工业产权、专有技术作价出资的，该工业产权、专有技术应当为外国投资者所有，其作价应当与国际上通常的作价原则相一致，作价金额不得超过外资企业注册资本的 20%。

（2）根据《中华人民共和国外资企业法实施细则》的规定，外资企业的组织形式为有限责任公司。经批准也可为其他责任形式。实践中外资企业大多数都采用了有限责任公司的形式，这种形式外资企业的全部利润归外国投资者所有，风险和亏损也由外国投资者独立承担，但其对企业的责任以其认缴的出资额为限。即使投资者只有一人，也可为有限责任公司，所以外资企业中的一人公司是合法的事实存在。外资企业为其他责任形式的，外国投资者对企业的责任适用中国法律、法规的规定。所谓其他责任形式，主要是指合伙形式和独资形式。如果外资企业采用的是这类责任形式，则外国投资者应对企业债务承担无限责任或连带责任。

（3）外资企业的经营期限根据不同行业和企业的具体情况，由外国投资者在设立外资企业的申请书中拟定，经审批机关批准。需要延长经营期限的外资企业，须在经营期满前 180 天向原审批机关提出延长申请，审批机关在接到申请之日起 30 日内决定是否批准。经批准的企业应向工商行政管理机关办理变更登记手续。

此外，《中华人民共和国外资企业法》及其实施细则对外国投资者的资格、外资企业的设立、出资方式、财务、外汇、税务、劳动管理、企业终止与清算等都作了明确的规定。

《中国外商投资报告（2016）》显示，截至 2015 年年底，外资企业累计设立 45.81 万家，占比 54.77%；累计实际投资金额为 10 669.3 亿美元，占中国吸收外资总额的 64.96%。

四、中外合作开发

中外合作开发是海上和陆上石油合作勘探开发的简称。它指的是外国公司依据《中华人民共和国对外合作开采海洋石油资源条例》和《中华人民共和国对外合作开采陆上石油资源条例》，同中国的公司合作进行海上或陆上石油以及矿产资源的勘探开发。合作开发目前国际上在自然资源领域广泛使用的一种经济合作方式，其最大的特点是高风险、高投入、高收益。

合作开发一般分为勘探、开发和生产三个阶段。勘探阶段由外方承担全部费用和风险，在勘探期内，如果在合同确定的区域范围内没有发现有开发价值的油气田，合同即告终止，中方不承担任何补偿责任。如果在合同确定的区域范围内发现有开发价值的油气田，则进入开发阶段，中方可以通过参股的方式（一般不超过51%）与外方共同开发，按双方商定的出资比例共同出资。油田的进入正式生产阶段后，应按法律规定缴纳有关税收和矿区使用费，中外双方可按合同确定的分油比例以实物方式回收投资并分配利润，亏损风险由各方分别承担。中国在石油资源开采领域的对外合作中都采用这种方式。

《中国外商投资报告（2016）》显示，截至2015年年底，中国累计批准中外合作开发项目191家，占比0.02%；累计实际使用外资金额75.07亿美元，占中国吸收外资总额的0.03%。目前已有一些合作开发的油田投入商业性开发。合作开发比较以上三种方式，所占比重很小。

中国已于1982年1月与1993年10月颁布了《中华人民共和国对外合作开采海洋石油资源条例》（以下简称《海洋石油资源条例》）和《中华人民共和国对外合作开采陆上石油资源条例》（以下简称《陆上石油资源条例》），并于2001年9月23日进行了重新修订。条例明确规定为促进国民经济的发展，扩大国际经济技术合作，在维护国家主权和经济利益的前提下允许外国企业参与合作开采中华人民共和国石油资源。国家对参加合作开采海洋石油资源的外国企业的投资和收益不实行征收。在特殊情况下，根据社会公共利益的需要，可以对外国企业在合作开采中应得石油的一部分或全部，依照法律程序实现征收，并给予相应的补偿。中华人民共和国对外合作开采海洋石油资源的业务，由中国海洋石油总公司全面负责。中国海洋石油总公司是具有法人资格的国家公司，享有在对外合作海区内进行石油勘探、开发、生产和销售的专营权。中国海洋石油总公司就对外合作开采石油的海区、面积、区块，组织招标，外国公司可以单独也可以组成集团参与投标。中标者与中方签订石油合作勘探开采合同，确定双方的权利和义务，合同期限一般在30年内。石油合同，经中华人民共和国对外贸易经济合作部批准，即为有效。

国家对参加合作开采陆上石油资源的外国企业的投资和收益不实行征收。在特殊情况下，根据社会公共利益的需要，可以对外国企业在合作开采中应得石油的一部分或全部，依照法律程序实行征收，并给予相应的补偿。中国石油天然气集团公司、中国石油化工集团负责对外合作开采陆上石油资源的经营业务，负责与外国企业谈判、签订、执行合作开采陆上石油资源的合同，在国务院批准的对外合作开采陆上石油资源的区域内享有与外国企业合作进行石油勘探、开发和生产的专营权。合作开采陆上石油资源的合同经中华人民共和国对外贸易经济合作部批准，即为有效。

五、外商投资股份有限公司

外商投资股份有限公司又称外商投资股份制企业，是指外国公司、企业和其他经济组织和个人依据《关于设立外商投资股份有限公司若干问题的暂行规定》，同中国的公司、企业或其他经济组织按照平等互利的原则，通过认购一定比例的股份，在中国境内共同举办的公司。外商投资股份有限公司全部资本由等额股份构成，股东以其所认购的股份对公司承担责任，公司以全部财产对公司债务承担责任，中外股东共同持有公司股份，外国股东购买并持有的股份需占公司注册资本的 25% 以上。外国投资者还可依照有关法规对中国的 A 股上市公司进行中长期战略性并购投资，取得该公司的A 股股份。

外商投资股份有限公司是外商投资企业的一种形式，适用国家法律法规对于外商投资企业的有关规定。国家规范和管理外商投资股份有限公司的政策法规主要有：原对外贸易经济合作部于 1995 年颁布实施的《关于设立外商投资股份有限公司若干问题的暂行规定》；商务部、中国证券监督管理委员会、国家税务局、国家工商行政管理总局和国家外汇管理局于 2005 年年底发布并于 2006 年年初施行的《外国投资者对上市公司战略投资管理办法》等。设立外商投资股份有限公司应符合国家有关外商投资企业产业政策的规定。国家鼓励设立技术先进的生产型公司。

外商投资股份有限公司是 20 世纪 90 年代中后期出现的一种新的利用外商直接投资的方式，它是在中国证券市场不断扩大和企业股份制改造日益深入的背景下产生的。外商投资股份有限公司与中外合资经营企业、中外合作经营企业以及外资企业的相同点是，它们都是有限责任性质的企业，并且都是我国利用外商直接投资的有效方式。它们之间的不同点表现在许多方面，如设立方式不同、最低注册资本额要求不同、股权转让不同和公开性要求不同等。

和《中华人民共和国公司法》（后简称《公司法》）所规定的股份有限公司设立方式一样，外商投资股份有限公司可采取发起方式或者募集方式设立。已设立的外商投资企业，国有企业、集体所有制企业，股份有限公司也可申请通过改制设立外商投资股份有限公司。但是必须注意的是，以发起方式设立的公司，除应符合《公司法》规定的发起人的条件外，其中至少有一个发起人应为外国股东；以募集方式设立的公司，除应符合前述条件外，其中至少有一个发起人还应有募集股份前连续盈利的记录；该发起人为中国股东时，应提供其近 3 年经过中国注册会计师审计的财务会计报告，该发起人为外国股东时，应提供该外国股东居住所在地注册会计师审计的财务会计报告。

外商投资股份有限公司注册资本的最低限额为人民币 3 000 万元。其中外国股东购买并持有的股份不低于公司注册资本的 25%。外商投资股份有限公司的注册资本应为在登记注册机关登记注册的实收资本总额，其他条件与《公司法》规定的股份有限公司设立的条件相同。

截至 2015 年年底，在华的外商投资股份有限公司有 591 家，占比 0.07%；累计实际使用外资金额为 186.48 亿美元，占中国吸收外资总额的 1.14%。

六、投资性公司

为了促进外国投资者来华投资，引进国外先进技术和管理经验，允许外国投资者根据中国有关外国投资的法律、法规及本规定，在中国设立投资性公司。投资性公司是指外国投资者在中国境内以独资或与中方投资者合资的形式设立的从事直接投资的公司，也就是通常所说的"控股公司"，其形式一般为有限责任公司。投资性公司与生产性公司的最大区别是投资性公司不直接从事生产活动。外商在中国设立投资性公司的好处在于，投资性公司可作为跨国公司在当地的法人，代表总部直接参股或控股当地企业，用面对面的直接管理代替远在异国他乡的总部遥控指挥，充分体现了高效原则。

为了更好地规范和促进投资性公司的发展，商务部于 2004 年 11 月 17 日公布了经过修订的《关于外商投资举办投资性公司的规定》，并于 2006 年 5 月 26 日公布了《关于外商投资举办投资性公司的补充规定》。

申请设立投资性公司应符合下列条件：

（1）外国投资者资信良好，拥有举办投资性公司所必需的经济实力，申请前一年该投资者的资产总额不低于四亿美元，且该投资者在中国境内已设立了外商投资企业，其实际缴付的注册资本的出资额超过一千万美元；外国投资者资信良好，拥有举办投资性公司所必需的经济实力，该投资者在中国境内已设立了十个以上外商投资企业，其实际缴付的注册资本的出资额超过三千万美元。

（2）以合资方式设立投资性公司的，中国投资者应为资信良好，拥有举办投资性公司所必需的经济实力，申请前一年该投资者的资产总额不低于一亿元人民币。

（3）投资性公司的注册资本不低于三千万美元。

申请设立投资性公司的外国投资者应为一家外国的公司、企业或经济组织，若外国投资者为两个以上的，其中应至少有一名占大股权的外国投资者符合第一个条件的规定。

投资性公司投资设立企业，按外商投资企业的审批权限及审批程序另行报批。投资性公司设立分支机构应报商务部审批，且须符合一定条件。另外，投资性公司在符合一定条件的情况下，可申请被认定为跨国公司地区总部（以下简称地区总部），并依法办理变更手续。投资性公司在中国境内的投资活动不受公司注册地点的限制。经中国政府批准设立的投资性公司被赋予其他外商投资企业更为广泛的经营范围，以鼓励跨国公司在中国开展系列性的投资活动。

七、BOT 投资方式

BOT 投资方式是由土耳其已故总理厄扎尔在 20 世纪 80 年代在土耳其国家私营计划框架工程中首创的，以后被世界各国认同并被广泛采用。它是私营企业参与基础设施建设，向社会提供公共服务的一种方式。尽管 BOT 方式在一些方面表现出其特殊性，但它亦属于利用外商投资的范围，也受中国有关外商投资企业政策法规的管辖。外商可以以合资、合作或独资的方式建立 BOT 项目公司。下面就介绍一下 BOT 投资方式。

（一）BOT 投资方式的含义

BOT 方式是指 Build-Operate-Transfer 的缩写意即"建设—经营—移交"。典型的 BOT 是指东道国政府同私营机构（在中国表现为外商投资）的项目公司签订合同，由该项目公司承担一个基础设施或公共工程项目的筹资、建造、营运、维修及转让。在双方协定的一个固定期限内（一般为 15～20 年），项目公司对其筹资建设的项目行使运营权，以便收回对该项目的投资，偿还该项目的债务并赚取利润。协议期满后，项目公司将该项目无偿转让给东道国政府。

在 BOT 方式中，项目公司由一个或多个投资者组成，通常包括承包公司和设备供应商等。项目公司以股本投资的方式建立，有时也可以通过发行股票以及吸收少量政府资金入股的方式筹资。BOT 项目所需的资金大部分通过项目公司从商业金融渠道获得。BOT 项目的运作过程从政府的角度来说，一般要经过以下几个阶段：确定项目、招标准备及要约、评价、谈判；从私营企业的角度来说，一般都要经过下列几个阶段：投资前评估、执行、建设、经营、产权移交。

（二）BOT 方式的特点。

BOT 投资方式的特点可概括如下：

1. BOT 方式是在市场经济的基础上引入了强有力的国家干预

一方面，BOT 能够保持市场机制发挥作用。BOT 投资项目的大部分经济行为都是在市场上进行，政府以招标方式确定项目公司的做法本身也包含了竞争机制。作为可靠的市场主体的私人机构是 BOT 投资模式的行为主体，在特许其内对所建工程项目具有完备的产权。这样，承担 BOT 项目的私人机构在 BOT 项目实施过程中的行为完全符合经济人的假设。另一方面，BOT 投资方式为政府干预提供了有效的途径，这就是和私人企业达成的有关 BOT 项目的协议。尽管 BOT 协议的执行全部由项目公司负责，但政府自始至终都拥有对该项目的控制权。在立项、招标、谈判三个阶段，政府的意愿起着决定的作用。在履约阶段，政府又具有监督检查的权力，在项目经营中价格的制定也受到政府的约束，政府还可以通过 BOT 法律、法规来约束 BOT 项目公司的行为。

2. 适用范围即投资对象的特殊性

BOT 投资方式起源于大型基础设施建设的筹资需要，目前也主要适用于一个国家或地区，在其经济建设基础领域里的一些能通过收费获得收入的设施或服务项目，例如，电站、高速公路、铁路、桥梁、隧道、港口、机场、灌渠、水库与大坝、教育医疗卫生基础设施、仓库、环保设施、通信设施、工业园区等，都可以通过 BOT 投资方式来融资建设。这些项目一般工程量大、建设时间长、耗资巨大、关系国计民生，属于急需项目，而且这些项目的市场需求一般都较好，能够获得较稳定的收入。

3. BOT 投资方式以特许权为前提

投资者只有取得特许权后才可以从事项目建设。在政府和私人企业相互需要的基础上，政府与私人企业签订特许协议，通过政府的权利让渡，使得私人资本有机会参与对基础设施的投资、建设。政府的这种权利让渡只是出让建设的权利，包括为收回投资而给予投资者一段时期内经营管理的权限。到特许权期限届满时，投资者将项目所有权归还政府。

4. 投资主体多元化和风险的分担与管理

基础设施建设的投资数额巨大，投资回报周期长，项目风险大。因此，单个或少数的几个投资主体难以完成 BOT 项目的投资或单独承担建设风险，所以，BOT 投资方式涉及多个项目投资主体，有项目公司、政府、贷款人、建设者、保险公司、经营公司等，在它们之间形成了复杂的法律关系，并且按照特许协议的规定进行投资，分担风险、共同管理。

5. 财产权利的特殊性

作为独立法人的项目公司对其项目拥有所有权，但始终是一种不完全的财产所有权。在项目公司设立之初，其尚未形成的财产已经抵押给贷款银行且这一抵押权需征得财产本来所有人的同意。在项目建成后，在整个还贷期间，项目公司的财产始终处于抵押权的限制下，并在回报期内，随着回报额的增加和经营期的减少，政府的实际所有权将逐步扩大，甚至所有权完全转交给政府。

(三) BOT 投资方式于传统利用外资方式的差异

BOT 投资方式是一种较新的利用外资的方式，它与传统的利用外资方式的不同在于：

(1) BOT 方式的主体一方为东道国政府部门，另一方为私营机构的项目公司，而传统利用外资的方式，其主体一般是企业与企业之间或者政府与政府之间。

(2) BOT 项目的实施是一项复杂的系统工程，需要金融、贸易、保险、技术引进、工程承包、土地使用权、交通能源、通信、广告等各行业的相互协调与合作，尤其是东道国政府的强有力支持，是一个 BOT 项目成功的关键，而传统利用外资的方式，则没有这么复杂。

(3) BOT 方式下对项目建设方式的选择，一般采用国际招标，而传统利用外资的方式则一般不通过招标。

(4) BOT 方式的资金来源，主要是国际金融机构提供的无追索权贷款。采用 BOT 方式，可以允许政府参股。而传统的利用外资方式，其注册资本以外的贷款，也不是无追索权的贷款，同时也不允许政府投资。

(5) BOT 方式的经营管理，通常是在东道国政府的许可范围内，由项目公司按自身的管理模式进行操作，而传统的利用外资方式，则按东道国有关法律及双方的约定进行操作。

(6) BOT 方式合作期满后，项目公司将该项目无偿移交给东道国政府，而传统的利用外资方式，在期满后，外方一般按合同规定将标的转让给东道国企业。

(四) BOT 投资方式的优缺点

1. BOT 投资方式的优点

(1) 解决东道国政府资金不足的问题。一方面，大规模的基础设施建设往往需要大量资金投入，面对巨额的投资支出，政府资金往往一时难以周转；而另一方面，基础设施项目带来的巨大利润则可以吸引众多的外国私人资本，从而解决资金不足的问题，减轻政府的财政负担，是发展中国家解决资金短缺问题的新途径。

（2）在不影响政府对该项目所有权的前提下，分散投资风险在融资方面，采用BOT投资建设的基础设施项目，其融资的风险和责任均由投资方承担，大大地减少了东道国政府的风险。在工程的施工、建设、初期运营阶段，各种风险发生的可能性也是极大的。若采用BOT投资模式，吸引外国私人资本投资，政府可免于承担种种风险，相应地由项目的投资方、承包商、经营者来承担这些风险。通过这种融资方式，不仅可以大大降低政府所承担的风险范围，也有利于基础设施项目的成功。

（3）有利于引进外国的先进技术及管理方法。通过将项目交给外商投资、经营，东道国可借鉴先进的外来技术和管理经验，加快工程的建设，提高项目的运营效率。同时，国内其他基础设施项目的建设者通过学习与借鉴，可以改善国内项目的投资、经营、管理，与国际市场接轨。从项目投资企业的角度来讲，可以涉足东道国的市场，获取丰厚的利润，还可以带动投资国成套设备的出口。

（4）可以更好地满足社会需求，并促进就业。采取BOT方式，可以是一些本来急需建设但目前政府财政有物理投资建设的基础设施项目，提前建成并发挥作用。并且，通过BOT投资项目的建设和运营，可以为东道国创造大量的就业机会。

2. BOT投资方式的缺点

对东道国来说，BOT投资方式包括招标问题、政府的风险分担问题以及融资成本和其他经济问题等；在特许期内，政府失去了对项目所有权、经营权的控制。

（五）BOT投资方式的演变

BOT投资方式在其发展过程中出现了一系列演变方式，主要有以下几种：

（1）BOOT（Build-Own-Operate-Transfer）：建设—拥有—运营—移交。这种方式明确BOT方式的所有权，项目公司在特许期内既有经营权又有所有权。一般说来，BOT即是指BOOT。

（2）BOO（Build-Own-Operate）：建设—拥有—运营。这种方式是开发商按照政府授予的特许权，建设并经营某项基础设施，但并不将此基础设施移交给政府或公共部门。

（3）BOOST（Build-Own-Operate-Subsidy-Transfer）：建设—拥有—运营—补贴—移交。

（4）BLT（Build-Lease-Transfer）：建设—租赁—移交。即政府出让项目建设权，在项目运营期内，政府有义务成为项目的租赁人，在且赁期结束后，所有资产再转移给政府公共部门。

（5）BT（Build-Transfer）：建设—移交。即项目建成后立即移交，可按项目的收购价格分期付款。

（6）BTO（Build-Transfer-Operate）：建设—移交—运营。这种方式是指民营机构为项目融资并负责其建设，完工后即将设施所有权（注意实体资产仍由民营机构占有）移交给政府方；随后政府方再授予该民营机构经营该设施的长期合同，使其通过向用户收费，收回投资并获得合理回报。

（7）IOT（Investment-Operate-Transfer）：投资—运营—移交。即收购现有的基础设施，然后再根据特许权协议运营，最后移交给公共部门。

（8）BMT（Build-Management-transfer）：建设—管理—转让。

此外，还有 BRT、DBOT、DBOM、ROMT、SLT、MOT 等，虽然提法不同，具体操作上也存在一些差异，但它们的结构与 BOT 并无实质差别，所以习惯上将上述所有方式统称为 BOT。

八、外商投资创业投资企业

外商投资创业投资企业（以下简称创投企业）是指外国投资者或外国投资者与根据中国法律注册成立的公司、企业或其他经济组织（以下简称中国投资者），根据规定在中国境内设立的以创业投资为经营活动的外商投资企业。

创业投资是指主要向未上市高新技术企业（以下简称所投资企业）进行股权投资，并为之提供创业管理服务，以期获取资本增值收益的投资方式。创投企业可以采取非法人制组织形式，也可以采取公司制组织形式。采取非法人制组织形式的创投企业的投资者对创投企业的债务承担连带责任。非法人制创投企业的投资者也可以在创投企业合同中约定在非法人制创投企业资产不足以清偿该债务时由以创业投资为主营业务的必备投资者承担连带责任，其他投资者以其认缴的出资额为限承担责任。采用公司制组织形式的创投企业（以下简称公司制创投企业）的投资者以其各自认缴的出资额为限对创投企业承担责任。

目前国内对外商在中国设立创业投资企业进行规制的政府部门规章为《外商投资创业投资企业管理规定》。它是由商务部和科技部等五个部门于 2003 年 1 月 30 日颁布，并于当年 3 月 1 日开始实施的，旨在鼓励外国投资者来华从事创业投资，建立和完善中国的创业投资机制。

（一）创投企业设立条件

设立创投企业应具备下列条件。

（1）投资者人数在 2 人以上 50 人以下；且应至少拥有一个符合下列条件的必备投资者：

①以创业投资为主营业务。

②在申请前三年其管理的资本累计不低于 1 亿美元，且其中至少 5 000 万美元已经用于进行创业投资。在必备投资者为中国投资者的情形下，本款业绩要求为：在申请前三年其管理的资本累计不低于 1 亿元人民币，且其中至少 5 000 万元人民币已经用于进行创业投资。

③拥有 3 名以上具有 3 年以上创业投资从业经验的专业管理人员。

④如果某一投资者的关联实体满足上述条件，则该投资者可以申请成为必备投资者。本款所称关联实体是指该投资者控制的某一实体或控制该投资者的某一实体、或与该投资者共同受控于某一实体的另一实体。本款所称控制是指控制方拥有被控制方超过 50% 的表决权。

⑤必备投资者及其上述关联实体均应未被所在国司法机关和其他相关监管机构禁止从事创业投资或投资咨询业务或以欺诈等原因进行处罚。

⑥非法人制创投企业的必备投资者，对创投企业的认缴出资及实际出资分别不低于投资者认缴出资总额及实际出资总额的1%，且应对创投企业的债务承担连带责任；公司制创投企业的必备投资者，对创投企业的认缴出资及实际出资分别不低于投资者认缴出资总额及实际出资总额的30%。

（2）非法人制创投企业投资者认缴出资总额的最低限额为1 000万美元；公司制创投企业投资者认缴资本总额的最低限额为500万美元。除第七条所述必备投资者外，其他每个投资者的最低认缴出资额不得低于100万美元。外国投资者以可自由兑换的货币出资，中国投资者以人民币出资。

（3）有明确的组织形式。

（4）有明确合法的投资方向。

（5）除了将该企业经营活动授予一家创业投资管理公司进行管理的情形外，创投企业应有三名以上具备创业投资从业经验的专业人员。

（6）法律、行政法规规定的其他条件。

（二）创投企业可经营业务

外商设立的创业投资企业的业务经营范围相对比较小，包括以全部自有资金进行股权投资，具体投资方式包括新设企业、向已设立企业投资、接受已设立企业投资者股权转让以及国家法律法规允许的其他方式；提供创业投资咨询；为所投资企业提供管理咨询；审批机构批准的其他业务。创投企业资金应主要用于向所投资企业进行股权投资。

九、外国公司在华设立分支机构

《公司法》第十一章明确规定了外国公司在华设立分支机构的规则。外国公司（即母公司）在中国境内设立分支机构，必须向中国主管机关提出申请，并提交其公司章程、所属国的公司登记证书等有关文件，经批准后，向公司登记机关依法办理登记，领取营业执照。设立分支机构的同时，须在中国境内指定负责该分支机构的代表人或者代理人，并向该分支机构拨付与其所从事的经营活动相适应的营运资金。

外国公司的分支机构应当在其名称中标明该外国公司的国籍及责任形式。外国公司的分支机构应当在本机构中置备该外国公司章程。需要注意的是，外国公司在中国境内设立的分支机构不具有中国法人资格。外国公司对其分支机构在中国境内进行经营活动承担民事责任。此外，经批准设立的外国公司分支机构，在中国境内从事业务活动，必须遵守中国的法律，不得损害中国的社会公共利益，其合法权益受中国法律保护。在华分公司的经营范围不得超出母公司的经营范围。当外国公司撤销其在中国境内的分支机构时，必须依法清偿债务，依照本法有关公司清算程序的规定进行清算。未清偿债务之前，不得将其分支机构的财产移至中国境外。

第四节　中国利用外商直接投资的部分政策法规

外商投资的政策法律规定是调整外商投资企业在设立、变更、终止和经营管理过程中产生的经济关系的法律规范的综合。由于涉及利用外资的政策法规数以百计，下文先对中国有关外商投资的专门法做一个结构性的梳理，以便更好地厘清不同法律法规之间的关系，然后选取几个具体方面的政策法规做一些介绍。

一、外商投资相关专门法规的体系结构

第一层级是三大外商投资基本法，即中外合资经营企业法、中外合作经营企业法和外资企业法。值得注意的是：这三部法律即将合一变成《中华人民共和国外国投资法》。2015 年 1 月，商务部已公布《中华人民共和国外国投资法（草案征求意见稿）》，向社会公开征求意见。目前此法正进入修订阶段，待修订完成后，将报国务院审批通过后执行。一旦此法通过，将实现外资三法合一，外商逐案审批管理模式将结束，进入"有限许可加全面报告"外资准入新时代。

有关外商投资的专门发构成了中国外商投资的基础性法律制度，但只是一个框架性的立法，大量的外商投资法律制度实际上是由行政法规和中央政府有关主管部门的行政规章和产业政策来完善的。

第二层级是行政法规，这一层级构成了外商投资法律体系的主体内容。诸如，《中华人民共和国中外合资经营企业法实施条例》《中华人民共和国中外合作经营企业法实施条例》《中华人民共和国外资企业法实施细则》《中外合资经营企业合营各方出资的若干规定》等。这一层级与三大基本法一起构成了判别外商投资行为是否具有合法性的主要法律体系。

第三层级是中央政府的有关产业政策。这一层级的最大特点是出台方式灵活，调整范围广泛，紧扣国内外经济形势的发展要求，但对现行立法体系的冲击也最大，可以随时修订现有产业政策。

诸如，经国务院批准由国家发改委、商务部于 1995 年首次联合发布的《外商投资产业指导目录》（该目录迄今为止修订 7 次，最近一次修订于 2017 年 6 月，并将于 2017 年 7 月 28 日正式实施）；由国家发展和改革委员会、商务部发布于 2017 年 2 月 17 日，并自 2017 年 3 月 20 日起施行的《中西部地区外商投资优势产业目录（2017 年修订）》

第四层级是中央政府有关主管部门的规章，这一层级的立法更多的是从微观的角度对外商投资法律制度的落实起着规范作用。其制定主体既有单一的主管部门，也有多部门联合立法的形式。诸如《外商投资举办投资性公司的规定》是由商务部单一的立法主体制定的，而《关于外商投资企业合并与分立的规定》则是由原外经贸部和国家工商行政管理总局联合发布的。

第五层级是地方人大、政府出台的有关产业政策。包括地方性法规和地方政府规章，这一立法体系的最大特点是"地方性"色彩明显，但缺陷在于在各类"招商引资"政策的名义下往往易于给外商以"超国民待遇"。

第六层级是其他规范性文件。其实际上是政府广义立法行为的产物，包括从中央政府有关主管部门到地方政府及其部门出台的红头文件等，或是针对某类或某一事项出台的批复、规定、答复等规范性文件。这类立法体系最大的特点是存在"因人设事"的可能，且易对上位法作出不符合立法精神的解释。同时，往往因其不具有公示性而引发外商及国内投资者对其隐秘性特质的质疑。

二、关于外商直接投资产业政策方面的规定

外商投资产业政策是国家总体产业政策在外商投资领域的体现。2002年公布实施的《指导外商投资方向规定》、2017年修订后实施的《中西部地区外商投资优势产业目录》和2017年修订后公布实施的《外商投资产业指导目录》体现了中国政府对外商投资的产业导向政策。其中《外商投资产业指导目录》和《中西部地区外商投资优势产业目录》对外商投资进行分类指导，根据项目和地区的不同实行不同的产业政策。对于列入《外商投资产业指导目录》的项目，给予鼓励政策；而符合《中西部地区外商投资优势产业目录》规定的外商投资项目，可享受鼓励类外商投资项目的优惠；另外，根据《鼓励外商投资高新技术产品目录》的规定，对外商投资十一大类高新技术领域给予优惠。

三、《中华人民共和国外国投资法》草案

(一)《外国投资法》出台的背景

1. 外资三法严重滞后

改革开放以来，中国逐步建立了以宪法为核心、《中华人民共和国中外合资经营企业法》《中华人民共和国中外合作经营企业法》和《中华人民共和国外资企业法》等三资企业法及其实施细则为基础、《指导外商投资方向规定》《国务院关于投资体制改革的决定》等法规和规范性文件为指引的外资准入综合管理法律体系。其中外资三法，即《中华人民共和国中外合资经营企业法》《中华人民共和国外资企业法》和《中华人民共和国中外合作经营企业法》，始于改革开放早期，它们的颁布与实施符合我国当时的基本国情，奠定了我国利用外资的法律基础，推动了改革开放的历史进程。虽然2000年至2001年外资三法进行了整体的修订，但是随着市场的快速发展以及《公司法》在2004年和2014年两次大的修订，外资三法已经越来越无法匹配外商投资的市场需求和进一步开放的经济潮流，且与《公司法》等法律法规存在诸多重复甚至冲突之处。除此之外，外资并购和国家安全审查等制度也亟需完善。综上，一个针对外商投资领域，全新、清晰而又系统的外商投资法规的出台可说是众望所归。目前，商务部对《外国投资法》草案进行了修改完善并上报了国务院。

2. 新时期政策引导

党的十八大要求加快转变对外经济发展方式，创新开放模式，提高利用外资综合优势和总体效益，推动引资、引技、引智有机结合等。十八届三中全会提出要统一内外资法律法规，保持外资政策稳定、透明、可预期，改革涉外投资审批体制，探索对外商投资实行准入前国民待遇加负面清单的管理模式等。十八届四中全会提出要完善涉外法律法规体系并促进构建开放型经济新体制。以上政策引导，为商务部发布外资法草案奠定了基础和导向。

（二）《外国投资法》草案重点内容

《外国投资法》是一部外国投资促进法。全面修改外资三法，制定统一的《外国投资法》，不仅需要对有关行政审批条款进行修改，还要解决外资三法中关于企业组织形式和治理结构的有关规范与《公司法》等法律法规的衔接问题，并将法律规范的对象调整为外国投资者在中国境内的投资行为，实现从外商投资企业法到外国投资管理法的转变。此次上报国务院待批的《外国投资法》草案涵盖以下重点内容：

1. 双重标准界定"外国投资者"

关于"外国投资者"的界定，草案同时依据了两种标准，即"国别标准"和"实际控制标准"。依据"国别标准"，外资法草案将不具有中国国籍的自然人、依据其他国家或者地区法律设立的企业、其他国家或者地区政府及其所属部门或机构、国际组织四类主体认定为外国投资者。同时，草案又依据"实际控制标准"，将受前四类主体控制的境内企业认定为外国投资者，将受中国投资者控制的前四类主体在境内的投资明确为可视作中国投资者的投资。不难看出，当某一外国投资企业在中国境内再次投资时，该企业兼具"外国投资企业"与"外国投资者"双重身份。

2. 外国投资概念立法明晰

关于外国投资的概念，外资法草案整合了外资三法中的绿地投资（即外国投资者在境内设立企业）和相关行政法规、规章中的并购投资，同时还增加了几种投资类型，具体包括：设立境内企业；取得境内企业的股份、股权、财产份额、表决权或者其他类似权益；向其持有前项所称权益的境内企业提供一年期以上融资；取得境内或其他属于中国资源管辖领域自然资源勘探、开发的特许权，或者取得基础设施建设、运营的特许权；取得境内土地使用权、房屋所有权等不动产权利；通过合同、信托等方式控制境内企业或者持有境内企业权益；境外交易导致境内企业的实际控制权向外国投资者转移的，视同外国投资者在中国境内投资。

3. 废除外商投资核准制，采用有限准入许可制

外资法草案取消对外商投资的逐案审批制，规定依据"特别管理措施目录"（即负面清单）对外商投资企业的设立进行管理。未来的"特别管理措施目录"将分为禁止实施目录和限制实施目录两部分。禁止实施目录列明的领域不允许外国投资者进入，同时规定外国投资者直接或者间接持有境内企业的股份、股权、财产份额或者其他权益、表决权时，该企业亦不得投资禁止实施目录列明的领域。限制实施目录通过金额

标准和投资领域两个指标对外国投资者的投资行为进行限制，外国投资涉及限制实施目录情形的应当向主管部门申请行政许可。未列入以上两个目录的，可以享受国民待遇，仅需履行信息报告义务。"特别管理措施目录"由国务院根据国家缔结的条约、公约、协定及有关法律法规、决定统一制定并发布。

4. 明确投资数额计算方式，严防行政许可规避

根据外资法草案规定，外国投资者在两年内针对同一投资事项多次实施投资，投资金额累计计算；外国投资者向其持有权益的境内企业直接或间接提供一年以上融资的，融资数额纳入投资数额加以计算。以上条款设置对防范市场上发生的规避核准的现象具有一定的作用。

5. 准入审查因素明确，审查重心转移

外资法草案规定，审查因素主要包括对国家安全的影响，是否符合特别管理措施目录规定的条件，对能源资源、基础创新、就业等生产经营要素的影响，行业发展的实际影响与控制力，国际条约义务，外国投资者及实际控制人，其他情况进行审查。由此可见外商投资企业的治理结构、章程、经营合同等不属于审查要素之列，以往需经过审批才生效的合同、股权收购协议、资产收购协议等在草案中并未明确要求提交审核，总体表述比较宽泛，因此未来外商投资企业的协议设计以及交易安排将更具灵活性，更有利于激发市场活力。

6. 构建信息报告制度，加强事中事后监管

外资法草案规定：外国投资者或外国投资企业对其投资经营行为，无论是否属于特别管理措施目录列明的领域，都要向外国投资主管部门履行信息报告义务。信息报告分为三类：外国投资事项报告、外国投资事项变更报告、定期报告。此处信息报告制度基于对市场主体信用的信赖建立，并对违反信息报告义务的外国投资者或者外国投资企业规定了较为严格的行政法律责任；要求违反信息报告义务的单位和直接负责的主管人员、其他责任人员承担刑事法律责任。值得特别注意是，草案采用了"附属刑法"的方式径直将"违反信息报告义务且情节特别严重"的行为规定为犯罪，并且明确其法定刑（对单位判处罚金、对相关责任人员处1年以下有期徒刑或拘役），本条也是我国新刑法（1999年）公布后的第一条附属刑法。

7. 过渡期安排

外资法草案正式生效后，外资三法将被废除，原依法存续的外国投资企业可以在原批准的经营范围、期限和其他条件下继续经营，但是变更经营事项、投资金额达到"限制实施目录"规定的标准的，应当申请准入许可。按照《征求意见稿》的规定，生效前存续的外国投资企业在新法生效后三年内，按照《公司法》《中华人民共和国合伙企业法》《中华人民共和国个人独资企业法》等法律法规变更企业组织形式和组织机构。

从外资法草案的内容来看，已经确立了放宽外资准入、促进市场在资源配置中起决定性作用的根本立法目的。在操作层面，该草案对外资准入许可、行业许可、工商登记的关系等方面进行了明确，与我国的现行法规实现了接轨和统一。

思考题

1. 中国利用外商直接投资的积极作用是什么?
2. 中外合资企业和中外合作企业有何不同?
3. 中外合作开发有何特点?
4. 指导外商投资产业政策的主要内容是什么?
5. 中国利用外资的特点主要有哪些?
6. 简述 BOT 投资方式与传统利用外资方式的差异。
7. 简述中国利用外商直接投资的发展趋势。
8. 中国吸引外商间接投资的方式有哪些?
9. 我国利用外资需要注意哪些问题?

第四章　中国对外直接投资

对外直接投资已经成为近年来我国参与经济全球化的重要形式。我国对外投资在改革开放后的迅速发展引起了国内外的关注，但是，在取得成就的同时还面临众多的挑战。本章从我国对外投资的发展阶段回顾的基础上，结合当前中国对外投资存在的问题，分析对外直接投资的发展方略，重点分析实践中中国国有企业与民营企业是如何实施"走出去"战略的。

第一节　实施"走出去"战略与中国对外直接投资

一、"走出去"战略的含义与层次

"走出去"战略有广义与狭义之分。广义的"走出去"战略指的是使中国的产品、服务、资本、技术、劳动力、管理以及中国企业本身走向国际市场，到国外去开展竞争与合作，到国外去发展；狭义的"走出去"战略是指中国企业所从事的各种对外直接投资活动，包括对外投资办厂、境外加工装配、境外资源开发、设立境外研发中心、建立国际营销网络、开展国际农业合资合作、开展跨国并购等，实质上是将各种生产要素输出到国外，将生产能力向国外延伸和布局。

目前商务部使用的"走出去"概念是在狭义的基础上再加上对外工程承包与劳务合作。

可以在三个层次上实施"走出去"战略。第一个层次是商品输出，是指货物、服务、技术、管理等商品和要素的输出，主要涉及货物贸易、服务贸易、技术贸易以及工程承包等。第二个层次是资本输出，是指进行各种形式的对外直接投资。如果一家企业的走出去战略发展到了第二层次，特别是海外投资达到了一定的规模（在两个或两个以上的国家拥有企业）后，那么这家企业也就变成了跨国公司。第三个层次是品牌输出。当一家企业拥有了著名品牌后，它不仅可以授权国外的企业使用该品牌，还可以利用品牌的影响力与国外开展合资合作，并且可以借助品牌的知名度扩大产品的销售，可以说品牌是跨国公司参与国际竞争的有力武器。本章所使用的"走出去"战略主要是指在第二和第三个层次上实施的"走出去"战略。

二、"走出去"战略的形成与发展

党的十七大报告明确指出："坚持对外开放的基本国策，把'引进来'和'走出去'更好地结合起来，扩大开放领域，优化开放结构，提高开放质量，完善内外联动，互利共赢、安全高效的开放型经济体系，形成经济全球化条件下参与国际经济合作和竞争的新优势。"这预示着我国将逐渐建立"走出去"与"引进来"相结合的对外开放体系，通过政策引导经济实现转型，全面提高对外开放水平。

（一）形成过程

"走出去"战略的形成和发展基本上可以分为四个阶段，在这四个阶段中，"走出去"战略经历了思想基础、正式提出、加快发展和巩固增强，为我国企业的发展提供了源源不竭的动力。

第一个阶段是邓小平同志的对外开放思想孕育了"走出去"战略。在经历了长时间的经济低迷和政治波动之后，上个世纪的中国亟须发展经济和稳定环境。在这样的背景之下，邓小平同志深刻总结了我国建设社会主义的历史经验与教训，同时对当时的国内外形势进行了分析和判断，提出了建立对外开放的基本国策。党的十一届三中全会明确提出："在自力更生基础上积极发展同世界各国平等互利的经济合作。"在这一指导方针的基础之上，中国企业开始了积极向外探索的步伐。

第二个阶段是江泽民同志任总书记时期，"走出去"战略作为国家战略被正式确定下来。1997 年亚洲金融危机后，为了扩大出口，国家实行了鼓励企业开展境外加工装配业务的战略，《关于鼓励企业开展境外带料加工装配业务的意见》出台，提出了支持我国企业以境外加工贸易方式"走出去"的具体措施。1997 年，在党的十五大上，江泽民同志进一步提出："更好地利用国内国外两个市场、两种资源，积极参加区域经济合作和全球多边贸易体系，鼓励能够发挥我国比较优势的对外投资。"同年，在全国外资工作会议上，江泽民同志强调既要鼓励外国企业来中国投资办厂，也要积极引导和组织国内有实力的企业走出去，"引进来"和"走出去"两个方面，缺一不可。2000年 3 月，九届人大三次会议期间，"走出去"战略作为国家战略被正式提出，并把它作为四大新战略（西部大开发战略、城镇化战略、人才战略和"走出去"战略）之一。2001 年出台了《国民经济和社会发展第十个五年计划纲要》指出："……健全对境外投资的服务体系，在金融、保险、外汇、财税、人才、法律、信息服务、出入境管理等方面，为实施'走出去'战略创造条件。"2002 年，在党的十六大报告中，江泽民同志提出："坚持'走出去'与'引进来'相结合的方针，全面提高对外开放水平。"

第三个阶段是胡锦涛同志任总书记时期。在这一时期，"走出去"战略得到了快速的发展。2003 年 10 月，党的十六届三中全会通过的《关于完善社会主义市场经济体制的若干重大问题的决定》指出："继续实施'走出去'战略……'走出去'战略是建成完善的社会主义市场经济体制和更具活力、更加开放的经济体系的战略部署，是适应统筹国内发展和对外开放的要求的，有助于进一步解放和发展生产力，为经济发展和社会全面进步注入强大动力"。2005 年，温家宝总理在政府工作报告中强调："鼓励有条件的企业对外投资和跨国经营，加大信贷、保险外汇等支持力度"。"走出去"战略在"十一五"期间得到全面落实。党的十七大报告中关于"引进来"和"走出去"

的论述，标志着我国"走出去""引进来"的开放向纵深发展。2010 年，在十一届全国人大三次会议上，温家宝总理在政府工作报告中提出，要进一步简化各类审批手续，落实企业境外投资自主权，加快实施"走出去"战略。

第四个阶段即以习近平同志为总书记的新时期。在这一时期，"走出去"战略得到了巩固和发展，同时出现了新的形势和新的情况。2015 年十二届全国人大三次会议上，李克强总理作了政府工作报告，在报告中他提出"加快实施走出去战略。鼓励企业参与境外基础设施建设和产能合作，推动铁路、电力、通信、工程机械以及汽车飞机、电子等中国装备走向世界，促进冶金、建材等产业对外投资"，标志着我国的"走出去"战略开始向更多的领域和更广阔的范围内发展，企业的"走出去"水平进入新的发展阶段。关于本阶段的具体政策，将会在以下部分详细说明。

总的来说，"走出去"战略在我国先后经历了思想奠基、正式确立、加快发展和巩固增强四个阶段。在这四个阶段中，由于面对的国际国内环境的不同，每个阶段，"走出去"战略都呈现出不同的特点。

（二）当今形势下的走出去战略

新时期"走出去"战略逐渐呈现出以下三个方面的特点：

第一，程序更加简捷。2013 年 11 月，党的十八届三中全会通过的《中共中央关于全面深化改革若干重大问题的决定》、2014 年 3 月 7 日，国务院发布《国务院关于进一步优化企业兼并重组市场环境的意见》、2014 年 5 月，国务院办公厅颁布《关于支持外贸稳定增长的若干意见》（国办发〔2014〕19 号）、2014 年 12 月 27 日，《国家发展改革委关于修改〈境外投资项目核准和备案管理办法〉和〈外商投资项目核准和备案管理办法〉有关条款的决定》公布，该决定修改了 2014 年 4 月 8 日发布的《境外投资项目核准和备案管理办法》中关于需要核准的境外投资的项目的范围。以上一系列条文的出台，显示出中央实行对外开放，创造更加活跃自由的贸易环境的决心，也确实在政策层面上，为企业的"走出去"创造更大的便利。

第二，企业监管监督逐渐增强。在中国企业走出去的过程中，将会涉及更多的跨境交易和跨境金融框架，其潜在的金融风险不言而喻。与此同时，作为中国对外的代表，"走出去"的企业在生产质量和人员管理层面上也代表着中国形象，将在各个领域产生重要的影响。因此，建立更加开放自由的交易环境的前提下，相关法律法规和政策也对金融监管和国际交易安全建立了更加严格的监管和监控网络。中国人民银行在其《管理办法》中分别规定了对结算银行、企业以及其他涉及银行的监督和检察。在证券上市业务方面，根据《对外投资合作发展报告 2014》，证监会通过与其他国际性机构的合作建立了跨度更广、层次更深的监督网络。2013 年 3 月，中国证监会与财政部共同确立了跨境审计执法合作的工作流程，开始在多变和双边合作框架下与境外监管机构开展审计执法合作，2013 年 5 月，中国证监会和财政部与美国公众公司会计检察委员会（PCAOB）签署《中美审计跨境执法合作备忘录》。在外汇管理上，根据外汇管理局 2013 年发布的《国家外汇管理局关于在部分地区试行小额外保内贷业务有关外汇管理问题的通知》（汇发〔2013〕40 号），对于中小企业，外汇管理局将采取多种手段防范风险。通过"采取事前的合规自律（如年度限额和资产负债比例管理等规定）、事后管理（如债权人合规备案和担保履约核准）以及非现场核查等多种有效手段防范风险"。

第三，政策指导性更强。国家鼓励并引导更多领域的企业实现"走出去"。十八大以来，深化行政体制改革，加快转变政府职能，简政放权越来越成为政府工作的重点和核心。这一理念体现在企业的对外投资和对外合作上，体现为政策的指导性越来越强，各领域的政府服务体系建设日趋完善，政府在提供公共服务方面日益发挥重要的作用。在风险防控方面，2010 年商务部发布《对外投资合作境外安全风险预警和信息通报制度》，要求建立境外安全风险预警。从 2013 年开始，商务部持续编写发布覆盖 171 个国家（地区）的《对外投资合作国别（区）投资指南》（商务部网站可查），供广大企业免费下载阅读，对不断增加的境内投资主体发挥了重要的指引作用。此外，商务部还分别于 2013 年 3 月编印《中国对外投资合作企业建设文件汇编》、2014 年 4月发布《国别贸易投资环境报告 2014》，为企业的跨境贸易和投资提供有针对性的指引和介绍。而在对外行业领域方面，国家发改委也应国务院工作要求，就农业、铁矿、铜矿、钾盐等重点领域境外投资发布了规划性文件。进出口程序方面，海关根据国家要求，完善"免办特殊用途进口产品处理关系系统"，完成对新开放口岸小批量系统的端口配置。在对外平台建设方面，全国工商联与商务部合作，形成全国、省市、地区三级"走出去"服务工作网络。这些措施的实施，充分体现了政府职能的逐渐转变，也为企业在实现"走出去"的过程中提供更多的便利，使企业对外的投资与合作有的放矢。

三、实施"走出去战略"的必要性和作用

（一）实施企业"走出去"战略是中国参与经济全球化的重要条件

经济全球化是当代世界经济的重要特征之一，也是世界经济发展的重要趋势。我国实施企业"走出去"战略，能够将我国企业置身于世界市场之中，在激烈的世界竞争潮流中，不断发现不足、弥补不足，以此来不断提升企业的竞争力，扩大企业的规模，达到企业发展的兴盛。也只有主动实施"走出去"战略，在更广阔的空间进行产业结构调整和资源优化配置，中国才有可能在新的世界格局中占据有利地位。

（二）实施企业"走出去"战略是合理配置资源和更好利用国外资源的要求

为了满足中国经济发展的需要，就需要从国外输入各种自然资源和生产要素。利用本国和他国的不同资源和要素因素，在国际件实现资源和要素的合理流动与重新组合配置，获得绝对和相对利益，这也是实施"走出去"战略的一个重要动因。资源特别是关系到国计民生的战略资源涉及国际的经济安全和稳定，仅靠传统的贸易渠道获取是不稳定的，并且还要承担资源价格波动带来的风险。中国企业"走出去"，有助于稳定战略资源的供应和价格水平。

（三）实施企业"走出去"战略有利于我国加快经济结构调整和产业结构升级

在中国成为"世界工厂"，对外贸易依存度较高的情况下，国家必须考虑通过提高引进外资质量和扩大对外投资两个轮子，主动地在更广阔的空间进行产业结构调整和优化资源配置，拓展新的经济发展空间和新的经济增长点。在保持制造业优势的同时，向产业链高增值环节迈进，提升中国在国际分工中扮演的角色。中国企业有必要通过国际化经营向境外转移过剩生产能力，从而可以使国内产业生产能力向国外延伸，为国内新兴产业和高技术产业提供更大的发展空间来实现产业结构的优化和升级。

（四）实施企业"走出去"战略能够减少我国因出口而引起的贸易摩擦

随着世界经济的全球化趋势不断加强，我国在世界中所处地位越来越高。据数据表明，中国近几年的出口总额排名很是靠前，这就说明中国在世界中出口趋势很强，这就会引起其他进口国的高度警惕。为了保护国内经济，进口国肯定会设立重重贸易壁垒，进而有可能增加与中国的贸易摩擦。但如果我们实施"走出去"战略，直接设立跨国公司，结果将大大不同。跨国公司在国际贸易平衡表中表现为直接投资。通过对外直接投资的方式在东道国生产并销售，能够绕过贸易壁垒，提高了其产品的竞争力，同时也能直接利用东道国的资源，易于获得商业情报信息。

（五）实施企业"走出去"战略是发展中国自己的跨国公司，提高中国国际地位的需要

21 世纪以来，随着经济全球化进程的加快，一个世界性的社会化大生产网络已经形成。在此基础上形成的跨国公司在世界经济活动中的作用日益增强。国与国之间的经济竞争越来越表现为各国跨国公司之间的竞争，只有积极地"走出去"，才能由小到大逐步培育我们自己的跨国公司，加速中国跨国公司的成长，促使更多中国企业从事国际化经营，进而有利于我国获得重要的国际市场份额，在国际上树立中国的大国形象，提升中国的国际竞争力，提高中国的地位，维护和保障国家的安全与利益，促进祖国的统一，推导建立公正合理的国际经济新秩序。

（六）国内经营环境的变化和市场竞争的加剧迫使企业必须"走出去"

随着关税的降低和国内市场的进一步开发，大量外资伴随更多资金和更高的技术进入中国，国内市场的竞争进一步加剧，对国内的一些行业产生冲击，如石化、钢铁、汽车、石油、医药、金融等行业面临更激烈的竞争。面对日趋激烈的市场竞争，国内企业要积极应对：一方面，要发挥本土作战的优势，改进管理，用于创新，切实提高自身的竞争力；另一方面，要实施"走出去"战略，走向更广阔的国际市场，寻找新的企业生存与发展空间。

第二节　中国企业对外直接投资的发展与现状

一、中国对外直接投资发展历程

中国自 1978 年实施改革开放以来，经济发展阶段大致符合邓宁的投资发展周期理论所划分的四个阶段。中国对外直接投资大致经过了三个阶段：

第一阶段（1978—1991 年）：这是对外直接投资的起步阶段，中国刚开始进行改革开放。本阶段企业规模小，资金缺乏，对外投资主要以政府行为为主。

第二阶段（1992—2004 年）：这是对外直接投资的迅速发展阶段。但同时对外直接投资增长发展不稳定，存在大起大落的特征，主要是因为此阶段中国的经济体制正处于深化改革中，企业的综合实力较弱。

第三阶段（2005 年至今）：这是对外直接投资的稳定、持续增长阶段。中国经济实力有较大提高，一大批企业逐渐发展、壮大，开始拥有所有权优势和内部化优势，对外直接投资迅速增长。

二、中国企业现阶段对外直接投资的特点

（一）中国迎来对外投资"黄金期"，民营企业"走出去"踌躇满志

自 2005 年以来，中国对外直接投资流量连续 10 年持续增长，2015 年达到了 1 456.7 亿美元，是 2005 年的 13 倍多。2016 年是"十三五"规划开局之年，1~6 月我国对外非金融类直接投资达到 888.6 亿美元，同比增长 58.7%。中国企业对外投资迎来"黄金期"。

随着经济全球化和区域经济一体化程度加深，企业全球化发展意识加强，主动走出国门配置资源和拓展市场。从海外投资主体来看，2015 年中国民营企业"走出去"踌躇满志，海外并购十分活跃，并购案例达到 397 宗，占当年总投资案例数的 53%；披露的并购总额达到 3 963.19 亿美元，同比增长 280%，占总投资金额的 66%。2016 年上半年，民营企业海外并购 290 宗，披露的并购金额 1 094.2 亿美元，分别占比为 64%、36%。

2016 年 6 月，工业和信息化部发布《促进中小企业发展规划（2016—2020）》，鼓励民营企业积极拓展海外市场。一方面，在"走出去"的中小企业中，具备先进技术、管理经验、自主品牌和自主知识产权的企业不断增多。加之民营企业"走出去"有政治因素小的特点，在对外投资过程中容易被目标投资国接受。另一方面相关国家政府放宽了外资投资准入限制，便于中国企业"走出去"。因此中国民营企业海外投资并购，与当地需求形成资源互补，有利于企业自身发展的同时促进当地的经济发展，形成互利共赢的发展形势。

（二）中国企业投资亚欧及北美地区较多，对美国投资热情不减

从投资首选区域看，中国企业在"走出去"时多选择亚洲作为投资区域，欧洲及

美洲持平，也有一些企业选择非洲和澳洲。从国别及地区上看，绝大多数中国企业将美国作为首选国家，其次是中国香港、俄罗斯、日本、印度、韩国、中国台湾、德国、英国和新加坡等国家和地区，其他投资东道国及地区还有蒙古、越南、泰国、印尼、马来西亚、孟加拉、斯里兰卡、巴基斯坦、吉尔吉斯斯坦、哈萨克斯坦、沙特、伊朗、伊拉克、捷克、埃及、法国、意大利、荷兰、瑞士、西班牙、土耳其、巴西、哥伦比亚、秘鲁、南非、刚果（布）、澳大利亚、新西兰、加拿大。从企业规模及资产总额上看，投资东亚、港澳台、欧洲、北美的企业多以小型企业为主，东欧、中东、中亚、南美、澳洲区域的中国投资企业则以大型企业为主。

（三）跨国并购不断攀升，绿地投资显著增长

从投资方式来看，根据商务部收录的 2000—2016 年上半年中国企业对外投资 2 858 起案例，跨国并购案例数为 2 515 起，占总案例数的 88%，可见跨国并购成为中国企业对外投资的主要方式。从 2006 年起，中国企业跨国并购案例数量直线上升，2015 年再创历史新高，达到 498 起。

中国企业海外并购主要是为了获得资源、技术、品牌和市场渠道。例如，联想收购 IBM 的 PC 部门，借力 IBM 品牌力度获得全球营销网络；美的收购东芝的白色家电，弥补了在核心技术上的空白，把东芝在电子控制领域的技术应用到家电智能领域，提高美的国际制造水平。

相对于跨国并购，中国企业在海外的绿地投资数目相对较少，但是投资金额超过海外并购金额，主要是劳动密集型和资源密集型企业选择在欠发达或是发展中国家进行投资，以获得原材料和劳动力。在"一带一路"战略构想下，中国企业投资非洲多以绿地投资为主。另外，正在寻求转型升级的"中国制造"把目光投向德国，继 2014 年之后，再次成为在德绿地投资项目数量第一的国家。根据德国联邦外贸与投资署的数据，与 2014 年相比，2015 年中国在德投资项目数量增长了 37%。

美国为最大限度地维护本国利益与安全，对来自其他国家的兼并收购审核较为严格，但相对欢迎绿地投资申请。因为绿地投资不仅能增加美国经济总量，带动相关产业发展，还能加强当地基础设施建设，提供就业岗位，促进当地社会发展。我国企业在美国的绿地投资项目，如 2014 年福耀玻璃在俄亥俄州的汽车玻璃工厂、2015 年延锋汽车内饰公司在田纳西州的工厂等已取得了较大进展。2015 年中国在美国的绿地投资包括泉林纸业在弗吉尼亚州 20 亿美元的造纸厂、玉皇化工在路易斯安那州 18.5 亿美元的甲醇工厂项目，以及吉利汽车旗下沃尔沃公司在北卡罗来纳州的汽车生产基地等，都进展顺利。

（四）海外制造业投资独占鳌头，投资领域呈多元化趋势

从投资行业分布来看，2015 年中国企业海外投资制造业占比 48%，接近总投资额的一半。中国企业正通过投资不断向价值链上游延伸并扩大全球版图，增强国际竞争力。其次，投资海外房地产业占比 12%。2015 年中国企业投资海外房地产业大放异彩，不断收购海外地标性建筑。再次，信息技术、互联网领域投资占比 8%。中兴通讯完成了对阿尔卡特—朗讯网络服务部门的收购；联想集团收购摩托罗拉移动（Motorola Mobility）智能手机业务；腾讯出海东南亚市场；猎豹、APUS 等中小互联网公司也纷纷走向海外开展商业活动。能源、金融业海外投资占比相同，紧随其后；接下来分别是文化、体育、娱乐业，服务业；其后是占比相同的批发零售、交通运输和仓储及邮政；科研、农林牧渔业、水利及住宿餐饮业的海外投资排名最后。由上可见，我国企业海外投资领域从过去的能源、资源类投资逐渐转向包括高新技术、服务贸易在内的多元化领域。

中国企业所投资的行业也因东道国的不同而有所区别。中国企业在东亚区域的投资以制造业为主；在中亚及南美则以能源和矿产为主；东欧、中东、中亚、南亚以能源矿产、制造业为主；东南亚、北美、欧洲、港澳台、非洲的投资领域则较为全面。这一现象与东道国资源、当地市场成熟度、市场进入时间、行业竞争状况等因素密切相关。

（五）企业海外并购 2016 年强势开局

中国企业已成为全球跨境并购的主要参与者之一。2016 年 1～6 月，由中国企业发起的海外并购交易总金额达 1 210 亿美元，超过 2015 年全年对外并购交易纪录（1 115 亿美元）。

2016 年 1 月，海尔集团宣布 54 亿美元收购通用电气家电业务；2 月，中联重科报价 33 亿美元收购美国第二大工程机械巨头特雷克斯公司（Terex Corporation）；2 月，中国化工斥资 430 亿美元收购瑞士农药厂商先正达（Syngenta）100% 股权；2 月，海航集团 60 亿美元收购美国 IT 产品服务分销商英迈（Ingram Micro）；2 月，中国重庆财信企业集团购芝加哥股票交易所（Chicago Stock Exchange）等，一系列海外并提案将中国企业"出海"推向高潮。

（六）企业海外并购不断优化，全产业链国际化布局加速

近年，中国企业收购海外公司频繁，借此获得先进技术、品牌、海外资源、市场渠道、先进的企业管理经验等。现今，中国企业的全球化战略不仅是产品输出，更是全产业链上的全球化发展布局，不断提升产业链各个环节的国际化水平。

例如，中粮集团继 2014 年收购来宝农业（后更名为中粮来宝）49% 的股份后，于 2016 年 4 月又收购了来宝农业剩余 51% 的股份，至此持有来宝农业 100% 股权。来宝农业在全球 25 个国家及地区设厂，此次收购使中粮借助来宝农业的国际供应链，打开了难以进入的南美市场，从而逐步完善中粮的海外布局，在全产业链战略之下打通国际主产区和主销区，形成一体化运营体系。这种全球布局使中粮向冲刺世界"四大粮商"迈进一步。

紫光集团继 2015 年入股西部数据、台湾矽品精密和南茂科技后，于 2016 年 5 月收购惠普公司旗下新华三公司 51% 的股权，成为控股股东。通过收购，清华紫光逐步实现从芯片设计与制造，到设备研发、软件与系统集成的 IT 全产业链发展。紫光集团通过国际并购积极布局全球半导体产业链，提升集团的全球品牌形象，打造第三大储存芯片制造商。

（七）盘活资本市场，宽松的金融政策助力企业"走出去"

企业海外投资融资渠道不断从单一化向多元化发展。例如，我国在"一带一路"沿线国家（地区）的海外投资方面，可以运用中国国家开发银行、中国进出口银行、中国农业发展银行及中国出口信用保险公司这四大政策性银行的融资渠道。在区域合作方面，可以利用东盟基金、中国—欧亚经济合作基金、中国—中东欧投资合作基金、中国—东盟投资合作基金、中拉合作基金和中加基金等。

此外，我国还不断完善金融政策体系，为"走出去"企业提供服务，比如境外投资外汇管理方案从事前登记改为汇兑资金时在银行直接办理，取消商业银行及境内企业在境外发行人民币债券的地域限制。简化海外上市、并购等的核准手续。改进人民币跨境支付和清算体系。创新出口信用保险产品，扩大政策性保险覆盖面等。

（八）企业布局海外知识产权，提高国际竞争力

中国企业在"走出去"中，为规避竞争风险，赢得国际市场的竞争优势，正在加快全球范围内的知识产权布局，推动企业的创新步伐。

汤森路透发布的《2016年全球创新报告》显示，中国科研正在进入创新时代，不仅是科研机构，企业表现更加突出。以家电行业为例，排名前三甲的创新企业均来自中国，分别是美的、格力和海尔。

从发明专利数量来看，美的以 5 427 个专利数量遥遥领先。近年，美的集团全球化发展迅速，已拥有四级研发体系，在海外 6 个国家拥有 7 个生产基地，产品年销量近 3 亿台。在美的出海过程中，知识产权问题无法回避。为避免侵权带来不必要的纠纷，美的将海外知识产权布局看得尤为重要，集团的知识产权战略从创新竞争力及品牌竞争力的布局、全价值链的风险管控、知识产权资产的管理及运用、信息战略指引等几个方面为全球经营发展保驾护航。目前，美的专利申请已累计至近 3 万件，其中 2015年的发明申请量为 4 181 件，国内授权专利 2 万件，有效发明专利 1 948 件。美的接下来将重点放在优化专利申请结构、加快海外布局规模、提高专利质量等方面。

进行知识产权的全球化布局，将助力中国制造在海外市场上的健康发展，保护企业的创新和国际竞争力。

（九）企业参与境外经贸区建设，打造海外投资大平台

中国企业在"走出去"过程中，积极参与境外经贸合作区建设，形成了企业集群式海外投资的重要平台和中国企业品牌国际化宣传的重要载体。2015 年中国企业在建境外经贸合作区 75 个，其中 53 个分布在"一带一路"沿线国家。已通过考核的 13 个合作区中，10 个位于"一带一路"沿线国家。

企业积极参与境外经贸合作区的建设，已成为促进中国与东道国之间经贸合作双赢的重要举措。作为我国企业"走出去"的重要平台，境外经贸合作区为入园投资企业提供了包括信息咨询服务、运营管理服务、物业管理服务和突发事件应急服务等四项主要服务。一方面，合作区在不断推动中国企业"抱团出海"、形成海外产业集聚、维护企业合法权益等方面发挥重大作用，另一方面还为东道国增加就业，提高税收，

扩大出口，从而深化双边经贸合作关系。

例如，泰中罗勇工业园的中策橡胶集团项目，总投资 150 亿泰铢，是目前中国制造业对泰投资的最大项目。中策（泰国）工厂整个生产线基本完成，2015 年年末达到 420 万套/年的规模。中策集团入驻泰中罗勇工业园后，在全球大宗商品低迷的背景下，不但促进了泰国天然橡胶销售，还带动中国国内橡胶轮胎行业的多家配套企业先后入园，起到集群式"走出去"的效果。从单个企业的竞争转变为产业链的竞争，由此大幅提升了中资企业的国际竞争力。

再如，吉海农业有限公司进入驻中经贸合作区，截至 2015 年年底已投资 2 500 万美元，在赞比亚建设食用菌工厂、吉林农业产业示范园等项目。吉海农业向赞比亚农户普及食用菌种植技术，与赞比亚农业部合作，将科学的示范性工厂化培植技术与当地农民传统式培植相结合，逐步形成赞比亚的木耳、平菇、香菇等食用菌类培植带，带动赞比亚农民从事食用菌产业，推动了赞比亚的社会与经济发展，帮助当地居民走上脱贫道路，并受赞比亚各界的广泛关注。在稳步拓展赞比亚市场的同时，吉海农业还计划将产品出口至赞比亚周边国家，在非洲打造具有国际影响力的中国农产品品牌。

（十）在"一带一路"沿线国大手笔投资成热点

2015 年以前，我国企业"一带一路"沿线的投资主要集中在采矿业、交通运输业和制造业，2015 年以后虽然对传统产业的投资仍然占主导地位，但对信息技术、基础设施建设、金融等行业的投资明显上升。2015 年以前单笔投资规模以 1 亿~10 亿美元为主，2015 年以后 100 亿美元以上的大规模投资案例数量增多，达到 14 起。这一系列变化表明，随着"一带一路"建设的全面推进，投资环境和投资领域都在优化升级。

三、中国企业对外直接投资的可能性与条件

（一）资金优势

经过改革开放几十年的积累，我国的综合实力大为增强，为对外直接投资奠定了物质基础。通过大力发展出口贸易与引进外资，中国已具备一定的资金能力。对外贸易迅速发展。2015 年外贸出口总额达 24.59 万亿元人民币，促进了国内资本的积累。外汇储备水平也处于较高水平，2015 年为 33 304 亿美元。这些数据表明，中国已经具备对外直接投资的资金实力。

（二）"走出去"各项业务在国际市场上仍有较大的发展空间。

在对外投资方面时机有利。虽然受近几年世界经济增长放缓的影响，全球对外直接投资总量下降幅度较大，但发达国家和地区的跨国投资活动仍然十分活跃。由于世界经济不景气，跨国公司为保持竞争优势，不断增加对外投资，造成全球经济结构调整加剧，国际产业转移加快，许多企业在进行内部结构和产品结构调整，为我国企业进入某些产业领域提供了商机。21 世纪前 20 年，是我国企业发挥相对优势，以较低成本拓展国际市场空间的有利时机。同时，我国国民经济持续稳定增长，综合国力不断增强，国际声誉和地位日益提高，为我国企业开展对外投资提供了可靠的保障和良好

的外部发展条件。

（三）技术设备比较优势

近些年，进行海外投资在技术上不一定要具有绝对优势，只要相较于东道国具有比较优势就可以进行投资。中国在一些技术领域是拥有国际先进水准的，另外还拥有一些应用技术，特色技术和传统技术，并且技术商品的价格和一些发展中国家相比更便宜，在这些国家比较受欢迎。同时，中国在成套设备和单项设备方面也具有相对优势。尤其是近年来中国国内许多企业的产品变成长线产品，使得这些企业出现生产能力闲置，因此急需借助对外直接投资将具有相对竞争力的设备与技术向海外转移。

（四）我国的一些企业具有"走出去"开展跨国经营的能力和需要

我国企业经过20多年的磨炼，初步积累了开展跨国生产与经营的经验。相当一部分企业建立起现代企业制度，拥有懂经营、会管理、熟悉国际惯例的人才，有的发展成为拥有著名品牌和自主知识产权、主业突出、核心竞争能力强的大公司或企业集团。为在更大的空间内加快发展，我国企业"走出去"的愿望日益强烈。一些具有较强实力的国内企业集团，如海尔、TCL、浙江万向等，已开始在全球范围内进行资源的优化配置，开展专业化、集约化、规模化的跨国生产和经营，逐步向跨国公司的方向发展。

（五）举国上下高度重视实施"走出去"战略

党中央、国务院高度重视实施"走出去"战略，近年来国家陆续出台了一系列支持鼓励政策和便利化措施，有效地促进了"走出去"各项业务的发展。同时，全国各地都在积极推动实施"走出去"战略，不少地方结合当地实际，出台了促进本地实施"走出去"战略的政策措施，并取得了一定成果。

综上所述，我国已基本具备加快实施"走出去"战略的条件和基础。无论从我国经济发展的客观要求还是从国际市场的潜在需求来看，"走出去"各项业务发展空间和潜力很大，前景广阔。

第三节　中国企业对外直接投资的实践

一、中国企业在"走出去"过程中面临的风险和问题

从投资区域上看，不同区域的投资所面临的风险类型、风险程度也有所差异。

1. 东亚投资风险：政府监管、工会组织、较高的投资成本

东亚的韩国、日本是中国企业走出去的首选投资东道国，作为中国长期合作的邻邦，两国投资环境总体较好，经济和政治环境较为稳定，法律体系也较为完善，且产业发展水平高、基础设施便利、科技创新能力强，另有完善的双边协定、司法协助条约等，中韩自由贸易区的设立也为中国投资者提供了贸易和税收的多项便利（中日韩自贸区尚在谈判中）。因此，中国投资者在此拥有税收的多项便利（中日韩自贸区尚在谈判中），合作多侧重于科技、医疗健康、货物服务贸易、物流零售等。

从投资风险上看，韩国对外国投资的准入采用负面清单的形式，将涉及公共性的60多个行业设为禁止外商投资行业，如邮政、央行、金融市场管理业等；将农业、畜牧业、渔业、出版发行、运输、输电和配电、广播通信等设置为限制外国投资的领域，并设置股权限制。此外，对在韩发包的工程项目，外国承包商还须在韩国登记注册并经相关部门确定企业资质后，才可承包对应的工程项目。日本则对可能威胁国家安全及未实行完全自由化的行业予以限制和进行外资管制。在建筑工程及企业并购领域，日本也设置了较多限制。建议中国企业在做投资项目分析时予以重视。同时，韩国、日本在环境保护、劳动者权益保护、知识产权保护、反不正当竞争等方面设立了较为完善的规范，且在一定情形下可能引发刑事追责，两国的工会力量也较为强大，中国企业在投资时应充分了解。另外，投资日本还面临经济成本问题，日本企业所得税、劳动力成本高、土地及办公场所费用都比较高，在一定程度上增加了中国企业投资的经济风险。

2. 东南亚、南亚投资风险：政治风险、经济风险、法律风险

东南亚和南亚是传统的中国企业境外投资区域，双边或多边合作机制十分完善，如中国—东盟10+1，东盟与中日韩10+3，东盟与中、日、韩、印度、澳大利亚、新西兰10+6合作机制，中国—东盟自由贸易区及双边贸易协定（包括《全面经济合作框架协议》《货物贸易协议》《服务贸易协议》《投资协议》《争端解决机制协议》等），大湄公河次区域经济合作，与区域内国家签署的双边投资保护协定和贸易保护协定等。从合作领域及战略地位上看，东南亚、南亚国家的自然资源较为丰富（新加坡除外），包括油气、农林、矿产、渔业等位于马来半岛和苏门答腊半岛之间的马六甲海峡则是重要的海上交通咽喉，与此同时，东南亚、南亚的许多国家基础设施较为薄弱。以上区域特点决定了中国企业在东南亚、南亚的投资主要集中于能源矿产开发、基础设施建设、加工制造业、电信业、机械设备等，并且随着区域一体化的推进，对当地银行业、高科技产业的投资也将不断增多。

总体而言，中国企业在东南亚、南亚区域的投资面临以下风险：

（1）政治风险：由于历史原因，东南亚曾发生过排华事件。同时，东南亚、南亚地区宗教、文化构成较为复杂，因此了解和融入当地文化十分重要。

（2）经济风险：以印度为例，印度对外国投资没有专门的优惠政策，工业配套不充分，导致商务投资成本较高。

（3）法律风险：以东盟为例，首先，随着区域一体化的推进东盟十国正在推进统一标准、技术法规和合格评估程序，如电器行业已有至少58个统一标准。

因此，中国企业在投资该区域时，第一，是考虑国内标准与东道国国家标准的衔接问题；第二，东盟对外资的进入设有准入限制；第三，在适用自贸区优惠税率时，东盟还有40%RVC（区域价值成分）的原厂地规则；第四，这些区域的公司注册和执照申请程序较为复杂、时间长，法律及税收体系也较为复杂，需提前做好充分的准备。

3. 中亚、中东投资风险：政治风险、经济风险、法律风险

中亚、中东区域资源较为丰富，但整体政治局势动荡，宗教冲突及恐怖主义问题突显，政府效率低，市场透明度差、地方保护主义较重，法律体系与中国差异较大，

且面临较严重的通货膨胀问题，基础配套设施也相对较差。以沙特为例，沙特政府会通过具体规章制度对本国企业和国民给予更多保护，沙特国内仲裁机构偏袒本国企业和国民的情况也时有发生。因此，选择好的当地代理商和分销商即成为在当地投资成功的关键因素。

4. 欧洲、北美投资风险：政府监管、法律风险

西欧、北美市场高度成熟、法律健全，是中国企业走出去的首选国家或地区。与此同时，西欧、北美市场也面临着劳动力成本高、竞争激烈等问题。在跨国并购上，美国外国投资委员会（CFIUS）的国家安全审查、相关部门的反垄断审查以及后续经营中的环保审查、反商业贿赂审查是中国投资者面临的主要投资风险。此外，资源的整合、知识产权的保护、劳工保护也是众多投资者在该区域遇到的共性问题。最后，如前述调研数据显示，北美地区的争议解决花费较高。

5. 南美投资风险：政治风险、经济风险、法律风险

南美洲拥有丰富的资源及广阔的市场，但对外商投资缺乏清晰的法律保护、且法律繁杂多变，税收种类多、税率高，基础设施薄弱、生产成本高，政府效率低，利率高、通货膨胀压力大、汇率风险高，同时，以巴西为例，其还规定了较高的劳工保护标准。调研数据显示该地区的争议解决花费较高。

6. 澳洲投资风险：政府监管、法律风险

中国企业在澳洲的主要投资对象为澳大利亚，澳大利亚的法律健全成熟，对商业贿赂设置了严厉的处罚，劳工政策也十分完备、用工成本很高、劳动力流动率高，同时，澳大利亚对能源和矿产项目开发中的环境保护要求较高。近年来，澳大利亚加强了外资审核，外国政府及其代表（包括国有企业）对澳大利亚投资无论金额大小或拟持有的股份比例为多少，均需接受澳大利亚政府的审核，且部分项目的审核时间较长，有时还会提出附加条件，增加了对外投资的不确定性。此外，前引调研数据还显示，在澳大利亚，文化冲突在后期资源整合阶段的影响十分显著，争议解决的花费也较高，需引起投资企业的重视。

7. 非洲投资风险：政治风险、经济风险、法律风险

非洲的整体经济偏落后、消费水平低、基础设施落后、缺乏工业配套设施、社会治安整体较差，行政腐败严重和行政效率低，税费负担不透明，劳动力素质低，资金汇转及金融服务不健全，增加了外国投资者的投资风险。

二、中国企业走出去的实践指引

1. 采纳跨国公司模式

与世界 500 强企业比，走出去的中国企业从人才储备、企业制度、管理水平、熟悉国际惯例与规则等细节方面都有待提高，其中一个重要原因是中国企业在走出去过程中并未建立起统一的中央决策体系和完善的全球战略目标，仍然是以项目运营为主要的思维进行海外投资。为此，我们建议走出去的中国企业按跨国公司模式改制，从组织结构、管理机制、人才储备和公司文化等方面先把自己变成一个跨国公司，如建立全球统一的人力资源、财务、法务，将海外项目的风险考核统一纳入母公司考核机

制中，制定统一的风险防范考核标准、推广合同及争议解决示范文本、加强资金管理能力、高度重视财务安全状况、加强合规培训、储备跨国性人才资源、增强管理层的多元化等。

2. 准确定位企业需求

市场、技术、品牌是中国企业选择走出去的三大主要动因。在选定了企业的需求后，在制定战略时即应有所侧重：从拓展市场的角度而言，东南亚、东欧、非洲等区域的市场进入门槛低，北美、欧洲、港澳台地区的产业发展较全面且配套设施充分，在以上区域市场中可以根据企业特点和当地法律采取多样化的投资形式，另一些地区，如中东、中亚、南美等，因政治经济环境波动较大、市场透明度欠缺、地方政府寻租比例高，可考虑以合资企业的形式引入当地合作伙伴或代理机构，减轻投资风险。对于澳洲，文化差异因素在中国企业对澳投资中占了重要地位，且因中国企业在澳洲的投资多以涉及基本战略资源的能源矿产为主，故投资者可以考虑采用合资企业形式。此外，大部分东道国有市场准入制度，包括禁止和限制外资进入领域，建议投资者通过尽职调查提前了解信息。

对于技术，建议投资者考虑以下因素：第一，技术的生命周期；第二，技术的敏感性，在涉及关键技术或敏感技术时，投资者可能遭遇东道国国家安全审查，为此，提前与东道国政府沟通，主动申报并配合审查即十分关键。

3. 认真开展尽职调查

中国企业多关注目标企业（如竞争对手）的资产、负债情况，尽职调查的开展也流于形式，不利于正确战略的制定及后续风险的防范。为此，向中国企业提出以下指引。

（1）认真分析东道国当地对投资项目的政治影响因素，聘请政府中介机构或其他相关人员提供咨询。其中，中国驻东道国使领馆是对外投资有效信息的重要获取渠道。同时，应区别不同投资区域的风险并有所侧重地开展专项调查。中国投资者对东道国的政治因素的影响重视度不够，而根据中国与全球化研究中心的调查结果显示，25%的投资事件是因为政治原因导致失败，其中有8%的投资事件在投资审批等环节因东道国政治派系力量的阻挠导致失败，有17%的投资事件是在运营过程中因东道国的政治动荡、领导人更迭等原因遭遇损失。

（2）对目标企业的调查不应仅限于资产、负债情况，还应对目标企业的潜在交易与历史发展状况进行深入了解和评估，并进一步了解目标企业所在行业的竞争态势——具体可借鉴波特五力模型，对供应商能力、买方能力、潜在进入者的威胁、替代产品的威胁，以及竞争对手情况调查。

（3）应重视对投资环境，尤其是东道国的政治风险、政府安全审查/反垄断审查/反商业贿赂审查、行业准入限制、工程承包资质、税赋、劳工、环保、金融、外汇状况等做详细调查。

（4）确立尽职调查结果的审核及反馈机制。首先，应由法务、财务、业务部门等共同确立尽职调查的目标、需求及标准，必要时可由尽职调查负责人对管理层进行访谈以确立需求；其次，尽职调查负责人应按要求进行调查，包括对目标企业高管的背景调查和面对面访谈；再次，在尽职调查负责人返回调查结果后，应由参与部门审核，如有需要，可安排澄清和提出进一步问题；最后，设置专员对相关资质、证照进行查验。

4. 制定全面、系统的风险防范长效机制

针对中国企业风险防范机制不全面、不系统、缺乏长效机制的问题，我们有如下建议：

（1）购买保险

根据商务部《对外投资合作国别（地区）指南（2015 年版）》的推荐，中国企业在对外投资过程中，可以考虑使用中国政策性保险机构——中国出口信用保险公司（www.sinosure.com.cn）提供的包括政治风险、商业风险在内的信用风险保障产品；也可使用中国进出口银行等政策性银行提供的商业担保服务。其中，中国出口信用保险公司是由国家设立、支持中国对外经济贸易发展与合作、具有独立法人地位的国有政策性保险公司，是我国唯一承办政策性出口信用保险业务的金融机构。公司支持企业对外投资合作的保险产品包括短期出口信用保险中长期出口信用保险、海外投资保险和融资担保等，对因投资所在国（地区）发生的国有化征收、汇兑限制、战争及政治暴乱、违约等政治风险造成的经济损失提供风险保障。

（2）建立应急预案

鉴于"一带一路"战略的确立，更多的中国企业将深入欧亚内陆，面临更高的投资风险。建议投资者应对境外投资设立风险应急预案，包括自然灾害、恐怖袭击、突发性公共事件应急处理，东道国政府审查应对方案，与当地工会、政府的谈判策略等。

（3）建立法律跟踪机制

相当比例的投资事件是直接或间接因为法律原因导致投资受损或最终被迫停止投资的。考察这些因法律原因导致投资终止的案例发现，1/3 中资企业是因为法律观念薄弱，不严格遵守东道国的法律，通过不正当手段获取项目所致；1/3 的投资事件终止或失利是因为对劳工法不熟悉。故建议中国企业设立合规专员，负责海外项目的法律跟踪及员工培训。

（4）充分利用东道国当地资源、双边/多边协定及合作机制

部分中国企业未能充分利用东道国当地的资源进行有效的税收筹划。同时，基于上一部分对中东、南美等地区的政治、法律、税收环境的分析，建议中国投资者充分利用东道国当地的税务、法律、咨询等机构，并与当地政府中介机构建立合作关系。在对投资者采取国民待遇的东道国，中国投资者还可以尝试与东道国政府签订投资保护协议或合作备忘录以获取优惠待遇。此外，投资者还可依托于经贸合作区或自贸区争取最大的权利，在这些区域中享受税收优惠政策、降低设施维护和运营成本，同时入驻商户也可作为一个整体增强与东道国政府的议价能力。

（5）重视交易后期的资源整合

交易完成后的资源整合是否有效决定了整个交易最终能否成功，这期间会遇到目标企业与投资者文化上的冲突、目标企业管理层和员工对企业自主性的要求、目标企业技术和产品的吸收与落地、目标企业经销渠道的整合、消费者群体对品牌的认可度

维持、重整及运营成本的控制等多方面问题。为此，资源整合是一个可能长达十几年的过程，需要投资者有长期的规划及耐心。一般而言，并购完成后的最初几年是过渡时期，需要维持目标企业业务、人员、市场、股价的稳定性，因而此阶段可以相对保留目标企业的自主性；此外，更重要的是，投资者需对其自身和目标企业做准确定位，包括产品、业务、市场范围的协调；最后，投资者需重视文化冲突在资源整合中的重要地位，设立开放、包容、交流和分享的公司文化。

（6）重视争议解决

多数中国企业更倾向于选择国际仲裁机构和自行和解解决争议。为此，对仲裁机构的选取、仲裁裁决的执行向中国企业做出如下指引：

第一，关于投资争端的现有多边解决机制主要包括：适用于国与国之间贸易争端的 WTO 争端解决机制、适用于东道国与投资者之间投资争端的国际投资争端解决中心（ICSID）机制。

第二，ICSID 是根据《关于解决国家与他国国民之间投资争议公约》（华盛顿公约）而建立，解决由投资直接引起的法律争议。目前有 158 个签约国（2013 年数据），我国是缔约国，但设置了保留条款，仅同意将因征收或国有化产生的赔偿额方面的争端提交 ICSID 管辖。从实践中看，被诉人多为东道国政府（发展中国家）裁决的大部分案件中东道国政府败诉；被申请撤销的案件较多；案件审理时间一般在 3-4 年，费用也相对较高。

第三，关于投资争端的现有双边机制主要有自由贸易区协定、双边投资保护协定。至 2014 年年底，中国正在全球 50 个国家建设 118 个经贸合作区，已签署的自贸协定达 12 个之多，涉及 20 个国家和地区。以"一带一路"为例，"一带一路"沿线的自贸区即有中日韩自由贸易区、中欧自由贸易区（波兰、匈牙利、捷克、斯洛伐克、斯洛文尼亚、罗马尼亚、保加利亚）、中国—东盟自由贸易区（印度尼西亚、马来西亚、菲律宾、新加坡、泰国、文莱、越南、老挝、缅甸和柬埔寨）。上述自由贸易区协定、双边投资保护协定多设立强制性仲裁机制，即由协定直接设立了仲裁解决机制，无需争议双方另行达成仲裁协议。

第四，目前，咨询工程行业已设立行业指导机制，由咨询工程师联合协会 International Federation of Consulting Engineers（FIDIC）发布了合同范本进行指引。

第五，关于仲裁机构的选取。推荐中国企业在走出去时选择机构仲裁的方式解决争议。从仲裁规则上看，各主要国际仲裁机构均设置了类似的条款及制度，如紧急仲裁员制度、多方当事人/多方合同合并仲裁制度等。故投资者在选定仲裁机构时可考虑以下因素：①仲裁案件审理程序，以英美法为背景的仲裁机构会有较复杂的取证、质证程序，ICC 还规定了一个较为特殊的案件管理会议；②仲裁地的选取，这与适用的程序法以及此后的仲裁裁决的执行密切相关；③仲裁员的国籍及文化背景；④审理期限及仲裁费用。

第六，关于外国仲裁裁决的执行，中国已于 1986 年加入《承认及执行外国仲裁裁决公约》（《纽约公约》）。依据公约规定缔约国当事人可向法院申请承认和执行在另一缔约国做出的仲裁裁决。根据我国法律，对以下情形的仲裁裁决不予执行：①仲裁协议无效；②未给予适当通知或未能提出申辩。根据《纽约公约》第 5 条第 1 款第 2 项的规定，如果对作为裁决执行对象的当事人未曾给予有关指定仲裁员或者进行仲裁程序的适当通知或者作为裁决执行对象的当事人由于其他情况未能提出申辩，则可拒绝承认和执行该项裁决。被申请人拒绝参加仲裁或者在仲裁中消极应诉的，则认为被申请人是有意放弃其陈述案情的机会。在适当通知后，照常进行的缺席仲裁并不妨碍裁决的效力；③仲裁庭超越权限；④仲裁庭的组成和仲裁程序不当；⑤裁决不具有约束力或已被撤销、停止执行；⑥裁决的事项不属于仲裁裁决范围；⑦承认或执行裁决违反该国公共政策。如中级人民法院依照《纽约公约》的规定认为不应承认与执行该仲裁裁决，应逐级报请至最高人民法院答复。

第七，以上是针对仲裁争议解决方式，在投资者选取法院作为争议解决方式时，除考虑法院的公正、效率等问题外，还应考察两国之间是否签订有双边司法协助条约，以便生效裁决能够得到执行。

第四节　中国对外直接投资的管理体制

一、对外直接投资负面清单管理模式

我国对外直接投资管理体制大致经历了审批制、核准制、备案制三次变革，目前我国在对外直接投资领域已经采用国际最先进的负面清单管理模式。

商务部 2014 年 9 月颁布的新修订的《境外投资管理办法》标志着中国对外投资首设负面清单模式。《境外投资管理办法》主要特点有：一是确立"备案为主，核准为辅"的管理模式，对我国企业在敏感国家和地区、敏感行业的投资实行核准管理，其余均实行备案；二是缩小核准范围、缩短核准时限，取消了对特定金额以上境外投资实行核准的规定，并将核准时限缩短了 5 个工作日。其中，对中央企业的核准，将在 20 个工作日内做出决定。对地方企业的核准，将在 30 个工作日内做出决定；三是明确备案要求和程序，其余只要如实、完整地填报《备案表》，即可在 3 个工作日内获得备案；四是由省级商务主管部门负责地方企业的备案工作，便利企业就地办理业务，省级商务主管部门负责地方企业境外投资开办企业的备案管理，自行印制并颁发《企业境外投资证书》；五是政府提供公共服务，加强对企业的指导和规范，在明确政府将继续为企业提供服务的同时，加大了对企业境外投资行为进行指导和规范的力度。此次除简政放权外，《境外投资管理办法》还首次实施负面清单模式，它指出，危害国家主权、安全和社会公共利益，或违反我国法律法规；损害我国与有关国家（地区）关系；违反我国缔结或参加的国际条约、协定；出口我国禁止出口的产品和技术四个方面不允许投资外，其他均可。

国务院 2015 年 5 月出台的《中共中央国务院关于构建开放型经济新体制的若干意见》提出，研究制定境外投资法规，加快建立合格境内个人投资者制度，放宽境外投资限制，简化境外投资管理，除少数有特殊规定外，境外投资项目一律实行备案制，推进境外投资便利化。2016 年 3 月发布的"十三五"规划纲要强调，将通过主动实施负面清单制度，逐步放宽境外投资管制，进一步释放国内企业跨境投资的需求，示范和带动其他国家降低对外投资管制，为中国对外投资发展开拓市场空间；除此之外，进一步放宽境外投资汇兑限制，放松对企业和个人的外汇管理要求，放宽跨国公司资金境外运作限制，改进并逐步取消境内外投资额度限制，为企业对外投资提供便利。

二、对外直接投资鼓励政策

（一）以系统性支持为主的政策

以系统性支持为主的鼓励政策主要包括以下四个方面：

（1）国家发展改革委员会于 2006 年 7 月 5 日发布的《境外投资产业指导政策》和《境外投资产业指导目录》，在这一文件中明确规定了鼓励类和禁止类境外投资项目。对鼓励类境外投资项目，国家在宏观调控、双（多）边经贸政策、外交、财政、税收、外汇、海关、资源信息、信贷、保险，以及双（多）边合作和外事工作等方面，给予相应政策支持。而对禁止类境外投资项目，国家不予核准并将采取措施予以制止。具体的支持政策，还需要相关职能部门制定和实施。资源、技术和在国外的市场营销是鼓励类项目的重点，可见，发改委在政策层面上认识到了要通过对外直接投资来提升中国在国际产业链中的地位和促进国内的产业结构升级。此外，商务部于 2011 年 9 月会同国家发展和改革委员会、外交部发布《对外投资国别产业指引（2011 版)》。该《指引》涉及 115 个国家，重点介绍这些国家的主要产业发展目标、优先发展产业领域、对外资行业准入规定等内容，并收录了我国签订的对外双边投资保护协定及避免双重征税协定的有关信息。

（2）2006 年 10 月 25 日国务院常务会讨论通过的《关于鼓励和规范我国企业对外投资合作的意见》。该意见旨在鼓励有条件的企业抓住经济全球化和区域合作的机遇，积极稳妥地参与国际经济技术合作，进一步提高我国对外开放水平。这一文件表达了我国政府对企业境外投资的引导、规范性意见：①坚持相互尊重，平等互利，优势互补，合作共赢；②加强政策引导，统筹协调，规范秩序，合理布局，防止无序竞争，维护国家利益；③完善决策机制，落实企业境外投资自主权，科学论证，审慎决策，防范投资和经营风险；④加强境外国有资产监管，健全评价考核监督体系，建立项目安全风险评估和成本核算制度，实现资产保值增值；⑤遵守当地法律法规，坚持工程项目承包公开公正透明，重信守诺，履行必要的社会责任，保障当地员工合法权益，注重环境资源保护，关心和支持当地社会民生事业；⑥提高境外工程承包建设水平，提高产品质量和效益，不断增强企业的综合竞争力；⑦加强安全教育，健全安全生产责任制，保障境外中资企业、机构的人员和财产安全；⑧加快人才培养，注重培养适应国际化经营的优秀人才，提高企业跨国经营管理能力；⑨营造友好的舆论环境，宣传我走和平发展道路的政策主张，维护我国的良好形象和企业的良好声誉。

（3）由于个体、私营等非公有制企业对外投资合作已进入快速发展时期，为充分发挥非公有制企业在实施"走出去"战略的作用，根据党中央、国务院关于鼓励支持和引导非公有制企业发展的精神，商务部、财政部、中国人民银行和全国工商联于 2007 年发布了《关于鼓励支持和引导非公有制企业对外投资合作的若干意见》。该意见的主要内容包括：①鼓励支持和引导非公有制企业通过对外投资、对外承包工程、对外劳务合作等多种形式，积极参与国际竞争与合作，形成一批有较强国际竞争能力的跨国企业，对于落实科学发展观、推动经济增长方式转变和结构调整、促进我国国民经济持续健康发展、实现全面建设小康社会和构建社会主义和谐社会的宏伟目标，具有重大意义。②鼓励和支持轻工、纺织、服装、家电、机械、建材、通信、医药等行业的非公有制企业，通过独资、合资、联营、并购等方式，到有条件的国家和地区特别是周边国家和发展中国家投资建厂，建立海外生产基地和营销网络。支持有实力的非公有制企业在境外科技资源密集的地区投资设立研发中心和研发型企业。支持具备条件的非公有制企业单独或与国内外企业联合，通过国际通行方式开展对外承包工程，努力承揽附加值高的工程项目。推动具备条件的非公有制企业到境外从事贸易分销、金融服务、信息咨询、物流航运、文化旅游等服务业。③进一步完善各部门现行支持政策，确保非公有制企业在"走出去"的过程中，在财税、融资、外汇、保险等各项政策方面可以享受到与其他所有制企业同等待遇。④从以下几个方面加强引导与服务，为非公有制企业对外投资合作创造条件：首先要加强部门间协调配合，完善国别产业导向政策，加强境外投资国别障碍调查，正确引导非公有制企业对外投资合作；其次要强化信息和促进服务；再次是引导非公有制企业加快现代企业制度建设，完善内部机构，增强国际竞争力，在"走出去"中做强做大，着力培育一批具有较强国际竞争能力的民营跨国企业。鼓励非公有制企业在"走出去"过程中实施品牌战略，加大科技创新力度，努力提高自主创新能力；此外还有加快人才培养，提高非公有制企业经营管理者素质；最后强调要发挥驻外使（领）馆的作用。⑤加强协调监管，保障非公有制企业对外投资合作有序进行。

（4）根据国务院的工作要求，为充分发挥民营企业在境外投资中的重要作用，发改委会同 12 个部门，共同研究制定并于 2012 年 6 月 29 号发布了《关于鼓励和引导民营企业积极开展境外投资的意见》，鼓励和引导民营企业顺利开展境外投资活动。

（二）具体鼓励性政策措施

我国鼓励和促进企业对外直接投资的具体政策措施大致可以分为以下四类：

1. 信息和技术支持

我国政府机构自身或政府出资创办的对外投资信息咨询机构为对外直接投资提供信息和技术支持服务，降低对外投资的前期成本。国家发改委、外交部、商务部、国家税务总局、各行业协会以及各地方商务部门等提供关于有关东道国的宏观经济状况、投资环境、法律制度、行政管理制度和要素成本等信息。商务部投资促进事务局作为商务部直属机构和投资政策执行机构，同时作为中国官方投资促进机构（IPA），致力于构建全方位、多层次的投资促进服务体系，为来华投资和对外投资提供系统、高效、快捷的投资促进服务，已经成为国内外政府、机构和企业之间相互沟通的纽带和桥梁。"中国投资指南网"作为事务局设立的专为外商来华投资和中国企业对外投资服务的网站，提供大量统计数据、研究报告、政策分析等服务。各驻外使领馆经商参赞处作为中国政府驻外的经济代表机构，负责对所在国家或地区的中国企业进行支持和管理，并以调查问卷等形式了解企业经营情况，及时解决发现的问题。该机构网站提供大量东道国第一手信息。各国中国商会也不定期举办各类投资洽谈会，组织招商团，提供境外项目信息和投资境外培训课程等服务。

在对外投资的信息统计分析方面，国家建立了对外直接投资统计制度、境外投资联合年检制度、境外投资综合绩效评价制度，不仅让政府全面掌握我国境外投资的发展状况，及时调整政策、正确引导投资方向，还对我国境外投资的趋势性和战略性的问题进行分析研究，为宏观决策提供科学依据。

在国别和行业信息提供方面，国家发布《中国对外投资促进国别/地区系列报告》《国别贸易投资环境报告》《对外投资国别产业导向目录》。中国出口信用保险公司也定期发布《国家风险分析报告》，对各国风险进行实时监测和研究分析。

2004 年投入运行的"中国对外经济合作指南网"是商务部设立的服务境外经济合作的专业网络，建有包括政策法规、促进服务、国别环境、统计资料、政策解读、合作信息库、政务公开、"走出去"战略、企业名录在内的信息服务板块和包括国外经济合作业务统计系统、对外直接投资统计系统、境外投资批准证书网上发放系统、对外劳务合作企业经营资格管理系统、境外矿产资源项目开发备案系统、国别投资障碍报告系统在内的政务服务板块，具有强大的服务功能。该网站还将重点建设各类合作信息数据库，主要包括境外招商项目信息库、对外承包工程项目信息库、对外劳务合作项目信息库、企业对外投资意向信息库、中介服务机构信息库、国别经济合作环境数据库。

另外，国家还通过财政扶持、人员安排等手段，在不同层面设立了一些中介服务机构，为企业境外投资提供便利，这类机构有中国国际投资促进会等。另外一些专业服务机构，包括律师事务所、会计师事务所、投资机构等也为企业境外投资提供大量的信息服务。中国出口信用保险公司针对境外项目的特点，为投资者提供免费或有偿的项目级咨询服务，包括国别风险、投资环境、税收政策、法律制度、行业与投资项目信息、合作伙伴资信调查等。

2. 资金支持

以资金支持为主的鼓励政策主要包括五个方面：一是，国家开发银行自 1998 年以来，与国内外的金融机构合资设立了中国—东盟中小企业投资基金、中非发展基金、中瑞合作基金、中国比利时直接股权投资基金，为中国企业走出去提供金融支持。二是，中国政府自 2000 年以来先后推出了市场开拓专项资金、对外经济技术合作专项资金、矿产资源风险勘查专项资金、走出去专项资金等涉及促进境外投资的政府专项资金。三是，我国 2001 年以国家出口信用保险基金作为资本来源成立了中国出口信用保险公司，具体负责承办政策性出口信用保险业务。四是，国家发展改革委和中国进出口银行等机构于 2004 年 10 月颁布的《关于对国家鼓励的境外投资重点项目给予信贷支持的通知》规定，每年都安排"境外投资专项贷款"，符合条件的企业可享受出口信贷优惠利率。五是，商务部和中国出口信用保险公司 2005 年 8 月发布的《关于实行出口信用保险专项优惠措施支持个体私营等非公有制企业开拓国际市场的通知》提出，推动非公有制企业积极开拓国际市场。总之，在扩大对外投资方面，政策性金融机构发挥了较大的作用。但是这些政策性金融机构倾向于支持大企业，对中小企业的支持明显不够。

3. 投资保险与双边或多边投资保护

海外投资保险制度是公认的"促进和保护国际投资普遍行之有效的重要制度"，得到各资本输出国的普遍采用。目前中国的海外投资保险由中国出口信用保险公司承办，主要承保对外直接投资中的汇兑限制、征收、战争及政治暴乱、政府违约等政治风险及部分商业风险，属于政策性保险业务。投资保险期限最长可达20年，赔偿比例高达90%~95%。申请投资保险的投资项目必须符合中国的国家利益。为强调对境外投资重点项目给予优惠融资和保险支持，中国出口信用保险公司于2005年会同国家发改委联合发布《关于建立境外投资重点项目风险保障机制有关问题的通知》，于2006年会同国家开发银行联合发布《加大对境外投资重点项目金融保险支持力度有关问题的通知》。

双边投资保护协定是以两国政府为主体做出的关于保护双边投资的承诺。我国与别国签订的双边投资保护协定主要包括以下内容：受保护的投资财产种类；对外国投资者的投资及与投资有关的业务活动给予公平合理的待遇；对外国投资财产的征收、国有化措施及其补偿；投资及其收益的回收；投资争议的解决等。我国已与一百多个国家签订了双边投资保护协定。我国企业在对外投资的过程中应认真研究相应协定，学会利用协定保护自身权益。

《多边投资担保机构公约》（又称《汉城公约》）于1988年4月12日正式生效，中国是该公约的缔约国和主要出资国之一。根据该公约建立了多边投资担保机构（MIGA），属于世界银行集团的成员，但它同时又是独立的国际组织。其目的是鼓励向发展中国家成员国融通生产性投资，为向发展中国家的海外私人投资提供非商业风险（政治风险）除外，世界银行还向私营部门和公共部门项目提供部分风险担保和部分信用担保，以帮助投资者减小投资风险，这些也都可以支持中国企业进行海外投资。

4. 税收保护

我国在促进对外直接投资的税收保护方面，主要措施有：纳税人在与中国缔结避免双重征税协定的国家所纳税收给予抵免，对承担援助项目的企业实行税收饶让，对在境外遇到不可抗风险而造成损失的企业给予所得税优惠。我国已经与近百个国家签订了避免双重征税协定。这些协定对国内企业和个人到境外从事跨国生产经营的税务处理问题做出了规定，涉及内容包括外国税收抵免、所得税减免优惠、关税优惠以及境外投资企业遇有自然灾害等问题的处理。

三、对外直接投资日常监督与服务政策以及专业性管理

在对外直接投资日常管理方面，除了2002年10月外经贸部先后颁布的《境外投资联合年检暂行办法》和《境外投资联合绩效评价方法（试行）》，商务部于2004年11月下达了《国别投资经营障碍报告制度》通知。这三个文件共同规范了中国政府在

境外投资方面的监督与服务工作，以期达到实现对外直接投资健康发展的目的。

对境外投资的专业性管理包括外汇管理、国有资产管理和劳动工资管理。国家外汇管理局、中国人民银行、国有资产监督管理委员会、劳动与社会保障部等是中国境外投资业务的协助管理部门，主要负责与境外投资有关的外汇汇出汇入、资金投放、劳动工资和境外国有资产管理等方面政策的制定、执行和监督。2011 年国务院国有资产监督管理委员会颁布了《中央企业境外国有资产管理暂行办法》，2014 年商务部等五部委联合发布了《关于进一步简化和改进直接投资外汇管理政策的通知》，这项专项法规使境外投资管理有法可依，发挥了积极的作用。

思考题

1. "走出去" 战略的含义是什么？它分几个层次？中国企业实施 "走出去" 战略的必要性和作用是什么？
2. 中国对外直接投资的意义有哪些？
3. 现阶段中国企业对外直接投资的主要特点有哪些？
4. 中国企业对外直接投资的可能性和条件有哪些？
5. 影响外商对华直接投资区位选择的因素是什么？
6. 简述中国对外直接投资遇到的主要问题。
7. 鼓励中国企业进行对外直接投资的措施有哪些？
8. 分析中国企业如何才能成功地实施对外直接投资。

第五章　国际间接投资

第一节　国际间接投资概述

一、国际间接投资的概念

国际间接投资，又称对外间接投资，是指一国投资者不直接参与国外所投资的企业的经营管理，而是通过购买外国的公司股票、公司债券、政府债券、衍生证券等金融资产，以取得利息或股息等为形式，从而达到资本增值目的的活动。从投资国角度来讲，国际间接投资是本国购买东道国政府和企业发行的证券的经济活动；从东道国角度来讲，国际间接投资是吸引外国投资者在本国一级或二级市场上购买本国政府和企业发行的股票和债券的经济活动。

国际间接投资有狭义与广义之分。狭义的国际间接投资主要是指国际证券投资。证券也具有狭义和广义之分，狭义的证券是一种有面值的，并能给持有者带来收益的所有权和债券证书，包括股票、债券和投资基金等。广义的证券内容十分广泛，它除了包括股票、债券和投资基金以外，还包括货币证券、商品证券、不动产证券等。广义的国际间接投资除了国际证券投资外，还包括国际信贷。

（一）国际间接投资的特征

1. 对筹资者的经营活动无控制权

国际间接投资的突出特征是不以取得企业的经营管理控制权为投资的必要条件，而主要是以取得一定收益为目的，即使是在进行股权投资的情况下，一般也不谋求对企业经营管理权的有效控制。目前，在国际上控股率控制在何种程度以内才算间接投资，尚没有统一的标准。例如，美国的《国际投资鉴定法》规定股权达 10% 以上即为直接投资；法国则规定间接投资的股权不超过 40%；国际货币基金组织规定间接投资者的股权拥有率不能超过 25%。

2. 投资风险小

国际直接投资的经营风险直接由投资者承担，所以风险大。间接投资的风险相对较小，具体表现为当投资者是债权人时，经营风险由债务人承担；当投资者是股东时，如果持有的不是普通股票，承担的风险要小得多。此外，较国际直接投资而言，国际间接投资流动性大，在出现不利行情时可以较容易地及时抽回资本，从而降低了投资风险。

3. 流动性强

国际直接投资一般都要参与一国企业的生产过程，投资周期长，一般在 10 年以上，逐年通过利润回收投资，资金一旦投入某一项目，要抽出则比较困难，因而流动性较小。与国际直接投资不同，国际间接投资以获取最多的投资利益或寻找安全的投资场所为目的，在国际间接投资的各种形式中，除国际开发援助贷款和政府贷款的偿还周期较长外，其他间接投资形式的回收周期较短，资本流动性大。特别是大量的短期国际投资，其流动速度更快，一天之内甚至可以流动几个国家，兑换成几种货币。另外，随着证券二级市场的日益发达和完善，证券的流通更为方便，进一步增强了国际间接投资的流动性。

4. 自发性和频繁性

国际间接投资受国际间利率差别的影响而表现为一定的自发性，往往自发地从低利率国家向高利率国家流动。国际间接投资还受到世界经济政治局势变化的影响，经常在国际间频繁移动，以追随投机性利益或寻求安全场所。而国际直接投资是运用现实资本从事经营活动，盈利或亏损的变化比较缓慢，一旦投资后，具有相对的稳定性。

（二）影响国际间接投资的因素

1. 利率差异

利率是决定国际间接投资流向的主要因素。正常情况下，资本从利率低的国家流向利率高的国家（大部分是食利资本）；不正常情况下，如政局不稳定时，也可能发生短期资本从利率较高而政局动荡的国家流向利率较低而政局稳定的国家。不少国家政府把利率作为宏观调控的重要手段之一，使资本向有利于本国经济发展的方向而流动。对国际间接投资流量和流向影响较大的是长期利率和实际利率的变化。

2. 汇率

汇率是影响国际间接投资流向的主要因素之一。汇率的稳定与否会引起国际间接投资流向的变化。如果某国的货币汇率较高而又长期稳定，投资者就会将资金由汇率低、风险性大的国家移入该国。由于汇率对资本流向影响较大，许多国家根据本国的国际收支状况，通过制定汇率政策来限制或鼓励资本的流入与流出。当一国国际收支恶化时，国家可以实行外汇管制，"奖入限出"，限制外汇收支，对调往国外的资本不予兑换外汇，以防止资本外逃。同时，国家也可以通过实现外汇管制来维护本国货币汇率的稳定，以达到鼓励外国资本流入的目的。

3. 风险性

一国资本市场上的风险必然会影响流入该国的间接投资。所谓风险不仅包括经济风险，还包括政治风险、军事风险以及其他社会非经济因素风险。国际间接投资需要良好的国际经济投资环境，政治、军事等非经济因素对国际间接投资的外部环境影响大，因而会间接影响国际间接投资的流向。总的来说，如果风险小的资产和风险大的资产都能提供同样的收益率，投资者当然愿意持有风险较小的资产。一般来说，对私人投资的风险大，对政府投资的风险小。

4. 偿债能力

各国偿债能力的差异是影响国际间接投资流向和流量的又一主要因素。一般来说，偿债能力与吸收国际间接投资的数量成正比，发达国家由于经济实力雄厚，有较多的外汇储备，偿债能力强，因而能吸引大量的国际资本。发展中国家经济发展水平低，外汇储备较少，偿债能力不足，吸引国际间接投资的能力就较弱。在发展中国家的国际间接投资多集中在那些新兴工业国家和地区。这些国家和地区相对来说，经济发展较快，有较强的出口创汇能力。而非洲等一些经济落后的国家经济发展缓慢，外债偿还能力低，则很难吸引到较多的国际间接投资。

（三）国际间接投资发展趋势

1. 国际间接投资增长速度超过直接投资

从第二次世界大战结束到 20 世纪 70 年代末，国际直接投资一直占据主导地位，20 世纪 80 年代以后，国际间接投资增长速度开始超过国际直接投资。据国际清算银行（BIS）统计，截至 2016 年第三季度结束，国际债券市场余额已高达 218 730 亿美元，其中金融机构发行占比 70%，银行发行占比 30%。受美国次贷危机的影响，国际债券市场余额从 2008 年第二季度到 2009 年第一季度呈现负增长，但总体来看，近十年（2006 年第一季度至 2016 年第三季度），国际债券市场余额季度平均增长 1.4%。据国际货币基金组织（IMF）不完全统计，截至 2016 年第三季度结束，国际直接投资资产规模 4 500 亿美元左右，远不及国际债券市场的规模。

2. 发展中国家越来越多地参与国际间接投资

20 世纪 80 年代以来，国际资本流动的总态势是流向发展中国家。进入 20 世纪 90 年代以后，流向发展中国家的证券资本也在迅速增加。例如，1989 年至 1997 年，流向发展中国家的证券投资每年平均递增 34%左右。1997 年至 2004 年流向发展中国家的股票投资额占全球股票投资总额的 1/3 以上。近年来，发展中国家间接投资的增速进一步加快，占比逐渐加大。以金砖四国为例，根据国际货币基金组织（IMF）国际金融数据库（IFS）的相关数据显示，流入金砖四国的证券投资从 2004 年的 110 亿美元增长到 2016 年的 463 亿美元，占全世界证券间接投资总量的比例从 2004 年的千分之五增长到了 2016 年的百分之一。

3. 国际间接投资证券化趋势日益明显

20 世纪 80 年代以来，国际间接投资中证券投资比例日益提高，国际信贷的地位相对下降。证券化（Securitization）包括筹资手段的证券化和贷款债权证券化。随着全球金融市场自由化程度的不断提高，新的金融投资产品层出不穷和新兴市场开发程度继续提升，国际间接投资证券化趋势在 21 世纪仍将持续下去。当然，随着证券化趋势的不断增加，其所带来的问题与影响也将同样增大，证券化趋势对投资来说，其致富速度和破产速度都将加快。

4. 国际债券在国际金融市场融资中所占的比重日益提高

国际债券投资一直是国际融资的一种方式，而债券融资的地位在不断提高。1975 年，在国际金融市场融资总额 585 亿美元中，债券融资仅为 187 亿美元，占融资总额的 32%。而 1994 年债券融资达到了 2 939.4 亿美元，占当年国际金融市场融资总额 4 741 亿美元的 62%。1995—2004 年债券融资额一直保持在 5 000 亿美元以上，占国际市场融资额的比重仍维持在 50% 以上。据国际货币基金组织（IMF）国际投资头寸（IIP）数据库数据核算，近十年来（2007—2016 年），债券融资占国际金融市场融资总额的平均比例为 54%，期中 2008 年的比例高达 64%。债券融资占国际金融市场融资比重的提高与世界各国对外国投资者限制的放松、国际证券市场的迅速发展、证券市场的统一化和国际化，以及交易的多样化有关。

5. 国际间接投资的衍生化、虚拟化和机构化趋势增强

20 世纪 80 年代以来，投资者为了在国际市场上更好地管理风险，或进行无风险套利，使国际间接投资出现了衍生化趋势。同时，伴随信息技术的快速发展，计算机的广泛应用和互联网的普及，国际间接投资出现虚拟化趋势。国际间接投资者除自然人外，近年来法人投资的比例越来越大，参与证券投资的法人范围也不断扩大。除了金融机构外，现在越来越多的企业（包括一些跨国公司）出于有效利用剩余资金、分散经营风险、获取更多收益等目的，也加入了证券投资的行列。随着国际间接投资，特别是证券投资的风险越来越大，个人投资者转而委托专业投资机构进行间接投资，因此，国际间接投资的机构化趋势越来越明显。

第二节　国际债券投资

国际证券投资是国际间接投资活动的主要形式之一，也是国际经济合作的一种重要方式。它是指以购买国际有价证券的形成而进行的投资，由国际债券投资、国际股票投资和国际基金投资所构成。

一、国际债券的概念

国际债券（International Bonds）是指某国政府或企业在境外发行的债券。一般是指各类借款在国际证券市场上发行的各种借款凭证，是发行者给投资者的借款凭证，表明在一定时期内获得一定收益的权利。其投资主体可以是政府、企业、国际金融组织。国际债券是国际债务证券（International Debt Securities）最重要的组成部分。随着世界各国对外国投资者限制的放松和国际证券市场的迅速发展，国际债券的发行量在 20 世纪 80 年代初超过了银团贷款的数量，从而出现了国际借贷证券化的趋势。

二、国际债券的分类

（一）外国债券

外国债券（Foreign Bonds）是指外国借款人（政府、私人公司或国际金融机构）在某个国家的债券市场上发行的以这一国家货币为面值货币的债券。也可以定义为在发行者所在国家以外的国家发行的，以发行地所在国货币为面值的债券。这种债券只在一国市场上发行并受该国证券法规制约。例如，扬基债券（Yankee Bonds）是非美国主体在美国市场上发行的债券，武士债券（Samurai Bonds）是非日本主体在日本市场

上发行的债券。同样，还有英国的猛犬债券、西班牙的斗牛士债券、荷兰的伦勃朗债券，都是非本国主体在该国发行的债券。

在人民币逐步实现资本项目下的可自由兑换以及人民币的国际化基础上，我国逐步放开以人民币计价的外国债券，以进一步向外国筹资者开放国内债券市场。2005年9月28日，国际多边金融机构首次获准在华发行人民币债券，时任财政部部长金人庆将首发债券命名为"熊猫债券"。从此，外国债券可以选择在我国证券交易所上市交易，最终使得我国交易所债券市场走向国际化。

（二）欧洲债券

欧洲债券（Euro bond）是指一国政府、金融机构、工商企业或国际组织在国外债券市场上以第三国货币为面值发行的债券。欧洲债券的发行人、发行地及面值货币分别属于3个不同的国家。欧洲债券一般根据其发行货币命名，例如欧洲日元债券（Euroyen Bond）和欧洲美元债券（Eurodollar Bond）分别以日元和美元计价。目前，欧洲债券在国际债券中占主导地位。

世界上第一张欧洲债券于1963年由意大利高速公路网络 Autostrade 发行，这次不间断发行了6万张债券，单张价值250美元，期限15年，贷款总额1 500万美元，年利率为5.5%。这次发行由伦敦银行家 S. G. Warburg 负责安排并在卢森堡证券交易所上市，由伦敦的律师事务所之一艾伦 & 奥弗利（Ellen&Overy）的律师们负责发行的法律问题。他们的观念在很大程度上是反对在美国征收利息均衡税的。该税收的目标是通过减少美国对外国证券的需求来减少美国国际收支赤字。而发行欧洲债券，美国人可以绕过昂贵的税收，欧洲人则可以获得美国资本。

欧洲债券发展到今天，既有期限为1~2年的短期债券，也有5~10年的中长期债券，还有无偿还期的永久性债券。欧洲债券往往采取无担保的不记名形式发行，投资欧洲债券的收益是免缴收入所得税的。欧洲债券具有发行成本低、发行自由、投资安全、市场容量大等特点。

（三）全球债券

全球债券（Global Bonds）是20世纪80年代末产生的新型金融工具，是指在世界各地的金融中心同步发行的具有高度流动性的国际债券。世界银行于1989年首次发行了这种债券，并一直在该领域占有主导地位，其发行面值有美元、日元、德国马克等。有些国家也发行过全国债券。瑞典在1993年2月发行了20亿美元的全球债券；意大利在1993年9月发行了55亿美元的全球债券；日本在1994年1月发行了3 000亿日元的全球债券。虽然全球债券的发行往往需要由所在国进行清算和登记，但各个清算系统之间的联系是相当密切和快捷的，因而能够保证其较高的流动性。所以，全球债券的发行成本较低，市场发展较快。

三、国际债券的发行

（一）国际债券的发行市场

债券发行的市场又称为初级市场或一级市场，是发行单位初次出售新债券的市场。

在初级市场上，发行人一般不直接同持币购买者进行交易，需要由中间机构即证券经纪人办理。证券经纪人是初级市场上协助证券首次售出的重要金融机构，主要包括投资银行、证券公司、金融机构等，其做法是承销（Underwriting）证券，具体包括全额包销、代销和余额包销三种方式。

债券代销，又称代理发行，是指证券经纪人代发行人发售债券，在承销期结束时，将未售出的债券全部退还给发行人的承销方式。债券包销与债券代销的不同点在于在承销期结束时，包销方式的证券经纪人要按照协议将售后剩余的债券全部自行购入。包销又可分为全额包销和余额包销两种形式。全额包销又称确定包销，是指由承销商与发行人签订协议，由承销商按约定价格买下约定的全部证券，然后以稍高的价格向社会公众出售，即承销商低价买进高价售出，赚取的中间差额为承销商的利润。全额包销如果证券销售不出去，风险由承销商自负，故风险较大，但是其收益要比代销的佣金高。余额包销也称助销，是指承销商与发行人签订协议，在约定的期限内发行证券，并收取佣金，到约定的销售期满，售后剩余的证券，由承销商按协议价格全部认购。余额包销实际上是先代理后包销。

(二) 国际债券的发行条件

债券的发行条件包括发行额、偿还期限、票面利率、利息的计算及支付方式、发行价格、发行市场的选择等。

1. 发行额

发行额是指一次发行债券的金额。对于发行额，各个国家有不同的规定，有规定最低限额和最高限额之分。发行额的大小取决于发行者实际需要的资金数量和偿还能力以及债券的信用评级。

信用评级是对潜在债务人（个人，企业，公司或政府）的信用风险进行评估，预测其偿还债务的能力，以及对债务人违约的可能性的隐含预测。评级代表信用评级机构对潜在债务人的定性和定量信息的评估，这些信息包括潜在债务人提供的信息和信用评级机构分析师获得的其他非公开信息。国际公认的专业信用评级机构只有三家，分别是穆迪、标准普尔和惠誉国际。他们都是独立的私人企业，不受政府控制。由于有详尽的资料和先进的科学分析技术，又有丰富的实践经验和大量专业人才，所以做出的信用评级具有很高的权威性和参考价值。一般信用评级公司对一年期以上（长期）和一年期以下（短期）债券采取分别评级的制度，以标准普尔公司为例，对于长期债券的信用评级等级标准从高到低可划分为 AAA 级、AA 级、A 级、BBB 级、BB 级、B 级和 CCC 级、CC 级、C 级和 D 级；对于短期债券的信用评级等级标准从高到低可划分为 A-1 级、A-2 级、A-3 级、B 级、C 级和 D 级。

表 5.1　　　　　　　　标准普尔公司长期债券的评级符号及其含义

评级符号	含义
AAA	评级为"AAA"的债务具有由标准普尔信用评级公司给予的最高评级。债务人偿还债务的能力极强。

表5.1(续)

评级符号	含义
AA	评级为"AA"的债务与最高级别差别很小。债务人偿还债务能力很强。
A	评级为"A"的债务偿债能力仍然很强,但相对于较高级别的债务/发债人,其偿债能力较易受外在环境及经济状况变动等不利因素的影响。
BBB	评级为"BBB"的债务具有足够的保护系数。但在恶劣的经济条件或外在环境下,其偿债能力可能较脆弱。
BB;B;CCC;CC;and C	评级为"BB""B""CCC""CC"和"C"的债务被视作有显著的投机特征。"BB"级为最低程度投机而"C"为最高程度投机。虽然这些债务有一些质量和保护性特征,但是暴露在很大的不确定性因素抑或是在一些不利条件下,这些债务的偿债能力变得脆弱。
BB	评级为"BB"的债务相对于其他投机评级,违约的可能性最低。但持续的重大不稳定情况或恶劣的商业、金融、经济条件可能令发债人没有足够能力偿还债务。
B	评级为"B"的债务违约可能性较"BB"高,发债人目前仍有能力偿还债务,但恶劣的商业、金融或经济情况可能削弱发债人偿还债务的能力和意愿。
CCC	评级为"CCC"的债务目前有可能违约,发债人须依赖良好的商业、金融或经济条件才有能力偿还债务。如果商业、金融、经济条件恶劣,发债人可能会违约。
CC	评级为"CC"的债务目前违约的可能性较高。"CC"评级用于违约还未发生之时,但标准普尔信用评级公司预期违约几乎必定发生,不管是在将来何时。
C	评级为"C"的债务目前违约的可能性较高。与较高评级级别的债务相比,其拥有相对较低的清偿优先性或者较低的最终恢复能力。
D	评级为"D"的债务为目前正在违约的债务。对非混合资本工具而言,债务到期发债人未履行付款义务即被评为"D"级,除非标准普尔评级公司认为在没有一个既定的宽限期的前提下,发债人能在到期后五个工作日内完成债务偿还,或者在所述宽限期之前或30天以内偿还。"D"评级也被用于正在提交破产申请抑或正在采取类似行动的公司的债务,这预示着债务违约的几乎必然性。例如,由于自动停牌条款,如果其收到不良交易警告,债务会被评为"D"级。
NR	这表示没有要求评级,或者没有足够的信息来确定评级,或者标准普尔评级公司因为政策原因不予评级。

注:* "AA"至"CCC"的等级可以通过添加加号(+)或减号(-)来显示任一评级类别中的相对位置。

表5.2　　　　　标准普尔公司短期债券的评级符号及其含义

评级符号	含义
A-1	评级为"A-1"的短期债务具有由标准普尔信用评级公司给予的最高评级。发债人还债能力强。在这一级别中,某些债务用加号(+)指定,这表明发债人还债能力极强。
A-2	评级为"A-2"的短期债务比较高评级类别的债务更容易受到情况变化和经济状况的不利影响。但是,债务人还债能力仍令人满意。
A-3	评级为"A-3"的短期债务具有足够的保护参数。然而,不利的经济状况或情况变化更可能导致发债人履行对该债务的财务承诺的能力下降。
B	评级为"B"的短期债务被认为是脆弱的,具有显著的投机特征。发债人目前有能力履行其财务承诺;然而,它面临重大的持续不确定性可能导致发债人履行其财务承诺的能力不足。

评级符号	含义
C	评级为"C"的短期债务目前很可能无法完成偿还，并且取决于发债人履行对该义务的财务承诺的有利的业务、财务和经济条件。
D	评级为"D"的短期债务为目前正在违约的债务。对非混合资本工具而言，债务到期发债人未履行付款义务即被评为"D"级，除非标准普尔评级公司认为发债人在指定的宽限期内可以还款。但是，任何超过五个工作日的宽限期都会被视作五个工作日。"D"评级也被用于正在提交破产申请抑或正在采取类似行动的公司的债务，这预示着债务违约的几乎必然性。例如，由于自动停牌条款，如果其收到不良交易警告，债务会被评为"D"级。

2. 发行价格

任何一种金融工具的理论价值都等于这种金融工具能为投资者提供的未来现金流量的贴现值，国际债券也不例外。给一张国际债券定价，首先要确定它的现金流量。以一般性不可赎回债券为例，其现金流量构成包括两部分：在到期日之前周期性的息票利息支付、票面到期价值。在以下的债券定价计算中，为了简化分析，我们先做三个假设：息票支付每年进行一次，下一次息票支付恰好是从现在起 12 个月之后收到，在债券期限内息票利息固定不变。

在确定了一张债券能给投资者提供的现金流量分布之后，我们还需要在市场上寻找与目标债券具有相同或相似信贷质量及偿还期的债券，以确定预期的到期收益率或贴现率。给定了某种债券的现金流量和贴现率，我们就可以以现金流量贴现的方式给债券估价。其公式为：

$$P = \sum_{i=1}^{n} \frac{Mk}{(1+r)^i} + \frac{M}{(1+i)^n}$$

式中，P 为债券发行价格；M 为面值；k 为票面利率；n 为从发行日至到期日的时期数；r 为该债券的贴现率。进一步推导可求得：

$$\frac{P}{M} - 1 = (\frac{k}{r} - 1)[1 - (1+r)^{-n}]$$

由此可见，票面利率 k 和与债券相关的市场利率 r 的关系影响到债券的发行价格。当债券票面利率等于市场利率时，债券发行价格等于面值；当债券票面利率低于市场利率时，企业仍以面值发行就不能吸引投资者，故一般要折价发行，即以低于面值的价格发行债券；反之，当债券票面利率高于市场利率时，企业仍以面值发行就会增加发行成本，故一般要溢价发行，即以高于面值的价格发行债券。

3. 偿还期限和收益

债券偿还期限是指债券从发行之日起至偿清本息之日止的时间。各种债券有不同的偿还期限，短则几个月，长则几十年。由于利率和汇率的剧烈变动，债券收益会受到一定的影响，根据利率期限结构原理，一般长期债券的票面利率要高于短期债券的票面利率。

债券的收益主要分为两部分，当期收益与资本利得。所以债券的回报率等于当期收益率与资本利得率之和。一般情况下，债券的收益率可分为名义收益率，即期收益率和实际收益率三种形式。

（1）名义收益率

名义收益率，是规定的利息与债券票面金额的比率。如某国际债券的面值为 100 美元，10 年归还本金，每年固定利息 8 美元，则其名义收益率为 8%。

（2）即期收益率

即期收益率，是规定的利息与债券当期市场价格的比率。如上述债券在某日的市场价格变为 98 美元，则即期收益率为 8/98＝8.16%，若市价上升为 103 美元，那即期收益率则变为 8/103＝7.77%。

（3）实际收益率

实际收益率，是实际收益与购买者的实际支出价格的比率。若张涛在第一年年末以 98 美元市价买进上述债券，对其而言，偿还期只剩下 9 年，如果他持有该债券至到期，则 9 年间除每年获得利息 8 美元外，还获得资本利得（即买卖差价）2 美元（100 －98＝2），平摊至每年获利 2/9＝0.22 美元，故张涛的实际年收益率为（8+0.22）/98 ＝9.39%。反之，如果张涛在第一年年末是以 103 美元的价格买进该债券，则他每年平摊的资本利得为（100－103）/9＝－0.33 美元，实际收益率变为（8－0.33）/103 ＝7.44%。

（三）国际债券的发行程序

国际债券发行分为公募发行和私募发行两种。公募发行是通过中介机构包销，公开向社会募集资金；而私募发行则是在中介机构协助下，向有限的特定投资者募集资金。各个国家及不同证券交易所对债券发行程序的规定不尽相同，但一般包括以下几个步骤：

（1）发行者确定债券的主发行人或发行人集团。

（2）发行者向当地外汇管理部门提出发行债券申请，经该部门审查并提出意见后，报经该国政府有关管理部门批准。

（3）发行者向当地有关资信评审机构申请评级。申请评级前须向国内的审查管理机构提出书面申请，并提供评级机构名称和用于评级的资料等。发行者应在得到评级结果 3 日内向审批管理部门报告评级结果。

（4）发行者向拟发行证券的市场所在国政府提出申请，取得市场所在国政府的许可。

（5）发行者在得到发行许可后，委托所选择的发行人组织承销团，由其负责债券的发行与包销，设受托机构、登记代理机构和支付代理机构。

（6）发行者与债券发行集团商议债券发行的形式、数量、币种、利率、价格、期限等基本条件和主要条款。

（7）发行人按一定格式向发行地国家政府正式递交"有价证券申报书"。

（8）发行人分别与承购集团代表、受托机构代表、登记代理机构代表和支付代理代表签订各种协议。

（9）发行人通过承购集团，向广大投资者提交"债券说明书"，介绍和宣传债券。

（10）承购集团代表（一般是主承购人）组织承购集团承销债券，各承购人将承购款付给承购集团代表，承购集团代表将筹资的款项交受托机构代表换取债券，随后将债券交给承购人。

（11）各承购人将债券出售给广大的投资者，登记代理机构受理广大投资者的债券登记，受托机构代表将债券款项拨入发行人账户。

第三节　国际股票投资

一、股票的定义与特征

（一）股票的定义

股票是股份证书的简称，是股份公司为筹集资金而发行给股东作为持股凭证并借以取得股息和红利的一种有价证券。每股股票都代表股东对企业拥有一个基本单位的所有权。这种所有权是一种综合权利，如参加股东大会、投票表决、参与公司的重大决策、收取股息或分享红利等。同一类别的每一份股票所代表的公司所有权是相等的。每个股东所拥有的公司所有权份额的大小，取决于其持有的股票数量占公司总股本的比重。股票是股份公司资本的构成部分，可以转让、买卖或作价抵押，是资本市场的主要长期信用工具，但不能要求公司返还其出资。股东与公司之间的关系不是债权债务关系。股东是公司的所有者，以其出资份额为限对公司负有限责任，承担风险，分享收益。

（二）股票的特征

1. 股票是一种证权证券

股票只是一种表明已发生股权转移的证券，只起一个权利证书的作用。股票的发行是以股份的存在为前提条件的。股票的作用只是证明股东的权利，而不是创造股东的权利。所以，股票不像一般的票据是设权证券，同时也不是债权证券。

2. 股票是有价证券

股票与其代表的股东权利有着不可分离的关系。股票代表着对公司资产的权利，这种资产是有一定价值的，否则其权利也就失去了意义。股东权利的转让应与股票占有的转移同时进行，二者缺一不可。这点与有价证券在法律上的性质是一致的。

3. 股票不是物权及债权证券

股东虽然是企业部分财产的所有人，享有种种权利，但对公司的财产不能直接支配处理。物权证券才能对财产直接支配处理。另外，股票也不是债权证券，因为当投资者购买股票时，他立即成为公司部分财产的所有人，是公司内部的构成分子，而不是与公司对立的债权人。

需要说明的是，在进行国际股票投资时，投资者虽然购买了别国企业的股票，拥有了一定的股权，从而可以参与所投资企业的管理，但只有当其购买的股票达到足以对企业拥有经营控制权时，才能算作国际直接投资。各国对拥有多大比重的股权才算作直接投资的规定有所不同。例如，美国规定，凡拥有外国企业股权 10% 以上者，即属直接投资，不足 10% 者，则属国际证券投资中的股票投资。

4. 股票是一种可转让的证券

股票是一种能带来收益的转让证书，其价格的基础是资产的价值，作为金融资产的股票和其他有价证券一样既可以在金融市场上买卖，也可用于赠与、抵押和继承。

二、股票的种类

根据不同的分类口径，股票可以分为形形色色的很多种。按股东权利分类，股票可分为普通股、优先股和后配股。根据上市地区分类，我国上市公司的股票有 A 股、B 股、H 股、N 股和 S 股等的区分。根据业绩可分为 ST 股、垃圾股、绩优股、蓝筹股等。本小节主要介绍普通股和优先股。

（一）普通股

普通股是指在公司的经营管理和盈利及财产的分配上享有普通权利的股份，代表满足所有债权偿付要求及优先股东的收益权与求偿权要求后对企业盈利和剩余财产的索取权，它构成公司资本的基础，是股票的一种基本形式，也是发行量最大，最为重要的股票。在中国大陆，目前在上海和深圳证券交易所交易的股票，都是普通股。普通股在不同的国家有着不同的称谓，其中最为普遍的是用于美国的 "Common stock"。在英国和其他英联邦领域，普通股被称为 "Equity shares" 或者 "Ordinary shares"。一般来说，普通股股票持有者可享受以下权利。

1. 公司决策参与权

普通股股东有权参与股东大会，并有建议权、表决权和选举权，也可以委托他人代表其行使其股东权利。普通股股东持有一股便有一股的投票权，持有两股者便有两股的投票权。任何普通股股东都有资格参加公司最高级会议即每年一次的股东大会，但如果不愿参加，也可以委托代理人来行使其投票权。

2. 利润分配权

普通股股东有权从公司利润分配中得到股息。普通股的股息是不固定的，由公司赢利状况及其分配政策决定。普通股股东必须在优先股股东取得固定股息之后才有权享受股息分配权。当公司经营有方，利润不断递增时普通股能够比优先股多分得股利，股利率甚至可以超过 50%；但赶上公司经营不善的年头，也可能连一分钱都得不到，甚至可能连本也赔掉。

3. 优先认股权

如果公司需要扩张而增发普通股股票时，现有普通股股东有权按其持股比例，以低于市价的某一特定价格优先购买一定数量的新发行股票，从而保持其对企业所有权的原有比例。例如，A 公司原有 1 万股普通股，而你拥有 100 股，占 1%，而公司决定增发 10% 的普通股，即增发 1 000 股，那么你就有权以低于市价的价格购买其中 1% 即 10 股，以便保持你持有股票的比例不变。

4. 剩余资产分配权

当公司破产或清算时，若公司的资产在偿还欠债后还有剩余，其剩余部分按先优先股股东、后普通股股东的顺序进行分配。

股份有限公司根据有关法规的规定以及筹资和投资者的需要，可以发行不同种类的普通股。普通股有几种分类。

1. 按股票有无记名，可分为记名股和不记名股

记名股是在股票票面上记载股东姓名或名称的股票。这种股票除了股票上所记载的股东外，其他人不得行使其股权，且股份的转让有严格的法律程序与手续，需办理过户。中国《公司法》规定，向发起人、国家授权投资的机构、法人发行的股票，应为记名股。不记名股是票面上不记载股东姓名或名称的股票。这类票的持有人即股份的所有人，具有股东资格，股票的转让也比较自由、方便，无需办理过户手续。

2. 按股票是否标明金额，可分为面值股票和无面值股票

面值股票是在票面上标有一定金额的股票。持有这种股票的股东，对公司享有的权利和承担的义务大小，依其所持有的股票票面金额占公司发行在外股票总面值的比例而定。无面值股票是不在票面上标出金额，只载明所占公司股本总额的比例或股份数的股票。无面值股票的价值随公司财产的增减而变动，而股东对公司享有的权利和承担义务的大小，直接依股票标明的比例而定。2012 年，中国《公司法》不承认无面值股票，规定股票应记载股票的面额，并且其发行价格不得低于票面金额。

（二）优先股

优先股是指在企业利润分配上较普通股有优先权的股票。当企业解散、改组或倒闭时，优先股持有人也能优先得到可分配给股东的部分财产，即有优先获得清偿的权利。在一般情况下，优先股股东没有表决权，不能参与企业的经营管理。可是，当企业研究与优先股有关的问题时，优先股持有人就有权参加会议。一般来说，优先股具有以下三条特征。

（1）优先股通常预先确定股息收益率。由于优先股股息率事先固定，所以优先股的股息一般不会根据公司的经营情况而增减，也不影响公司的利润分配。

（2）优先股的权利范围小。优先股股东一般没有选举权和被选举权，对股份公司的重大经营无投票权，但在某些情况下可以享有投票权，即有限表决权，对于优先股股东的表决权限财务管理中有严格限制，优先股股东在一般股东大会中无表决权或限制表决权，或者缩减表决权，但当召开会议讨论与优先股股东利益有关的事项时，优先股股东具有表决权。

（3）如果公司股东大会需要讨论与优先股有关的索偿权，即优先股的索偿权先于普通股，而次于债权人。

优先股本身的种类很多，常见的有以下几种：

1. 累积优先股和非累积优先股

累积优先股是指在某个营业年度内，如果公司所获的盈利不足以分派规定的股利，日后优先股的股东对往年未给付的股息，有权要求如数补给。对于非累积的优先股，虽然对于公司当年所获得的利润有优先于普通股获得分派股息的权利，但若该年公司所获得的盈利不足以按规定的股利分配时，非累积优先股的股东不能要求公司在以后

年度中予以补发。一般来讲，对投资者来说，累积优先股比非累积优先股具有更大的优越性。

2. 参与优先股与非参与优先股

当企业利润增大，除享受既定比率的利息外，还可以跟普通股共同参与利润分配的优先股，称为"参与优先股"。除了既定股息外，不再参与利润分配的优先股，称为"非参与优先股"。一般来讲，参与优先股较非参与优先股对投资者更为有利。

3. 可转换优先股与不可转换优先股

可转换优先股是指允许优先股持有人在特定条件下把优先股转换成为一定数额的普通股。否则，就是不可转换优先股。可转换优先股是日益流行的一种优先股。

4. 可收回优先股与不可收回优先股

可收回优先股是指允许发行该类股票的公司，按原来的价格再加上若干补偿金将已发行的优先股收回。当该公司认为能够以较低股利的股票来代替已发行的优先股时，就往往行使这种权利。反之，就是不可收回的优先股。

三、股票市场

广义的股票市场是股票发行和交易的场所，包括发行市场和流通市场两部分。狭义的股票市场是已经发行的股票转让、买卖和流通的场所，包括交易所市场和场外交易市场两大类别。由于它是建立在发行市场基础上的，因此又称作二级市场，其结构和交易活动比发行市场（一级市场）更为复杂，其作用和影响力也更大。

（一）股票市场的功能

1. 筹资功能

股票市场作为直接融资的重要场所之一，具有为资金需求者筹集资金的功能，股份有限公司通过发行股票，将一部分社会闲散资金集中起来，将其转化为生产资金，提高了资金的社会效益，最终促进了经济更快的发展。

2. 资本定价

市场的一个重要功能是给场内的交易标的物定价，股票市场也不例外。股票是资本的主要存在形式。所以，股票的价格实际上是股票所代表的资本的价格，理论上由股票市场中其供求关系决定。

3. 股票市场是实现资源优化配置的重要场所

股票市场为投资者和筹资者提供了灵活方便的投资融资机制，从而实现资源的优化配置并减少了资源流动的成本；效益高、前景好的公司，股价高，能筹集到更多的资金；效益差的公司没有配股权，市场价格也低，这种机制自然起到了优胜劣汰的作用。

4. 信号功能

健康成熟的股票市场历来被视为一个国家和地区国民经济发展状况的"晴雨表"。由于股票交易的需要，股票市场拥有大量专业人员长期从事市场行情的研究分析和预测，并与各类上市公司直接接触，能了解企业发展的动向；再者，货币政策的资产价格传导机制也向我们揭示了股票价格的波动是一国货币政策松紧的及时反映。

（二）主要的国际股票市场

现在全世界很多国家都设有股票交易所，其中比较著名的有纽约证券交易所、纳斯达克证券交易所、伦敦证券交易所、东京证券交易所。在我国大陆地区有两所证券交易所，分别为上海证券交易所与深圳证券交易所。世界证券交易所联合会（WFE）数据显示，截至 2015 年 1 月底，以市值为依据排名的世界前 20 大证券交易所如表 5.3 所示。

表 5.3　　　　　　　　　世界主要证券交易所市值排名　　　　　　　　单位：10 亿美元

排名	交易所	国别/地区	总部	市值	月交易额
1	纽约证券交易所	美国	纽约	19 223	1 520
2	纳斯达克证券交易所	美国	纽约	6 831	1 183
3	伦敦证券交易所	英国	伦敦	6 187	165
4	东京证券交易所	日本	东京	4 485	402
5	上海证券交易所	中国	上海	3 986	1 278
6	香港证券联合交易所	中国香港	香港	3 325	155
7	泛欧证券交易所	欧盟	阿姆斯特丹 布鲁塞尔 里斯本 伦敦 巴黎	3 321	184
8	深圳证券交易所	中国	深圳	2 285	800
9	多伦多证券交易所	加拿大	多伦多	1 939	120
10	德意志证券交易所	德国	法兰克福	1 762	142
11	孟买证券交易所	印度	孟买	1 682	11.8
12	印度国家证券交易所	印度	孟买	1 642	62.2
13	瑞士证券交易所	瑞士	苏黎世	1 516	126
14	澳大利亚证券交易所	澳大利亚	悉尼	1 272	55.8
15	韩国证券交易所	韩国	首尔	1 251	136
16	OMX 北欧证券交易所	北欧，亚美尼亚	斯德哥尔摩	1 212	63.2
17	JSE 有限公司	南非	约翰内斯堡	951	27.6
18	BME 西班牙证券交易所	西班牙	马德里	942	94.0
19	台湾证券交易所	中国台湾	台北	861	54.3
20	巴西交易所	巴西	圣保罗	824	51.1

在所有的主要交易所中，纽约证券交易所的市值排名几乎一直是第一，截至 2017 年 5 月底，纽约证券交易所以 21.1 兆亿的市值稳坐世界第一的宝座。2013 年其日均交易市值高达 1 690 亿美元。纽约证券交易所由美国控股公司洲际交易所集团控股。此前，它是 NYX（纽约证券泛欧）的一部分；现在，纽约证券交易所和泛欧交易所都是

作为洲际交易所集团旗下的分支机构在运行。

(三) 中国证券市场的开放情况

从表 5.3 中我们不难看出，中国的四个证券交易所按照上市公司市值排名都已经处于世界前 20 位，中国大陆证券市场的开放速度不断变快，开放程度不断加深。目前中国大陆证券市场对外开放主要是围绕以下两个方面来展开的。

一是在国际资本市场募集资金。我国股票市场融资国际化是以 B 股、H 股、N 股等股权融资作为突破口的。1993 年 8 月 18 日，深交所首批特许五家境外券商直接进场做 B 股交易，标志着中国大陆 B 股市场交易的开始。B 股的正式名称是人民币特种股票。它是以人民币标明面值，以外币认购和买卖，在中国境内（上海、深圳）证券交易所上市交易的外资股。B 股公司的注册地和上市地都在境内。深圳 B 股以港币结算，上海 B 股以美元结算。B 股不允许买空或卖空。B 股 T+3 日交收，但买卖当天可做 T+0 回转交易，即当天买入的股票当天可以卖出，当天卖出的股票的资金当天可以再买股票。上海 B 股买卖以 1 000 股为一个交易单位，自 2001 年 1 月 1 日起，上证 B 股最小价格变动单位将调整为 0.001 美元（原为 0.002 美元）；深圳 B 股买卖以 100 股为一个交易单位，最小价格变动单位为 0.01 港元。零股只能卖出不能买入。对于买卖的委托方式，深圳 B 股可采用柜台委托、电话、远程终端等方式下单；上海 B 股只能到柜台填单委托交易。B 股是特定历史阶段的产物，很多专家认为未来 B 股退出历史舞台似乎已是大势所趋，2001 年以后，B 股市场再没有进行过融资，也没有新股发行，从目前看来，B 股市场的筹资能力有所下降，资源配置的功能也已经消失，两边市场也形成了很大的价差。

H 股也称国企股，指注册地在内地而上市地在香港的外资股，因香港英文——HongKong 首字母为 H 而得名 H 股。H 股为实物股票，实行"T+0"交割制度，无涨跌幅限制。截至 2017 年 6 月底，中国大陆地区只有机构投资者可以投资 H 股，大陆地区个人投资者尚不能直接投资 H 股。在天津，个人投资者可以在各大证券公司网点开办"港股直通车"业务而直接投资于 H 股。但是，国务院尚未对此项业务最后的开闸放水。个人直接投资于 H 股尚需时日。国际资本投资者可以投资 H 股。目前，港交所一共有 146 只 H 股活跃在交易市场，这些国企在港交所的成功上市交易不仅为其筹集资金打开了一条新的通道，更重要的是，这些国企经历了国际市场竞争的磨炼，逐渐地走向了国际化。事实上，经过 20 多年的磨炼，国企股企业的管理、会计水平及透明度已有大幅度的改善，离世界级标准已经不远。国企股具有很大的投资价值。某些国企股会同时在两地发行 A、H 两种流通股份，但由于两地资金的流通量不同，同一只股份，H 股的股价一般均要较 A 股的股价低数倍之多，因此，两地股市的整体市盈率（PE）是有相当大的差距的。对比内地 A 股市动辄五六十倍的市盈率，香港国企股的市盈率只有 10 倍左右，其投资价值自然不言而喻。

二是开放国内资本市场。在利用股票和债券在国际资本市场筹资的同时，我国也逐步放开了境外券商在华设立并参与中国股票市场业务、境内券商到海外设立分支机构、成立中外合资投资银行等方面的限制。自 2001 年 12 月 11 日开始，我国正式加入

WTO，标志着我国的证券业对外开放进入了一个全新的阶段。根据我国政府对 WTO 的承诺，我国证券业在五年过渡期采取了很多对外开放的举措，包括外国证券机构（不通过中方中介）直接从事 B 股交易；外国证券机构驻华代表处可以成为所有中国证券交易所的特别会员；允许外国机构设立合营公司，从事国内证券投资基金管理业务；允许合资券商开展咨询服务及其他辅助性金融服务；等等。

证监会、中国人民银行与外汇管理局于 2006 年 8 月 24 日联合发布《合格境外机构投资者境内证券投资管理办法》，规定申请合格投资者资格应当具备下列条件：

（1）申请人的财务稳健，资信良好，达到中国证监会规定的资产规模等条件。

（2）申请人的从业人员符合所在国家或者地区的有关从业资格的要求。

（3）申请人有健全的治理结构和完善的内控制度，经营行为规范，近 3 年未受到监管机构的重大处罚。

（4）申请人所在国家或者地区有完善的法律和监管制度，其证券监管机构已与中国证监会签订监管合作谅解备忘录，并保持着有效的监管合作关系。

（5）中国证监会根据审慎监管原则规定的其他条件。

证监会、中国人民银行与外汇管理局于 2013 年 3 月 1 日联合发布了《人民币合格境外机构投资者境内证券投资试点办法》，进一步开放和规范了境外机构投资者投资国内资本市场。办法规定，申请人民币合格投资者资格应当具备下列条件：

（1）财务稳健，资信良好，注册地、业务资格等符合中国证监会的规定。

（2）公司治理和内部控制有效，从业人员符合所在国家或地区的有关从业资格要求。

（3）经营行为规范，最近 3 年或者自成立起未受到所在地监管部门的重大处罚。

（4）中国证监会根据审慎监管原则规定的其他条件。

截至 2017 年 5 月份，我国共有合格境外投资者 310 家，人民币合格境外投资者 220 家。其注册地和国别地区分布情况如图 5.1、图 5.2 所示。

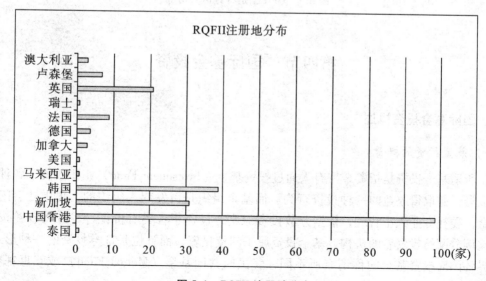

图 5.1　RQFII 注册地分布

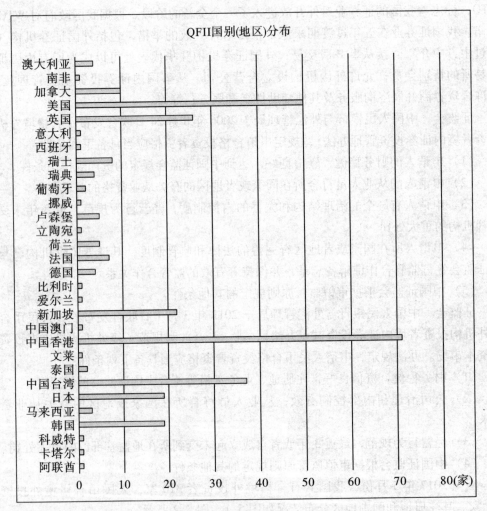

图 5.2　QFII 国别（地区）分布

第四节　国际基金投资

一、国际基金投资概述

（一）基金投资的概念

所谓基金投资是指资金持有人通过投资基金（Investment Fund）组织投资于各种有价证券，并取得收益的一种投资行为。而基金组织是由发起人组织的，集中社会闲散资金，委托专业人士管理，依据分散投资原则，投资于各类有价证券，并将收益按出资比例分配给投资者的机构。基金投资属于间接投资，而且也是证券投资的一种形式。世界各国对投资基金的称谓有所不同，美国叫共同基金（Mutual Fund）或互惠基金，英国叫单位信托基金（Unit Trust）。

投资基金是一种大众化的信托投资工具，而股票、债券、期货、黄金等金融工具又是投资基金的主要投资对象。从本质上说，投资基金是一种与其他投资者一起投资的模式，其目的是为了享有集体投资比个体投资带来的优势，这些优势包括：能够雇用专业投资经理，这可能提供更好的回报和更充分的风险管理；受益于规模经济，可降低交易成本；提高资产多元化程度，从而降低了非系统性风险。

据投资公司机构（Investment Company Institute）统计，截至 2016 年年底，全球共同基金的资产总额高达 40.4 万亿美元，资产排名前十的国家如图 5.3 所示。在美国，共同基金在家庭理财中占有重要地位，22% 的家庭资产是以共同基金的形式存在的。共同基金在退休储蓄中的地位更为显著，个人退休储蓄账户，401（k）s 以及其他相似的退休计划中有大约一半的资产是以共同基金的形式存在的。卢森堡和爱尔兰是首批欧洲可转让证券集合投资计划（UCITS）合法注册管辖区域。这些基金可以在整个欧盟地区以及其他采纳了共同认同机制的国家售卖。

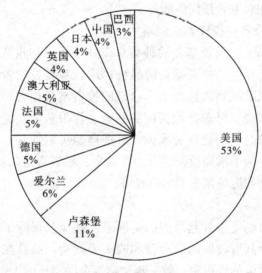

图 5.3　资产排名前十国家所占比重

（二）投资基金的特点

1. 专业理财

个人投资者与机构投资者最大的区别往往在于个人投资者缺乏专业知识，投资经验不足，信息不灵，只能跟风炒作，容易受过度自信，羊群效应等行为金融因素的影响而不能理性投资；而机构投资者，基本上每一支基金都是由专业化的团队管理运作，投资于投资基金就等于聘请了一个具有专业知识和丰富经验的团队为你进行投资决策和运作。专业的团队理性投资，投资决策是基于基本面和技术面分析共同作用的结果。他们拥有更快更准确的信息，更能准确把握最新经济形势与政策，拥有更高超的数据、政策分析能力，投资效果一般更好。

2. 风险较小

投资基金的运作人似乎更加懂得鸡蛋不能放在同一个篮子里的道理，他们更加擅长于利用组合投资降低投资风险。投资组合一般是指债券与股票等有价证券的组合，它们主要包括上市或未上市公司的股票、股权凭证、新股认购权证、政府债券、地方债券、公司债券、金融债券，在个别国家也允许利用少部分资金用于房地产业的投资。很多国家对投资基金有明文规定，不得将全部基金用于投资某一只股票。理想的投资组合一般是选择 15 到 25 种证券，进行不同权重的配置，从而达到收益与风险的相对动态平衡。

3. 管理和运作法制化

目前，世界各国都颁布了有关投资基金的管理和运作的法规，对投资基金的设立、管理和运作做了严格的限定。按多数国家的规定，投资基金的经营机构由基金公司、基金管理公司和基金托管公司组成；基金必须委托银行作为托管人托管基金资产，委托基金管理公司作为基金管理人管理基金资产和进行投资运作；基金资产独立于基金托管人和基金管理人的资产，基金托管人和基金管理人在行政上和财务上相互独立，其高级管理人员不得在对方兼任任何职务。

4. 选择性强，适合各类投资者

在成熟的证券市场上，投资基金的种类众多并涉及一切投资领域。因此，投资者对投资基金有很大的选择性，投资基金的品种也适合各类投资者。投资者可以根据自身的风险偏好以及抗风险级别来选择适合自己的投资基金组合。例如，对于不愿冒大风险的稳健型投资者来说，可选择购买债券基金、货币基金、优先股基金或蓝筹股基金等。对敢冒风险追求高利的投资者来说，可选择购买期货基金、杠杆基金或认股权证基金等。与此同时，为了增加投资组合的可选集，投资者可以选择海内外组合投资，即国家基金、国际基金和海外基金的组合投资。

5. 交易成本低

在当前国际基金市场竞争日趋激烈的情况下，基金公司除了不得不加强管理和服务之外，还在不断降低其所收取的管理费和购买手续费，而且在很多国家投资基金的买卖还免交印花税。基金的管理费一般一年交纳基金净资产的 1%~1.5%，购买手续费一般一次性交纳 3%~5%，持有基金的第一年如交纳了 6.5%，从第二年开始每年只需交 1%~1.5%。而投资者如果购买股票，一年之内只要交易 5~6 次的费用就会达到或超过基金投资者第一年所交纳的 6.5%的费用；如果一年内交易 2 次就可超过基金投资者第一年之后每年交纳的费用。因此，这样算起来，购买投资基金所需的费用要比购买股票所需的费用低很多。

二、国际投资基金的种类

（一）按照组织形式不同分为契约型投资基金和公司型投资基金

1. 契约型投资基金

契约型投资基金也称信托型投资基金，是根据一定的信托契约原理建立起来的代理投资制度，通过发行收益凭证来筹集资金，它反映的是资金管理人、基金托管人及投资人之间的信托关系，在这种制度下发行的基金单位又称为契约型基金券。该类基金中，基金管理人负责资金的管理操作，基金托管人作为基金资产的名义持有者，负责基金资产的保管和处理，对基金管理人的运作实行监督。契约型基金没有基金章程，没有公司董事会，而是通过基金契约来规范三方当事人的行为。契约型基金具体又可分为单位型和基金型两种。

2. 公司型投资基金

公司型投资基金组建及运作不是根据信托契约，而是按照公司法进行的。基金公司本身为一家股份有限公司，公司通过发行股票或受益凭证的方式来筹集资金。投资者购买了该家公司的股票，就成为该公司的股东，凭股票领取股息或红利、分享投资所获得的收益。公司型基金在法律上是具有独立"法人"地位的股份投资公司。公司型基金依据基金公司章程设立，基金投资者是基金公司的股东，享有股东权，按所持有的股份承担有限责任、分享投资收益。公司型基金与契约型基金相比，在基金性质、基金营运依据和投资者在公司中的地位三方面都存在差异。

（二）按照投资运作分为开放式基金和封闭式基金

1. 开放式基金

开放式基金又称追加型基金，指基金设立时，对基金的规模没有固定限制，可随时根据市场供求状况发行新份额，而投资人也可随时赎回的投资基金。其买入价格和卖出价格按基金的净资产值计算，在一定程度上也反映市场供求状况。开放式基金有利于扩大基金的规模，并具有较强的流动性和变现能力。

2. 封闭式基金

封闭式基金又称单位型基金。是相对于开放式基金而言，即基金设立时，以某一特定货币总额为设定限度，待资金筹集已达到事先确定的基金规模后，将其封闭起来，不再增加新的份额。发行完毕在规定的期限内，投资者不能要求赎回，而发行者也不能再发行新的基金单位，只可发行优先股和公司债券。封闭基金具有数量固定、操作方便、管理容易的特点，在基金发展初期属较常见的组织形式。

（三）按照投资目标分为成长型基金、收入型基金和平衡型基金

1. 成长型基金

成长型基金以资本长期增值为投资目标，其投资对象主要是市场中有较大升值潜力的小公司股票和一些新兴行业的股票。为达成最大限度的增值目标，成长型基金通常很少分红，而是经常将投资所得的股息、红利和盈利进行再投资，以实现资本增值。成长型基金主要以股票作为投资主要标的。

2. 收入型基金

收入型基金是主要投资于可带来现金收入的有价证券，以获取当期的最大收入为目的，以追求基金当期收入为投资目标的基金，其投资对象主要是那些绩优股、债券、可转让大额存单等收入比较稳定的有价证券。收入型基金一般把所得的利息、红利都分配给投资者。这类基金虽然成长性较弱，但风险相应也较低，适合保守的投资者和退休人员。

3. 平衡型基金

平衡型基金将资产分别投资于两种不同特性的证券上，并在以取得收入为目的的债券及优先股和以资本增值为目的的普通股之间进行平衡。这种基金一般将25%～50%的资产投资于债券及优先股，其余的投资于普通股。平衡型基金的主要目的是从其投资组合的债券中得到适当的利息收益，与此同时又可以获得普通股的升值收益。投资者既可获得当期收入，又可得到资金的长期增值。平衡型基金的特点是风险比较低，缺点是成长的潜力不大。

（四）按照投资对象分为股票基金、债券基金、货币市场基金、期货基金、期权基金、指数基金和认股权证基金等

1. 股票基金

股票基金，通俗地讲，是指投资于股票市场的基金。我国2015年8月8日股票型基金仓位新规规定股票基金的股票仓位不能低于80%。按股票种类分，股票型基金可以按照股票种类的不同分为优先股基金和普通股基金。

2. 债券基金

债券基金，又称为债券型基金，是指专门投资于债券的基金，它通过集中众多投资者的资金，对债券进行组合投资，寻求较为稳定的收益。根据中国证监会对基金类别的分类标准，基金资产80%以上投资于债券的为债券基金。债券基金也可以有一小部分资金投资于股票市场，另外，投资于可转债和打新股也是债券基金获得收益的重要渠道。

3. 货币市场基金

货币市场基金是指投资于货币市场上短期（一年以内，平均期限120天）有价证券的一种投资基金。该基金资产主要投资于短期货币工具，如国库券、商业票据、银行定期存单、银行承兑汇票、政府短期债券、企业债券等短期有价证券。货币基金只有一种分红方式——红利转投资。货币市场基金每份单位始终保持在1元，超过1元后的收益会按时自动转化为基金份额，拥有多少基金份额即拥有多少资产。而其他开放式基金是份额固定不变，单位净值累加的，投资者只能依靠基金每年的分红来实现收益。

4. 期货基金

期货基金是一种以期货为主要投资对象的投资基金。期货是一种合约，只需一定的保证金（一般为5%～10%）即可买进合约。期货可以用来套期保值，也可以以小博大，如果预测准确，短期能够获得很高的投资回报；如果预测不准，遭受的损失也很大，具有高风险高收益的特点。因此，期货基金也是一种高风险的基金。

5. 期权基金

期权基金是以期权为主要投资对象的投资基金。期权也是一种合约，是指在一定时期内按约定的价格买入或卖出一定数量的某种投资标的的权利。期权基金的风险较小，适合于收入稳定的投资者，其投资目的一般是获取最大的当期收入。

6. 指数基金

指数基金,顾名思义,就是以特定指数(如沪深 300 指数、标普 500 指数、纳斯达克 100 指数、日经 225 指数等)为标的指数,并以该指数的成分股为投资对象,通过购买该指数的全部或部分成分股构建投资组合,以追踪标的指数表现的基金产品。通常而言,指数基金以减小跟踪误差为目的,使投资组合的变动趋势与标的指数相一致,以取得与标的指数大致相同的收益率。

7. 认股权证基金

认股权证基金是指以认股权证为投资对象的投资基金。认股权证是指由股份有限公司发行的、能够按照特定的价格,在特定的时间内购买一定数量该公司股票的选择权凭证。由于认股权证的价格是由公司的股份决定的,一般来说,认股权证的投资风险较通常的股票要大得多。因此,认股权证基金也属于高风险基金。

三、国际投资基金的设立、发行和上市

(一)基金发起人

基金发起人是投资基金的发起者和设立者。"发起人"是一个法律概念,一般是指具有法人地位的机构。基金发起人须符合所在国规定的条件,如对发起人资本的要求,财务状况的要求、营业场所的要求等。基金发起人的主要职责有:制定有关设立基金的具体方案;确定设立基金的类型和信托凭证;起草招募说明书、申请设立基金的报告以及相关的文件;募集设立基金所需的费用等。

(二)审批

基金发起人在完成了设立基金所需的各项准备工作之后,便向国家主管投资的机构提交设立基金的申请,同时一般需提交发起人协议、委托管理协议、委托保管协议、基金公司章程、信托契约、发起人的财务状况报告等文件。

(三)发表基金招募说明书

基金招募说明书是向所有的基金投资者说明:基金的性质;基金当事人权利和义务;有关基金发起、运作、终止全部事务的法律性文件。基金招募说明书的具体内容一般包括基金的设立背景、种类、规模、发行价格、发行原则、发行对象、投资者费用、当事人的权利和义务、基金交易方式和条件、基金投资的策略和范围、派息和纳税的时间与方式、财会报告制度等。基金招募说明书的编写应体现"公正、公平、公开"的原则,力求简洁和通俗易懂。基金招募说明书一般发布在规定的报刊上。

(四)发行基金证券

基金证券(基金券或受益证券)是基金管理公司或信托投资机构签发给基金投资者的一种确认其投资的证书,投资者凭基金证券参与收益的分配。基金证券的发行是在设立基金的申请获国家有关主管部门批准后进行的。基金证券的发行方法与债券、股票的发行方法类似,可采用公开发行或定向发行。如果基金发行数额较大,一般采用公开发行;如果数额较小,则可采用定向发行。基金证券既可由基金管理公司或信

托投资机构自行发行，也可通过承销机构代为发行。基金投资者则按规定的程序，凭规定的证件，购买基金证券以实现其投资。

（五）基金的上市

基金成功发行之后，由基金管理公司依法向有关证券交易所提出上市申请。经审查符合上市条件的，便可获准在交易所挂牌交易。上市基金交易的规则一般与债券和股票的交易规则类似。

思考题

1. 国际间接投资与国际直接投资主要有哪些区别？
2. 国际间接投资的特征主要有哪些？
3. 国际债券主要有哪几种类型？
4. 优先股与普通股各有哪些特点？
5. 国际股票和国际债券有什么区别？
6. 公司型投资基金与契约型投资基金的区别是什么？

第六章 国际风险投资

第一节 国际风险投资概述

一、风险投资的含义

风险投资（Venture Capital），也称创业投资。"Venture"最早起源于 15 世纪的英国，当时人们用这个词汇表示"创建远洋贸易企业"这种特定意义上的冒险创业活动。多年来，国际上对风险投资的理解一直存在多种观点与见解，因此，对于风险投资的概念目前还没有一个能被普遍接受的解释。按美国风险投资协会的解释，风险投资是指由金融家投入到新兴的、迅速发展的、有巨大竞争潜力的企业（特别是中小型企业）中的一种股权资本；经济合作与发展组织（OECD）把风险投资定义为，凡是以高科技与知识为基础，生产与经营技术密集的创新产品或服务的投资资本；英国学者认为，从广义上看，风险投资是指以股权资本方式投入未上市的企业中，以扶持该企业的未来发展并获得投资收益的资本。

在我国，按照人们通常的理解，风险投资是专指投资主体甘冒风险，将风险资本投入创业企业，并通过参与对风险企业的经营管理与咨询服务，等待风险企业成长为规模企业后，让出股权，以分享其高成长所带来的长期资本增值的一种投资方式。在这种理解中可以粗略地看出：①风险投资的对象是创业企业；②投资主体不仅提供资本支持，而且提供经营服务；③在完成创业投资使命后退出投资，以便一方面实现自身的资本增值，另一方面能够进行新一轮的风险投资。

综上所述，我们认为，风险投资（VC）是私募股权投资（PE）的一种，是一种由公司或其他资金方提供给被认为具有高增长潜力或已经表现出高增长的小型、初期新兴企业的融资形式（其中对小型公司的认定以员工人数，年收入或两者一并考虑计算）。风险投资公司或其他资金方投资于这些初创阶段的企业，以换取他们所投资的公司的股权或所有权权益。风险资本承担为初创企业的融资的较高风险，寄希望于其中的一些企业获得成功。初创公司通常拥有先进的技术或创新的商业模式，它们通常来自高科技行业，如信息技术（IT）、清洁技术或生物技术行业。

长期以来，美国作为风险投资的先驱，以其完善的风险投资机制和法律体系，高效的风险投资运作模式，使风险投资业为促进美国经济发展模式的转变和推动经济的高速发展作出了巨大的贡献，并为世界各国争相效仿。在我国，风险投资还是一个新生事物，正处于起步阶段，我国的科技发展水平和科技竞争力与发达国家相比还有很大差距。因此，我们迫切需要一种符合我国国情的有效机制、运作模式和工具，来发展我国的高新技术产业。

二、风险投资的特点

（一）高风险与高收益相结合

由于风险投资的投资对象主要是成长型的科技型小企业，而科技型企业的成长是一个充满风险的历程：从形成一个概念，创造"种子"，到产生样品、进行实验室生产，直至形成企业，最终发展成为产业，中间要经过多次"惊险的跳跃"。与这种多次惊险的跳跃相对应，创业企业要面对不同的风险，需要不断的多种类型的资金的支持。从总体上说，风险投资的成功率比较低。一般来说，发达国家的高技术企业的成功率只有20%~30%。在10个创业投资项目中，通常有2~3个项目获得高额回报，2~3个项目彻底失败，其余项目业绩一般。

风险投资以追求高收益为目标，以高风险为代价，风险投资的目标毛利一般在40%~50%，税后净利在10%以上，期望在5年后以15倍的市盈率套现。风险投资的项目一旦成功，就能产生出别人没有的，或者更好、更便宜的，而又为市场广泛接受的产品或服务，从而可以获得更大的市场份额或开拓新的市场。投资者通过这种投资活动所获得收益要超过任何常规投资收益。这种高风险和高收益相伴随的特征，正是风险投资的最大魅力所在。

（二）风险投资是一种主动参与管理型的专业投资

风险投资不仅向创业者提供资金，而且其管理者即风险投资家用他们长期积累的经验、知识和信息网络，帮助企业管理人员更好地经营企业。风险投资者一旦将资金投入到高技术风险企业，它与风险企业就形成了一种"风险共担，利益共享"的共生关系，这种"一荣俱荣、一损俱损"的关系，要求风险投资者必须参与风险企业的全过程管理，从产品的上市到市场的开拓，以及企业形象的策划、产品的广告宣传等都离不开风险投资者的积极参与和管理。风险投资家是高科技企业强有力操纵者，他有权决定对一家新兴企业投资与否，他可以在中途罢免企业的经理，亲自执掌企业的大权，直到找到新的企业领导人。这一切都要根据技术发展、市场需求、企业经营状况来决定。因而要求风险投资家具有广博的高科技专业知识、管理现代企业的技能和丰富的社会经验，否则难以担此重任。

（三）风险投资是一种长期组合型权益投资

风险投资将一项科研成果转化为新技术产品，要经历研究开发、产品试制、正式生产、扩大生产、进一步扩大生产和销售等阶段，直到企业股票上市，或通过出售等其他方式变现才能取得收益。这一过程少则3~5年，多则7~10年，而且在此期间通常还要不断对有成功希望的高新技术项目进行增资。因此，风险投资也被誉为"耐心的投资"。

为了分散风险，风险投资通常投资于一个包含10个项目以上的高新技术项目群，以成功项目所获得的高回报来抵偿失败项目的损失并取得收益。风险投资是一种权益资本投资，而不是一种借贷资本投资，因此其着眼点并不在于投资对象当前的盈亏，而在于它们的发展前景和资产的增值，以便能通过上市或出售来获取高额回报。

（四）风险资本运营具有再循环性

风险投资家的着眼点和志趣主要集中在风险企业的开拓阶段，而不是成熟阶段。一旦创业成功，风险投资家便会在市场上抛售所持有的风险企业的股票，收回资本，获得巨额利润。这时，由于创业初期的高风险已逐步弱化，普通资本便纷纷进入到这些高风险的科技企业中去寻求一般市场利润，风险资本已经完成其使命。风险资本退出后，带着更大的投资能力，去寻求新的风险投资机会，扶持新的高科技企业。正是由于风险资本的不断循环运作，才使得高科技企业不断涌现，从而加速了高新技术产业化的进程，带来经济的增长和繁荣。

三、风险投资的现状

美国风险投资协会数据显示，2017年上半年，美国风险投资项目完成总数达3 917个，投资额达378亿美元。如图6.1所示，2006年至2017年上半年，美国风险投资项目完成总数和投资总额都呈先增后减的趋势，在2015年达到峰值水平，投资项目完成10 387个，投资总额高达786亿美元。

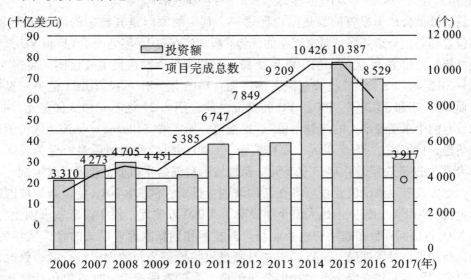

图6.1　2006—2017年美国投资项目总数和投资额

风险投资行业起源于美国，美国公司传统上是最大的风险投资对象，大部分风险投资都被部署在美国公司。然而，越来越多的非美国风险投资正在增长，非美国风险投资家的数量和规模一直在扩大。风险投资已经被作为发展中地区经济发展的工具。在许多发展中地区，金融行业欠发达，风险投资在促进中小企业融资方面发挥了重要作用。在大多数情况下，中小企业都无法获得银行贷款。然而，我们也看到平均有5%的风险资本交易增长在美国之外，主要集中在中国和欧洲。风险投资的地理差异是显著的。例如，在英国仅有 4% 的资本流向风险资本，而美国的这一比例约为 33%。

欧洲有越来越多的活跃的风险投资公司。2005 年，欧洲一共筹集了包括收购基金在内的 600 亿欧元资本，其中风险投资资本高达 126 亿欧元。2016 年，欧洲一共筹集了 640 亿欧元风险资本基金，达到 2007 年以来的历史最高点。这一上升的过程主要得益于更大型风险基金的规模增长。45 只风险基金中的 13 只基金最终规模超过 10 亿欧元，它们占了总风险投资额的 80%。其中，政府机构贡献最高，达 25%；紧随其后的有家族办公室和私人基金，达 20%；基金中的基金和其他资产经理，达 15%；企业投资者占 15%；欧洲区域之外的机构投资者贡献了 12%。2005 年年末到 2015 年年末，196 只法国风险投资基金创造了平均每年 2.6% 的净利润。在法国，风险资本在 2008 年达到顶峰，2012 年跌入低谷。2015 年，法国风险投资额高达 758 亿欧元，用于投资的公司多达 499 家。

2013 年年初发表的一项研究表明，与普遍的观点相反，风险投资支持的欧洲初创企业的表现并不逊于美国同行。欧洲风投支持的公司在证券交易所上市的机会均等，而"贸易销售"（被另一家公司收购）的机会略低。与美国不同的是，欧洲媒体公司和基金一直在寻求将媒体作为风险资本投资的媒介。在欧洲，领先的早期风险资本投资者包括红树林资本（Mangrove Capital Partners）的马克·塔卢茨茨（Mark Tluszcz）和指数风险投资公司（Index Ventures）的丹尼·里默（Danny Rimer），两人都曾在《福布斯》杂志上被评为 2007 年全球最大的科技风险投资交易商。

新加坡被公认为投资的最热门地区之一，其主要原因是其健康的商业生态系统、战略位置和与国外市场保持紧密联系的优势。新加坡在 2016 年见证了 PE 和 VC 投资的历史峰值：总价值 35 亿美元的 100 笔交易。科技类投资额占最主要比例，高达 53%。2011—2016 年，PE 和 VC 投资总额大幅增加：2015 年，81 项投资，22 亿美元投资总额；而 2014 年和 2013 年，PE 和 VC 的投资总额分别为 24 亿美元和 9 亿美元。此外，新加坡有两个东南亚最大的"独角兽"。据报道，加雷纳（Garena）是该地区价值最高的独角兽，价值高达 35 亿美元，而格拉布（Grab）则是筹集到最多资金的公司，自 2012 年成立以来共筹集了 14.3 亿美元。新加坡的初创企业和小企业得到政策制定者的支持，地方政府也鼓励创业投资者在新加坡创业投资。例如，2016 年，新加坡国家研究基金会（NRF）向四家本地大型企业投资了 3 000 万美元，用于投资城市创业公司。这是 NRF 首次实现旨在鼓励初创企业获得新技术和创新的商业模式的合作伙伴关系。目前，新加坡金融管理局（MAS）正在对管理风险投资公司的规定进行复核修改，以便风投公司更容易建立资金，为初创公司创造更多的融资机会。这主要包括简化和缩短新风险投资经理的授权过程，研究吸引传统资产管理者的现有激励措施是否适合风险投资部门等。

在风险投资领域，印度正迅速赶上西方，一些风险投资基金在印度已经开展业务。在印度，风险资本包括投资股票、准股权或有条件的贷款，以促进未上市、高风险或高技术的企业发展为目的，由技术或专业合格的企业家推动。它也被定义为"提供种子""启动和第一阶段融资"。风险投资也被视为投资具有非凡商业潜力公司的融资。风险投资行业遵循"高风险、高回报"的理念，具有创新精神、知识型和人力资本密集型企业在印度备受风投青睐。

中国和越南也开始发展风险投资行业。越南正迎来其首批风险投资，包括 IDG Venture Vietnam（1亿美元）和 DFJ Vinacapital（3 500 万美元）。1985 年，李宗南博士协助中国大陆成立第一家"中国新技术风险投资公司"，之后陆续成立中国招商技术有限公司、广州技术创业公司、江苏省高新技术风险投资公司、华股权投资协会（CVCA）等。目前在中国大陆地区比较活跃的创业投资机构有 IDG 资本、北极光创投、达晨创投、德同资本、鼎辉创新与成长基金、东方富海、红杉资本中国基金、湖南高新创投、基石资本、金沙江创投等。

第二节　国际风险投资的运作

一、国际风险投资运行的主体

风险投资运行主体主要包括风险投资家（风险投资机构）、投资者和创业企业（创业者）。这三种主体通过资本的流动紧密地结合在一起。风险资本首先从投资者流向风险投资机构，经过风险投资机构的筛选决策，再流向创业企业，通过创业企业的运作，资本得到增值，再回流至风险投资机构，风险投资机构再将收益回馈给投资者，这就构成了一个资金循环。周而复始的循环，形成了风险投资的周转。

（一）投资者

金融的本质可以说是资本从资金盈余者向资金短缺者流动，从而实现经济效益最大化的过程。在风险投资的整个周期中，扮演"盈余者"角色的主要有富裕的家族、高净值人群、大企业、公共养老基金、企业年金、捐赠基金、各类基金会、基金中的基金、主权财富基金、保险公司等。这些投资者在政府的鼓励性政策与优惠税收政策的双重引导下，出于高回报的动机，极力想将其手中的资金投入到收益高于其他投资方式的风险投资中来，但由于个人投资者的资金有限，其时间和能力也都制约着他们直接投资于风险企业。为规避风险，他们往往把一部分资金交给风险投资机构代为管理和运作。

（二）风险投资机构

风险投资机构，顾名思义是进行风险投资的直接主体，这些风险投资家有望为其投资的初创公司带来管理和技术专长以及资本。在美国，风险投资基金是指使用有限合伙制（LP）或有限责任公司制（LLC）的组合投资工具，主要是将第三方投资者的金融资本投资于相对于标准资本市场或银行贷款风险过高的初创企业。这些资金通常由风险投资机构管理，风险投资机构通常雇用具有技术背景（科学家，研究人员），受过业务培训和/或拥有深度行业经验的个人。

风险投资机构的核心技能是识别有潜力在早期阶段产生高商业回报的新颖或划时代的技术的能力。根据定义，风险投资机构在早期阶段对创业企业进行管理，注资同时为企业增加技能，从而区分了风险投资与私募股权收购。风险投资机构通常投资于具有可观收入的公司，从而潜在地实现更高的收益回报率。实现异常高回报率的固有风险在于血本无归的高概率。因此，大多数风险资本投资建立资金池，以组合投资方式进行投资，多个投资者将其投资结合投资于许多不同创业公司的大型基金中。以组合方式投资，风险投资者将他们的风险分散到不同的投资项目中去，而不是寄希望于一家初创公司。

风险投资机构拥有众多的风险投资家，他们通常由三类专家组成，即技术型、金融型和创业型的专家。例如，凯文·冯在加入梅菲尔德基金以前，曾在 Plantronics 和惠普这样的公司中担任过多种技术职务；卢瑟斯·昆德仑在加入 Institutional Venture Partner 以前，是 Alex、Brown & Sons 公司非常有名的投资银行家；莲花软件公司著名的极富个性的创始人卡波是 Accel Partner 的合伙人之一。梅菲尔德基金的另一个合伙人，约根·达拉尔，不仅参与过两个成功的软件创业企业，而且当他还是斯坦福大学的学生时，就加入了施乐帕拉阿托研究中心的以太网开发小组，同时还参与了 TCP/IP 传输协议的开发。

（三）初创企业

初创企业才是风险资金的最终使用者。风险资金需求量往往随着风险投资的进程而不断增强，尤其当初创企业家从事的新技术、新发明等的创新活动进入到最后阶段时，由于缺乏后继资金和管理的经验和技能，必须寻求风险投资家的帮助。风险投资家有权利对初创企业进行鉴定、评估，确定创业企业的技术与产品是否为市场所需要，以及是否具备足够大的市场潜力或盈利能力，从而决定是否提供及如何提供资金。与此同时，初创企业家也有权对风险投资机构进行考察，确定风险投资机构的知识水平、资金状况、经营风格和运作能力。

二、国际风险投资的组织形式

（一）有限合伙制

有限合伙（Limited Partnership）是英美法系国家十分重要的企业形式，它是指一个由两个或两个以上的自然人和其他法人所组成的经营商业、分享利润的营利团体。《中华人民共和国合伙企业法》（以下简称《合伙企业法》）第二条第三款规定"有限合伙企业是由普通合伙人和有限合伙人组成，普通合伙人对合伙企业的债券承担无限连带责任，有限合伙人以其认缴的出资额为限对合伙企业债务承担责任"。这种合伙企业不同于普通合伙企业，由普通合伙人与有限合伙人组成，前者负责合伙的经营管理，并对合伙债务承担无限连带责任，后者不执行合伙事务，仅以其出资额为限对合伙债务承担有限责任。

美国在 1906 年就颁布了《统一有限合伙法》，在 1985 年加以修正。根据《统一有限合伙法》的规定，有限合伙是指按照某一州的法律由两个或者两个以上的人合伙，其中包括一个或者一个以上的普通合伙人和一个或者一个以上的有限合伙人。到 1997 年，美国几乎所有的州都颁布了《有限责任合伙法》。法国的 1978 年修改后的《民法典》中专门规定了隐名合伙人以出资为限承担责任。德国《商法典》则依次规定了普通商业合伙、有限合伙和隐名合伙等概念。隐名合伙是指作为隐名合伙人的出资者与商业企业之间的一种契约。根据该契约，隐名合伙人负责向企业提供一定数额的资金，并相应地参与企业的盈利分配，分担企业的亏损，并且无须登记。从本质上讲这是有限合伙的一种。

有限合伙人一般提供99%的资本金，一般分得75%~85%的税后利润，其责任也仅以其在公司出资额为限。普通合伙人一般提供1%的资本金，一般分得5%~25%的税后利润，其对公司要负担无限连带责任。有限合伙制的普遍存在是由风险投资机构的性质决定的，它把风险投资家个人利益与公司利益结合起来，建立了激励与约束协调一致的运行机制，因而有限合伙成为风险投资机构的最佳组织形式。在一般情况下，有限合伙制风险投资都通过事先规定风险投资家每年从基金中提取一定比例的金额（通常是2%~3%）作为其管理费用，这笔费用包括风险投资家当年在房屋租金、信息沟通、财会和律师费用等方面的所有开支。如果日常开销费用超过了这一固定数额，投资者也不负有另行支付义务。这样，投资者要通过费用"承包"方式将风险投资的日常开销费用事先固定下来。可见有限合伙制能够有效地控制日常管理费用的开销。

（二）公司制和信托基金制

公司制下的风险投资公司和其他的公司制企业在组织形式上大体相同，股东以其出资额为限对公司承担责任，公司以其全部资产对公司的债务承担责任。公司采用法人治理结构，公司的注册资本、股东大会、董事会及其他有关章程，严格按一国的公司法设立。公司的经营者对公司负有重大责任，但他们也只是以其出资额负有限责任。目前中国的风险投资公司大多数是由政府组建或者依附于国有大公司而存在的，这些公司从组织形态角度讲，属于公司型的风险投资组织。

信托基金制风险投资组织是指依据《中华人民共和国信托法》（以下简称《信托法》）、《风险投资基金法》等相关法规设立风险投资基金组织。基金制风险投资组织通过信托契约方式将风险投资者（持有人）、风险投资基金管理公司（管理人）和受托金融机构（托管人）三者之间的关系加以书面化、法律化，来约束和规范当事人行为。投资者、经理人和保管人之间的关系以三方的信托合同为基础，其中投资者为信托人，经营人和保管人为受托人，他们分别根据信托合同对风险资本进行经营和保管，并向投资者收取信托费用，而基金经营的盈利所得则归投资者支配。

三、国际风险投资的运作流程

（一）运作背景

通常情况下，风险投资对于初创企业来讲是其发展到一定阶段的必经之路。初创企业成立初期一般寻求"种子资本""天使投资者""金融加速器"以及"FFF"（Families，Friends&Founders）。种子加速器或称创业加速器是针对初创公司在固定期间内提供早期投资、辅导、训练课程的公司或机构，并在训练结束后带领受培育公司向众多创投进行简报，以争取投资机会。加速器与孵化器最大的不同在于加速器提供了投资，本身成为股东，某种程度来说可以看成创投与孵化器的结合体。对于初创公司而言加速器最大的价值在于加速器成为公司的生命共同体，会积极地为公司寻找各种资源，让公司能够快速地成长。然后，如果公司能够通过"死亡之谷"生存下去，即公司以极少的预算存活发展的阶段，公司就可以寻求风险资本融资。风险资本的融资也分为早期阶段的一二轮融资以及晚期阶段三轮及以上的融资。多轮融资后，相当部分企业会选择IPO退出，当然也有收购回购以及较为失败的破产清算方式。值得关注的是，风险投资也并非是初创企业的必经之路，现在比较流行的股权众筹和众贷方式也为很多初创企业提供了机会。

（二）风险投资的进入

风险投资的进入主要涉及的问题是风险投资的决策问题，即选择什么样的目标企业投资。由于风险投资具有"高风险"这一特性，因而项目质量的高低对风险投资的成败有直接影响。巴菲特在谈投资时曾提到如何选择优秀的企业，他提出了几个基本标准：有竞争优势、盈利高、价格合理、有经济特许权，有超级明星经理人管理，有超级资本配置能力，消费垄断。那么，如何识别哪些企业具有这些特征呢？巴菲特也提出了一些具体的条件：公司的发展潜力、良好的财务指标、良好的基本面、业务长期保持稳定、治理结构优秀，其中他特别强调管理层的品质。关于行业选择，巴菲特也提出了几个原则：投资者最熟悉的行业、有能力评估其价值的产业、长期的稳定的产业、行业的"领头羊、顺风行业、有核心竞争力的产业"。

巴菲特的这些论述可以为风险投资的项目选择作参考，但不能完全照搬，因为风险投资与一般的股票投资有着很大的差别，那就是，风险投资往往在投资标的还没有完全展现出盈利前景时就要提前介入，这就决定了投资的风险更大，成功后的收益也更高，因而对投资对象进行超前的预判十分关键。一般而言，风险投资机构对申请项目进行评估可以分成三个阶段进行：筛选阶段、初评阶段和终选阶段。

1. 投资项目的筛选阶段

在筛选阶段，风险投资公司是按照自己的公司战略与投资政策对海量的投资计划书进行选择，若这个项目符合要求则通过筛选。不同投资公司有不同的筛选标准，但一般的筛选内容包括以下几点。

（1）产业性质。风险投资家一般倾向于选择他们所熟悉的行业进行投资，因为这样做不仅可以减少信息不对称产生的问题，也有利于他们对投资项目的评估和投资后的管理。一般情况下，风险资本是以高新技术产业为投资重点。从总量上看，高新技术所涉及的产业领域一般包括信息技术产业和生物技术产业两类。

（2）投资项目发展阶段。一个企业的成长通常分为种子期、创业期、扩张期和成熟期四个阶段。投资越靠前风险越大，同时得到的收益越高。对企业不同成长时期的投资选择体现了风险投资家的不同偏好，这种偏好与风险投资公司的资金来源、从业经验及其所处的地区和行业竞争程度密切相关。风险投资家需依据个人的风险偏好在收益与风险中作出权衡。

（3）被投资企业的区位特点。被投资企业的区位特点有地理位置、人才和信息条件构成。随着交通和通信技术的发展，目前地理位置对项目影响不大，人才集中与配套设施完备的地区（如北京、上海和重庆等大城市）得到资金支持的可能性更大。

（4）投资额。由于分散风险的考虑，风险投资公司设立了项目可以接受的投资额的上限，超出此范围的项目将不予考虑。

（5）投资规模。投资规模的大小影响着风险资金的利用效率，投资项目规模过小会因风险资本管理成本上升而出现规模不经济；但若投资规模过大即投资项目数量少则会使风险资本的风险增大。所以投资规模的选择是一个规模效益与风险分散的权衡问题，风险投资家应从上述两个方面的权衡中确定合适的投资规模。

2. 投资项目的初评阶段

只有预期风险和预期收益都达到风险投资的接受范围，风险投资项目才有可能通过初步评估。通过筛选的项目就需要对其经营计划进行初步评估，大约80%的投资建议书在本阶段会被淘汰。在实际操作中，对风险项目的初步评估经常集中在以下几个主要方面。

（1）经营计划书的完善程度。主要是对风险企业提出的经营计划书的完整性（内容有无呈现出竞争优势，是否交代经营状况、营运规则、未来发展策略）、合理性（前后假设是否合理，预测是否有实际的依据）、可行性进行评估。

（2）管理团队的优劣。"投资于二流技术、一流经营人才的公司要胜于投资一流技术，二流经营人才的公司"，这是风险投资业内人士的普遍看法。管理团队的工作经验、对行业和市场相关专业知识的掌握以及创业者的诚信和人格特征对项目的申请有很大影响，另外，风险投资家非常看重与管理团队的共识程度。

（3）市场规模与潜力的大小。投资项目具有一定规模的市场及需求潜力，才能产生足够的利润，保证企业的生存和发展。同时，项目产品或技术的竞争力对风险企业的存亡有很大影响，所以风险投资公司会根据相关资料判断市场规模、潜力及竞争状况。另外，若风险企业能够很快提供一两个有影响力的客户则对其通过初步评估非常有利。

（4）产品与技术实力的强弱。产品与技术实力是投资项目竞争力与获利的基础，风险投资机构非常看重产品或技术的创新性、产品功能特性、研究风险以及专利与知识产权等问题。另外，产品的发展阶段也影响着项目的评价，产品或技术如果只存在理论上的商业化可能性，风险投资家一般不会进行投资。

（5）财务计划与投资报酬的状况。风险投资公司为判断未来可能实现的投资报酬、投资项目的市场价值，以及可能产生的风险概率，会对风险企业过往的财务记录，目前的股东结构，未来财务计划和申请投资金额的合理性、回收年限与投资报酬的实现可能性进行评估。

3. 投资项目的终选阶段

为了提高投资决策的准确率，风险投资机构会对通过初步评估的项目进行终评。在这一阶段，风险投资机构会花至少一至两个月的时间，并投入较多的人力物力，以集体分工的方式对标的企业的内外情况进行调研，重点考察投资经营环境、经营管理、市场与营销、技术与制造、财务状况等各个方面的情况，在本阶段只有不到一半的项目可以通过。

（三）风险投资的退出

尽管风险投资在投入风险企业后占有相当一部分股份，但风险投资的目的并不是控股，而是带着丰厚的利润和显赫的功绩从风险企业中退出，继续下一轮的投资。因此，退出对风险投资企业是至关重要的。风险投资的退出主要有以下几种方式：

1. 公开上市

公开上市被誉为风险投资的黄金通道，对于风险投资公司和风险企业都能较好地实现各自的利益。公开上市可分为首次公开上市和买壳上市。首次公开上市指股份公司首次向社会公众公开招股的发行方式，通常是在第二板市场发行上市，如美国和欧洲一些发达国家的中小风险企业一般通过在纳斯达克市场上市发行；而"买壳上市"，又称"借壳上市"或"逆向收购"，是指非上市公司购买一家上市公司一定比例的股权来取得上市的地位，然后注入自己有关业务及资产，实现间接上市的目的。

2. 收购

收购方式的主要模式有以下两种：

一是兼并，也称一般收购。企业兼并是两个或两个以上的企业根据契约关系进行合并，以实现生产要素的优化组合。企业兼并不同于行政性的企业合并，它是具有法人资格的经济组织，通过以现金方式购买被兼并企业或以承担被兼并企业的全部债权债务等为前提，取得被兼并企业全部产权，剥夺被兼并企业的法人资格。随着第五次并购浪潮的兴起，兼并越来越受到重视。中小科技企业发展势头好，又有新技术作支撑，而价格往往不是很高，这对于一些想介入这一新领域或是想在这一领域保持领先地位的大公司来说是很有吸引力的。同时，对于风险企业家来说，兼并有利于迅速变现或得到短期债券，能够迅速撤出，也是很好的退出方式。

二是其他风险投资介入，也称第二期收购。经过几十年的发展，风险投资已经衍生出众多新品种，逐渐由传统风险投资向新兴的风险投资过渡，如麦则恩投资（Mezzanine Financing）、杠杆购并（LBO）等。麦则恩投资又叫夹层投资，是一种中期风险投资。投资目标一般已经进入发展扩张阶段，它们需要资金来增加人员，扩展生产，此时，可能还没有盈利。这种风险投资的风险介于传统银行贷款与纯风险投资之间。杠杆购并指收购者以目标公司的资产（或目标公司未来现金流）作为担保向金融机构取得大量资金，而据以向目标公司股东收购全部股权后，再将目标公司合并的行为。

3. 回购

回购主要是由风险企业购回风险投资公司所占的股份。它包括两种情况：一种是风险企业管理者从风险投资公司手中购回其所持股份，以达到对企业更大程度的控制；另一种则是由风险投资公司与风险企业在初始阶段就约定好的行为，主要是为了保证风险投资公司的利益。在该项投资不是很成功的情况下，风险投资公司可以要求风险企业购回股份。

4. 破产清算

风险投资的成功比例一般比较低，一旦确认失败就该果断退出，以保证最大限度地减少损失，并及时收回资金。破产清算固然痛苦，却是风险投资必不可少的一种退出方式。

第三节　在中国的外资风险投资的运行

中国风险投资业始于 1985 年，而真正发展于 20 世纪 90 年代中后期。在发展的早期阶段，由于中国缺乏良好的风险投资环境，研究跨国风险投资的学者主张大力引进外资风险资本，借助外资机构雄厚的资本资源、丰富的管理经验和增值服务，带动中国风险投资业的发展。经过 30 多年的实践，跨国风险机构在华的投资活动对中国风险投资产生了深远的影响。

一、在中国的外资风险投资的运行特征

（一）对中国的投资的能力资源从资本资源转向社会网络资源

企业是"资源的独特集合体"，但并不是企业所拥有的所有资源都自然地可以获得竞争优势，只有能够通过整合上升为具有优势竞争能力的资源才称之为能力资源，它主要体现为资本资源、网络资源等。能力资源应该符合严格的条件：第一，行业内密集使用的资源，经过恰当整合后上升为企业能力，这是竞争力的源泉，密集度应该从投入成本角度衡量，稀缺性资源往往占较大比例的投入成本；第二，能够产生持久竞争优势的资源，这是保持长期生命力的关键，即资源的不可完全模仿性以及不可替代性；第三，具有比较优势的资源，这是企业内部打造竞争优势的基础条件，它为形成企业未来竞争优势提供了最大可能性。

1. 资本资源

跨国风险投资者的资本优势体现在两个方面：一是，风险投资机构需要有一定规模的资金量，拥有雄厚的风险资本是机构进行跨国投资的前提；二是，由于跨国风险投资的特点，风险投资机构在国际化发展的过程中需要强大的融资能力。风险投资资本市场的出现在很大程度上解决了中小高新技术企业的资金问题。

2. 社会网络资源

社会网络关系对于企业来说具有重要的意义，它作为企业的外部资源能够帮助企业获得其他企业的内部资源，同时能够补充企业的内部资源，并且为企业带来竞争优势。风险投资机构的社会网络资源，是指其既拥有广泛的海外市场资源，在所关注的领域积累了丰富的投资经验和资源，又充分了解投资国市场，与当地的企业家、行业领域、政府部门及中介机构建立了良好的关系网络，从而能给被投资企业带来人才引荐、市场拓展、品牌建设、管理提升等多方面的增值服务。

（二）战略动机从利用资本资源转向强化资本资源

企业所拥有的能力资源的强度和种类决定了企业国际发展的战略动机。风险投资机构可以确定出自身的能力资源形式，明确了能力资源之后，需要确定风险投资机构跨国风险投资的战略动机，这是战略安排的第一步也是至关重要的一步。根据能力资源的水平，风险投资机构跨国风险投资的战略动机包括以下两类。

1. 利用能力资源

跨国风险投资机构把已拥有的显性能力资源与东道国的强大市场需求相结合，迅速获取利润。采取这种动机的前提条件是风险投资机构须具备至少一种资源，且这种资源在东道国具有稀缺性，竞争力较强。但是，创业活动却遇到了难以突破的资金"瓶颈"，中小企业特别是新创立企业融资难的问题非常突出。而国内风险投资业刚刚起步，资金量很小，难以满足创业企业的需求。而此时一些外资风险投资行业已经相当成熟。例如，美国的风险投资行业，外国充足的资本在中国境内却相当稀缺，其竞争优势极强。

2. 强化能力资源

风险投资机构在开展跨国投资初期并无优势能力资源，但可以确定一种潜在的能力资源到国（境）外进行强化，打造成自己的优势能力资源，在当地形成竞争优势。例如，风险投资机构在东道国投资之初都无社会网络资源优势，而社会网络资源优势对风险投资机构在东道国的后期发展意义重大，因此，大多风险投资机构从一开始进入东道国时就对社会网络资源进行强化。又如，对于中小型的风险投资机构来说，它的资本有限，与大型风险投资机构比较存在着很大的差距，因此这类机构特别注重在东道国强化其资本资源，利用东道国资本优势进行大规模的融资以满足其风险投资的资金需求。

不同的跨国经营动机，在跨国经营活动中，希望从东道国获取的资源是不同的。这一情况体现在评估区位资源优势时赋予的指标权重之中。

（三）投资集中于国内发达地区

外资风险投资企业在华进行区位选择时，十分注重对投资区位的整体优势进行评价。从战略资源整合理论出发，我们知道外资风险投资企业在华进行区位选择时，主要可从资本优势、创业企业优势、人力资源优势、社会网络资源优势和制度资源优势来进行优势评价，优势越大的地区所吸引的外资风险投资资本将越多。据中国风险投资研究院调查显示，2012 年在华的 186 家外资风投企业中，总部设在北京的有 43 家，在上海市的有 62 家，在深圳市的有 5 家。北京、上海、深圳、江苏和广东等地已成为中国创业风险投资最为热闹的地区。这种状况与这些地区经济发达、高新技术企业密集及整体投资环境优良息息相关。

跨国创业风险投资作为国际直接投资的形式之一，其涉及的因素更为复杂，投资风险也较国内投资更大。为了降低投资风险和尽快实现"本土化"，它们趋向于投资具有较强综合区位优势及创业风险投资业发展较为成熟的地区，具有较强的路径依赖性。外资创投企业在华的投资起步于 20 世纪 80 年代，当时的主要投资地区是北京、上海和深圳。这是因为这些地区的创业风险资本业起步较早、经济发达以及具有众多成长性较强的高新技术企业。而后其投资范围逐渐向全国扩展，除了仍大量投资于北京、上海和深圳外，天津、江苏、山东、广东及浙江等也成为它们主要的投资区域。据研究表明，某个地区内外资创业风险投资的活跃，可以通过多种途径极大地带动当地创业投资环境的改善，促进当地创投经营效率的提高，即外资创业风险投资的活跃也是当地的综合区位优势提升的重要动力。因此，可以说综合区位优势与外资创业风险投资之间存在一种"一荣俱荣，一损俱损"的共生互动关系，二者之间可形成良性的互动循环。

二、跨国风险投资在中国的发展战略

总体上讲，初到中国的跨国风险投资机构的战略动机为利用资本资源，在中国谋求的是技术资源、社会网络资源、人力资源、制度资源和资本市场资源；来华一段时期后的跨国风险投资机构进行战略升级，战略动机转变为强化资本资源，在中国谋求资本资源、技术资源、社会网络资源、人力资源、制度资源和资本市场资源。

（一）区位集中战略

根据中国科学技术发展战略研究院科技投资研究所《中国创业投资发展报 2016》可知，2015 年 1 775 家创业风险投资机构分布在全国 28 个省、直辖市和自治区。整体上，全国创业风险投资机构仍然集中在江苏、浙江、上海、北京和广东等经济发达地区，中西部大部分地区创业风险投资机构数量相对较少，个别地区机构数量是个位数的。其中，创业风险投资管理机构表现更为明面，创投管理机构主要集中在经济发达地区，西部地区主要是直接投资的企业，管理类机构很少。根据清科研究中心《2012 年中国创业投资年度统计报告》可知，跨国风险投资机构已在中国 21 个省区市有投资分布，投资的地域逐渐扩大，但仍然集中投资于北京、上海，广东、浙江、江苏几个发达地区，很少投资于中国中西部地区。根据清科研究中心披露的投资案例和 IDG 官网公布的数据，IDG 资本在中国许多城市均有投资，但主要集中在北京、上海、广州和深圳这四座一线城市，在二三线城市投资较少，体现了区位集中的战略。

最初来华投资的跨国风险投资机构明确利用资本资源的战略动机后，努力与东道国的市场需求相结合，这里的市场需求指的是创新创业活动对于风险资本的融资需要，进而在中国谋求技术资源。北京、上海和广东地区在经济环境、科技环境、创业环境和人才环境四个方面领先于中国大陆其他区域，风险投资环境有效性高，即这三个地区的风险投资环境对风险投资活动的支撑作用最好。这四个方面衡量的风险投资环境越好，则该地区的经济较为发达、科研水平较高、企业数量相对较多、创新人才较多，因此对资本的需求越高，特别是一些创新型中小企业，由于融资困难，对风险资本的需求更为强烈。因此，跨国风险投资机构利用资本资源，在华谋求技术资源，优先会选择融资需求较高的地区进行投资。

（二）行业分散战略

《中国创业投资发展报告 2016》调查发现，外资创业风险投资机构投资项目主要集中在 13 个行业。其中，从投资项目所占比重看，2015 年，外资机构投资项目较为分散，网络行业、IT 服务业、生物科技三个领域分别为 16%、16% 和 12%。从投资金额所占比重看，传播与文化娱乐行业吸引了大量外资创业投资机构的资金，占全部金额的 74.0%。从投资项目分析，2015 年，网络产业和 IT 服务业以 16% 的比重成为外资机构投资项目最多的两个行业。

跨国风险投资机构将投资转向符合中国产业发展方向和政府重点支持的行业，招募行业内的风险投资人才，加大了对服务业和传统制造业的投资，并在这个过程中扩大和加强外资机构在华的社会网络关系。这些行业包括科技含量高、标准化加工、品牌化销售、产业链整合度高的现代农业企业、咨询、教育与培训、娱乐与休闲、互联网服务等朝阳行业。因此，跨国风险投资机构在进行行业的多元化投资过程中，主要谋求技术资源、各行业的人力资源和社会网络资源。

表 6.1 　　外资创业投资项目行业分布：投资金额与投资项目（2015）　　单位:%

投资行业	投资项目占比	投资金额占比
网络产业	16.0	5.2
IT 服务业	16.0	2.4
生物科技	12.0	4.6
传播与文化娱乐	8.0	74
通信设备	8.0	7.2
软件产业	8.0	1.2
半导体	8.0	0.4
光电子与光机电一体化	4.0	1.8
其他行业	4.0	1.2
科技服务	4.0	0.6
新能源、高效节能技术	4.0	0.5
传统制造业	4.0	0.4
其他制造业	4.0	0.3

注：按投资项目占比顺序。

（三）联合投资战略

在中国风险投资业发展的初期，本土风险投资机构运作不规范，来华投资的外资机构较少，但管理的风险资本额远远高于本土机构，拥有资本优势，因此最初来华投资的跨国风险投资机构没有试图与本土或其他外资风险投资机构建立社会网络关系，大多采用单独投资的方式或者作为主投进行投资，如 IDG 资本 1994—1999 年先后对拓普网络、前导软件、索易、华生元、苦丁香、携程、搜房网等的投资。

随着中国风险投资环境的改善，越来越多的外资机构来华投资，国内也出现了一批优秀的本土风险投资机构，跨国风险投资机构为了保持其在中国的竞争力，将战略动机转变为强化资本资源，开始与其他风险投资针对同一项目进行联合投资，弥补在资本资源上的劣势。特别是 2008 年发生金融危机以来，全球经济不景气，经济前景的不确定性增加，投资者相比以前更为谨慎，许多跨国风险投资机构采用联合投资的方式来抱团取暖。联合投资方式不仅可以使风险投资机构以较少的资金投资于创新项目，并在项目退出中获利，还可以在联合投资过程中建立和强化在中国的社会网络关系，最大限度地共享信息和分散投资风险，降低管理成本和投资风险。另外，与其他机构进行联合投资还可以为创业企业提供更多的管理咨询资源，提高创业企业的成活率。2012 年，跨国风险投资机构在华投资案例 252 起，其中中外风险投资机构进行联合投资的案例有 29 起，跨国风险投资机构之间进行的联合投资的案例有 76 起。

三、跨国风险投资在华项目情况

（一）外资创业风险投资项目投资金额情况

2011 年到 2015 年，外资风险投资单项投资金额的分布情况整体呈现项目数占比随单项投资金额的增加而增加的趋势。其中，投资的单项资金规模在 2 000 万元以上的投资项目占大多数。

表 6.2　　　外资创业风险投资单项投资金额规模分布（2011 年到 2015 年）　　　单位：%

投资额分布(万元) 年份	<100	100~300	300~500	500~1 000	1 000~2 000	>2 000
2011	0.0	0.2	0.3	3.3	13.9	82.3
2012	0.4	0.4	1.4	9.7	24.5	63.7
2013	0.0	0.1	1.3	4.2	16.1	78.2
2014	0.1	0.4	0.9	5.3	18.1	75.2
2015	0.0	1.0	0.7	2.4	9.3	86.5

通过对比内资和外资风险投资单项投资金额的规模分布可以发现，2 000 万元以上的项目仍然是内资和外资创业风险投资机构的主要投资方向。2 000 万元以下的项目内资投资高于外资，2 000 万元以上的项目外资投资高于内资，这体现跨国风险投资更倾向于高额资本投资项目。

表 6.3　　　内资和外资创业风险投资单项投资金额的规模分布（2015）　　　单位：%

分布比例	100 万 以下	100 万~ 300 万	300 万~ 500 万	500 万~ 1 000 万	1 000 万~ 2 000 万	2 000 万 以上
D 外资	0.0	1.0	0.7	2.4	9.3	86.5
内资	0.5	2.9	3.6	8.7	14.2	71.0

（二）外资创业风险投资项目所处阶段

通过对 2015 年外资创业风险投资项目所处阶段的调查发现，无论投资项目还是投资金额，外资对处于"成长（扩张）期"的项目有明显投资偏好。从投资项目数量占比看，2015 年，内资和外资创业风险投资机构开始更多关注早前期投资项目。其中，内资和外资投资机构投资于"种子期"的累计占比为 40.1%，比 2014 年提升了 5 个百分点。从投资金额占比情况看，"成长（扩张）期"仍然是内资和外资机构共同关注的重点。相较往年，虽然内资和外资纷纷增加对"种子期"和"起步期"项目的关注，但是按投资比重来看，处于"成长（扩张）期"的项目仍然得到较多支持。

表6.4　　　　　　　内资和外资创业风险投资项目所处阶段（2015年）　　　　　单位:%

投资阶段	投资项目		投资金额	
	内资	外资	内资	外资
种子期	18.2	21.9	8.3	1.8
起步期	35.9	9.4	22.2	3.3
成长（扩张）期	39.8	68.8	53.0	94.9
成熟（过渡）期	5.5	0.0	15.8	0.0
重建期	0.7	0.0	0.8	0.0

（三）影响外资创业风险投资机构投资决策的因素

　　2015年，影响外资创业风险投资机构决策的前三个主要原因分别是"管理团队""市场前景"以及"财务状况"。与往年相比，首先，项目"管理团队"成为外资创业风险投资机构是否进行投资的首要考虑因素，与"市场前景"并列成为首要因素；其次，所投项目的"财务状况"超越"技术因素"，成为2015年外资作出是否投资决策的第三大因素。

　　对比2015年内资和外资创业风险投资机构决策要素可以发现，"管理团队""市场前景""财务状况""盈利模式"以及"技术因素"是影响内资和外资投资决策的前五个共同要素，所占比重分别为77.1%和72.8%。其中，内资创业风险投资机构对于"市场前景"的重视程度以20.3%的比重远高于外资创业风险投资机构0.6个百分点；"管理团队"所占比重较外资创业风险投资机构略低1.6个百分点。此外，除前五个最主要因素外，内资创业风险投资机构还比外资创业风险投资机构更看重所投项目的"资信状况""投资地点"以及"中介服务质量"。

思考题

　　1. 风险投资的特征是什么？

　　2. 风险投资的运作一般经过哪几个阶段？

　　3. 风险投资与高科技产业的关系是什么？

　　4. 从事风险投资的主要机构有哪些？

　　5. 风险投资的退出方式有哪几种？

　　6. 在中国的外资风险投资的运行特征主要有哪些？

第七章　国际技术转让

随着新科技革命的蓬勃发展和世界经济全球化的深入，国际技术转让迅速发展，已成为推动技术创新和技术进步的手段之一。按照经济学新古典增长理论，技术是决定经济增长的三项主要因素之一。世界各国都在加紧制定适合本国科技和经济的发展战略，增强以科技和经济实力为基础的综合国力。

第一节　国际技术转让概述

一、国际技术转让的内涵

（一）技术

技术被看作是一种人类经验的总结和智慧的结晶。迄今为止国际上给技术所下的最为全面和完整的定义是由世界知识产权组织（WIPO）于 1977 年给出的："技术是指制造某种产品、采用某种工艺过程或者提供某种服务的系统知识。这种知识或是反映在一项发明、一项外形设计、一项实用型产品或一种植入新品种中，或是反映在技术情报或技能中，或是反映在专家为设计、安装、开办、维修、管理一个工厂或一个工商企业而提供的服务或协助等方面。"技术的表现形态有两种，一种是有形形态，如语言、文字、数据、公式、图表、配方等；另一种是无形形态，如专门技术、实际经验、操作手艺和思维观念等。作为技术转让中的技术一般是指专利、商标和专有技术。

（二）国际技术转让

技术转让是指技术持有者通过各种方式将其拥有的生产技术、销售技术和管理技术以及有关的权利转让给他人的行为。跨越国境的技术转让行为就是国际技术转让。因此判断一项技术转让是否具有国际性，不以卖方与买方是否属于不同国籍的自然人或法人作为标准，而以作为转让标的的技术是否跨越国境移动。

国际技术转让包括商业性技术转让和非商业性技术转让。商业性技术转让是指有偿的技术转让，这种转让方式将技术作为商品，按商业交易方式和条件进行转让，技术所有人从中获得报酬。有偿的国际技术转让也称国际技术贸易。非商业性技术转让是一种无偿技术转让，通常指通过技术援助、技术情报交换、学术交流和技术考察等形式进行的技术让渡，联合国系统的国际经济组织与各国政府实施的技术援助大都属于无偿技术转让。

国际经济合作中研究的国际技术转让一般是指商业性技术转让。销售技术的一方称为技术出让方，购买技术的一方称为技术受让方，或技术引进方。从购买者的角度看，技术转让又可称为技术引进。技术转让的主要内容是专利使用权、商标使用权和专有技术使用权。技术转让一般是指无形的技术知识。国际技术转让既可以是单纯的技术贸易，也可以是无形的技术与有形的机器设备等结合进行转让。前者通常发生在发达国家之间的技术转让中，后者通常发生在发达国家向发展中国家的技术转让中。技术知识常被称为"软件"，机器设备部分则被称作"硬件"。需要注意的是，一笔国际交易如果仅涉及机器设备的买卖，不包含无形的技术内容，则属于传统的商品贸易，不属于技术转让的范畴。联合国国际贸易与发展会议制定的《国际技术转让行动守则（草案）》中明确指出，国际技术转让是指关于制造产品、应用生产方法或提供服务的系统知识的转让，并不延伸到货物的单纯买卖或租赁。

二、国际技术转让的特征

（一）国际技术转让的标的是无形的知识产品

普通商品贸易的标的一般是有形的，可用一定的标准描述其质量，如零部件、消费品、机器设备等。技术转让的标的是某种特定的、无形的技术知识和经验，如制造工艺、计算机软件、材料配方、工程或产品设计等。因此技术转让常被称为无形贸易。

（二）国际技术转让一般只限于技术使用权的转让

技术具有非竞争性的特点。一人在使用该技术的同时不会妨碍其他人的使用，并且技术一经获得，便可以多次使用。技术的非竞争性特点使技术商品的所有权和使用权可以完全分开。一项技术不需要经过再生产就可以多次转让，同一技术可供多个生产者重复使用。一般而言，技术转让的标的不是技术的所有权，通常是技术的使用权和相应产品的制造权和销售权。绝大多数情况下，技术转让发生后，技术所有权仍属于技术所有人。而一般的商品贸易中，商品所有权随贸易过程发生转移，原所有者对已卖出的商品不能再使用和再出售。

（三）国际技术转让的交易双方既是合作伙伴又是竞争对手

与商品贸易不同，技术转让的交易双方一般是同行，在传授和使用技术的过程中形成较长时期的合作关系。但交易双方又同时存在着很大的矛盾。受让方希望通过出让方的先进技术，提高自己的生产能力，生产更多更好的产品，而这些产品可能与出让方的产品在市场上发生竞争。技术出让方既想通过技术转让来获取更多利润，又不愿意受让方成为自己潜在的竞争对手。在转让技术的同时，出让方往往会通过某些限制性条约来约束受让方。因此，技术转让的双方当事人是基于使用权转让基础上的合作与竞争的关系。在商品贸易中一般不存在这种双重关系。

（四）国际技术转让中作价较难

技术转让中技术的价格并不像商品价格那样主要取决于商品的成本。因为技术具有非竞争性的特点，可以反复出让，复制的成本几乎为零。技术的这一特点决定了技术的作价较为困难。技术转让的价格不能按照其边际成本来定价。决定价格的主要因素是受让方在使用该项技术后所产生的经济效益。而这种经济效益在双方谈判和签订合同时往往难以准确预测，这就构成了技术转让价格的复杂性。

（五）国际技术转让所涉及的问题复杂，操作难度大

与一般商品贸易相比，技术转让合同往往比较复杂。所涉及的问题，除转让双方的责任、权利和义务以及使用费的确定外，还涉及对工业产权的保护、对技术秘密的保守、限制与反限制以及技术风险等特殊而复杂的问题。有些事项的执行贯穿技术转让合同的整个有效期，并不因提供了技术、支付了使用费而终止。与商品贸易不同，技术转让合同的有效期可以长达几年甚至十几年。此外，技术转让所涉及的法律也比一般商品贸易所涉及的复杂，除合同法外，还涉及税法、投资法、工业产权法和技术转让法等。

（六）国际技术转让与双方国家的利益密切相关，受到较严格的国家管制

技术已成为支撑一国经济的主要动力，并与该国的政治、军事利益密切相关。因此，各国政府都采取立法和行政手段加强对技术转让的管理和干预，以维护本国的政治和经济利益。技术输出国主要是发达国家，都对尖端技术和涉及国防安全的先进技术的输出实行严格的审批制度。特别是一些国家出于政治目的，严格限制对一些所谓敌对国家技术的输出。此外，许多发展中国家也会根据产业发展政策对引进技术施加一些限制。

三、国际技术转让市场的特点

（一）发达国家与跨国公司在国际技术转让市场上占主导地位

长期以来，国际技术转让活动主要集中在发达国家与跨国公司。从总量上看，发达国家的技术贸易额占世界技术贸易总额的 80% 以上，而跨国公司又控制着发达国家技术贸易额的 80% 和发展中国家技术贸易的 90%。从国家地区看，国际技术转让主要集中在美、英、法、日、德等少数几个国家。它们既是技术出口大国又是技术进口大国。跨国公司由于资金雄厚，技术实力强大，技术专利众多，在技术贸易的谈判中占据有利地位。

（二）国际技术转让竞争日趋激烈

虽然发达国家与跨国公司在国际技术转让市场上占有主导地位，但 20 世纪中期以后，发展中国家的技术开发速度也越来越快，开始在国际技术转让市场上占有不可忽视的地位。为保持并扩大市场份额，各技术输出国的企业都在不断开发新技术，积极参与市场竞争，使国际技术转让市场竞争日趋激烈。

（三）软件技术在国际技术转让中的比重日益提高

20 世纪 80 年代以前，国际技术转让主要是通过设备的进出口进行的，技术进口国或企业往往以购买设备的方式来引进技术。80 年代后，随着科技的迅猛发展和发展中

国家生产能力的提高，购买专利和专有技术成为主要方式，附带进口设备。其中软件技术，特别是计算机技术的交易使传统的技术转让方式发生了根本性变化。以许可贸易方式进行的软件交易在国际技术转让中逐渐占据主导地位。

第二节　国际技术转让的内容

国际技术转让的标的是无形的技术知识，一般包括受法律直接保护的专利技术和商标权以及不受法律直接保护的专有技术。

一、专利

（一）专利的定义

专利是专有的利益和权利，是指一国政府机构依照《专利法》的规定，根据发明人的申请，认定该项目发明符合法律规定的条件后，在一定期限内授予发明人或其合法所有者的一种独占的权利。一项技术成果经向国家有关部门申请审查批准后，成为专利或专利技术，受有关国家《专利法》保护；该项专利技术的所有者获得一种法律上的地位，即对该专利技术的专有权，通称为专利权。专利技术所有者本人称为专利权人。

专利权是知识产权的一种，是对人类智力成果的保护。但究竟哪些智力成果属于专利保护的对象，各国的法律规定各不相同。根据我国《专利法》规定，能够被授予专利权的发明必须符合专利性，具体包括新颖性、创新性和实用性。

（二）专利的种类

根据 2014 版《国际专利分类表》，最新的与发明创造有关的全部知识领域的国际专利共分为 8 个大类，每类用英文大写字母 A-H 表示，即：第一类，人类生活必需（A）；第二类，作业、运输（B）；第三类，化学、冶金（C）；第四类，纺织、造纸（D）；第五类，固定建筑物（ED）；第六类，机械工程、照明、加热、武器、爆破（F）；第七类，物理（G）；第八类，电学（H）。

在中国，《专利法》规定的专利包括发明、实用新型和外观设计三种类型。

（三）专利权的法律特点

专利权作为一种无形的财产权，具有与其他财产权不同的特点。

1. 专有性

专利的专有性也称独占性，是专利最重要的特征。是指在一定的地域范围内，同一发明的专利权只能授予一个发明者，其他做出同样发明的发明人不能再获得相应的专利权。发明者在被授予专利权后，在一定时期内享有独占的制造、使用和销售权。未经专利权人同意，他人不得擅自使用其专利，否则就构成侵权行为。

2. 地域性

专利权是一种有地域范围限制的权利。除一些情况下依据保护知识产权的国际公约，以及个别国家承认另一国批准的专利权有效以外，一国授予的专利权只在专利授予国的范围内有效，对其他国家不具有法律约束力。但是，同一发明可以同时在两个或两个以上的国家申请专利，获得批准后其发明便可在申请国受到法律保护。

3. 时间性

时间性是指各国专利法所规定的专利保护期限。在法定期限届满后，发明人所享有的专利权自动丧失，一般不能续展，发明成为全社会共有的财富，可供任何人自由使用。目前，世界各国专利法对专利的保护期限规定不一，一般为 15~20 年。我国的《专利法》规定发明专利的保护期限为 20 年，实用新型专利及外观设计专利为 10 年，均自申请日起计算。对专利的保护是以专利权人履行交费义务为前提的，如专利权人未按照规定履行其交费义务，即使处于保护期内，也将丧失其专利权。

4. 实施性

对于发明者所得到的专利权，除美国等少数几个国家以外，大多数国家都要求专利权人在取得专利权后，必须在给予保护的国家内实施其专利，即利用专利技术制造产品或转让其专利。

二、商标

（一）商标的定义与种类

1. 定义

商标是商品或服务的生产者或经营者，在其生产、销售或提供的商品或服务上所使用的，用以区别同类商品或服务的不同来源的特定标志。世界知识产权组织把商标定义为：将某商品或服务标明是某具体个人或企业所生产或提供的商品或服务的显著标志。商标是商品经济的产物，在现代经济生活中是非常重要的，其主要功能有：标志商品的来源；代表商品或服务的质量；有助于广告宣传。

2. 种类

（1）商标可以是具有特色的文字或图形，或是文字与图形的结合体。

商标按其结构划分可以分为文字商标、图形商标和组合商标。

（2）按其使用者划分可以分为制造商标、销售商标和服务商标。

制造商标是商品生产者在其生产的产品上使用的标记，如"联想"电脑，"东风"汽车等；销售商标是商品的销售者在其经销的商品上所加的标记，一般为百货公司或连锁商店，用以树立企业形象和进行广告宣传，如"家乐福"超市；服务商标，也称服务标记，是服务业者，如旅游、民航、运输、保险、金融、维修等相关行业的公司所使用的商标，如中国工商银行（ICBC）。

（3）按商标的用途划分可分为营业商标、等级商标和证明商标。

营业商标是指以生产或经营的企业名称和标记作为商标，此类商标最多，如飞利浦等；等级商标是指同一企业、同类产品因不同规格或质量而使用的系列商标，目的是使消费者鉴别选购，如日本丰田汽车公司按品牌定位分为丰田和雷克萨斯等系列；证明商标是指由对某种商品或服务具有监督能力的组织所制，由该组织以外的公司或个人使用于其商品或服务上，用以证明该商品或服务的原产地、原料、制造方法、质量或其他特定品质的标志，如法国葡萄酒的 AOC 标志，中国绿色食品标志等都是证明商标。证明商标不可转让。

（二）商标权的确定

商标要取得法律的保护，必须向有关部门进行注册登记，并取得商标的专用权。商标权是指一国的商标主管部门根据商标申请人的申请，经核准所授予商标申请人的一种商标专用权。

关于商标的注册，根据各国商标法的规定，必须由商标使用人提出书面申请，并缴纳申请费。商标申请经有关部门批准后，才予以登记注册，授予商标权。

各国对商标权的确定，大致遵守三种原则。

1. 先使用原则

这是指按使用商标的先后来确定商标权的归属问题，即谁先使用该商标，商标权就属于谁。但即使该商标被其他人抢先注册，先使用人可以对已注册人的商标提出异议，要求予以撤销。美、英等少数国家和地区采用这一原则。

2. 先注册原则

在采用这一原则的国家里，商标权属于首先注册的申请人。注册后取得的权利将压倒其他任何人的权利，包括商标的先使用人，因此首先使用但未申请注册商标的人，或被他人抢先注册的人，则无法再取得该商标的所有权。目前，大多数国家采用先注册原则，我国也采用这一原则。

3. 无异议原则

这是上述两个原则的折中。按照这一原则，商标权原则上先授予先注册的人，但先使用人可以在规定的期限内提出异议，请求撤销。如果超过规定期限无人提出异议，则商标权属于先注册人。如在规定期限内，先使用人提出异议，并异议成立，可撤销先注册人的商标权，授予先使用人。

（三）商标权的特征

商标权是重要的工业产权之一，经注册核准的商标是商标所有人的财产。因此，商标权是一种财产性质的权利，一般具有以下特征。

1. 独占性

商标权的独占性又称专用性，一般包括两方面含义：一是商标权人独占使用的权利，即商标所有权人享有在特定商品上使用该商标的独占权，未经其同意，他人不得使用该商标；二是禁止他人使用的权利，即他人不得将与商标所有人的注册商标相同或近似的商标用于同类或类似的商品上，否则构成侵权行为。商标只能授予一个人，他人在同一种或类似商品上再提出相同或类似商标的使用申请，将不会得到有关主管部门的批准。

2. 地域性

同专利法一样，各国的商标法都是国内法，只能在授予该商标权的国家境内得到保护，在其他国家境内不具有法律效力。若商标权人需要得到其他国家的法律保护，必须按该国的法律规定，在该国办理商标申请注册。

3. 时间性

商标权存在保护的时间限制，一般为 10~15 年，我国规定为 10 年，自商标核准注册之日起计算。但与《专利法》规定不同的是，商标权保护期满后，商标权人可以申请续展，续展的时间与保护期相同，并且续展的次数不受限制。商标权所有人只要按期办理续展手续，并按规定缴纳费用，可以永远保持商标权的有效性。

4. 可转让性

在技术转让中，商标作为交易的对象有商标使用权许可和商标权转让两种方法。商标使用权许可是指商标权所有人通过与他人签订许可合同，允许对方在指定的商品上及规定的地域内使用其商标；商标权转让是指商标所有人放弃对已注册商标所拥有的一切权利，将商标及商标权转归他人。

商标权的转让条件为：商标注册人对其在同一种或类似商品上注册的相同或相近的商品，必须一并办理转让注册，以防止商品出处发生混淆；注册商标的所有人如果已许可他人使用其注册商品，必须征得被许可人的同意，才能将注册商标转让给第三者，否则不能申请转让注册；为保护消费者的利益，注册商标的受让人必须承担保证商品质量的责任。

三、专有技术

（一）专有技术的定义与特点

1. 定义

专有技术源于英文"know-how"。我国原有许多译名，如"技术诀窍""技术秘密"等。关于专有技术的具体理解，国际上并没有形成统一的认识。从国际技术转让的角度对世界上绝大多数国家中存在的专有技术的法律地位和特征加以归纳，对其可定义为：具有动态的实用价值，能够在经济活动中获得经济利益，未在任何地方公开过全部内容，不受专利法保护的知识、经验或方法。专有技术以生产技术为主，但也包括与生产相关的管理知识和商业知识。

从表现形式看，专有技术属于知识形态，本身是无形的，但往往通过一定的有形物体表现出来，如文字图形形式，其载体可为图纸、资料、照片、磁带、软盘等；实物形式，如尚未公开技术的关键设备、产品样品和模型等；以及无形形式，如存在于少数专家脑中的生产管理和操作经验、技巧，以及化学物品的配方等。

2. 特点

（1）经济性

专有技术是适用技术，具有经济价值。专有技术必须有利于工业目的（包括商业、管理等），能够产生经济效益。一项研究成果不管其研制时投资多少，如果无经济上的使用价值，就不能称之为专有技术。

（2）保密性

专有技术是不公开的，具有保密性。凡是众所周知的、业已公开的技术，都不属于专有技术。专有技术是保密的，被技术所有人所垄断。在专有技术许可合同中，专有技术的许可方一般都要向被许可方提出严格的保密条件，以保证专有技术的拥有权和技术所有者的垄断地位。

（3）历史性

专有技术是动态的技术，具有历史性。任何专有技术都有一个研究、发展和形成的过程，也就是经验的积累过程，其内容随着生产实践的增多不断深化和完善，或在出现更先进的研究成果时被淘汰，或由于保密不利提前丧失其商业价值。

（4）可转让性

专有技术的可转让性基于其自然属性，即知识的可传授性。专有技术可以通过言传身教或以书面资料的形式传授给他人，并能够产生同样的经济效益。正是专有技术的这一特征，才使其成为技术转让的标的。

（二）专有技术使用权的转让

同专利、商标一样，专有技术可以通过签订转让合同的形式把其使用权转让给他人。专有技术使用权的转让在当代技术贸易中处于一个十分重要的地位，它往往是技术转让合同中不可缺少的部分。从理论上来说，专利、商标和专有技术都可以单独作为技术转让的标的。但在实践中，大多数技术转让合同都是把专利或商标的使用权和专有技术结合在一起进行转让。这是因为一般关键技术并不在专利说明书中公开，而是以秘密的形式存在。如果只取得专利使用权，而不同时引进这部分保密的专有技术，就不能生产出合格的产品。据不完全统计，在技术转让中，附有专有技术的专利转让合同或商标转让合同约占 60%，单纯的专有技术合同约占 30%，而纯粹的专利许可合同或纯粹的商标许可合同只占很小的比重。因此，当前专有技术的重要性在某些方面已经超过了专利，而成为技术贸易中独立的、日益重要的内容。

第三节　国际技术转让的方式

由于技术本身的特性，国际技术转让的方式远比国际商品贸易的方式复杂，也更为灵活多样。目前，国际技术转让的主要方式有许可贸易、特许经营、技术服务、合作生产与合资经营、国际工程承包、补偿贸易等。

一、许可贸易

（一）许可贸易的含义

许可贸易又称为许可证贸易，是指技术的出让方与受让方之间签订的、允许受让方对出让方所拥有的技术享有使用权及产品的制造权和销售权。许可贸易的核心内容是转让技术的使用权以及产品的制造权和销售权，而不是技术的所有权。许可贸易都是有偿的，并且是目前国际技术转让的最主要、最常用的方式。随着科学技术的进步和新技术的不断涌现，技术在经济发展中的作用日益明显，各国都将引进技术作为经济增长的主要手段。另一方面，技术所有人为了获得高额利润，或绕开贸易壁垒，或开拓新的技术市场，不断以有偿许可的方式来出让技术的使用权，这就促使许可贸易在全球范围内得以迅速发展。

（二）许可贸易的分类

在许可贸易中，技术转让的卖方是技术所有权人，在交易中称为技术出让方、许可方，买方是技术的使用人，在交易中称为技术受让方、被许可方。

1. 按转让标的划分

按照交易的标的，许可贸易可分为专利许可、专有技术许可、商标许可和混合许可。

（1）专利许可

专利许可是指将在某些国家获准的专利使用权许可他人在一定的期限内使用。

（2）商标许可

商标许可是指商标权人授予受让方在一定的期限内使用其商标的权利。由于商标涉及企业的商誉，因此许可方对受让方使用该商标的商品质量有严格的要求，并对使用该商标的商品质量有核准和监督权。

（3）专有技术许可

专有技术许可是指专有技术所有者在受让方承担技术保密义务的前提下，将专有技术有偿转让给受让方使用。保密条款是专有技术许可合同的主要条款，双方应以该条款就保密的范围与期限做出规定。在转让专有技术时，转让方有义务帮助受让方掌握受让的技术。

（4）混合许可

混合许可也称综合许可，是指技术所有者将专利、商标和专有技术的使用权结合在一起，共同转让给受让方使用。多数许可贸易都是混合许可，单纯地以专利、商标、专有技术为标的的许可贸易较少。

2. 按授权范围划分

按照授权范围，许可贸易可以分为普通许可、排他许可、独占许可、分许可和交叉许可。

（1）普通许可

普通许可是指将出让方将技术和商标的使用权、专利产品的制造权和销售权，授予受让方在一定的地域和期限内享用。出让方仍享有将上述权利转让给该地区第三者的权利。

（2）排他许可

排他许可是指出让方将技术和商标的使用权、专利产品的制造权和销售权，授予受让方在一定的地域和期限内享用。出让方在该地区内仍享有上述权利，但不得转让给该地区的第三方。排他许可又称为全权许可。

（3）独占许可

独占术许可是指出让方将技术和商标的使用权、专利产品的制造权和销售权，授予受让方在一定的地域和期限内使用。出让方在该地区内不享有上述权利。

（4）分许可

分许可也称转售许可，是指技术出让方将技术和商标的使用权、专利产品的制造权和销售权，授予受让方在一定的地域和期限内使用后，受让方还可以将上述权利转让给其他人使用。

（5）交叉许可

交叉许可也称互换许可。是指许可贸易的双方将各自所拥有的技术和商标的使用权、专利产品的制造和销售权相互交换，互相许可对方享有上述权利。交叉许可既可以是普通许可，也可以是排他许可或独占许可。

二、特许经营

（一）特许经营的含义

特许经营是指由一方（特许经营许可方）授权或要求另一方（特许经营被许可方）依照许可方指定的系统以自己的名义销售商品或提供服务，并获得直接或间接的财务回报。该系统包括专有技术和支持，基本业务运作模式，也包括许可方对被许可方严格和持续的营业控制，并应实质上使用许可方指定的商标、商号和标志等。如麦当劳快餐店在世界各地几乎都有被许可方，他们所生产和销售的汉堡包以及所提供的服务，基本都与母国（美国）一致。

（二）特许经营的特点

特许经营实际上是以商标权为核心的商务运作，具有以下特点：

（1）特许经营被许可方可以是经销带有许可方商标的商品或者提供带有许可方商标的服务。

（2）特许经营许可方必须拥有注册商标、企业标志、专利、专有技术等经营资源，并通过合同形式许可被许可方使用上述经营资源。许可方如果不具备上述条件，特许经营也无从谈起。

（3）特许经营许可方对被许可方的经营方法享有一定的控制权或给予重要的协助。被许可方应当按照许可方的要求，在统一的经营模式下开展经营。

（4）特许经营许可方和被许可方都是独立的经营主体，双方通过特许合同来明确各自的权利和义务关系。

（5）特许经营被许可方通常要向许可方缴纳一定的费用，包括初期的加盟费和以后按销售额或利润提取的特许经营使用费。

三、技术服务

技术服务是伴随着技术转让而进行的。目前，国际上出现了许多以提供信息、咨询、技术示范或以指导为主的技术服务性行业，主要是通过咨询服务和人员培训的方式来提供技术服务。

技术咨询的范围很广，比如，工厂设计规划，设备投资的可行性研究等。与技术转让不同的是，技术服务不涉及技术使用权或所有权的转让，只是服务提供方用自己的技术来提供服务。

四、合作生产和合资经营

合作生产是指两个不同国家的企业之间根据协议，在某一项或某几项产品的生产和销售上采取联合行动并进行合作的过程。合资经营是指两个或两个以上国家的企业所组成的共同出资、共同管理、共担风险的企业。合作生产与合资经营的区别在于，前者强调的是合作伙伴在某一领域合作中的相互关系，后者强调企业的所有权及其利益的分享和亏损的分担问题。不管是合作生产还是合资经营，技术在合作生产或合资经营过程中实现了转让。合作生产的内容比合资经营更为广泛，既可以是项目合作、开发合作，也可以是生产合作或销售合作。利用合作生产或合资经营来引进国外先进技术，已成为世界各国的普遍做法。

五、国际工程承包

国际工程承包是指一个国家的项目所有人（一般为业主或发包人，可以是政府部门、公司、国际机构等）委托国外的工程承包人负责按规定的条件承担完成某项工程任务，是综合性的国际经济合作方式。国际工程承包的主要当事人是工程项目的所有人和承包商。

国际工程承包适用于大型的建设项目，如机场、电站和各类生产线的新建或扩建等。这类项目不仅规模大，而且伴随着技术转让。因为工程通常都会涉及设备的安装和调试，为了能使东道国的企业顺利使用安装的设备，通常会进行相应的技术和专有技术的转让。在一些项目中，承包商在工程或设备安装结束后，还要对业主的工作人员包括技术人员进行专门的培训。在工程完工并开始实际运营后，承包商还必须对运营中出现的问题提供技术支持和技术咨询等服务。

六、补偿贸易

补偿贸易是指在信贷的基础上，一国企业先向国外厂商进口技术和设备，然后以回销产品或服务所获得的价款，分期偿还外商提供的技术和设备的价款。

补偿贸易在实际中有多种形式，包括直接补偿（技术和设备所生产的产品返销给对方，以返销所得偿还）；用其他产品补偿；货币收入补偿（用产品销售所得的收入来偿还）；劳务补偿（通过提供劳务来补偿）；混合补偿（技术和设备的进口方一部分以直接产品，一部分以其他产品或现汇或劳务来抵偿进口技术和设备的价款）。无论哪种形式的补偿贸易，东道国企业在引进先进技术和设备的同时，往往伴随着技术转让。

第四节　国际技术转让合同

国际技术转让合同是指不同国家或地区的当事人（自然人、法人或其他经济组织）将自己所拥有的技术或技术使用权跨越国界转让给另一方当事人并收取价款或使用费，另一方当事人取得技术或技术使用权并支付价款或使用费；或一方当事人跨越国界以提供技术或技术劳务的方式为另一方当事人完成一定工作任务并收取报酬，另一方当事人接受技术劳动成果并支付报酬所达成的书面协议。

一、国际技术转让合同的特点

（一）法律性

技术转让合同除适用于合同法的一般原则外，还必须接受专利法、商标法、技术转让法、保密法、反不正当竞争法、反垄断法等法律、法规的约束。由于这些法律大多由强制性法律规范构成，当事人必须严格遵守，不得随意协商排除。此外，由于国际技术转让属于跨国界技术转让，当事人不但要遵守本国法律，还必须遵守相关国家法律与国际法。

（二）长期性

技术转让合同大都是长期的，其有效期可长达几年甚至更长的时间，因为合同有效期要与传授技术所需时间相协调，而传授技术是一个较长的过程，因此转让合同的长期性可以保证受让方能够生产出符合合同规定的产品。

（三）地域性

国际技术转让合同的标的是专利、商标和专有技术，有关这几类交易的法律都有严格的地域规定。受让方在未获授权的地域不能享有相应的使用权、制造权和销售权。

（四）综合性

大多数国际技术转让合同是混合协议，不但包括技术内容和范围，还经常涉及设备转让、产品返销、技术培训等，不但合同条款多，而且往往附有大量附件，使得国际技术转让合同所涉及的内容更加广泛。

二、国际技术转让合同的内容

国际技术转让合同通常包括两部分内容：一般条款和特殊条款。

（一）合同的一般条款

1. 序言

序言主要包括合同名称、合同号码、签约日期、签约地点、双方当事人的法定名称与地址，以及"鉴于条款"。其内容是说明双方的职业背景，解释双方签订该合同的理由，陈述许可方拥有的知识产权状况、合法拥有及转让的权利，以及被许可方希望获得对方技术的愿望，表达双方为实现合同规定目标的意愿和所持态度。序言是许可合同的一个重要内容，不可忽视。

2. 关键词或术语的定义

由于技术转让合同所涉及的问题较为复杂，且各国的语言与法律制度不同，各国对同一名词或术语的解释也不尽相同。为了避免日后在执行合同的过程中产生分歧或争议，许可合同中一般均列一条专门条款，对关键性的名词、术语进行专门定义以符合合同标的。合同中对名词、术语的定义与国际惯例和各国有关法律对这类名词、术语的定义有着本质的区别，它们仅适用于该合同，不具有普遍的适用性。

3. 转让技术的内容与范围

其主要内容一般包括以下三个方面。

（1）基本技术的确定

主要规定技术转让的具体对象和技术要求，一般包括技术的名称、号码、所属国（地域）、期限以及与其相关的技术、产品及其相关的质量标准等内容。比如专利许可，还应列明批准日期、专利号等；如为专有技术许可，可用有关文件如图纸、设计、图解、技术操作手册以及各项明细单加以说明。

（2）使用技术的方式和领域

主要规定技术受让方能够把合同规定的技术用于何种目的及其应用的方式和范围。比如，规定是独占许可还是排他许可等。

（3）制造和销售地区的规定

主要是规定技术受让方进行生产和销售的地区，例如，规定受让方只能在指定地区或指定工厂使用许可项下的技术制造产品，并规定此种产品只能在某个国家或某些地区销售等。这一地区一经确定，在许可合同内就称之为"商妥地区"。这一地区可以是"独占地区"（独占许可），也可以是"非独占地区"（普通许可）。在确定商妥地区时，应指明是指制造地区还是销售地区，还是包括制造和销售的地区。

4. 价格与支付

价格和支付问题是合同双方必须确定的最重要和最复杂的问题。技术的价格并非商品交易中的一般概念。技术是一种特殊商品，它虽然具有价值和使用价值，但其价格并不直接反映其价值，而且其价格也不是其价值的全部。在实际交易中，成交的价格大大背离其实际价值，甚至成交价格与其实际价值不发生直接联系。

技术转让中的技术价格指技术受让方为获得技术而向技术许可方支付费用的货币表现，有时也称为酬金、使用费、补偿费等。

（1）价格的确定

技术所有者在确定技术价格时主要考虑的因素是：第一，技术的开发成本，即开发技术的实验研制费用等。由于一项技术通常是研制开发者首先使用，并且可以多次转让，所以在一项具体的技术转让中，受让方只是按一定的比例承担研究开发费用。第二，直接费用，即技术许可方在完成技术转让交易过程中实际支出的费用，包括合同签订前进行准备工作的费用、派遣谈判人员的费用、资料费、通信费、接待技术考察人员的费用等。第三，技术创造利润的分享。这是确定技术使用费高低的最主要因素，即受让方使用技术所能获得的实际经济效益，影响技术创造利润的因素很多，主要有技术水平和成熟程度、许可产品的市场（销售量、销售价）、技术所处生命周期的阶段、专利技术的范围与期限、专利技术的有效性与专有技术的保密情况、许可使用权的独占程度、合同条件等。

国际上公认的确定技术价格的原则是利润分享原则，在国际上被称为 LSLP 原则（即许可方所得份额占被许可方利润的百分比）。这个份额也称利润分成率。用公式表示：

$$利润分成率 = (技术使用费/被许可方利润) \times 100\%$$

可见，要计算技术的价格，应确定利润分成率与被许可方利润这两个构成价格的基本因素。但利润分成率多大才合适，国际上没有统一的标准。在正常情况下，将利润分成率控制在 15%～30% 均属合理。

（2）价格的支付

在国际许可合同中，技术价格的支付方式通常有以下三种：

一是一次总算。一次总算又称一次总付或统包计价，即由双方就转让技术的各个项目，包括技术费用、资料、专家费、培训费等，都在签订合同时一次性算清，并在合同中明确地固定下来，作为技术受让方为引进该项技术所应支付的全部技术使用费。价款可以一次付清，也可以分期支付。对许可方来说，采用一次总付的方式，收入稳定，可以免除大量查账、计算等烦琐的事务性工作，也无须提供改进技术、继续援助的义务，但同时也不能分享受让方由于产量或销售量增加带来的额外收益。对被许可方来说，采用这种支付方式弊多利少。首先，受让方在取得经济效益之前就支付大量资金会构成较重的财务和利息负担，影响其资金周转。再者，在费用支付完成后，受让方不能有效地继续得到出让方技术上的协助。这是因为出让方与之后产生的经济效益已无直接联系，使得受让方失去了与对方分担风险的机会。一次总算对受让方有利的方面是可以较快摆脱对技术许可方的依赖，还可避免因通货膨胀、汇率变动而带来的支付风险。

二是提成计算。提成计算是指以转让技术所生产的单位产品或产品的净销售额为基价，在合同中规定一定的百分比作为技术转让的费用。采用这种方法，被许可方只有在利用技术并取得实际经济效果后才根据合同的约定定期向许可方支付技术使用费，这一方法把双方的利益联系在一起。一般有按产品的产量、销售价格和利润提成三种方法，并可以在合同中规定提成率，提成年限和许可方的最低提成额及最高提成额。

三是入门费加提成计算。入门费是指在合同生效后由被许可方向许可方先行支付一笔约定的费用，其余的使用费则在被许可方实施技术并取得经济效果后，再按约定的提成方法计算并支付。入门费主要是用来解决许可方为技术转让交易所支出的直接费用部分。这种方法由于同时兼顾到了交易双方的利益，因而在国际技术转让中使用得最为广泛。

另外，在合同中应明确规定使用的货币，可选择被许可方国家货币、许可方国家货币或第三国货币。若采用两种及以上货币，则须规定不同货币间兑换率的计算方法。

同时，合同应明确价款的支付时间及支付地点等内容。

5. 技术改进

在技术转让合同有效期内，一方或双方均有可能对转让的技术成果做出改良或创新。这种技术改进和技术创新，可能并未改变原有技术的基本特征，而仅是在技术细节上的具有实质意义的革新和改良；也可能是在原有技术基础上取得的重大突破性进展，从而使原有技术发生质的变化。因而，在合同中双方一般需要预先以合同条款的形式，规定技术改进的成果应当如何以优惠条件让对方分享，以及相关的权利、义务和条件等。

如在合同有效期内，许可方有义务向受让方无偿提供改进的新技术，这种做法称为"继续援助"；而受让方在利用引进技术过程中取得的改进或改革，也应无偿转让给出让方，称为"技术反馈"。这对双方来说是对等的。有的合同还规定相互提供技术的改进或改革是有偿的，需支付一定的使用费。但不论哪种情况，改进或改革的技术的所有权属于改进或改革的一方，只有改进或改革技术的一方有权向有关部门申请专利。

6. 税费

在许可贸易合同中，为明确所涉及的各种税费究竟由哪一方负担，一般都必须规定税费条款。在技术转让中所遇到的税收问题，主要是预提所得税的问题。所谓预提所得税，是指技术受让方国家对技术转让费用征收一定的所得税。所征收的所得税是从技术转让费中先扣下来，再将余额支付给技术出让方，因此是预提。世界各国包括中国都采取这一方法。

（二）合同的特殊条款

1. 专利许可合同的特殊条款

专利条款：合同中应该列明转让项目中所包含的专利内容，标明专利号、专利申请国别、申请的时间和有效期限，有利于引进方辨别真伪，从中选择适用的专利技术。

专利有效保持条款：根据各国专利法的规定，专利申请后还需按期向主管部门交纳年金。为保证专利的有效性，合同中应规定技术出让方应定期向有关当局交纳年金。

侵权处理条款：侵权是指未经专利权人许可的第三者实施专利，或专利权人被第三者指控侵犯了第三者的专利时所产生的一种违法行为。合同中应对侵权处理有明确的规定。

2. 商标使用权转让合同的特殊条款

商标的内容和特征：明确注明商标名称、图样、使用该商标的商品。

商标的合法性和有效性：合同中必须注明商标的国别、时间、有效期限和使用的区域范围。

接受许可方使用商标的方式：一是直接使用，即对商标不加任何改动，直接用在自己的产品上；二是联结使用，即将自己的商标和出让方许可的商标，择其有代表性的部分联结在一起，组成一个新的商标；三是联合使用，即将自己的商标与出让方许可的商标并列使用；四是将出让方许可的商标与制造地点联系起来使用。无论采用哪种方法，都应在合同中明确规定。

商标许可的备案与注册：商标许可合同和含有商标使用权转让的许可合同，都应酌情向出让方国家商标管理机关办理备案或注册手续，以便转让的商标在出让方国家得到法律的保护。

产品的质量监督：出让方在向受让方转让商标使用权时，一般要求对受让方的产品质量进行监督，以维护其商标信誉。

3. 专有技术转让合同的特殊条款

专有技术的内容：严格规定范围、内容、技术指标及有关技术资料的提供。

技术传授：因为某些专有技术不经传授是无法掌握的，合同中应规定详细的技术培训和技术指导等内容。

保密条款：专有技术存在的价值在于它的保密性，所以，一般都在协议中规定严格的保密条款。

关于改进技术的交换：国际惯例规定双方都有义务不断将自己的改进技术提供给对方。

（三）关于合同中的限制性条款问题

1. 限制性条款的概念

限制性条款也称限制性商业条款，是指在国际许可合同中，由技术出让方对技术引进方施加的、法律所禁止的、造成不合理限制的合同条款或做法。限制性商业行为普遍存在于国际贸易活动中，在国际技术转让中尤为突出，表现形式也是多种多样的。

1980 年 12 月，第 35 届联合国贸发会议通过的《管制限制性商业做法的一套公平原则和规则多边协议》对限制性商业行为做出定义，即凡是通过滥用或者谋取滥用市场力量的支配地位，限制进入市场或以其他方式不适当地限制竞争，对国际贸易，特别是发展中国家的国际贸易及其经济发展造成或可能造成不利影响，或者是通过企业之间的正式的或非正式的、书面的或非书面的协议以及其他安排造成了同样影响的一切行动或行为都叫做限制性商业行为。如国际贸易合同出现相应条款，称其为限制性商业条款。

2. 国际技术转让交易中的限制性条款

在联合国《国际技术转让行动守则（草案）》中规定了禁止使用的 20 种限制性条款：

（1）单方面的回授条款，即要求技术受让方将其改进技术单方面地或非对等、非互惠地提供给技术出让方使用。

（2）不争议条款，即规定技术受让方对转让的专利或其他工业产权的效力不得提出任何争议。

（3）限制技术受让方取得类似或竞争技术的自由。

（4）限制技术受让方进行研究与发展活动。

（5）强制要求技术受让方使用技术出让方指定的人员或限制使用技术受让方所在国的人员。

（6）限制技术受让方对其用引进技术所生产的产品确定价格的自由。

（7）禁止技术受让方修改引进技术或在引进技术的基础上进行创新。

（8）要求技术受让方将独家销售权或独家代理权授予技术出让方或它所指定的第三方。

（9）附带条件的安排，例如规定或限制技术受让方引进技术或采购商品的来源，要求技术受让方接受它不愿意接受的技术、商品或服务。

（10）对出口的限制，例如，限制用引进技术制造的产品的出口或限制出口的地区、数量或价格。

（11）强制要求技术受让方与技术出让方共享专利或进行交叉许可交易，对地区、数量、价格、顾客、市场、技术发展进行限制，以垄断某一行业或市场，限制新技术的研究与发展。

（12）限制技术受让方进行广告宣传。

（13）强制要求技术受让方为业已期满、终止或无效的专利权和其他工业产权支付使用费。

（14）限制技术受让方在技术转让合同期满或终止后使用技术。

（15）限制技术受让方的生产范围、生产数量和生产能力。

（16）强制技术受让方采用它不需要或不愿采用的质量管理方法或质量标准（但如果是在使用出让方商标的情况下，为了满足产品质量不在此限）。

（17）强制技术受让方使用特定的商标、服务标志或厂商名称。

（18）强迫技术受让方提供合股资本或允许出让方参与企业管理，作为取得技术的条件。

（19）技术转让的协议期限过长，或者根本不规定期限。

（20）限制传播和扩大使用已引进的技术。

3. 中国规定的限制性条款

2001 年 12 月 10 日，中国国务院公布的《中华人民共和国技术进出口管理条例》第二十九条规定，技术进口合同中不得含有下列限制性条款：

（1）要求受让方接受并非技术进口必不可少的附带条件，包括购买非必需的技术、原材料、产品、设备或服务。

（2）要求受让方为专利权有效期届满或者专利权被宣布无效的技术支付使用费或者承担相关义务。

（3）限制受让方改进出让方提供的技术或限制受让方使用所改进的技术。

（4）限制受让方从其他来源获得与出让方提供的技术类似的技术或与其竞争的技术。

（5）不合理地限制受让方购买原材料、零部件、产品或者设备的渠道或来源。

（6）不合理地限制受让方产品的生产数量、品种或销售价格。

（7）不合理地限制受让方利用进口的技术生产产品的出口渠道。

第五节　技术转让与知识产权

技术转让与知识产权保护有着内在的密切关联，因为技术转让的标的主要是知识产权，并且交易方所达成的技术转让合同必须符合有关知识产权保护的法律原则，否则就难以获得法律层面的有效保护。

一、知识产权的概念与特点

知识产权是指法律赋予人们对其智力创造成果享有专门利用的权利。不仅限于智力成果的创造者依法所享有的权利，还包括通过投入资金、设备和劳动参与智力成果创造过程的主体，以及通过协议约定、转让、继承等方式取得该权利的主体所依法享有的权利。并非一切智力成果都可以成为法律的保护对象，各国所保护的对象也不尽相同，同一国家的不同时期，知识产权的保护对象也有所不同。

知识产权与传统财产权的含义不同，财产权指的是有体物，如动产和不动产。知识产权不是指包含智力成果的复制件或载体，而是指复制件或载体中所包含的信息，这些信息可以无限量、低成本、高质量地被复制，更能为权利人创造经济利益。它具有以下两个特点：一是无形性。与有形财产权不同，知识产权是一种无形的财产权。这一无形性具有非竞争性的特点，决定了知识产权难以被其所有人实际控制。另外，即使在其权利全部转让后，知识产权所有人仍有利用其无形的智力成果获取利益的可能性。因此，法律上关于知识产权的保护、知识产权侵权的认定等要比有形商品更为复杂。二是专有性，知识产权所有人就其智力成果依法获得专有权后，除非经其同意或依据相关法律的规定，否则权利人以外的任何人不得再享有或使用该项权利。这表明，由知识产权权利人独占或垄断的专有权利受到法律的严格保护，不受他人侵犯。

按照客体的性质，知识产权可以分为工业产权和著作权（版权）。工业产权是指农业、工业、商业等领域的智力成果所有者对其成果所享有的一种专有权。工业产权中的工业实际包括国民经济各个产业部门。保护的对象包括专利（发明、实用新型、外观设计）、商标、服务标志、厂商名称、货源标志、原产地名称等。著作权在我国等同于版权，是指作者或得到作者许可的其他人依法所享有的权利，如制作文学艺术作品的复制品。著作权人有权禁止他人未经许可而以复制、表演、录音、录像、改编、翻译等方式表现该作品。这里所指的是作者思想的表现受到保护，而不是作者的思想受到保护。享有著作权保护的作品必须有独创性，著作权人不得剽窃、抄袭、模仿他人之作，但可以借鉴他人的思想或研究方法。

二、知识产权保护的作用

（一）对知识创造的激励作用

知识产权制度依法授予知识产权创造者或拥有者在一定期限内的排他性独占权，

并保护这种独占权不受侵犯，侵权者要受到法律的制裁，使得知识产权创造者或拥有者可以通过转让或实施生产取得经济利益、收回投资，从而调动其从事知识创造的积极性。

（二）具有调节公共利益的作用

知识产权制度有两大功能，一是保护功能，这使知识产权创造者的正当权益能够得到保护；二是公开功能，也就是知识产权创造者在申请知识产权保护的同时，要向社会公开自己的创造内容。通过公开其知识，增加了整个社会的知识财富，又可促进其他人在其基础之上进行进一步研究开发。而且，保护期过后，该知识就成为全社会的共同财富，任何人都可以从中获取利益。

（三）具有促进对知识产业投资的作用

知识产权保护制度通过确认成果属性，保障做出主要物质技术投入的单位或个人充分享有由此产生的合法权益。通过保护专利、商标、服务标记、厂商名称、货源名称等专属权利和制止不正当竞争，维护投资企业的竞争优势，维护市场的公平和有序的竞争，并用正式的制度来规范个人的行为，促使全社会自觉尊重或被迫尊重他人的知识产权，形成尊重知识、尊重人才、尊重他人智力劳动成果的良好社会环境和公平、公正的市场竞争机制，从而使更多的财力、物力和智力资源投向研究开发。

（四）有利于促进国际经济、技术交流和合作

当今世界经济和科技向着全球化发展，既为知识经济的发展创造了条件，同时又是知识经济发展的一个突出表现。在技术贸易和技术含量高的产品贸易在世界贸易中所占的比例越来越大的情况下，必须有一个各国共同遵守的规则。而知识产权制度就是这方面的规则。对于发展中国家来说，从国外大量引进先进技术的同时，大力发展拥有自主知识产权的高新技术及其产品，是促进本国经济发展的一条重要途径。在知识经济时代，引进知识成果和资金，实现国际间双边、多边的知识成果的交流与合作，必将更加依赖于知识产权保护制度。

二、与知识产权有关的国际组织和国际公约

（一）世界知识产权组织

世界知识产权组织（WIPO）设立于1967年，1974年加入联合国组织系统，现为联合国18个专门机构之一。截至2016年年底，世界知识产权组织已拥有189个成员国，涵盖全球90%以上的国家，具有广泛的代表性。我国于1980年正式成为其成员。

作为一个政府间国际组织，世界知识产权组织是关于知识产权服务、政策、合作与信息的全球论坛，专门负责管理和协调世界各国知识产权工作。该组织主要在以下领域进行活动和提供服务。

1. 全球知识产权相关问题

世界知识产权组织致力于识别和探讨正在出现的知识产权问题，并针对新的挑战及时制定对策。该组织也为缔结新的知识产权保护国际公约创建了平台。

2. 合作促进发展

使所有有关各方参与对话，是世界知识产权组织重要目标之一。多年来，世界知识产权组织已建立起一个为其提供不断扩大的合作伙伴的网络。部分成员国政府和其他国际组织为针对发展中国家的特别项目提供财政和实物捐助。

3. 仲裁与调解

世界知识产权组织在 1994 年建立了仲裁与调解中心，为解决私人当事方之间的国际商务争端提供仲裁和调解。此外，该中心还经常就有关知识产权争端解决和互联网的问题接受咨询。在争端解决方式上，调解不如仲裁正式，简易仲裁能节约时间和费用，是解决知识产权争端的可行方法。

4. 教育、培训与研究

世界知识产权组织在全球范围内建立了易于交流的渠道，其出版物、新闻快报及网站是世界各国获取知识产权信息的重要渠道。另外，该组织于 1998 年 3 月成立的世界学院，是在知识产权领域进行教学、培训和研究的中心。世界学院根据知识产权领域不断发生的变化，致力于开发新的培训项目来扩大知识产权方面的人力资源。

5. 促进知识产权法律的发展

世界知识产权组织的主要任务之一，就是要在成员国中促进知识产权法律、标准和做法的渐进发展及协调统一，尤其是为发展中国家和正在进行知识产权法律完善的国家提供技术支持。

目前，世界知识产权组织是包括《保护工业产权的巴黎公约》《保护文学和艺术作品伯尔尼公约》《商标国际注册马德里协定》《商标法条约》《专利法条约》等在内的 26 个涉及知识产权的国际公约的监管机构。自 1996 年 1 月 1 日起，世界知识产权组织与世界贸易组织签署的协议生效，两者共同配合以实施和管理《与贸易有关的知识产权协议》，从而将知识产权保护与国际贸易紧密联系在一起。

（二）世界贸易组织与 TRIPS 协议

世界贸易组织是独立于联合国的永久性国际组织，与国际货币基金组织、世界银行并称为当今世界经济体系中的三大支柱。成员贸易总额达到全球的 98%，有"经济联合国"之称。该组织的管辖范围不但包括货物贸易，还延伸到了服务贸易、与贸易有关的投资措施以及知识产权领域，因而可以更好地协调各国间的经济贸易联系，解决可能发生的各类贸易争端。

《与贸易有关的知识产权协议》（TRIPS）于 1995 年 1 月 1 日起生效并由世界贸易组织管理。该协议的目标是，通过促使成员方采取有效的、恰当的法律措施和程序来保护各类知识产权，并以此减少贸易壁垒。协议由序言以及七个部分共 73 个条款构成。重申的保护知识产权的基本原则主要有：国民待遇原则，保护公共秩序、社会公德、公众健康原则，对权利合理限制原则，权利的地域性独立原则，专利、商标申请的优先权原则，版权自动保护原则。同时，新提出的保护知识产权的基本原则主要有：最惠国待遇原则、透明度原则、争端解决原则、对行政终局决定的司法审查和复审原则、承认知识产权为私权原则。

该协议的主要内容为：第一，产权保护的范围包括版权及相关权利、商标权、地理标志权、工业品外观设计权、专利权、集成电路布图设计权、未泄漏信息专有权以及对许可合同中限制商业性条款的控制；第二，该协议首次将最惠国待遇原则引入知识产权国际保护领域。各缔约国应给予其他缔约国民与本国国民相同的待遇，应立即无条件给予其他缔约国不低于任何第三国的优惠、特权和豁免，有关的法律和政策规定应予以公开和国内的统一；第三，要求成员对知识产权提供更高水平的立法保护和采取更为严格的执行措施；第四，在执行知识产权保护的行政和司法程序时，不能以阻碍正常的竞争和贸易为代价，成员必须遵循公平合理的原则，裁决必须建立在有关各方都有机会了解证据的基础之上，司法复审可以推翻行政最终裁决和司法最初裁决。

TRIPS 将已有的有关知识产权国际公约分为三类，并确立了 TRIPS 与这些公约的基本关系。第一类为完全肯定、要求全体成员必须遵守并执行的国际公约，包括《巴黎公约》《伯尔尼公约》《保护表演者、录音制品制作者与广播组织公约》《集成电路知识产权条约》；第二类为基本完全肯定、要求全体成员按对等原则执行的国际公约，这类公约共有十余个，主要是《巴黎公约》的子公约；第三类为不要求全体成员遵守并执行的国际公约，即凡是 TRIPS 没有提到的、也不属于上述两类的国际公约，均不要求全体成员遵守并执行，主要有《世界版权公约》《录音制品公约》等。

TRIPS 协议为知识产权国际保护确立了新的统一的国际标准与准则，对国际货物贸易、技术贸易、投资以及各国国内立法产生了重大而深远的影响，被认为是对传统多边贸易体制的重大突破。TRIPS 协议的签署，为各成员方的知识产权保护提供了共同的法律框架，为发展中国家的知识产权保护指明了方向，也对发达国家发起知识产权调查制定了一定的纪律约束，这也有利于发展中国家建立起合理的知识产权保护制度。

思考题

1. 什么是国际技术转让？国际技术转让与国际商品贸易的区别主要体现在哪些方面？
2. 专利、商标与专有技术的联系和区别是什么？
3. 国际技术转让的交易方式主要有哪些？
4. 什么是许可贸易？它有哪些类型？
5. 国际技术转让合同的主要条款有哪些？

第八章 国际工程承包与劳务合作

第一节 国际工程承包概述

一、国际工程承包的概念以及业务范围

(一) 国际工程承包的含义

国际工程承包是指一国的承包商，以自己的资金、技术、劳务、设备、原材料和许可权等，承揽外国政府、国际组织或私人企业的工程项目，并按承包商与业主签订的承包合同所规定的价格、支付方式收取各项成本费及应得利润的一种国际经济合作方式。

国际工程承包涉及的当事人主要有：工程项目的所有人（即业主或发包人）和承包商，工程项目的所有人通常不再是单个的自然人和法人，可能是政府部门或众多的合营者，也可能有银行和贷款财团参与，他们主要负责提供工程建造所需的资金和酬金等；而承包商是承包某项工程的团体或者个人，负责工程项目的建造，工程所需设备和原材料的采购以及提供技术等。

(二) 国际工程承包的业务范围

国际工程承包的业务范围广泛，几乎涉及国民经济的每个部门，加之科学技术的进步和生产的不断发展，社会分工越来越精细。国际工程承包就其内容而言大致包括以下几个方面：

(1) 工程设计。工程设计包括基本设计和详细设计。基本设计一般在承包合同签订之前进行，其主要内容是对工程项目所要达到的规格、标准、生产能力等的初步设计。详细设计一般在承包合同签订之后进行，主要包括整个工程的机械设计、电器设计、仪表仪器设计、配套工程设计及土木建筑物、构件等设计。详细设计的内容往往根据工程项目的不同而有所区别。

(2) 技术转让。国际工程承包往往涉及工程所需的专利技术和专有技术的转让问题。

(3) 机械设备的供应与安装。工程项目所需的机械设备既可由业主提供，也可由工程承包商提供，还可以是双方分别提供不同的部分。

(4) 原材料和能源的供应。原材料和能源的供应与机械设备的供应一样，既可由业主提供，也可由承包商提供，还可以是双方分别提供不同的部分。

（5）施工。施工主要包括工程建造及施工人员的派遣，如派遣工程师、技术员、工人、提供施工机械，进行实际施工和安装等作业。

（6）资金。资金应由业主提供，但业主通常要求承包商提供信贷。

（7）验收。验收主要包括验收方法、验收时间和验收标准等。

（8）人员培训。人员培训是指承包商对业主派出的人员进行有关项目操作技能的培训，以使他们在项目建成并投入运营后，充分掌握该技术。

（9）技术指导。技术指导是指在工程项目建成并投入运营后，承包商为使业主能维持对项目的运营，继续对业主进行技术指导。

（10）经营管理。有一些承包合同是属于 BOT 合同，即要求承包商在项目建成投产并经营一段时间之后，再转让给业主。那么，这就使经营管理也成为承包商的一项重要内容。

上述广泛而复杂的承包内容说明，作为承包商，不仅要使各类人员和施工设备配套，还必须具有较高的组织管理水平和技术能力。

二、国际工程承包的特点

在第二次世界大战后，国际工程承包发展迅速，各国承包商数量不断增加。据美国《工程新闻记录》杂志（ENR）统计，2015 年全球 250 家最大国际承包商在海外市场完成营业收入总额 5 000.1 亿美元。与国内工程承包相比较，国际工程承包由于其自身的特殊性，具有以下特点：

（一）国际工程承包的工作内容复杂且差异性大

国际工程承包不仅涉及项目所在国的社会政治、经济、文化和参加人员，而且涉及工程、技术、经济、金融、保险、贸易、投资、管理、法律等领域，内容广泛而复杂。

（二）国际政治、经济影响因素的作用明显增大

除工程本身的合同义务权利外，国际工程项目会受到国际政治和经济形势变化的影响。例如，某国家对于承包商实行地区或别国的限制或歧视性政策；还有些国家的项目受到国际资金来源的制约，可能因为国际政治经济形势变动（如制裁、禁运等）影响而终止，或因工程所在国的政治形势变化（如内乱、战争、派别斗争等）而使工程中断。

（三）承包项目由劳动密集型向技术密集型转化

随着科学技术的迅猛发展，出现了许多技术含量较高的新型产业，这就使项目建设从单纯的土木工程转向技术工程为主的成套设施的建设，这类项目对承包商提出了更高的要求。

（四）货币和支付方式的多样性

国际工程承包要使用多种货币，包括承包商使用部分国内货币支付国内应缴费用、使用多种外汇支付材料设备等采购费用、使用工程所在国货币支付当地费用等。支付

方式除了现金和支票外，还有银行信用证、国际托收、银行汇付、实物支付等不同方式。由于要在漫长的工期内根据陆续完成的工程内容逐步支付，国际工程承包时刻处于货币汇率波动和利率变化的复杂国际金融环境之中。

（五）建设周期长，环境错综复杂

国际工程从投标、缔约、履约到合同终止，再加上维修期，最少也要 2 年以上，大型或特大型工程周期在 10 年以上。国际工程涉及的领域广泛、关系众多，加上合同期限长，承包商常常面临诸多难题，如：资金紧张、材料供应脱节、清关手续烦琐等。

三、国际工程承包的方式

（一）总包

总包是指从投标报价、谈判、签订合同到组织合同实施的全部过程，其中整个工程的对内和对外转包与分包，均由承包商对业主（发包人）负合同所规定的一切经济、法律责任。采用这种承包方式签署的承包合同也叫总包合同。这是目前国际工程承包活动中使用最多的一种承包形式。

（二）分包

分包是相对于总包而言的，即业主把一个工程项目分成若干个子项目或几个部分，分别发包给几个承包商，各分包商都对业主负责。分包方式有两种具体情况：一种是无总承包商，一个工程项目分为若干个项目，由若干个承包商分别直接承包，成为平分秋色；另一种是承包商对一项工程承包后，经业主或其委托人——工程师的同意，将工程中的一部分项目分包给其他人承包人，也称为二包。在前一种情况下，各承包商之间是平等关系，各自对业主负责；在后一种情况下，除非是业主指定的分包商，否则分包商不与业主发生直接关系，只接受分包合同的约束和支配。

（三）联合承包

联合承包是指由几个承包商共同承揽某一个工程项目，各承包商分别负责工程项目的某一部分，并共同对业主负责的一种承包形式。联合承包一般适用于规模较大和技术性较强的工程项目。

（四）合作承包

合作承包是指两个或两个以上的承包商事先达成合作承包的协议，各自参加某项工程项目的投标，不论哪家公司中标，都按协议共同完成工程项目的建设，对外则由中标的那家承包商与业主进行协调。

（五）转让或转包

转让是指由于承包人破产、死亡或其他原因，经业主或监理工程师同意，在不改变已签订合同内容的条件下，把工程项目的全部或部分转让给另一承包人的行为。转让又分两种业务类型：①有偿转让，又称转包。接受转让的承包人不但要承认合同的全部内容，履行合同的全部条款，还须向转让人支付一定数额的转让费用。为维护业主利益，防止"皮包商"的投机行为，许多国家规定，承包人不得将合同或其中一部分转包他人，更不能把整个工程全部转包出去。②无偿转让。即是指接受转让方只按照原合同价格和条款执行合同，不向转让者支付任何额外费用。无偿转让项目一般都是有隐患、风险大的工程项目，如存在着不能如期竣工或因工程可能延期造成经济损失的风险。

第二节　国际招标与投标

一、招标

（一）招标的概念

国际工程招标是以业主为主从事的活动，是整个国际工程承包能否成功进行的基础。所谓招标（Invitation for Bid, IFB）是指由发包人（业主）就拟建工程项目的内容、要求和预选投标人的资格等提出条件，通过公开或非公开的方式邀请投标人根据上述条件提出报价、施工方案和施工进度等。然后，由发包人经比较，选择承包商的过程。择优一般是指选择技术最佳、质量最佳、价格最低和工期最短的承包商。发包人应根据自己的资金能力、项目的具体要求、投标人的专长和所报的价格与条件来确定中标者。

（二）招标的方式

国际工程承包中的招标方式一般分为三类，竞争性招标、非竞争性招标和其他招标方式。

1. 竞争性招标

（1）国际公开招标

国际公开招标（International Invitation of Competitive Tenders）又称公开招标，是一种无限竞争性招标。招标人通过国内外主要宣传媒体发出招标信息，招揽具有合格资格的承包商。公开招标的特点是招标通知必须公开发布，不限投标人的数量。开标也必须有投标人在场时当众进行，但评标和定标却是秘密进行。通常来说，除非招标文件另有规定，公开招标的中标者应该是报价最低的投标者。

公开招标是属于竞争性招标，采用这种招标方式的优点在于，有利于招标人降低成本，引进最先进的技术、设备及原材料，而且可使所有的承包商得到公平的对待。业主也可按时限规定的条件在国际市场找到最有利于自己的承包商来承建工程，提供设备和材料，使工程质量、价格和工期等都能满足自己的要求并使价格竞争得到充分体现。世界银行认为，只有采用公开招标才能体现出效率（Efficiency）、经济（Economy）和公平（Equity）的"三E原则"。

（2）国际限制性招标

国际限制性招标（International Invitation of Restricted Tenders）是一种有限竞争性招

标。与国际公开招标相比，它有一定的局限性，即对参加投标的人选有一定的限制，不是任何对发包项目感兴趣的承包商都有机会投标。采用该招标方式一般不刊登招标信息，而是由招标人将有关招标材料直接寄交给被邀请参加投标的承包商。

招标人采用这种招标方式主要有以下原因：

①为保护本国建筑市场，只允许本国承包商参加投标或保留一部分发包工程给本国承包商。

②为发包工程提供贷款的国家要求业主只邀请贷款国的承包商投标。

③为发包工程提供贷款的金融机构或基金组织要求发包人在该金融机构或基金组织成员国的承包商之间招标。

④工程项目特殊，对承包商在技术和经验有较高的要求，而国际上有能力建造该工程的承包商不多，故只能邀请有能力的承包商参加投标。

在限制性招标的方式下，由于招标通知不使用广告的形式公之于众，所以只有被邀请并接受邀请的承包商才是合法的投标人，未接到邀请或通过其他途径得知招标信息的承包商，未经发包人的许可无权参加投标。这种招标方式的优点在于能够保证工程质量并能节省招标时间，但有时会漏掉有利的竞争者，从而错过了选择报价最低者的机会。

（3）两段招标

两段招标（Two-Phase Invitation of Tenders）是将国际竞争性招标与国际限制性招标相结合的一种招标方式。具体做法是先采用国际竞争性招标，在开标后再邀请其中几家条件好的（一般也是报价比较低的）承包商进行第二阶段的报价，最后确定中标者。业主一般是在以下情况采用两阶段招标。

①招标内容尚处在发展过程中，招标人需经过第一阶段招标以博采众议，评选出最优方案。

②招标人对工程项目的经营缺乏见解，可在第一阶段向投标人提出要求，就其最熟悉的经营方案进行投标，经过评价，再进入第二阶段的招标。

2. 非竞争性招标

非竞争性招标（Non-competitive Bidding）是相对于竞争性招标而言的，它主要的方式是谈判招标。谈判招标又称"议标"，指招标人根据自己的需要和所了解到的承包商的资信和技术状况，将符合要求的承包商排列出顺序，然后先与最符合要求的承包商进行谈判，若与之达不成协议，则按顺序继续与下一个进行谈判，直至达成协议为止。谈判招标一般适用于专业技术较强、施工难度较大、多数承包商难以胜任的工程项目。在这种招标方式下，投标者能否中标的主要决定因素不是价格，而是承包商的技术能力、施工质量和工期等条件。

3. 其他招标方式

招标方式除了主要的竞争性招标和非竞争性招标以外，还有一些其他的招标方式。

（1）平行招标

平行招标又称分项招标，是指招标人把一个较大的工程项目分解成若干个互相联系的子项目，分别而又同时单独进行招标。这种方式适用于技术层次多、设备供应范围广的项目。

（2）地方公开招标

地方公开招标又称地方竞争性招标，是按照地方程序进行的招标，一般通过地方性宣传媒介发布招标信息，并限于当地的承包商参加投标。

（3）多层次招标

多层次招标书指对大型项目的招标在招标结束后，中标人（即总承包商）又以招标人的身份，将所承包工程的一部分，发包给其他承包商（即二包商），二包商对总承包商负责，总承包商对业主负责，总承包商寻找的二包商必须征得业主的同意。

（三）招标的程序

国际工程招标是以业主为主体而展开的工作，采取这种方式成交时，一般要经过拟定招标文件、投标、开标、评标、授标、签约等一系列步骤，所需时间也长短不等，少则一年，多则三五年。这些工作从成立招标机构开始到签订承包合同需要严格按照招标程序和要求进行，并要做大量的工作。具体工作程序如下。

1. 成立招标机构

业主在决定建造某一项目之后，便开始进行国际招标工作。国际招标的整个过程一般由一个专门的机构全权负责。招标机构可自己设立，也可委托国际上常设的招标机构或从事招标的咨询公司代为招标。

2. 指定招标规则

招标规则主要包括招标方式的确定、广告刊登的范围和文字表达方式、确定开标的时间和地点、评标的标准等。

3. 编制招标文件

招标文件是招标的法律依据，也是投标者投标和准备标书的依据。其内容根据项目的规模和负责程度而定，主要是包括招标人须知、担保书、合同条件和技术范围等。

4. 发布招标公告

招标公告是招标机构利用广播、电视以及国内知名度较高的报纸、期刊，向国内外所有合格的承包商发布的招聘启事，即邀请所有合格的承包商投标。主要内容包括发包人的名称、项目的名称与概况、项目的资金来源、招标的方式、投标的开始与截止时间、评标的地点与时间、招标文件的发售时间与办法等。

5. 进行资格预审

资格预审是招标机构发布招标公告之后、承包商投标之前，对拟投标人是否有能力承揽其所有建设的工程项目进行的资格审核。资格审查的内容包括承包商以往的业绩与荣誉、设备与技术状况、人员的技术能力、管理水平和财务状况等。

6. 出售招标文件

资格预审之后，招标机构以书信的方式向所有资格预审合格的承包商发出通知，让他们在规定的时间和指定的地点购买标书，以参加投标，投标通知同时也在报纸上公布，但不公布获得投标资格的公司名称。

7. 收标

投标人按招标机构指定的地点投递标书，招标机构在投标地点设有由专人保管的投标箱，并将盖有日期的收据交给投标人，以证明其所投标书是在投标截止日期之前收到的。投标截止日期一到，便立即封闭投标箱，此后收到的投标书均属无效。

8. 开标

开标就是招标人在规定的时间和地点，按一定的方式和程序将所有投标书启封揭晓。开标一般由开标委员会或咨询公司主持进行，且有公正机构予以公正。开标方式有两种：一种是公开开标，即在有招标人员、公正人员、投标人参加的情况下开标；另一种是秘密开标，即开标是在不通知投标人参加的情况下进行。

9. 评标

评标是招标人所指定的评标委员会按照一定的程序和要求，对所收到的合格投标书的技术条件和交易条件进行综合评价、比较，并选出中标候选人的过程。技术条件主要包括施工方案、施工所采用的技术、施工的组织与管理、工期，以及施工方案的合理性、可靠性和科学性。交易条件包括合同、成本、财务等方面的内容。评标的目的在于选择最为理想的中标人。评标委员会在评标后写出评标报告，在报告中提出对标书的评价意见，并推荐中标人选。

10. 定标

定标是指招标机构经过综合分析，写出评标报告并选择报价低、技术实力强、信誉好和工期短的承包商作为中标者。业主在定标前要分别与中标候选人就合同的条款和细节进行谈判，以达成共识，确定最后的中标者。确定中标者后，招标单位应立即向中标者发出"中标通知书"（也可用电传发出该通知），其内容应简明扼要，只要告知投标工程项目已中标，并确定签约的时间、地点。通常来说，当出现下列三种情况之一时，招标人有权宣布废标。

（1）投标人不足三家。

（2）最低标价大大超过标底（达到20%以上）。

（3）所有的投标书均未按招标文件的要求编写。

废标后，可进行第二次招标。

11. 签订承包合同

中标者接到中标通知以后，应在规定的时间内（一般在接到中标通知书后的15天内）与业主签订承包合同，合同一经双方签章和有关部门批准，就具有法律效力，对双方均有约束力。同时，招标工作全部结束，投标人以承包商身份出现，开始转入施工准备阶段。中标并签约的承包商通常应在签约的同时或其后约定的若干天内向业主提交履约保函或履约保证金。但是，如果中标者因其他理由不能按期签约，或有意拖延议标而拒签合同，并没有事先提出招标委员会能予接受的申请，那么将视为投标人违约，招标委员会可以没收其投标保证金，并给予其他制裁，如永远或暂时取消该承包商在该国投标或承包工程的权利。如果中标者弃约，未能签订合同，招标委员会可根据业主要求，决定重新招标或取消招标，或将标授给其他合适的投标人。

二、投标

（一）投标的概念

投标（Submission for the Tender）是以承包商为主体从事的活动。它是指投标人根据招标文件的要求，在规定的时间并以规定的方式，投报其拟承包工程的实施方案及所需的全部费用，争取中标的过程。投标书中的标价是承包商能否中标的决定性条件。因此，报价要极为慎重，报价应既要有竞争力，又要有利可图。需要注意的是，投标属于一次性标价，但主动权掌握在招标人手中，即业主在选定最后中标者的过程中，投标人一般没有讨价还价的权利。

（二）投标的特点

（1）投标的前提是承认全部招标条件，否则就失去了参加投标的机会。

（2）投标的报价必须是实盘，即一次性报价。标价一旦报出，不能随意撤回或撤销，否则投标保证金就被没收。投标保证金一般为工程价格的2%~5%。

（3）标书必须在规定的期限内送达指定的地点，否则无效。

（三）投标的程序

投标是以承包商为主体从事的活动。投标本身也是一个过程，它主要经过投标前的准备、询价、确定标价、指定标书、投递标书、竞标等程序。

1. 投标前的准备

投标前的准备非常重要，它直接影响中标率的大小，准备工作应从以下几个方面入手。

（1）准备好招标文件要求提交的文件。承包商应准备好公司营业证书、公司章程、公司资信证明书、公司授予签约证明书及有关的公证证书等。

（2）收集相关信息和资料。需要收集的信息资料主要有以下部分：

①工程所在国政治经济状况、有关的政策和法律规定、自然条件及社会文化环境等。

②业主的背景、资信情况及其聘用的监理工程师的资历、工作作风、能力等。

③工程项目的性质、规模、技术要求、现场条件等。

④竞争对手的有关资料，主要了解能参与投标的企业数目，这样企业的经营状况、生产能力、知名度以及他们参加投标的次数和中标率等。

在此基础上结合投标人自己的资金、技术人员等方面的条件，决定是否参与该工程项目投标。决定参加该工程项目投标时，应做好以下准备：

①组成投标小组。投标小组由承包商选择具有各种专业技术的人员组成，投标小组成员的素质和能力是承包商能否中标和获利的关键。

②参加资格预审。承包商作了参与投标的决策后，就要购买资格预审文件，及时填写资格预审表，并按招标人要求递交有关资料的文件。

③购买招标文件，研究分析招标文件。如果通过资格预审，投标人即可购买招标

文件，并认真分析和研究招标文件，重点应分析研究投标须知、合同条件、技术规范、工程量表及图纸等，彻底弄清标书的内容和条件。

2. 询价

询价是投标人在投标前必须做的一项工作，因为承包商在承包活动中往往需要提供设备和原材料，询价的目的在于准确地核算工程成本，以提出既有竞争力又能获利的报价。此外，有时生活物资和劳务的价格也是询价的一个内容。

3. 确定标价

投标价格的制定工作可以分为两个步骤：成本核算和制定标价。

（1）成本核算。在核定成本时，一是核定直接成本，二是核定间接成本。直接成本主要包括工程成本、产品的生产成本、包装费、运输费、运输保险费、口岸费和工资等；间接成本主要包括投标费、施工保险费、经营管理费和贷款利息等。此外，一些不可预见的费用也应考虑进去，如设备、原材料和劳务价格的上涨费，货币贬值费及无法预料或难以避免的经济损失费等。

（2）制定标价。制定标价考虑的因素主要有以下三个：一是成本，原则上讲，承包商在成本的基础上加一定比例的利润便可形成最后的标价；二是竞争对手的情况，如果竞争对手较多并具有一定的经济和技术实力，标价应订得低一些。如果本公司从事该工程的建造有一定的优势，竞争对手较少或没有竞争对手，那么标价必须高于成本并有一定比例的利润。在目前承包市场竞争如此激烈的情况下，很多承包商不指望通过工程的建造来取得收益，而是想通过承包工程带动本国设备和原材料的出口，进而从设备和原材料的出口中获取利润，出于这种目的的承包商所制定的标价往往与工程项目的建造成本持平或低于成本。当然，标价定得越低，中标率则越高。

4. 制作标书

标书是投标书的简称，亦称投标文件。它的具体内容依据项目的不同而有所区别，编制标书是指填好投标书及附件、投标保证书、工程量清单和单价表、有关的技术文件等，投标人的报价、技术状况和施工工程质量全部体现在投标书中。在编制标书前，预审合格的承包商根据业主的通知到指定的机构购买招标文件，并一定要仔细阅读招标文件，编制的标书一定要符合招标文件的要求，否则投标无效。

5. 投递标书

投标书编制完成以后，投标人应按招标人的要求装订密封，并在规定的时间内送达指定的招标机构。投递标书不宜过早，一般应在投标截止日期前几日为宜。

6. 竞标

开标后投标人为中标而与其他投标人的竞争叫竞标。投标人参加竞标的前提条件是成为中标的候选人。通常情况下，招标机构在开标后先将投标人按标价的高低排出名次，经过初步审查选定 2~3 个候选人。如果参加投标的人数较多并且实力接近，也可选择 5~7 名候选人，招标机构通过对候选人的综合评价，确定最后的中标者。有时候也会出现 2~3 个候选人条件相当，招标机构难定取舍，招标机构便会向候选人重发通知，再次竞标，投标人这时候将会采取各种手段竞标，以决雌雄。

投标人在经过招标人的层层筛选中标后，就可与业主签订国际工程承包合同了。

国际工程承包的合同一般包括承包合同的定义与解释、工程期限、业主的责任与违约、承包商的责任与违约、工程师及工程师代表、转让和分包、开工与竣工、检验与检查、工程变更、工程暂停、工程移交、价格与支付、不可抗力条款、争议的解决等内容。

第三节　国际工程承包合同与施工管理

一、国际工程承包合同的种类

国际工程承包合同是业主和承包商为确定各自应享有的权利和应履行的义务而协商签订的法律条文。合同一经签订对双方都具有约束力。由于国际承包合同的当事人往往涉及两个或两个以上的国家，因而每一方的经济活动不仅要受本国法律的监督和保护，也要受项目所在国法律的监督和保护。国际工程承包合同从不同的角度可以划分为不同的类型。

（一）按合同规定的计价方式分类

按价格的构成和价格的确定来划分，合同可以分为总价合同、单价合同和成本加酬金合同。

1. 总价合同

总价合同是指在承包合同中规定承包价格，业主按合同规定分期或一次性支付给承包商的一种合同形式。总价合同中所确定的价格是根据工程的图纸和承包的内容计算出的风险考虑进去，如原材料价格的上涨、工资的上涨、自然原因导致的误工、政治变动等风险，否则投标人将蒙受难以估量的损失。在有些情况下，总价合同中规定有价格调整条款，即在原材料或工资上涨幅度超过一定比例时，合同的价格也作相应的调整，这就等于将一部分风险转移给了业主。

2. 单价合同

单价合同是一种按承包商实际完成的工作量和合同的单价来支付价款的一种合同形式。合同中所确定的单价，既可以固定不变，也可随机调整，其主要取决于合同的规定。固定总价和单价合同的区别在于前者按总价投标承包，而后者则按单价投标承包。在总价合同中，虽然也要求投标人报单价，但不要求详细；而在单价合同中，所列的单价必须详细，其所报的总价只是在评标时用于和其他投标人做比较。

3. 成本加酬金合同

成本加酬金合同是以工程实际发生的成本（施工费和材料费等），再加上双方商定的管理费和利润向承包商支付工程款的一种合同形式。在这种合同形势下，由于成本实报实销，所以承包商的风险很小，但这种合同的管理费和利润往往与工程的质量、成本、工期三项指标相联系。因此，承包商比较注重质量、成本和工期，业主便可从中得益。

（二）按承包的内容分类

按承包的内容来划分，可以分为施工合同、设备的供应与安装合同、工程咨询合同、工程服务合同、交钥匙合同、交产品合同、BOT 合同等。

1. 施工合同

施工合同是业主与承包商签订的工程项目的建造实施合同。在国际工程承包活动中，大多数合同属于这类合同。

2. 设备的供应与安装合同

这种合同的形式根据承包商责任的不同而有所不同。一是单纯的设备供应合同，设备供应者只负责提供设备；二是单纯的设备安装合同，承包商只负责设备的安装；三是设备的供应商既负责提供设备又负责设备安装的合同；四是设备的供应商负责提供设备，并负责指导业主自行安装的合同。

3. 工程咨询合同

工程咨询合同实际上是一种专业技术服务合同，业主咨询的主要内容有投资前的可行性研究、图纸的合理性、实施方案的可行性等。

4. 工程服务合同

工程服务合同是业主与能够提供某些服务工作的公司签订的合同，其主要目的是为工程项目提供服务，这类合同只有在建造规模较大而且较复杂的工程项目中签署。

5. 交钥匙合同

交钥匙（Turnkey）合同又称"一揽子合同"，是指承包商从工程的方案选择、建筑施工、设备供应与安装、人员培训直至试生产承担全部责任的合同。也就是说，承包商自始至终对业主负责。采用这种方式，对业主来说，省时、省事，但费用太高；对承包商来说，则有较大的主动权，但责任重大，风险也较大。

6. 交产品合同

交产品合同是指承包商不仅负责项目的可行性研究、规划设计、勘察选点、工程施工、原材料的购买、设备的供应与安装、技术培训、试生产等工作，还应负责指导业主生产出一定数量的合格产品，并在原材料及能耗达到设计要求之后才能正式移交给业主的一种承包方式。这种承包方式往往适合技术含量较高的大型项目。

7. EPC 合同

EPC 合同（Engineering-Procurement-Construct Contract）即"设计—采购—施工"合同。该合同是指工程总承包企业按照合同的约定，承担工程项目的设计、采购、施工、试运行服务等工作，并对承包工程的质量、安全、工期、造价负全面责任。

EPC 合同有两个特点：一是固定总价。EPC 合同条件下一般采用总价合同，由于遇上如不良地质条件之类的情况，承包商是不能向业主索赔的，承包商承担设计、自然力和不可预见的困难等风险。因此，EPC 合同比 FIDIC（国际顾问工程师联合会）条款"红皮书"中单价合同的风险更大，因为这种风险在"红皮书"中是列入索赔范围内的。二是 EPC 合同中没有咨询工程师这个角色。这样，业主对承包商的监控力度便较弱，只能派业主代表对施工进度进行监控。三是注重竣工试运行。只有试运行成功才能谈最终验收。

8. PPP 合同

PPP 合同（Public-Private-Partnership）是指公营与私营合作项目合同。该类合同更强调业主对监控和售后服务的要求，业主在招标时提出参数和规范要求，并进行全程监控，所有的付款都与履约好坏及其连续性等挂钩，付款要在运营达到业主满意以后进行。由于 PPP 合同强调了业主的控制和管理作用，克服了 EPC 合同业主监管不力的缺陷，那么 PPP 目前在日本、韩国和澳大利亚等发达国家采用得更为普遍。PPP 合同方式起源于 20 世纪 80 年代中期，90 年代才被世界各国广泛运用。

9. BOT 合同

BOT（Build-Operate-Transfer）即建设—经营—转让。BOT 合同实际上是承包商将工程项目建成以后，承包商继续经营该项目一段时间才转让给业主的一种承包方式。业主在采用 BOT 方式发包时，往往要求承包商负责项目的筹资或提供贷款，从而使筹资、建造、运营、维修、转让于一体，承包商在协议期内拥有并经营该项目，从而达到回收投资并取得合法利润的目的。这种承包方式多用于政府与私营部门之间，而且适用的范围较广，尤其适合于那些资金需求量较大的公路、铁路、城市地铁、废水处理、发电厂等基础设施和公共设施项目。它的优点在于东道国不仅可以引进较先进的技术和管理经验，还可融通资金和减少风险；而承包商则可从中获取更多的利润。

10. BOO 合同

BOO（Build-Own-Operate）即建设—拥有—运营，是指承包商按照政府的授权负责工程的施工、营运，并享有该工程项目的最终所有权。在这种模式下，政府一般在融资方面给予承包商便利和支持，并在该项目的运营中给予免税等优惠待遇。

11. BOOT 合同

BOOT（Build-Own-Operate-Transfer）即建设—拥有—营运—转让。它与 BOT 的区别主要有两个方面：一是所有权的区别。BOT 方式，项目建成后，承包商只拥有所建成项目的经营权；而 BOOT 方式，在项目建成后，在规定的期限内，私人既有经营权，也有所有权。二是时间上的差别。采取 BOT 方式，从项目建成到移交给政府这一段时间一般比采取 BOOT 方式短一些。

一国政府愿意采用的是 BOT 还是 BOOT 或 BOO 合同形式，体现了该国政府对于基础设施私有化程度的态度。BOT 意味着一种很低的私有化程度，因为项目设施的所有权并不转移给私人；BOOT 代表了一种中等的私有化程度，因为设施的所有权在一定有限的时间内转给私人；而 BOO 代表的是一种最高级别的私有化，因为在该种模式下，项目设施没有任何时间限制地转给私人。一般国家政府，对于运输项目如收费公路、收费路桥、铁路等都愿意采用 BOT 方式，因为政府通常不愿意将运输网的私有权转给私人；在动力生产项目方面，通常 BOT、BOOT 或 BOO 三种方式都可采用；在发电方面，一些电力供应不足的国家，只会签署 BOT 或是 BOOT 合同；而在像阿根廷等电力资源充足的国家，其政府一般会有限度地签署一些 BOO 协议；对于电力的分配和输送，以及天然气和石油开采来说，这类行业通常被认为是关系到一个国家的国计民生。所以，在建设这类设施一般仅采用 BOT 或 BOOT 方式，不会采用 BOO 方式。

12. BOOST 合同

BOOST（Build-Own-Operate-Subsidy-Transfer）即建设—拥有—运营—补贴—转让，是承包商在工程项目建成后，在授权期内管理和拥有该设施，并享有政府一定的补贴，待项目授权期满后再移交给当地政府的一种承包模式。

（三）按承包的方式分类

按承包方式划分，可分为总包合同、分包合同和二包合同（这三种合同已在本章第一节承包方式中做了介绍，此处不再赘述）。

二、国际工程承包合同的内容

国际工程承包虽然有多种形式，但其合同条款却大同小异。大多数国家也都为本国的承包活动指定了标准合同格式。目前，最广泛使用的合同格式是由国际顾问工程师联合会（FIDIC）拟定的《土木建筑工程（国际）施工合同条款》也称 FIDIC 条款。该条款既倡导各方合作，又对各方的职责和义务有明确的规定和要求，在业主和承包商之间能够合理地分配风险。同时，处理问题程序严谨，易于操作，是目前国际上使用最广泛的合同形式。

FIDIC 条款的第二版发行于 1957 年，1963 年、1977 年、1987 年和 1999 年又分别印发了第二版至第五版。1999 年的 FIDIC 条款有《施工合同条件》（简称新红皮书）、《EPC/交钥匙工程合同条件》（简称银皮书）、《永久设备和设计——建造合同条件》（简称新黄皮书）和《合同简短格式》（简称绿皮书）四部分组成，也就是土木工程施工合同的一般条件、专用条款和合同格式三方面内容，其主要包括以下内容。

（一）承包合同的定义

这一部分主要是阐明合同的当事人、合同中所包含的文件及其规范，以及对合同中所出现的各种术语的解释。

（二）业主的责任与违约

业主主要负责清理并提供施工场地，协助承包商办理施工所需的机械设备、原材料、生活物资的出入境手续，支付工程建设款等。按 FIDIC 条款的规定，对于业主应支付的各类工程款，其在接到承包商要求付款的请求后，应在 28 天内向承包商提供已作了资金安排的证据，否则承包商可以暂停工作或降低工作速度；工程师在收到承包商的其中支付报表和证明文件后的 28 天内应向业主发出期中支付证书，业主在工程师收到承包商支付报表和证明文件后的 56 天内向承包商支付期中工期款。业主收到工程师签发的收到最终支付证书后 56 天内向承包商支付工程款，如果业主未按合同规定的期限和数额支付，或因业主破产、停业，或由不可预见的原因导致其未履行义务，承包商有权解除合同，撤走设备和材料，业主应向承包商偿付由此发生的损失和费用。

（三）承包商的义务与违约

承包商主要义务是工程施工，接受工程师的指令和监督，提供各种保函，为工程办理保险。其中，承包商应在接到中标通知书 28 天内按合同规定向业主提交履约保函。当承包商未经许可转包或分包，拖延工期，放弃合同或破产时，业主可以没收保证金并在发出通知 14 日占领工地，赶走承包商，自行施工或另找承包商继续施工，由此而产生的费用由违约的承包商负担。若承包商的施工不符合设计要求，或使用了不合格的原材料，应将其拆除并重新施工。承包商应在达成索赔协议后 42 天内向业主支付索赔款，承包商还必须在业主提出修补缺陷要求的 42 天内进行修补。

（四）工程师和工程师代表

工程师是由业主任命并代表业主在合同履行中的协调管理和监督施工的第三方。除非合同另有规定，工程师行使的任何权利都应被视为已征得业主的同意。工程师代表应由工程师任命并向工程师负责，其主要职责是代表工程师在现场监督、检查施工质量，处理实施合同中发生的问题，工程师代表也可任命一定数量的人员协助其工作。承包商必须执行工程师的书面或口头指令，承包商应要求工程师以书面形式在 7 天之内予以确认，如工程师对承包商发出的要求确认申请函，自发布之日起 7 天内未予答复的，该口头指令应被视为工程师的一项指令，其工程款的结算也以该指令为依据。

（五）转让与分包

承包商无业主的事先同意，不应将合同或其中的任何部分转让出去。在得到业主许可的情况下，可将工程的一部分分包给其他承包商，但不能全部分包出去。

（六）开工与竣工

承包商应在收到工程师发出的开工通知后的合理时间内从速开工，其工期以投标附录中规定的开工期限的最后一天算起，并应在标书附件规定的时间内完成。只有在额外增加工程的数量或性质，业主延误、妨碍或阻碍、不可预见的意外情况等状况下，承包商才有权延迟全部或部分工程的竣工期限。

（七）检验与检查

工程师有权进出工地、车间检验和检查施工所使用的原材料、零部件、设备，以及生产过程和已完工的部分工程。承包商应为此提供便利，不得覆盖或掩饰而不外露。当工程的基础或工程的任何部分已准备就绪或即将准备好可供检验时，承包商应及时通知工程师进行检查，不得无故拖延。

（八）工程移交

当整个工程基本完工并通过合同规定的竣工检验时，承包商可向工程师发出通知及附带有在缺陷维修期间内完成任何未完工作的书面保证。此通知和保证应被视为承包商要求工程师发出接收证书的申请，工程师应在接到该通知后的 21 日以内，向承包商发出接收证书并注明承包商尚未完成的所有工作。承包商在完成所有工作和维修好所指出的缺陷，并使工程师满意后的 21 天之内有权得到工程接收证书。此外，在某些特定的情况下，工程师也可对某一部分已竣工的工程进行接收。

（九）工程变更

工程师在认为在必要的时候，可对工程或其任何部分的形式、质量或数量作变更。如果变更后的工作量超过一定的幅度，其价格也应作相应的调整；如果工程的变更是由承包商引起的，变更的费用应由承包商负担。

（十）价格与支付

在价格条款中，不仅应注明总价、单价或成本加酬金价，还应将计价货币、支付货币以及支付方式列入其中。在国际承包活动中，一般采用银行保函和信用证来办理支付，其支付的具体方法大都采用预付款、进度款和最终结算相结合的方法。承包合同签订后和开工前，业主先支付一定的预付款，用以购买工程所需的设备和原材料，该金额一般占合同总额的 10%~20%，随后承包商每月底将实际完成的工作量分析列表报给工程师，并经其确认后支付给承包商一定比例的进度款，业主待工程全部完工并验收合格后，支付尚未支付的剩余款项。

（十一）特殊风险

合同履行过程中，如果出现了签订合同时无法预见的不可抗拒的特殊风险，承包商不承担责任。如果世界任何地方爆发了战争，无论是否已经宣战，无论对工程施工在经济和物质上有无影响，承包商应完成施工，直至合同终止，但业主在战争爆发后的任何时候都有权通知承包商终止合同。如果出现的特殊风险造成工程费用的增加，承包商应立即通知工程师，并经双方协商后，增加相应的承包费用。

（十二）争议的解决

如果业主与承包商之间发生争议，其中的一方应书面通知工程师并告知另一方，工程师在收到本通知的 84 天内作决定并通知业主和承包商，如果业主和承包商对工程师的决定不满意或工程师在 84 天内未能作决定，不满方应在收到工程师决定的 7 天内或在通知工程师决定而工程师又未能作决定的 84 天之后的 7 天内通知对方和工程师，再交给争端裁决委员会进行仲裁，仲裁的结果对双方都有约束力。

三、国际工程承包合同的施工管理

在国际工程承包活动中，工程的施工一般都在承包公司总部以外的国家进行，这涉及承包商在国外施工的管理问题，工程施工的国外管理一般分为总部管理和现场管理两个层次。

（一）总部管理

总部管理的大致内容是：
（1）制定或审定项目的实施方案。
（2）为项目筹资及开立银行保函。
（3）制定统一的规章和报表，对现场提交的各种报告进行整理和分析，并对重大问题进行决策。
（4）监督项目资金的使用情况及审核财务会计报表。
（5）选派现场各类管理和技术人员。
（6）指导并帮助采购项目所需的设备和原材料。

（二）现场管理

现场管理一般分为项目总管理和现场施工管理两个层次：

1. 项目总管理

项目总管理是工程的全面性管理，它主要包括合同管理，计划管理，资金管理，财务管理，物资管理，组织工程的分包与转包，人事工资管理，工程的移交与结算，处理与业主的关系，处理与东道国政府及海关、税务、银行等部门的关系等工作。

2. 现场施工管理

现场施工管理的主要工作有指定具体的施工计划，协调各分包的施工，做好设备和原材料的维护和保管，招聘和雇佣普通劳务，劳务人员工资的核定与发放，监督工程质量，做好工作记录，提交有关工程的报告等。

第四节　国际工程承包的银行保函

一、银行保函的含义

保函是承包合同当事的乙方为避免对方违约而遭受损失，要求对方提供的一种能保障自己权益的担保。银行保函是指银行应申请人的请求向受益人开出的，担保申请人正常履行合同所规定的某项义务的独立的书面保证文件。它实际上是以银行承诺文件形式出现的一种抵押金。银行保函是属于备用性的银行信用，它不是一般的履约担保文件，而是一种违约赔款保证书，即如果保函的申请人没有履行其担保文件中所担保的义务，银行则承担向受益人赔偿经济损失的责任。在国际工程承包活动中，银行保函目前已是最普遍、最常见和最容易被各方接受的信用担保形式。

二、银行保函的内容

银行保函是一种规范化的经济担保文件，为了保障受益人的合法权益，其内容十分具体和完整，因而世界各国银行开具的保函的内容基本一致。其具体内容大致如下：

（1）申请人。即承包商或被担保人，应注明申请人的全称和详细地址。

（2）收益人。即业主或总包商，应注明受益人的全称。

（3）担保人。即开具保函的银行，应写明担保行的全称和详细地址。

（4）担保金额。即担保所使用的货币与最高限额。

（5）担保责任。即在承包商如何违约的条件下承担索赔义务。

（6）索赔条件。即承包商违约时，业主凭何种证明进行索赔。

（7）有效期。即保函的起止时间及保函的生效和失效条件。

三、银行保函的种类

（一）投标保函

投标保函是银行根据投标人的请求开给业主的，用于保证投标人在投标有效期内不得撤回其标书，并在中标后与业主签订承包合同的保函。投标保函是随投标书一起递交给招标机构的，其担保金额一般为投保报价总额的 0.5%~3%，中小型项目一般为

3%~5%，有效期一般为 60 天、90 天、150 天、180 天不等，长的还有 270 天。对未中标者，业主应及时将保函退回。中标者在规定的时间内与业主签约并递交履约保函后，业主也应将投标保函退还给投标人。如果业主宣告废标，投标保函则自然失效。

（二）履约保函

履约保函是用于保证承包商严格按照承包合同要求的工期、质量、数量履约的保函。按 FIDIC 条款的规定，承包商应在接到中标通知后的 28 天内递交履约保函，其担保金额一般为承包合同总额的 10%，其有效期一般不能短于合同规定的工期，如果工期延长，也应通知银行延长履约保函的有效期，如果承包商中途毁约或破产，业主有权要求银行支付保函的全部担保金额。履约保函只有在工程全面竣工并获得现场监理工程师签署验收合格证后才予以退还。按 FIDIC 条款的规定，业主应在工程师颁发"解决缺陷责任书"之日后的 14 天之内将履约保函退回给承包商；如果业主和承包商达到索赔协议后 42 天，承包商扔拒付此款项，或业主提出承包商修补缺陷的要求 42 天后仍未修补的，业主可以扣留履约保函。

（三）预付款保函

预付款保函是银行开立的用于保证承包商按合同的规定偿还业主已支付的全部预付金额的担保文件，即如果由于承包商的责任，业主不能在规定的期限内从工程结算款中按比例扣还预付的款项，业主有权向银行索赔担保金额作为补偿。预付款保函的担保金额应与业主预付款的金额相等，一般为合同总金额的 10%~15%。其担保期限一般从承包商收到预付款之日起到扣还完毕止，由于预付款是逐笔扣款，所以预付款保函的担保额会随之减少。

（四）工程维修保函

工程维修保函是银行应承包商的请求开具的一种用于保证承包商对完工后的工程缺陷进行维修的经济担保文件。维修保函的担保金额一般为合同金额的 5%~10%，有效期为 1~2 年。维修期的开始时间应为工程竣工验收合格之日，在履约保函到期并退还之前，承包商必须开具维修保函。维修保函既可以重新开立，也可以以续展履约保函的形式来代替维修保函，维修保函一般在规定的期限内未发现需要维修的缺陷后退还。

（五）临时进口物资税收保函

临时进口物资税收保函是银行应承包商的请求开给业主的一种担保承包商在工程竣工之后，将临时进口的用于工程施工的机械设备运出工程所在国，或在永久留下这些设备时，照章纳税的一种经济担保文件。该保函的担保金额一般与临时进口的机械设备价值相等，担保的有效期一般比施工期限略长。承包商在将机械设备运出工程所在国并取得海关出示的证明之后便可索回保函。

第五节　中国的国际工程承包

中国的国际工程承包是指中国公司按照国际上的通行做法，在国外以及中国香港、澳门等地区承揽和实施各类工程项目，并收取报酬的经济活动。同单纯的商品或劳务输出相比，对外承包工程是一种包括物资、劳务和技术的综合性输出活动。

一、中国国际工程承包合作的概况

我国的国际工程承包合作始于 20 世纪 70 年代后期，在党的十一届三中全会后，随着改革开放的不断深入而日益壮大起来的。

改革开放以后，我国的国际工程承包业务发展历程大致可以分为以下三个阶段：

（一）新兴阶段（1978—1982 年）

20 世纪 70 年代后期，中国对外承包工程开始正式起步，先后批准组建了中国建筑工程总公司、中国公路桥梁建设总公司和中国土木建筑工程公司，加上原有的中国成套设备进出口集团公司共有四家公司从事对外承包工程业务。由此，中国的对外承包工程事业开始正式起步。1979—1982 年，全国共组建了 27 家对外承包工程的公司，它们在亚洲、非洲、拉丁美洲、北美洲和欧洲的 45 个国家和地区共签订了 755 项承包劳务合同，总金额达 11.96 亿美元。

正当中国对外承包工程事业起步不久并有所发展之际，严峻的国际形势又使其发展受阻。1980 年至 1982 年，西方资本主义国际陷入第二次世界大战以来最严重的经济危机，广大发展中国家也受到严重的影响。国际石油市场从 20 世纪 70 年代的供不应求变为供过于求，石油价格出现连续下降，导致石油输出国的石油外汇收入大幅度下降。并且，两伊战争持续不断，使海湾地区的经济发展受到严重影响。非洲国家除了受经济危机的影响之外，还遭受了严重的干旱，一些低收入国家的人均国民生产总值从 1981 年到 1984 年连续四年出现了负增长。

（二）稳步发展阶段（1983—1989 年）

世界经济的这些不景气因素，使得国际承包市场的成交额从 1983 年起大幅度下降，中东和北非地区的发包额急剧收缩。这一时期，国际承包公司间的竞争日趋激烈，业主越来越多的以带资承包、延期付款和实物支付为发包条件。所以这些因素使刚起步不久的我国国际工程承包合作业务面临严峻的考验。我国政府在给予经营国际承包合作业务的企业正确的宏观政策指导的同时，也在微观政策、资金等方面给予有力的支持。这些企业在逆境中奋力开拓，在竞争中求发展，他们在加强自身建设、做好国际工程承包合作业务的同时，注意结合自身特色和优势，采取积极和灵活多样的措施，内联外引，成立国内合资企业，搞活了经济，成果显著。1983—1989 年，我国签订国际工程承包合同额 115.6 亿美元，市场进一步扩大，除中东、北非以外，业务拓展到南亚、东南亚、非洲、美洲、西欧和南太平洋等地的 130 多个国家和地区，其中亚洲地区的合同额占总额的 60% 左右，成为我国最大的区域承包工程市场。国际工程承包也开始承揽一些技术含量较高的项目，如电站、糖厂、化肥厂等。

(三) 迅猛发展阶段（1990 年至近期）

中国公司为适应国际承包市场的需求，承包的项目以中小型工程为主，以利于资金周转，提高经济效益。经过多方的不懈努力，中国对外承包事业在经历了一些起伏和波动后，开始慢慢有转机。20 世纪 90 年代初期，在经历了艰难的经济调整之后，以 1992 年邓小平"南方谈话"为契机，中国的对外开放进入了全面、快速发展阶段。中国对外承包事业也出现了空前的繁荣。1991 年到 1995 年的"八五"期间，新签约合同超过了 6.6 万份，合同金额达到 347 亿美元，是"七五"时期的 3.4 倍，实际完成营业额 225 亿美元，同比净增 2.1 倍，同期合同金额、实际完成营业额的年均增长速度分别达到 30% 和 28.7%，比"七五"时期高出 14.5 个百分点和 11.2 个百分点。1998 年的营业额首次突破 100 亿美元大关。据商务部统计，2005 年，我国对外承包工程完成营业额 217.6 亿美元，同比增长 24.6%。2013 年，我国对外承包工程业务完成营业额 1 317 亿美元，比上年增长 17.6%，这标志着我国的国际工程承包业务已经进入规模发展阶段。

二、中国国际工程承包合作的现状和存在的问题

(一) 中国国际工程承包合作的现状

中国对外承包工程事业从 20 世纪 70 年代末正式起步，经历了改革开放以后三十几年的曲折历程，得到了迅速发展，中国的对外工程承包业务遍及世界六大洲的 190 多个国家和地区，对外承包合同额在 20 世纪 80 年代初只有几千万美元，而 2004 年已扩大到 238.4 亿美元。在 20 世纪 90 年代，中国对外工程承包合同额的年增长速度为 10% 左右。截至 2012 年年底，我国对外承包工程完成营业额 1 166 亿美元，尽管受到金融危机的影响，年度完成营业额同比增长 12.7%，目前我国国际工程承包业务进入平稳发展的阶段。在美国《工程新闻记录》（ENR）公布的 2012 年国际承包商 225 强中有 52 家中国公司榜上有名，占据了 1/5 席位。在国际工程承包领域，我国基本上形成了一支具有多行业组成、能与国外大承包商竞争的队伍，并得到世界范围的普遍认可。根据我国对外工程承包地区的分布情况分析，非洲和亚洲市场是目前中国对外工程承包业务中最为重要的海外市场，占据了近 81% 的份额；从承包商在海外市场上所涉及的行业来看，目前主要的承包项目集中在房建、交通、电子、石油及电力等行业，占据了大约 75% 的市场份额。其中，交通领域覆盖了机场、桥梁、道路、海洋设施、码头、铁路及隧道等。

(二) 中国国际工程承包合作存在的问题

1. 市场准入障碍和技术壁垒

我国在技术和法律方面仍未与国际市场完全接轨。国内的设计标准、设备材料标准自成一体，尚未与国际市场接轨。而欧美等发达国家普遍实施专业执照、企业许可、人员注册资格等制度，其他国家的市场准入条件和管理法规往往制约了我国企业进入市场。由此可以预计未来几年，国际服务贸易的标准化对工程承包商的资质要求和对服务的质量标准要求，将成为市场准入新的技术壁垒。

2. 企业融资能力弱、渠道少

融资条件和我国设备、技术被东道国的认可度，一直是困扰我国企业扩大对外工程承包业务的瓶颈。由于我国对外承包工程企业自身的实力不足和金融支持体系的不完善，与国际大承包商强大的融资及资本运营能力相比，我国承包商融资能力较弱。

3. 恶性竞争严重，经营秩序欠规范

目前，我国具有对外承包工程经营资格的企业数量不多，营业额不大，行业集中度和企业国际化程度偏低，工程承包企业之间缺乏合作，互相压价、恶性竞争现象比较严重。国际市场的低价竞争也引起了其他国家承包商的担心，他们认为投标价过度低于建筑业平均水平虽能中标，但结果往往导致不完整的或低质量的产品。此外，低价竞标可能导致业主担心工程质量无法担保而拒绝授标，使承包商中标困难，并影响到今后的进一步合作。随着越来越多的工程承包企业走出国门，如果不能正确引导和管理，低价竞争的现象将更加突出，而这也会增加我国被多次贸易机制制裁的记录。

三、中国国际工程承包合作发展对策

（一）加强工程承包企业的自身能力建设

在激烈的市场竞争环境中，我国大型工程承包企业必须加强自身能力建设，向设计与施工一体化、投资与建设一体化、国内与国外一体化的跨国公司方向发展，建立技术、管理密集型的工程总承包企业。按照国际化的经营模式，走智力、技术和资金密集的道路，加快进入 BOT 等高端市场的步伐；熟悉国际建筑业技术标准、规范和市场运行规则，提升国际工程承包业务本地化运营的能力，通过与欧美企业合作，获得更多的市场准入机会。借鉴我国制造业企业通过跨国并购和股权置换等方式加快"走出去"步伐的经验，通过并购当地建筑业企业，进入发达国家工程承包市场。另外，要重视属地化经营，规避一些国外承包商设置的障碍，充分利用当地人力资源和政策法律环境，降低企业成本和经营风险。

（二）加大金融扶持力度，建立完善融资体系

我国对外承包工程的制约因素突出表现在承包工程企业的自由资金少，不能满足大型国际项目带资承包的需要。为了促进企业走出国门，国家虽然出台了一系列经济政策，但还需要进一步建立和完善项目融资体系，加大对建筑承包商开拓国际市场的金融扶持力度。在政策上应允许政策性银行和商业银行提供无抵押贷款；鉴于部分国家对外工程贷款利率只有 1% 左右，我国也要考虑适当下调对外承包工程的贷款利率和保险费率，或提高贷款的政策性贴息率和延长贴息期限，特别是对大项目给予利率和费率优惠；增加对外工程承包保函风险专项资金的数额，简化使用工程，扩大使用的范围；对于从事境外工程咨询、设计、工程承包的企业，特别是从事资源开采或带动成套设备及机电产品出口达到一定比例的企业，予以所得税减免和其他税收优惠。

（三）大力发展国际工程咨询服务能力，加大开拓新兴市场的力度

我国对外承包工程行业要真正转变增长方式，实现业务升级，一个重要途径就是要在我国对承包工程企业中大力培育工程咨询、工程管理、投资顾问类公司，使这样的企业有能力根据所在国家经济发展需要，为业主进行项目的规划论证和可行性研究、设计技术方案和融资方案，进而进行项目的施工和运营，实现规划、设计、融资、施工、运营一体化，增强承包工程企业的整体实力和国际竞争水平。近年来，石油价格的上涨使得中东和非洲一些产油国获得了巨额的财产收入，基础设施和工业项目的建设呈现出高速增长的态势；亚洲国家如印度、越南、印度尼西亚等，经济上已经进入了比较快的发展时期，基础设施建设投资需求巨大；拉丁美洲地区经济持续好转，带动一些国家的工程市场开始日趋活跃；中东欧地区国家（捷克、匈牙利、斯洛伐克、波兰、罗马尼亚）具有良好的市场机遇；为了实现我国对外承包工程的进一步发展，我们必须在巩固传统市场的基础上，加大对新兴市场和发达国家市场的开拓力度。

（四）进一步规范行业规范

推动出台《对外承包工程管理条例》，并制定实施细则，依法对国际承包工程进行管理，整顿和维护国际市场经营秩序；加大政策协调力度，税收、金融、保险等相关各部门要协力配合，为企业开拓国际市场提供各方面的支持；对现有支持政策进行专项评估，并根据实际情况和企业需要做出相应的调整；在不可预测的恐怖袭击事件、政治风险时有发生的情况下，建立政府有关部门能在安全形势评估、加强安保防范措施上给予指导和支持，尽快建立和完善风险保障机制。

思考题

1. 简述国际工程承包概念及其类型。
2. 国际工程承包的特点是什么？
3. 国际招标方式有哪几种？
4. FIDIC 条款的内容是什么？
5. 中国国际工程承包合作存在哪些问题？

第九章　国际租赁

第一节　国际租赁概述

一、国际租赁的概念

租赁是指出租人在不转让所有权的条件下，把物品出租给承租人在一定的期限内使用，承租人按契约的规定，分期付给出租人租金的一种融资与融物相结合的经济活动。狭义的国际租赁仅指跨国租赁，也叫跨境租赁，是指分别处于不同国家或不同法律体制之下的出租人与承租人之间的一项租赁交易。跨国租赁是一种符合一般关于国际经济交易定义方法的国际租赁形式。广义的国际租赁不仅包括跨国租赁，还应包括离岸租赁。离岸租赁，又称间接对外租赁，是指一家租赁公司的海外法人企业（合资或独资）在注册地经营的租赁业务，不管承租人是否为当地用户，对这家租赁母公司而言是离岸租赁；但对母公司的海外法人企业而言，由于其在绝大多数的情况下是与其所在国的承租人达成交易，因比，仅就它们之间的交易而言，则属于国内交易。

我国关于国际租赁的定义：我国租赁界根据交易三方当事人的国别属性及合同所使用的计价货币，将租赁交易分为租赁的国内业务与国际业务。当三方当事人均为中资企业并以人民币作为合同计价货币时，即为租赁的国内业务。若三方当事人中任意一方为外国企业，并以外币作为合同计价货币时即为租赁的国际业务，多数情况下，租赁的国际业务以承租人为国内企业、出租人为合资或中资租赁公司、供货商为外国企业并以外币计价的形式出现。

出租人和承租人为租赁活动的双方当事人。但在现代租赁业务中，出租人经常是专业性的组织机构，它们根据承租人的要求从制造厂商处购得租赁物品，然后再将其出租给承租人使用。在这种情况下，租赁业务的当事人还包括供货人即设备制造商。在较为复杂的租赁业务中，其当事人除涉及出租人、承租人及供货人外，还有贷款人、受托人等。

租赁的期限称为租期，由两种期限构成。第一种是基本租期，即由双方规定一个固定的不可撤销的基本期限。基本租期期满后，承租人可以选择退租、续租或留购。第二种称为续租租期，即在承租人选择续租时，双方约定的续租期限。现代国际租赁的租期一般都在 1 年以上，表现为中长期租赁。

二、国际租赁的产生与发展

第二次世界大战后突飞猛进的第三次科技革命使国际分工更加深化，生产的国际化与专业化空前加强，国际经济合作的形式日益多样，表现为在发达国家之间的、发达国家与发展中国家之间的，在金融、贸易与生产等诸多方面的相互协作、相互利用，国际租赁正是在这种历史背景下产生并得以发展的。科学技术迅速发展，这一方面促进了社会生产力的提高，另一方面又造成技术更新周期缩短，机械设备无形损耗加快。企业为避免因自我投资购买具有尖端技术的设备而可能遭受的无形损耗，而更多地采用了租赁形式。这类设备的出租多由生产厂家提供或参与提供，在提供融资便利的同时还提供其他方面的服务，在新设备出现时，允诺承租人可以以旧换新等灵活多样的租赁残值的处理方式，既有利于生产企业推销商品，又能满足承租用户的需求，因而大获发展。国际租赁业发展到现在，已经成为全球仅次于银行信贷的第二大金融工具，在许多发达国家是具有广阔市场前景的"朝阳产业"。

三、国际租赁的特征

经历了几十年的高速发展，租赁业的内涵被不断地丰富，各种创新业务不断出现，呈现出现代经济的特点。

现代租赁属于服务贸易，是集金融、贸易、服务为一体的知识密集型和资金密集型边缘产业。出租人提供的包括金融在内的服务，而不是单纯的出租行为。只是出资人借助租赁这个载体，拓展出既减少风险，又增加收益的交易模式；既是对金融的创新，又是对贸易的创新。

现代租赁是金融和贸易结合的产业，必须具备两个基本市场才能健康开展业务。一是资金市场，如果没有资金来源和债权退出，租赁行业不可能保持持久的发展；二是二手拍卖市场，租赁物件必须保证"轻松回收，轻松处置"才能保障债权，才能和资本市场接轨。如果没有物权退出通道，既不可能解决物权变现问题，也不能解决债权融资问题。

现代租赁将所有权分为三类：法律所有权、税务所有权和会计所有权。法律所有权，实际上是指融资租赁中对物权处置的权利；税务所有权是指享受租赁物件折旧的权利；会计所有权指租赁物件资本化的权利。

现代租赁靠四个支柱（法律、会计准则、税收、监管）的支撑才能健康发展。没有法律法规保护交易规则，租赁业务难以正常开展；没有会计准则对租赁会计进行确认、计量和报告，无法准确进行会计处理；没有税收上的好处，降低融资成本，不能使其具有竞争力；没有适度的监管制度，融资租赁无序发展，市场秩序有可能被扰乱。上面四者相辅相成，缺一不可。

四、国际租赁的作用

国际租赁对租赁市场上的参与者以及租赁物的进出口商来说，与简单的商品买卖相比有较大的益处，具体体现为对承租者和出租者两大方面的作用。

（一）国际租赁对承租者的作用

1. 可以扩大利用外资途径

当国内生产企业急需引进国外先进设备，又缺乏外汇资金时，国际租赁是利用外资的有效途径。因为国际信贷购买设备，仍需自筹部分资金，并预付 15% 的合同价款。而用租赁方式引进，生产企业可先不付现汇资金即可使用设备，留待以后分期支付租金给国外出资者，使企业资金周转不会遇到困难，从而达到提高产品质量、增加产量和扩大出口的目的。

2. 可以加快设备技术引进时间

国内生产企业如果向银行申请贷款和外汇，再委托进口公司购买所需设备，一般来说，时间是相当长的。而使用融资租赁的形式，通过信托公司办理，可使融资与引进同步进行，从而达到加快引进的目的。

3. 可以促进企业技术改造

企业采用租赁方式，能经常替换残旧和过时的设备，使设备保持高效率及其先进性，使企业产品更具有竞争力。尤其是经济寿命较短或技术密集型的设备，用经营租赁方式引进最新设备，出资者负责维修，更能使企业的技术改造有所保证。

4. 避免国际通货膨胀的不利影响

租赁合同，经双方认可，根据租赁时设备的售价和银行利息而确定的金额，在正式签订书面合同文件后，就固定了下来。因此，避免了通货膨胀或国际贷款利率上浮等情况带来的损失。

5. 减少盲目引进的损失

购买引进设备，一旦发现其产品不符合国内外市场的形势和要求，要想很快脱手是相当困难的。若压价出售，会使企业蒙受不必要的经济损失；暂时闲置不用，又会使企业背上沉重的包袱，占用资金；勉强维持生产，产品销售不好，会造成更大的损失，而采用经营租赁方式，灵活方便，如果发现情况不好，则可立即退租，力求使企业损失降低到最低程度。

6. 可以满足暂时性和季节性需要

有些设备在生产中的使用次数不多，却又不可缺少，如探测仪器、仪表等；有些设备生产的季节性影响较大，使用的时间少，闲置的时间多，如农用设备等。如果购置备用，则造成积压浪费。采用租赁形式，既便宜又节约，还能节省保管和维修费用。

（二）国际租赁对出租者的作用

1. 可以扩大设备销售

机器设备只有尽快销售出去，才能收回资金，促进生产的进一步发展。如果需要设备的用户，缺乏资金又不易获得银行贷款，难以一次性付清货款时，就难以达成交易。采用租赁贸易的方式，以租金的形式回收资金，是商品拥有者扩大商品销路的一条新途径。出租者承接租赁业务，起着促进达成交易的作用，并能从中获得一定的利益。

2. 可以获得较高收益

出租者在设备出租期间所获得租赁费的总和，一般都比出售该设备的价格要高。而设备的所有权仍属于出租者，使其收益更安全可靠。同时，在租赁期间内，出租者还可向承租者提供技术服务，包括安装、调试、检测、维修、保养、培训等一系列服务，可以扩大相关的收入。

3. 可以得到缴纳税金的优惠待遇，可以享受税负和加速折旧的优惠

采用融资租赁形式出租的设备，国家一般均不将其作为该企业的资产处理，因此，能在本国获得减免税的待遇。

第二节　国际租赁的主要方式

一、按租赁目的划分

国际租赁按租赁目的可划分为融资性租赁和经营性租赁。

融资性租赁：当企业需要筹措设备时，采用较长期租赁机械设备的融物方式来代替融资购买设备，从而达到融通资金改善财务状况的目的，是一种采用融物形式的不可撤销的、完全付清的中长期融资方式，具有浓厚的金融业务色彩。因此，往往被看作一项与设备有关的贷款业务。是典型的设备租赁所采用的基本形式。融资租赁具有投资促进、设备促销、融资、资产管理、资本形态的灵活转化等功能。融资租赁一般有以下几个特点：至少涉及三方当事人（出租人、承租人和供货商）和两个以上合同（买卖合同和租赁合同）。支付的租金包括了设备的价款、租赁费、借款利息等较为完整的费用。租期较长，一般达到租赁资产使用年限的 75% 以上（一般为 3~10 年），实际上租期基本等于设备的使用寿命。设备所有权与使用权分离。法律上的设备所有权属于出租人，但经济上的使用权属于承租人。基本租期结束时，承租人对设备一般有留购、续租和退租三种选择权。

经营性租赁：泛指融资性租赁以外的其他一切租赁形式。这类租赁的主要目的在于对设备的使用。因此，当企业需要较短期使用设备时，可采用经营性租赁形式，以便按自己的要求使用这些设备。经营性租赁与融资性租赁不同，是一种由出租人提供维修管理等售后服务的、可撤销、不完全支付的短期融资行为。主要有以下几个特点：合同可中途撤销。租期较短（一般 3 年以下，远远短于设备有效寿命），属于不完全支付（所有权一般最后也不转移）。租赁物件由出租人批量采购，其通用性强并有较好的二手货市场。出租人负责提供租赁设备的维修与保养等服务、租金较高。

二、按出租人身份以及业务划分

国际租赁按出租人身份以及业务划分可分为直接租赁、间接租赁、杠杆租赁。

直接租赁：是购进租出的做法，即由出租人用在资金市场上筹措到的资金，向制造商支付货款，购进设备后直接出租给用户（承租人）。

间接租赁：银行不以出租人身份直接购进租赁标的，而是通过租赁公司或受托机构等参与租赁业务，银行只负责对租赁公司再融资，对租赁标的没有所有权，仅仅享有担保物权。

杠杆租赁：设备购置成本的小部分由出租人投资承担、大部分由银行等"金融机构投资人"提供贷款补足的租赁称为杠杆租赁。杠杆租赁主要适用于价值高、时间长的租赁。具有以下特点：资金门槛低，出租人一般只需投资购置设备所需款项的20%~40%，即可在经济上（也仅仅在经济上）拥有设备所有权，享受百分之百拥有设备所有权的同等的税收待遇。财务杠杆大：设备购置成本的大部分由银行、保险公司和证券公司等金融机构的贷款提供；银行金融机构提供贷款时，需要出租人以设备第一抵押权、租赁合同和收取租金的受让权作为对该项借款的担保。该租赁具有以下特点：贷款人对出租人无追索权。即在承租人无力偿付或拒付租金时，贷款人只能终止租赁，而无权向出租人追索；出租人在购置租赁设备时必须自己支付20%的价款，作为其最低风险投资额；租期结束时，租赁资产的残值必须相当于原设备有效寿命的20%，或至少尚能使用1年；租期结束后，承租人行使合同规定的购买选择权时，价格不得低于这些资产当时的市场公平价格。

三、从法律角度划分

国际租赁从法律角度划分可划分为节税租赁、非节税租赁。

节税租赁：在美国被称为真实租赁，亦即在税收方面能真正享受租赁待遇的租赁。在节税租赁中，出租人有资格获得加速折旧、投资减免等税收优惠，并以降低租金的形式向承租人转让部分税收优惠，承租人支付的租金可当作费用从应纳税利润中扣除。这种节税好处是能使企业筹措设备的租赁成本比贷款购买更低。

非节税租赁：在英国被称为租购，而在美国则被称为有条件销售式租赁。这类销售式租赁，在考虑租赁以税收为基础的国家的税法上，通常被当作分期付款交易来对待。非节税租赁需要以下条件：租金中有部分金额是承租人为获得资产所有权而专门支出的；在支付一定数额的租金后，资产所有权即自动转移给承租人；承租人在短期内交付的租金，相当于购买这项设备所需要的大部分金额；一部分租金支出实际上是利息或被认为相当于利息；按名义价格留购一项资产；租金和留购价的总和按购买设备的买价加运费；承租人承担出租人投资损失的风险；租期实质上等于租赁资产的全部有效寿命。

四、按具体做法划分

国际租赁可按具体做法分为转租赁、回租、综合租赁、维修租赁。

转租赁：就是租进租出。出租人从租赁公司或制造厂商租进设备转租给用户使用。租赁公司在其自身能力较弱、融资技术不太发达、资金来源有限的情况下，往往会采用转租赁，以期利用别家租赁公司条件优惠的融资便利。

回租：指设备物主将自己拥有的部分资产卖给租赁公司，然后再从该租赁公司租回使用的做法。回租是企业缺乏现金时，为改善其财务状况而采用的一种对企业非常有利的做法。

综合租赁：是一种租赁与贸易相结合的租赁方式，租赁与补偿贸易相结合，即以所租设备产出的产品偿付租金；租赁与加工装配业务相结合，承租人以加工应得的工缴费来作为对租金的支付；租赁与包销相结合，承租人将所租设备产出的产品交给出租人包销，出租人应得的租金从包销产品的价款中扣除；租赁与出口信贷相结合，出租人把利用所得出口信贷购买的设备出租给承租人，从而达到降低承租人租金的一种方式。

维修租赁：是介于融资租赁和经营租赁之间的一种租赁形式。主要指运输工具的租赁，出租人在把运输工具出租给承租人使用后，还提供诸如运输工具的登记、上税、保险、维修、清洗和事故处理等一系列的服务，因此租金要高于融资租赁，但低于经营租赁。维修租赁的出租人一般是制造厂家。

第三节　国际租赁的程序与合同

一、国际租赁的基本程序

在多数国家中，国际融资租赁的工作主要包括设备与供货商选定、融资租赁结构与有关文件协商、供货协议与租赁协议签署、交货与租赁协议履行等几部分内容。但是在实行贸易管制和外汇管制的国家中，国际融资租赁工作程序往往还要复杂，我国目前关于国际融资租赁的管制性制度主要包括计划管理制度、中国租赁公司经营鼓励政策、进出口管制制度和外汇管制制度等。在通常情况下，我国的承租人在开始国际融资租赁过程之前已经进行了大量的前期准备工作，开始了国内申请程序，并已初步形成了国际融资租赁意向，其后的工作主要包括以下几个部分：

（一）选定租赁设备和供货商

在国际融资租赁工作开始后，承租人首先须在初步协商的基础上选定供货商，并与供货商洽谈拟定设备的品种、规格、交货期和价格等事项，以使待购设备和供货商确定化。尽管在这一过程中，承租人通常也委托租赁公司协助选定设备和供货商，但在法律上，承租人可独立作出决定和选择。

（二）申请立项批准并委托租赁

根据我国的计划管理制度，承租人在与供货商与租赁公司初步协商的基础上，应向计划管理部门申报租赁设备项目建议书，取得立项批准，以保障其后融资租赁工作的顺利进行。根据我国目前的融资租赁政策，我国的承租人通常须通过中国的租赁公司（如中国银行下属的融资租赁机构或合资性的租赁公司）进行涉外融资租赁，而此类租赁公司依融资租赁项目的进行，最终往往成为租赁介绍人、出租权的转让人或者出租人。依此政策，承租人在取得立项批准后，通常须向中国的租赁公司提出申请，填写"租赁委托书"或"租赁申请书"，明确拟租赁设备的品种、规格、型号、制造商、供货商等内容。租赁公司与在对拟进行的国际融资租赁进行了经济技术可行性分析后，将以书面签章方式接受委托。

（三）融资租赁结构的磋商与协议谈判

在国际融资租赁的出租人确定后，该出租人在对融资租赁项目进行了现金流量分析和相关国家税收会计制度分析的基础上，通常须与承租人就计划中的国际融资租赁进行结构磋商，以确定该融资租赁所采取的法律结构和资金结构。这一工作实际上是相关协议谈判的基础。

在国际融资租赁结构确定的基础上，相关当事人将就租赁设备购买协议和租赁协议的内容进行协商谈判。其中，租赁设备购买协议的当事人不仅包括出租人和供货商，而且包括承租人（收货人），承租人有权参与该谈判并商定该协议的主要内容。如在我国目前的实践中，承租人至少在商定拟租赁设备的技术性条款和价格条款方面具有重要的作用。融资租赁协议的当事人虽为出租人与承租人，但同时也为供货商规定了义务，例如，交货义务、技术服务义务及主合同关系条款下规定的义务等。根据当事人商定的国际融资租赁结构，出租人和承租人还可能须参与其他相关协议的谈判。从国际融资的惯例来看，国际经济协议（特别是一揽子协议）的协商通常需先就协议的实质性条款或商业条件达成意向，然后再就共同性条款达成一致。

（四）租赁协议与供应协议之签署

根据当事人确定的国际融资租赁之结构，出租人和承租人可能需签署一系列协议和法律文件，但其中最重要和最通常的是供货协议和融资租赁协议。根据《国际融资租赁公约》和国际惯例，供货协议和融资租赁协议无论签署顺序如何，两者均具有相关性和制约性，其中该供货协议为融资租赁协议的从合同，在融资租赁协议生效后，该供货协议原则上将不可变更。但在我国的"对外融资租赁协议"中，出租人往往排斥这一条款，甚至要求供货商与承租人就租赁设备的维修和技术服务另签署独立的协议。在融资租赁的这一准备工作阶段，出租人和承租人还需完成我国法律要求的进口手续申报、用汇手续申请和外债登记程序等。

（五）供货协议的履行

在国际融资租赁中，供货协议的履行是租赁协议履行的前提。依据协议，出租人有义务开立信用证、组织运输、购买运输保险、付款赎单等；而供货商有义务向承租人交货并提供安装与技术服务；承租人则负责办理报关手续、支付进口关税及其他税费，并在规定期限内对承租设备进行验收，向出租人出具验收证书等。原则上，自承租人完成验收之日起，供货协议的履行即基本完毕，租赁协议则开始履行。

（六）租赁协议的履行

依据国际融资租赁协议，出租人在承租人验收设备后，应当向承租人发送租赁期起始的通知书，承租人则应支付首期租金，实践中称之为"起租"。在其后的租赁有效期内，出租人有权对承租人租赁使用设备的情况进行监督；而承租人则有义务在出租人通知其缴纳租金后按约支付租金，并有义务按约使用该设备。在融资租赁协议期满后，承租人可按约将设备退还出租人，或者协议续展租期，或者按约留购。

二、国际租赁合同的主要内容

国际租赁合同属于经济合同的范畴，是出租人为某一物品的租赁而订立的协议，是明确双方权利与义务的法律文件。由于现代国际租赁业务的特点，一项租赁交易往往涉及多种合同，如进出口销售合同、租赁合同、贷款合同、技术合同、维修服务合同等，在这些合同中，最基本的当属租赁合同，主要内容包括以下方面：

(1) 合同说明条款；

(2) 合同租赁物；

(3) 租赁物的交货与验收；

(4) 租期和起租日期；

(5) 租金支付条款；

(6) 纳税条款；

(7) 租赁保证金；

(8) 担保人；

(9) 保险条款；

(10) 期满后租赁物的处理；

(11) 争议的解决。

第四节　我国的融资租赁业现状与发展策略

一、我国融资租赁业的发展过程

我国融资租赁业是在 20 世纪 80 年代初产生的，至今已有 30 多年的历史。自诞生以来，融资租赁对于国内企业利用外资、引进国外先进设备和技术以及对企业实施技术改造，发挥了富有成效的促进作用。回顾我国融资租赁业的发展过程，大致可将其分为以下几个阶段。

第一阶段为 1981—1987 年，是行业起步时期。1981 年 4 月，中外合资性质的中国东方租赁有限公司成立，这是我国第一家租赁公司。同年 7 月，中国租赁有限公司成立，这是我国第一家国有性质的租赁公司。这两家专业性租赁公司的问世，标志着现代租赁业在我国的诞生。在这一时期，融资租赁模式被引入我国，从事租赁业务的机构纷纷涌现。政府部门出于对新生金融模式的探索和支持，对融资租赁公司设立较低的进入门槛，并提供大部分担保，使得风险较低，收益也更为稳妥，对融资租赁业的发展起到了较大的推动作用。但在创造表面繁荣的同时，也为日后的欠租问题埋下了隐患。

第二阶段为 1988—1998 年，是行业调整时期。这一时期，随着我国改革开放的推进，企业逐步成为自负盈亏的经营主体。但由于在上一时期的门槛设置过低，不少融资租赁企业的注册资本金不足，在面临债务时难以偿付。同时，租赁业还出现了运作不规范、资本成本偏高、资产总量急剧扩张等问题，致使欠租问题严重。1988 年 6 月，国家发布相关规定，明确"国家机关不能担任保证人"，使得企业不能再以国家信用作为后盾，解决了资金拖欠现象。受宏观大环境影响，我国的融资租赁业在 1992—1996 年期间出现负增长，1997 年以后才有所恢复。

第三阶段为 1999—2003 年，是行业建设时间。1999 年以后，我国关于融资租赁业的法律法规、监管政策、会计准则以及税收政策不断完善，初步形成了融资租赁行业的法律框架，进一步规范了融资租赁业的发展。1999 年实施的《中华人民共和国合同法》，单独列出了有关融资租赁合同的章节。2000 年 6 月，我国发布关于融资租赁的第一个监管文件《金融租赁公司管理办法》，对规范和促进融资租赁业的发展起到了重要作用。同年，融资租赁业经国务院批准被列入"国家重点鼓励发展的产业"。在此期间，伴随着我国加入世界贸易组织，融资租赁业迎来了新的发展契机，但在我国金融服务业逐步开放的背景下，也面临着新的挑战。

第四阶段为 2004 年至今，是行业全面发展时期。2004 年，第十届全国人民代表大会常务委员会将《中华人民共和国融资租赁法》列入立法规划并启动该法的立法工作，引发越来越多的中外投资者关注并介入融资租赁行业。同时，国家为内外资融资租赁设立了专门的试点企业。2007 年，修订后的《金融租赁公司管理办法》允许商业银行和金融机构投资设立租赁公司，标志着政府开始积极鼓励与支持融资租赁业的发展。2011 年 12 月，商务部发布《商务部关于"十二五"期间促进融资租赁业发展的指导意见》，提出将创新融资租赁企业经营模式，优化融资租赁业发展布局，拓展企业融资渠道，进一步促进融资租赁业的发展。同时，为提升融资租赁业监管水平、规范企业经营行为、防范行业风险、促进行业健康发展，商务部指定了《融资租赁企业监督管理办法》，并于 2013 年 10 月 1 日起正式实施。法律的规范、政策的支持、监管的完善以及中外各类企业的积极参与，使得我国的融资租赁业迎来了全面发展的时期。

二、我国融资租赁业的发展现状

根据中国租赁联盟发布的中国租赁蓝皮书——《中国融资租赁业发展报告 2013》，2013 年是中国融资租赁业复兴后波动较大的一年，也是在多个方面取得重大突破的一年。特别是受益于各地政府陆续出台的融资租赁支持政策，融资租赁业的整体规模有了可观的增长，表现为以下几个方面。

1. 融资租赁业领域的企业数目明显增加

截至 2013 年年底，我国融资租赁公司突破 1 000 家，达到 1 026 家，比 2013 年初的 560 家增加了 466 家，增长 83.2%。其中，金融租赁公司有 23 家，增加了 3 家；内资租赁公司有 123 家，增加了 43 家；外贸租赁公司有 880 家，增加了 420 家。

2. 融资租赁业企业的资本实力显著增强

据统计，截至 2013 年年底，我国融资租赁行业注册资金已突破 3 000 亿元大关，达到 3 060 亿元，比 2012 年的 1 890 亿元增加了 1 170 亿元，增长了 61.9%。

3. 融资租赁的业务规模急剧扩张

据统计，2006—2010年的"十一五"期间，我国融资租赁业规模一直呈几何级数式增长，业务总量由2006年的约80亿元扩展至2010年的约7 000亿元，增长了86倍。截至2013年年底，全国融资租赁合同余额突破2万亿元大关，达到21 000亿元，较2012年年底的15 500亿元增加了5 500亿元，增长幅度为35.5%。其中，金融租赁合同金额约为8 600亿元，增长了30.3%；内资租赁合同余额约为6 900亿元，增长了27.8%；外商租赁合同余额约为5 500亿元，增长了57.1%。

三、我国国际租赁业务发展存在的问题

租赁业务在我国国内起步较晚，发展也非常缓慢。我国开展国际租赁业务起步更晚，发展更加缓慢，且在发展过程中还存在诸多问题。

（一）国际租赁业务进出口结构失衡

20世纪80年代中期以来，发达国家新增的设备租赁交易额主要是国际租赁业务，其金额已达2 000多亿美元，至少占全球资本性物品交易额的10%以上。飞机、通信信息设备、工程机械、大型医疗设备的租赁交易额所占比例更大，有的高达60%以上。我国通过国际租赁方式引进飞机达400多架，累计金额300多亿美元。通过中外合资和内资租赁公司利用外资引进电信、烟草、石化、轻纺、交通工具等设备近100亿美元，两项合计用汇达400多亿美元，而我国开展租赁业务的收入很小，影响力也不大。

（二）国际租赁业务在我国未被广泛接受和认可

现阶段，我国的国际租赁业务主要以经营性租赁形式为主，租赁形式相对单一。以金融租赁为主的现代租赁业务在我国的发展比发达国家晚了近30年时间。金融租赁是发达国家金融业发展到一定阶段金融创新的产物，其运作机制比较复杂。我国金融租赁行业业务总量只有约160亿元人民币，与全球排名第二的国民经济总量相比不成比例，租赁业务未被广泛了解和接受，租赁业务的社会认知度低。我国缺乏金融租赁理论和实践根基，支持金融租赁发展的政策环境一直没有建立起来。我国现有的金融租赁公司数量太少，远没有形成竞争的局面。尽管国内有不少外贸公司和国有大型企业参与了国内合资租赁公司、金融租赁公司的投资，有的外方合作伙伴就是国际著名的金融机构或租赁公司，有现成的操作平台，但没有人研究如何利用这个平台来服务于自己的出口或海外投资业务。

（三）缺乏扶持租赁业发展的信贷、财税政策

我国国内租赁企业的强大对手是外资租赁公司，仲利国际、西门子、卡特彼勒、GE等几大国际巨头已独资进入了中国租赁行业。相比内资租赁企业，外资公司在租赁行业拥有丰富的经验，同时资金也很雄厚。融资租赁企业的成败关键，就是融资能力，资金流转是融资租赁最重要的一环。由于国家对于银行信贷方面控制得比较严格，融资租赁公司与一般类型的公司，在借贷方面并没有享受特权。国家规定融资租赁公司的营业额，不能超过其注册资本的10倍。如公司的注册资金是1 000万元，租赁公司

的业务金额不能超过 1 亿元，其他 9 000 万元资金，都需要租赁公司自己融资。很多租赁项目，开始进行时比较顺利，但因后来贷款收紧和资金不到位而中途告急，最后暂停。同时，我国还缺乏扶持租赁业发展的财税政策。

（四）租赁业法律、法规、信用机制等不完善

与内资租赁企业相关的法规共有三部：《合同法》《租赁会计准则》和《金融租赁公司管理办法》，但这三部法规都没有具体的操作细节可循，仅仅是指导性的意见和建议。此外，我国的信用体系还不健全，融资租赁的出租人常常处于不利的地位，拖欠的租金难以收回、租赁价格不稳定、合同标的不确定，极大地限制了我国国际租赁业务的发展。以工程机械租赁为例，发达国家具有相当规模的工程机械租赁企业有数千家，而我国资产超过 3 000 万元以上的专业工程机械租赁公司只有 80 家左右（其中1 亿万元以上的约 20 家），其余均为中小企业和个体户。某些公司提供的设备锈迹斑斑、性能很差，不少产品是淘汰之后自行翻新改装的，在一定程度上影响了租赁公司的信誉。企业规模小而多带来许多不良后果，如管理措施跟不上、保障能力差、配套能力弱、低价无序竞争等；现有的机械租赁仅停留在设备使用及人员操作方面，以二手设备、低成本运作为主要方式。

四、促进我国融资租赁业进一步发展的策略

虽然中国已是目前仅次于美国的全球第二租赁大国，但与美国相比差距仍很明显。我国的租赁业市场渗透率仅为 2% 左右，远低于美国的近 30%，但这也预示着我国租赁业未来的提升空间异常巨大。国内外实践表明，融资租赁不仅是满足大型基础设施对设备需求的可行选择，更是解决中小型企业融资难问题的有效途径。在我国当前的供给侧改革背景下，国内对各类资本，技术密集型设备的需求量还将持续扩大。作为目前仅次于银行业的全球第二大资金供应渠道，融资租赁在我国有着广阔的发展前景。

（一）完善相关法律法规，创建宽松的政策环境

国家应适时出台《中华人民共和国融资租赁法》，改变迄今为止我国仍没有一部专门针对融资租赁的法律的局面，并做到各项法律法规的规定相一致，为融资租赁业的发展提供高效力的法律保障，使得融资租赁业的发展有法可依。同时，现行税制对于融资租赁的经营环境影响巨大，"营改增"对融资租赁业利弊兼具。应明确融资租赁业的行业属性，并借鉴其他国家的有益经验，完善相关税收支持政策，给予融资租赁业以更多的税收优惠，鼓励其发展。

（二）做好融资租赁业的风险防控

能否有效防控风险，是我国融资租赁业实现健康发展的关键所在。由于融资租赁业务有着融资与融物的双重属性且持续时间较长，其风险将贯穿业务始终且具备自身的特殊性。对此，融资租赁企业要完善内部风险控制体系，建立起风险准备金制度，做好风险的事前防范、事中跟踪及事后应对；融资租赁行业组织应加强本行业自律建设，督促其成员企业规范与管理好资金来源，不得在没有实际租赁标的物的情况下空

转，相关政府部门也要加强行业监管，保证租赁企业的资本充足率、不良资产比率及资产负债率等各项指标符合规定要求。

（三）努力拓展国际租赁市场

据中国租赁联盟预测，在2017年以后的几年中，我国融资租赁业每年的业务量将以较快的速度增长，并将超越美国而成为世界第一大租赁大国。这给我国融资租赁业企业的国际化发展提供了良好机遇。以生产和销售在全国占先的我国工程机械行业为例，其中40%的销售是通过租赁实现的，但通过对外租赁实现出口的比例还较低。在当前我国企业"走出去"的背景下，租赁企业特别是规模较大的租赁企业，应该在开发国内租赁市场的同时，积极进军国际租赁市场去拓展发展空间。

（四）积极培养融资租赁业专业人才

我国融资租赁行业规模的扩张、租赁企业经营范围的拓展、国内外租赁市场竞争的激烈，使得行业人才紧缺的问题日显突出。对此，一方面要在租赁行业内部组织专业培训，保证从业人员的业务水平达到行业统一标准；另一方面，在高等院校中也应开展相关学科建设及专业人才培养，并加强校企联系，定向培养企业所需的高素质业务人才，为融资租赁业的发展提供不竭的人才保证。

思考题

1. 什么是国际租赁？现代国际租赁存在哪些主要特征？
2. 国际租赁对出租人和承租人各有哪些好处及局限性？
3. 国际租赁主要有哪些方式？其业务特征各是什么？
4. 国际租赁合同通常包括哪些内容？
5. 谈谈你对我国发展融资租赁业的成效、问题及应对策略的认识。

第十章 国际发展援助

第一节 国际发展援助概述

一、国际发展援助的定义

国际发展援助（International Development Assistance）是指国际经济组织、发达国家和一些经济发展程度比较高的发展中国家政府及其所属机构、民间团体、以提供资金、物资、设备、技术等方式，帮助发展中国家发展经济和提高社会福利的活动。

国际发展援助分为有偿和无偿两种，其形式有赠与、中长期无息或低息贷款，以及促进受援国经济和技术发展的具体措施。它的目标是促进发展中国家的经济发展和社会福利的提高，缩小发达国家与发展中国家之间的贫富差距。国际发展援助属于资本运动的范畴，它是以资本运动为主导，并伴随资源、技术和生产力等生产要素在国际间移动，它所采取的各种方式和方法均为资本运动的派生形式。

二、国际发展援助的方式

国际发展援助的方式，按其援款的流通渠道可分为双边援助和多边援助；按其援助的方式可分为财政援助和技术援助；按其援款的使用方向可分为项目援助和方案援助。

（一）双边援助

双边援助（Bilateral Aid）是指两个国家或地区之间通过签订发展援助协议或经济技术合作协定，由一国（援助国）以直接提供无偿或有偿款项、技术、设备、物资等方式，帮助另一国（受援国）发展经济或渡过暂时的困难而进行的援助活动。双边援助与多边援助并行，是国际发展援助的主要渠道。近些年，虽然世界各国通过多边渠道提供的援助数额有所增加，但通过双边渠道提供的援助活动仍占他们对外援助的主导地位。

（二）多边援助

多边援助（Multiple Aid）是指多边机构利用成员国的捐款、认缴的股本、优惠贷款及在国际资金市场借款或业务收益等，按照它们制定的援助计划向发展中国家或地区提供的援助。在多边援助中，联合国发展系统主要以赠款的方式向发展中国家提供无偿的技术援助，而国际金融机构及其他多边机构多以优惠贷款的方式提供财政援助。

在特殊情况下，多边机构还提供紧急援助和救灾援助等。多边援助是第二次世界大战以后才出现的一种援助方式，西方发达国家一直是多边机构援助资金的主要提供者。由于多边机构援助资金由多边机构统一管理和分配，不受资金提供国的任何限制和约束，所以多边援助的附加条件较少。

(三) 财政援助

财政援助（Financial Assistance）是指援助国或多边机构为满足受援国经济和社会发展的需要，以及为解决其财政困难，而向受援国提供的资金或物质援助。财政援助分为赠款和贷款两种。贷款又分为无息贷款和有息贷款，有息贷款的利率一般低于国际金融市场利率，贷款的期限也较长，一般在 10 年以上，而且还有较长的宽限期。

财政援助在资金方式上分为官方发展援助（Official Development Assistance）、其他官方资金（Other Official Flow）和民间资金（Private Flow）三种。官方发展援助是发达国家或高收入的发展中国家的官方机构为促进发展中国家的经济和社会发展，向发展中国家或多边机构提供的赠款或赠与成分不低于 25% 的优惠贷款。赠与成分是根据贷款利率、偿还期、宽限期、收益率等计算出来的一种衡量贷款优惠程度的综合性指标。衡量援助是否属于官方发展援助一般有三个标准：一是援助是由援助国政府机构实施的；二是援助是以促进发展中国家的经济发展为宗旨，不得含有任何形式的军事援助及各种间接形式的援助；三是援助的条件必须是宽松的，即每笔贷款的条件必须是减让性的，其中的赠与成分必须在 25% 以上。其他官方资金指的是由援助国政府指导的专门银行或基金会向受援国银行、进口商或本国的出口商提供的，以促进援助国的商品和劳务出口为目的的资金援助。其援助主要是通过出口信贷来实施的。其他官方资金也属于政府性质的资金，也以促进发展中国家的经济发展和改善其福利为援助的宗旨，贷款的赠与成分也必须在 25% 以上，它与官方资金的区别在于不是以政府的名义实施的援助。民间资金是非政府组织提供的援助，也称民间发展援助，它是指由非营利的团体、教会组织、学术机构等提供的援助，它主要是以出口信贷和直接投资的形式来实施的。

(四) 技术援助

技术援助（Technical Assistance）是技术先进的国家和多边机构向技术落后的国家在智力、技能、咨询、资料、工艺和培训等方面提供资助的各项活动。技术援助分为有偿和无偿两种。有偿的技术援助是指技术的提供方以优惠贷款的形式向技术的引进方提供各种技术服务；而无偿的技术援助则是指技术的提供方免费向受援国提供各种技术服务。

技术援助采用的主要形式有：援助国际派遣专家或技术人员到受援国进行技术服务；培训受援国的技术人员，接收留学生和研究生，并为他们提供奖学金；承担考察、勘探、可行性研究、设计等投资前服务活动；提供技术资料和文献；提供物资和设备；帮助受援国建立科研机构、学校、医院、职业培训中心和技术推广站；兴建厂矿企业、水利工程、港口、码头等各种示范性项目等。20 世纪 60 年代以来，随着科学技术的迅速发展，技术援助的规模和形式都有了较大的发展。在 60～70 年代，发达国家每年向发展中国家提供的技术援助资金数量只占其对外援助总额的 10%左右。进入 20 世纪 80 年代以后，这一比例已提高到 30%左右，有些发达国家甚至达到了 60%。技术援助已成为加强发达国家与发展中国家进行经济合作的重要手段。

（五）项目援助

项目援助（Project Assistance）是指援助国政府或多边机构将援助资金直接用于受援国某一具体建设目标的援助。由于每一个具体的援助目标都是一个具体的建设项目，故称为项目援助。项目援助的资金主要用于资助受援国开放动力资源和矿藏，建设工业、农业、水利、道路、港口、电信工程以及文化、教育、卫生设施等。

项目援助既可以通过双边渠道，也可以通过多边渠道进行。其资金主要来源于各发达国家或高收入发展中国家的官方援助及世界银行等多边机构在国际资金市场上的借款。由于项目援助均以某一具体的工程项目为目标，并往往与技术援助相结合，所以援款不易被挪用，从而有助于提高受援国的技术水平。目前，由于许多发达国家将扩大本国商品的出口和保证短缺物资的进口来源作为提供项目援助的先决条件。因此，项目援助对援助国也甚为有利。

（六）方案援助

方案援助（Programme Assistance）又称非项目援助，是指援助国政府或多边机构根据一定的计划，而不是按照某个具体的工程项目向受援国提供的援助。项目援助一般用于进口拨款、预算补贴、国际收支津贴、偿还债务、区域发展和规划等方面。

一个援助方案含有数个或更多的项目，并且往往要经历数年或数十年的建设周期。一个援助方案虽然含有若干个项目，但援助方案本身一般不与具体项目相联系。在多数情况下，方案援助的资金往往附带有严格的使用规定，特别是近些年来，援助国或多边机构往往要求对方按援助的执行情况进行严格的监督与检查。方案援助也是发达国家目前经常采用的一种援助方式。进入 20 世纪 80 年代后，经济合作与发展组织的发展援助委员会的 17 个成员国以方案援助方式提供的援助额已占到双边援助协议额的 1/3 以上。在美国国际开发计划署目前提供的援助额中，方案援助一般占 50%以上。

三、国际发展援助的现状与特征

（一）国际发展援助的现状

当前国际发展援助主要由四个部分组成。

第一部分是经济合作与发展组织（简称"经合组织"）下属的发展援助委员会（DAC）29 个成员国向发展中国家和国际多边机构提供的官方发展援助；第二部分是非DAC 成员国所提供的符合官方发展援助标准的援助，主要包括尚未加入 DAC 的经合组织成员国，如捷克、冰岛、波兰、土耳其等，以及有较强经济实力的发展中国家，如中东产油国、以色列等；第三部分是非政府组织（NGOs）向发展中国家提供的赠予；第四部分是所谓"新兴援助国"，如中国、俄罗斯以及其他一些实力较强的大国提供的对外援助。目前，发达国家提供的援助仍然是国际援助中最重要的来源。

在发达国家中，美国依然是最大的援助国，但欧盟总体援助力量越来越强。自21世纪初以来，美国一直保持着世界最大援助国地位，英国为仅次于美国的第二大援助国，其后依次为法国、德国和日本。

非 DAC 成员国援助额也增长迅速，但是在国际上的影响力有限。根据统计，向 DAC 提交官方发展援助数据的非成员国和地区共有 18 个，沙特阿拉伯是其中援助额最大的国家。但是非 DAC 成员国官方发展援助额较小，且援助对象相对集中在周边国家和利益相关的国家。例如，沙特阿拉伯、科威特和阿联酋的官方发展援助主要对象都是伊斯兰国家。

新兴援助国多为发展中国家，具有一定的经济实力作后盾。在国际上或所在区域具有较大影响力，近年对外援助增长迅速。非政府组织在国际援助中日益活跃，通过多种渠道筹集了大量资金用于援助。随着国际援助力量和渠道的多元化发展，发达国家在国际援助格局中的主导地位受到威胁，为了巩固其在国际援助中的实力，发达国家开始关注援助的有效性，分别提出《关于援助有效性的巴黎宣言》和《阿克拉行动计划》，要求各援助方之间加强协调与合作，尤其是加强与新兴援助国的合作。一方面调整自身发展援助的方式和管理，另一方面与新兴援助者开展建设性对话。将新兴援助国纳入传统国际发展援助体系，遵循它们制定的援助规则。发达国家与新兴经济体在发展援助中既有竞争，也有合作。

（二）国际发展援助的特征

1. 政治色彩日益浓厚

在 20 世纪 80 年代之前的国际发展援助中，援助国只注重受援国的政治倾向，即援助国只给予本政治集团内的国家或在政治上与援助国立场一致的国家经济援助。20 世纪 80 年代后，随着一些社会主义国家改革大潮的涌现和东欧国家的巨变，西方发达国家开始将"民主、多党制、私有制"等作为向发展中国家提供发展援助的先决条件，它们往往以经济援助为条件，要求受援国必须按西方国家的意图进行政治和经济改革。如一些西方发达国家将受援国国内的政治、经济和社会状况以及受援国的人权记录和民主进程作为援助的重要指标和根据。援助国的政治条件使一些发展中国家得到发展援助的数额日益减少。总之，发达国家正在把援助作为影响发展中国家政治的一种工具。

2. 援助规模停滞不前

以经济合作与发展组织成员国为例，该组织成员国的官方发展援助额虽然从 1970 年的 69.86 亿美元增加到 2010 年的 1 287 亿美元，但增长幅度却不断下降。在 1970 年至 1980 年的 10 年间，该组织成员国的援助额从 69.86 亿美元增加到 272.96 亿美元，增加幅度为 290.72%；而 1980 年至 1990 年的援助额虽然从 272.96 亿美元上升到 533.56 亿美元，但增长幅度却下降到 95.47%；20 世纪 90 年代以后，援助规模进入停滞状态。援助规模的增长幅度虽停滞不前，但要求紧急援助的最不发达国家却从 20 世纪 70 年代的 25 个增加到 2011 年 48 个，符合国际开发协会援助条件的年人均国民生产总值在 865 美元（以 1994 年美元计算）以下的非常贫困的国家，也从 1990 年的 42 个增加到 2011 年的 80 多个。目前，国际发展援助规模的停滞不前与要求援助的贫困国际不断增加的矛盾日益突出。

3. 附加条件日益增多

近年来，越来越多的援助国将援助与采购援助国商品和使用援助国的劳务连在一起，而且限制性采购的比例占援款的比例不断提高。目前，发展援助委员会成员国提供的双边援助，有一半以上要求受援国购买援助国的商品和使用援助国的劳务。这种带有限制性采购的援助往往迫使受援国进口一些质量差、价格高的商品和劳务，以及一些不适用的、过时的技术，这不仅减弱了发展援助的作业，同时还加大了受援国的债务负担。这便是许多发展中国家经济发展速度减慢、债务增加速度加快的重要因素之一。

4. 援助格局发生了变化

国际发展援助格局的变化主要表现在三个方面：一是日本、加拿大、挪威、瑞典、芬兰、法国、意大利和丹麦地位的上升，美国、英国、德国、荷兰、澳大利亚、新西兰、比利时、爱尔兰地位的下降。二是石油输出国组织成员国的援助数量普遍减少。三是进入 20 世纪 90 年代以后，援助国继续减少，苏联已经解体，解体后的苏联各共和国由援助国变成了受援国。以此看出，双边发展援助已从原先的以美国、日本、西欧、中东地区产油国和苏联为主的世界双边发展援助体系，转变为以日本、西欧和美国为主要援助国的世纪双边发展援助的新体系。

5. 双边发展援助的地理分布相对稳定

美国发展援助的重点在拉美和中东地区，法国集中在非洲讲法语的国家，英国将南亚和非洲的英联邦国家视为援助的主要对象，日本则将大部分援助给予了东南亚各国，而石油输出国组织的成员国则减少了对东南亚国家的援助。

6. 援助的赠与成分不断提高

从 1989 年以后，发展援助委员会成员国向发展中国家提供发展援助的赠与成分评价超过了 90%，超过了发展援助委员会规定的 86% 的标准。1995—2008 年，发达国家向 48 个最不发达国家或地区提供发展援助的赠与成分平均高达 98% 以上。其中，对 15 个国家援助的赠与比重达到 100%。

7. 援助国加强了对援助项目的管理和评估

20 世纪 80 年代以前，双边援助的管理与评估工作远远不如多边援助。80 年代后期尤其是进入 21 世纪以来，援助国加强了同受援国就有关项目某些具体问题的联系和合作，并注重项目评估，有时甚至参与项目管理，以此来提高援助的效益。如联合国发展系统推行在驻地一级实行制定"联合国发展援助框架"的做法，使受援国的发展计划与联合国的援助计划相一致，以提高援助资金的使用效益。

8. 发展援助政策不断的调整和变化

20 世纪 80 年代以后尤其是进入 21 世纪代以来，各国的对外发展援助政策直接影响到多边机构的援助政策和援助资金的流向，各发达国家的发展援助政策也因而不断调整。以欧盟为例，从 80 年代的第四个《洛美协定》到 2000 年的《科特努协定》，欧盟的援助政策从以贸易特惠为特色的援助转为强调自由贸易。从注重援助的经济方面转为注重发展援助的政治和社会内涵，从不干预和保持中立特色的援助政策转为注重对受援国的经济政治政策的监督和干预。

第二节　国际发展系统的援助

一、联合国发展系统

联合国发展系统是联合国向发展中国家提供发展援助的机构体系，亦称"联合国援助系统"。该系统是一个非常庞大而又复杂的体系，它拥有30多个组织和机构。这些组织和机构在世界各国或地区设有众多的办事机构或代表处。目前，直属联合国发展系统的主要组织和机构有经济及社会理事会（含5个区域委员会）、开发计划署、人口活动基金会、儿童基金会、技术合作促进发展部、贸易与发展会议、环境规划署、粮食计划署等。其中，开发计划署、人口活动基金会、儿童基金会也被称为联合国的三大筹资机构。联合国发展系统的主要任务是向发展中国家提供无偿技术援助。

联合国发展系统还包括许多专门机构，他们是由各国政府通过协议成立的各国国际专业性组织，这些专业性组织是一种具有自己的预算和各种机构的独立的国际组织。但由于它们通过联合国经济及社会理事会的协调同联合国发展系统进行合作，并以执行机构的身份参加联合国的发展援助活动，故称联合国发展系统的专门机构。目前，联合国有近20个专门机构，它们是：国际劳工组织、联合国粮农组织、联合国教科文组织、联合国艾滋病规划署、世界卫生组织、联合国妇女发展基金、国际货币基金组织、国际复兴开发银行、国际开发协会、国际金融公司、国际民用航空组织、万国邮政联盟、国际电信联盟、世界气象组织、国际海事组织、世界知识产权组织、国际农发基金、联合国工发组织等。各专门机构根据自己的专业范围，承担执行联合国发展系统相应部门的发展援助项目。

二、国际发展系统的主要机构

联合国发展系统内的三大筹资机构是指联合国开发计划署、联合国人口基金会和联合国儿童基金会。联合国发展系统的援款大部分是通过这三个机构发放的。

（一）联合国开发计划署

联合国发展计划署（UNDP）是联合国发展系统从事多边经济技术合作的主要协调机构和最大的筹资机构，总部设在美国的纽约。其宗旨和任务是：向发展中国家提供经济和社会方面的发展援助；帮助发展中国家建立应用现代技术方法的机构；协助发展中国家制定国民经济发展计划及提高他们战胜自然灾害的能力。开发计划署的领导机构由执行局和秘书处组成，执行局由各大洲的36个成员国代表组成，任期三年，执行局每年举行三次常会和一次年会。秘书处主要是按照执行局的政策并在署长的领导下处理具体事务，署长的任期为四年。开发计划署的援助资金主要来源于会员国的自愿捐款，发达国家是主要的捐款国，其资金拥有量占联合国发展系统资金总量的一半以上。其援款主要是根据由会员国的捐款总额、受援国的人口总数和受援国人均国民生产总值所确定的指规数（Indicative Planning Figure）进行分配。1972 年以后，开发计划署已进行了 6 个周期，前 2 个周期将援款的 2/3 分配给了人均国民生产总值不足 300 美元的国家，从第 3 个周期开始将援款的 80% 在人均国民生产总值低于 500 美元的国家之间进行分配，其中人均国民生产总值低于 250 美元的国家还得到了特别照顾。联合国开发计划署提供援助的方式主要是无偿的技术援助。其无偿技术援助活动的范围主要包括发展战略，政策和计划的研究与开发，自然资源、农业、林业、渔业、工业、运输、通信、贸易和金融等方面的考察与开发。人口、住房、卫生、就业、文化和科技等方面的培训与现代技术的应用等。开发计划署已向世界上 140 多个发展中国家或地区提供过发展援助，并在 100 多个国家或地区设立了代表处。目前约有 4 万多人服务于联合国开发计划署的各类机构及其资助的各类方案和项目。

（二）联合国人口基金会

联合国人口基金会（UNFPA）也是联合国发展系统主要的筹资机构。它成立于 1967 年，总部在美国的纽约。人口基金会的主要机构也是由 36 个成员国组成的执行局。其宗旨和任务是：提高世界各国人口活动的能力和知识水平；促进国际社会了解人口问题对经济、社会和环境各方面的影响，促使各国根据各自的情况寻求解决这些问题的有效途径；对有关人口计划诸如计划生育、人口统计资料的收集和整理，人口动态研究，人口培训及机构的设立，人口政策及规则的制定、评估、实施等方面的问题给予协调和援助。人口基金会的资金主要来自于各国政府和各民间机构的捐赠。该基金的援款主要用于人口较为稠密的亚洲和太平洋地区国家，他们得到的援款大约占该基金会援款总额的 35% 以上。根据联合国对各国人均国民收入和人口的统计，目前最需要得到人口基金会提款的国家已达 35 个。人口基金会以无偿技术援助的形式提供的项目援助的内容主要有：学校内外的人口教育，计划生育的宣传教育及规划管理和节育手术、进行人口普查，统计手册的编制，人口方面基本数据的收集，关于人口学数据、人口变动、人口发展和社会经济因素对人口影响等方面的分析，制定人口政策和方案并对这些政策和方案进行评价，实施人口政策和方案，为妇女、儿童、青年、老年、赤贫者、残疾者提供特别的援助方案，为人口会议、培训机构、情报交换所和文件中心的建立提供援助。

（三）联合国儿童基金会

联合国儿童基金会是联合国国际儿童应急基金会的简称。1946 年 12 月设立，总部设在纽约。儿童基金会的领导机构也是由来自各洲的 36 个成员国代表组织的执行局，并在全世界设有 37 个国家（地区）委员会。目前，它在全球的 125 个国家设有办事处，并设有 8 个地区办事处，在意大利还设有一个研究中心，它已发展成为联合国发展系统的主要筹资机构之一。儿童基金会的宗旨和任务是：根据 1959 年 11 月联合国《儿童权利宣言》的要求，帮助各国政府实现保护儿童利益和改善儿童境遇的计划，使全世界的儿童不受任何歧视地得到应享的权益。儿童基金会的援助资金主要来自各成员国政府、国际组织和私人的自愿捐赠，有时也通过出售贺年卡等方式进行筹资活动。该基金会将资金的三分之二用于对儿童的营养、卫生和教育提供援助；三分之一用于对受援国或地区从事有关儿童工作的人员进行职业培训。儿童基金会在与发展中国家的合作中，主要采用三种形式：一是对规划和设计儿童服务项目方面提供技术援助；二是为上述服务项目提供用品和设备；三是为援助项目中培训从事儿童工作的有关人员提供资金。儿童基金会始终奉行"普遍性、中立性和无偿性"的原则，即在发放援款是，不论儿童的种族、信仰、性别或其父母政见如何，一律公平对待。接受儿童基金会援助的国家大致分为三类：第一类是需要特别援助的国家，这类国家主要包括人均国民生产总值在 410 美元以下的最不发达国家、儿童不足 50 万人而又确实需要特别照顾的小国和暂时需要额外援助的国家等；第二类是人均收入在 410 美元以上的发展中国家。目前，已有近 120 个发展中国家和约 14 亿儿童接受儿童基金会的援助。儿童基金会一直致力于儿童和妇女方面的保护工作，并经常以项目的名义进行。

三、国际发展援助的实施方式

联合国发展系统所采用的主要援助方式是提供无偿的技术援助。联合国发展系统提出无偿技术援助的整个程序主要包括国别方案和国家间方案的制定、项目文件的编制、项目的实施、项目的评价及项目的后续活动等，这一程序又称"项目的援助周期"。到目前为止，某些程序在联合国发展系统内的各个组织和机构中尚未完全得到统一，现行的有关程序均以 1970 年联合国大会通过的第 2688 号决议为主要依据，并在此基础上根据项目实施的需要加以引申和发展而成。

（一）制定国别方案和国家间方案

国别方案（Country Programme）是受援国政府在联合国发展系统的有关组织或机构的协助下，编制的有关受援国政府与联合国发展系统的有关出资机构在一定时期和一定范围内开展经济技术合作的具体方案。

国别方案的主要内容有：

（1）受援国的国民经济发展规划。

（2）需要联合国提供援助的具体部门和具体项目。

（3）援助所要实现的经济和社会发展目标。

（4）需要联合国对项目所做的投入。

每一个接受联合国发展系统机构援助的国家都必须编制国别方案，但国别方案必须经联合国有关出资机构理事会的批准，经批准的国别方案成为受援国与联合国发展系统有关机构进行经济技术合作的依据。在联合国发展系统的多边援助中，国别方案所占有的援助资金的比重最大。

国家间方案（Inter-Country Programme）亦称"区域方案"（Regional Programme）或"全球方案"（Global Programme）。它是联合国在分区域、区域间或全球的基础上对各国家集团提供技术援助的具体方案。国家间方案的内容与国别方案的内容基本相同，但必须同各参加国优先发展的次序相吻合，并根据各国的实际需要来制定。国家间方案也需由联合国有关出资机构理事会的批准方能生效。根据规定，国家间方案至少应由两个以上的国家提出申请，联合国才考虑予以资助。国别方案和国家间方案均是一种含有许多项目的一揽子方案。其中的每一个具体方案都必须逐个履行审批手续。根据联合国的现行规定，40万美元以上的项目需由出资机构的负责人批准；40万美元以下的项目只需由出资机构负责人授权其派驻受援国的代表批准即可。

（二）编制项目文件

项目文件（Project Document）是受援国和联合国发展系统的有关机构为实施援助项目而编制的文件。项目文件的主要内容应该包括封面及项目文件的法律依据，项目及以此有关的具体情况，项目的监督、审评和报告，项目的预算四部分。项目文件封面主要包括项目的名称、编号、期限、主要作用和次要作用、部门和分部门、实施机构、政府执行机构、预计开始时间、政府的投入、项目的简要说明等。项目文件内容的第一部分是项目文件的法律依据，即编制项目文件所依据的有关法律条文或条款。该法律条文或条款通常包括受援国与联合国发展系统的有关机构之间签署的各种协议。第二部分主要是说明项目及与此有关的具体情况，这一部分是项目文件的核心内容。它主要包括：项目的发展目标、项目的近期目标、其他目标、项目的活动、项目的产出、项目的风险、事前义务、后续援助等内容。项目文件是受援国政府、联合国发展系统的出资机构和执行机构执行或监督项目的依据。

（三）项目的实施

项目的实施指的是执行项目文件各项内容的全部过程。这一过程主要包括以下几项工作。

1. 任命项目主任

项目主任是直接负责实施援助项目的组织者和责任者，项目主任一般由受援国政府主营业务的部门任命，并经政府协调部门和联合国发展系统有关机构的协商和认可。通常情况下，国别方案下的项目主任由受援国当地人担任，国家间方案下的项目主任由国际人员担任。

2. 征聘专家和顾问

项目专家和顾问的征聘一般由受援国政府决定，但受援国政府必须在项目实施开始前的4个月提出征聘请求，并与联合国发展系统的有关机构协商和编写拟聘专家和顾问的报告。

3. 选派出国培训人员

为实施援助项目而需要出国培训的有关技术人员，主要以进修和考察两种形式进行选派，出国进修和考察的具体人选均由受援国家政府推荐，经联合国发展系统的有关执行机构对其业务和外语水平审查批准后方可成行。

4. 购置实施项目所需要的设备

根据联合国的规定，联合国发展系统出资机构提供的援助资金只能用于购买在受援国采购不到的设备或需要国际可兑换货币付款的设备，价格在2万美元以上的设备应通过国际竞争性招标采购，价格在2万美元以下或某些特殊的设备可以直接采购，购置实施项目所需要设备的种类和规格需经联合国发展系统出资机构的审核批准。

(四) 项目的评价

项目的评价是指对正在进行中的或已完成的项目的实施、结果、实际的或可能的功效等，做出客观和实事求是的评价。项目评价的目的在于尽可能客观地对项目的实施和功效做出论证。项目的评价工作主要包括对项目准备的审查，对项目申请的评估，对各项业务活动的监督和对项目各项成果的评价。其中对各项业务活动的监督和对项目各项成果的评价最为重要。对各项业务活动的监督又称"进行中的评价"，它主要是通过两种方式进行：一种是三方审评，即由受援国政府、联合国发展系统的出资机构和执行机构三方，每隔半年或一年举行一次审评会议，审评项目的执行情况、财务情况、项目的近期目标和活动计划。三方审评的目的是找出项目实施中的问题，研究解决方法，调整和制订下一阶段的工作计划。三方审评会议一般在项目的施工现场举行。另一种是年度审评。它是在三方审评的基础上，由受援国政府同联合国发展系统的出资机构对项目中的执行情况所进行的一年一度的审评。

(五) 项目的后续活动

项目的后续活动（Follow-up Action of Project）亦称项目的后续援助（Follow-up Assistance of Project）。它是指联合国发展系统的技术援助项目按照原定的实施计划完成了各项近期目标之后，由联合国发展系统的有关机构、受援国政府、其他国家政府或其他多边机构继续对项目采取的援助活动。项目的后续活动一般分为三种类型：

（1）在联合国发展系统的有关机构提供的技术援助项目实现了近期目标之后，为了达到远期发展目标，由联合国发展系统的有关机构对该项目继续提供的技术援助，这种形式的后续活动被联合国称为第二期或第三期援助。

（2）在联合国发展系统对某一项目提供的技术援助结束之后，由其他国家政府或其他多边机构对该项目或与项目有直接关系的项目，以投资、信贷或合资等形式提供的援助。这种形式的后续援助大多属于资本援助。

（3）在联合国发展系统对某一项目提供的技术援助结束之后，由受援国政府根据项目的实际需要，继续对该项目或与项目有直接关系的项目进行投资，以扩充项目的规模，增加项目的效用。项目的后续活动实际上是巩固援助项目成果的一种手段。

第三节　世界银行贷款

一、世界银行概述

"世界银行"是世界银行集团的简称，共包括 5 个机构，即 1945 年设立的国际复兴开发银行、1956 年设立的国际金融公司、1960 年设立的国际开发协会、1965 年设立的解决投资争端国际中心和 1988 年设立的多边投资担保机构。其中，国际复兴开发银行、国际开发协会和国际金融公司属于援助性的国际金融机构。

世界银行的宗旨是通过成员国中的发展中国家提供资金和技术援助，来帮助发展中国家提高生产力，以此促进发展中国家的经济发展和社会进步。国际复兴开发银行的主要任务是以低于国际金融市场的利率向发展中国家提供中长期贷款；国际金融公司则负责向发展中国家的私营部门提供贷款或直接参股投资；国家开发协会专门从事向低收入的发展中国家提供长期的无息贷款；解决投资争端国际中心则是通过调停和仲裁国外投资者与东道国之间的争端，帮助促进国际投资，以鼓励更多的国际投资流向发展中国家；多边投资担保机构主要是通过向外国投资者提供非商业风险担保，帮助发展中国家吸引外国投资，也为政府吸引私人投资提供咨询服务，传播有关发展中国家投资机会的信息。2012 年国际复兴开发银行和国际开发协会贷款总额共达 35 335 万美元。世界银行目前已发展成为世界上最大的开发性和援助性国际金融机构。

二、世界银行贷款的特点

(一) 贷款期限较长

国际复兴开发银行的贷款期限一般为 20 年，其中含 5 年的宽限期；国际开发协会的贷款期限长达 30 年，其中含 10 年的宽限期。

(二) 贷款实行浮动利率

贷款利率每半年调整一次，利息按已支付来偿还的贷款余额计收。对贷款协议签订 60 天后还未收支的已承诺的贷款余额收取年率 0.75% 的承诺费。国际开发协会贷款虽免收利息，但需征收年率为 0.75% 的手续费，手续费按已拨付尚未偿还的贷款余额计收。

(三) 贷款的还本付息实行"货币总库制"

从 1980 年开始，世界银行对国际复兴开发银行的贷款还本付息实行"货币总库制"。"货币总库"由各国已支付偿还贷款余额组成，并用几十种货币折算成美元进行混合计算。其中，日元、德国马克、法国法郎、英镑、瑞士法郎等占比 70% 以上，美元只占 10%。如果其指数受美元大幅度贬值的影响而急剧上升，借款国还本付息的数额也随之大幅度上升。也就是说，汇兑风险要在所有借款国之间分摊。

(四) 申请世行贷款需要的时间较长

从贷款项目的选定、准备、评估到贷款协议的正式签订，一般需要一年半或更长的时间。这也说明使用世界银行贷款的手续十分烦琐。

三、世界银行的贷款条件

世界银行的贷款条件一般有以下内容：

（1）贷款只贷放给会员国政府或由会员国政府、会员国中央银行担保的公私机构。

（2）贷款一般用于世界银行批准的特定项目。这些经批准的特定项目，都是由世界银行确认的。

（3）技术上和经济上是可行的，并在借款国的经济发展中应优先考虑的。但世界银行一般只提供该贷款项目所需资金总额的 30%~50%，其余部分由借款国自己准备。

（4）贷款项目建设单位的确定，必须按照世界银行的采购指南，实行公开竞争性招标、公正评标并报世界银行审查。

（5）贷款项目的执行必须接受世界银行的监督和检查。

（6）只贷给那些确实不能以合理的条件从其他途径得到资金的会员国。

（7）只贷给有偿还能力的会员国。因为世界银行不是一个救济机构，它的贷款资金主要来自会员国认缴的股份和市场融资，为了银行业务的正常运转，它必须要求借款国有足够的偿还能力。贷款到期后必须足额偿还，不得延期。

四、世界银行贷款的种类

（一）具体投资贷款

具体投资贷款又称项目贷款。这类贷款的发放必须与具体的建设项目相联系，如世界银行向农业和农村发展、教育、能源、工业、交通、城市发展及给水和排水等项目发放的贷款均属于一类。发放这种贷款的目的是提高发展中国家的生产能力和增加现有投资的产出。这类贷款在世界银行成立之初曾占有绝对大的比例、随着世界经济空前的发展及世界银行政策的调整，这类贷款在世界银行贷款业务中的比重已有所下降，但目前仍占 40% 左右。在世界银行向我国提供的贷款中，具体投资贷款占了 80% 以上。

（二）部门贷款

1. 部门投资贷款

部门投资贷款的重点在于改善部门政策和投资计划，帮助发展中国家有关机构制定和执行部门投资计划。这类贷款对贷款国的组织机构要求较高，借款国要按与世界银行商定的标准对每个具体项目进行评估和监督。到目前为止，中等发展中国家使用这种贷款较为普遍，并且这类贷款多用于运输部门的项目。

2. 中间金融机构贷款

中间金融机构贷款主要是指世界银行通过受援国的中间金融机构再转贷给具体的项目。承揽这项贷款业务的中间金融机构一般是开发金融公司和农业信贷机构。这类贷款项目的选择、评估和监督由借款机构负责，但项目选择和评估的标准及贷款利率由承办机构和世界银行商定。目前，我国承办这类贷款的银行是中国投资银行和中国农业银行等。

3. 部门调整贷款

当借款国的执行能力有限，总的经济管理和政策改革水平或国民经济的规模不允许进行结构调整时，世界银行将考虑提供部门调整贷款。这种贷款的目的在于帮助借款国某一具体部门进行全国的政策调整和体制改革。中国曾向世界银行借过一笔 3 亿美元的该种贷款，用于农村开发方面的改革。

（三）结构调整贷款

使用结构调整贷款的条件较为严格，借款国必须按规定的程序和条件使用这类贷款。其中任何一笔贷款未按条件执行，下一笔贷款便停止支付。该类贷款旨在帮助借款国在宏观经济、部门经济和机构体制方面进行全面的调整和改革，以克服其经济困难，特别是国际收支不平衡。结构调整贷款比部门调整贷款涉及的范围要广。随着苏联的解体和东欧国家体制的变化，这类贷款占世界银行贷款的比重有所增加，以帮助这些国家进行经济转轨。

（四）技术援助贷款

世界银行在向发展中国家提供技术援助贷款时，不仅要求贷款的一部分用于项目的硬件建设，还要求将其中的一部分资金用于人员培训和组织机构的改革等软件建设。该种贷款的目的不仅是为某一具体项目的建设，同时也是为发展中国家指定国民经济规划、改革国有企业和改善机构的经营管理提供帮助。

（五）紧急复兴贷款

紧急复兴贷款是世界银行向由于自然或社会原因所造成损失的发展中国家提供的贷款。世界银行曾因大兴安岭火灾为我国提供过该类贷款。

（六）小额扶贫信贷

小额扶贫信贷是世界银行 20 世纪 90 年代中后期推出的，为发展中国家的穷人提供的无抵押担保的小额信贷。它的特点是资金入户，资金的使用者自我管理，这样不仅解决了穷人贷款难的问题，也提高了穷人的个人能力，小额扶贫贷款的效用已超越了贷款本身。

五、世界银行贷款的发放程序

（一）项目的选定

项目的选定是指由借款国选定一些符合本国经济和社会发展需要并符合世界银行贷款政策的项目，提供给世界银行进行筛选。借款国选定项目以后，编制"项目的选定简报"，然后将"项目的选定简报"送交世界银行进行筛选。经世界银行筛选后的项目，将被列入世界银行的贷款计划，成为拟议中的项目。

（二）项目的准备

项目准备工作的主要内容是借款国对经世界银行筛选过的项目进行可行性研究。项目的可行性研究一般由借款国独立完成，但世界银行对借款国所进行的项目可行性研究等项目准备工作提供资金和技术援助。项目准备工作时间的长短取决于项目的性质和借款国有关人员的工作经验和能力，一般需要 1~2 年。

（三）项目的评估

项目评估就是由世界银行对筛选过的项目进行详细审查、分析、论证和决策的整个过程。它实际上是对项目可行性研究报告的各种论据进行再分析、再评价、再论证，并做出最后决策。如果世界银行认为申请贷款的项目符合世界银行的贷款条件，就提出两份报告书。其中，先提出一份项目可行性研究的"绿皮报告书"，随后再提出一份同意为该项目提供贷款的通知书，即"灰皮报告书"。

（四）项目的谈判

世界银行在经过项目评估并提出上述两份报告之后，便邀请借款国代表团到其总部就签署贷款协议问题进行谈判。项目谈判的内容主要包括项目的贷款金额、期限、偿还方式以及为保证项目的顺利执行所应采取的具体措施。项目的谈判大约需要 10 至 14 天，在双方共同签署了贷款协议之后，再由借款国的财政部代表借款国政府与世行签署担保协议。在贷款协议和担保协议报经世界银行执行董事会批准，并报送联合国登记注册后，项目便可进入执行阶段。

（五）项目的执行

项目的执行一般由借款国负责，但世界银行要对项目的执行情况进行监督，项目执行必须是在贷款项目完成了法定的批准手续之后进行。项目执行主要包括两方面内容：一方面是配备技术和管理等方面的专家，并制定项目的实施技术和时间表；另一方面是组织项目建设的招标工作，按世界银行的规定，投标者除瑞士之外，必须是国际复兴开发银行和国际开发协会的会员国，如果投标者是来自借款国的企业，还可以给予 10%~15% 的优惠。

（六）项目的总结评价

项目的总结评价是世界银行对其提供贷款项目所要达到的目标、效益和存在的问题所进行的全面总结。对项目的总结评价一般在世界银行对项目贷款全部发放完毕后一年左右进行。在对项目进行总结评价前，一般先由项目的银行主管人员准备一份项目的完成报告，然后再由世界银行的业务评议局根据项目的完成报告对项目的成果进行全面的总结评价。

第四节　中国与国际发展援助

一、中国对外援助

中国是世界上最大的发展中国家。在发展进程中，中国坚持把中国人民的利益同各国人民的共同利益结合起来，在南南合作框架下向其他发展中国家提供力所能及的援助，支持和帮助发展中国家特别是最不发达国家减少贫困、改善民生。中国以积极的姿态参与到国际发展合作中，发挥建设性作用。

（一）中国对外援助基本情况

我国对外援助始于 1950 年，援助方式分为无偿援助、无息贷款和少量低息贷款、自 1995 年下半年增加了优惠贷款。

截至 2011 年年底，中国政府帮助受援国建成了 2 200 多个与当地生产、生活息息相关的各类项目，改善了受援国基础设施状况，增加了税收和就业，繁荣了城乡经济，促进了当地经济社会的发展。根据受援国要求，中国还派遣技术人员赴当地提供技术服务和指导，实施项目建成后的技术援助和单项技术援助。中国还向受援国提供了大批物资和少量现汇援助。

中国政府为帮助受援国增强自主发展能力，长期以来一直重视援外培训工作。近年来更加大了工作力度。截至 2014 年 9 月底，受援国已有近 14 万名官员、管理和技术人员来华参加了培训和研修。培训内容涵盖经济、外交、农业、医疗卫生、环保等 20 多个领域。

为减轻受援国负担，推动国际社会履行减免发展中国家债务的承诺，中国政府在提供对外援助的同时，还减免了重债穷国和最不发达国家的对华到期政府债务。截至 2011 年年底，已累计免除 50 个重债穷国和最不发达国家到期债务 391 笔。

2010—2012 年，中国对外援助方式主要包括援建成套项目、提供一般物资、开展技术合作和人力资源开发合作、派遣援外医疗队和志愿者、提供紧急人道主义援助以及减免受援国债务等。

1. 援建成套项目

中国共在 80 个国家建设成套项目 580 个，重点集中于基础设施和农业等领域。

2. 提供一般物资

中国共向 96 个国家和地区提供物资援助 424 批，主要包括办公用品、机械设备、检查设备、交通运输工具、生活用品、药品以及医疗设备等。

3. 开展技术合作

中国共在 61 个国家和地区完成技术合作项目 170 个，主要涉及工业生产和管理、农业种植养殖、文化教育、体育训练、医疗卫生、清洁能源开发、规划咨询等领域。

4. 开展人力资源开发合作

中国在国内举行 1 951 期培训班，其中包括官员研修班、技术人员培训班、在职学历教育项目等，为其他发展中国家培训人员 49 148 名。

5. 派遣援外医疗队

中国向 54 个国家派遣 55 支援外医疗队，共计 3 600 名医护人员，开展定点或巡回医疗服务，诊治患者近 700 万人次。

6. 派遣志愿者

中国向 60 多个国家派遣青年志愿者和汉语教师志愿者近 7 000 名。

7. 提供紧急人道主义援助

中国向 30 余个国家提供紧急人道主义援助，包括物资和现汇援助，价值约 15 亿元人民币。

8. 减免受援国债务

中国免除坦桑尼亚、赞比亚、喀麦隆、赤道几内亚、马里、多哥、贝宁、科特迪瓦、苏丹 9 个最不发达国家和重债穷国共计 16 笔到期无息贷款债务。截至 2014 年年底，我国免除受援国债务累计逾 14.2 亿元人民币。

（二）中国对外援助的主要方式

1. 政府优惠贷款

这是一种国际上通用的援助方式。由我国金融机构提供具有援助性质的优惠贷款，其优惠利率与银行基准利率之间的利息差额由国家援外费补贴。政府贴息优惠贷款方式的优点是：政府援外资金和银行资金相结合，能扩大对外援助的规模；银行作为实施优惠贷款方式的执行机构，能提高援外资金的使用效益。

实施优惠贷款方式的主要程序如下：

（1）根据受援国需要和我国的财力，我国政府与受援国政府就贷款额度、期限、利率等主要贷款条件签订框架协议。

（2）根据受援国或我国企业提出使用贷款的项目，经外经贸部初审后，推荐给中国进出口银行。

（3）中国进出口银行经评估确认项目有效以后，与受援国政府指定银行在框架协议范围内，签订贷款协议并组织实施。

（4）外经贸部与进出口银行就政府补贴利息事宜签订协议。

2. 援外项目合资合作

将援外与投资、贸易和其他互利合作结合起来，既有利于受援国发展经济，又有利于我国企业开拓国际市场。今后我国对外援助的重点是帮助受援国发展当地有需要又有资源的中小型生产项目，并推动我国企业与受邀国企业在实施这些项目时走合资合作的路子。

这样实施的好处有以下几点：

（1）可以将政府援外资金、金融机构的资金和企业的资金结合起来，进一步扩大援外资金来源和项目规模。

（2）双方企业在管理、技术上长期合作，项目效益与企业利益挂钩，双方企业从中受益，能巩固项目成果，提高援助效益。

（3）这些项目能使受援国增加受益和就业，体现了我国企业与受援国间的直接合作。

我国未来的对外援助将在结构上进行适当调整，扩大政府贴息优惠贷款的规模，一般不再提供无息贷款。同时，根据我国的财力，对经济困难的发展中国家适当提供无偿援助。还可将一部分资金与联合国发展机构的资金相结合，开展发展中国家间的经济技术合作。

3. 无偿援助

无偿援助主要用于帮助受援国建设中小型社会福利性项目，如医药、学校、低造价住房、开井供水等。此外，无偿援助还用于提供物资援助、人道主义紧急救灾及人才培训等，受援国人民可以因此而受益。

（三）中国对外援助的管理

1. 管理机构

中国对外援助工作的管理机构包括国家归口管理机构、部门管理机构、地方管理机构和驻外管理机构四个层次。

（1）国家归口管理机构

商务部是归口管理中国对外援助的主管部门，其管理对外援助的职能包括以下几个方面：

①拟定并执行对外援助政策和方案，签署并执行有关协议。

②编制并执行对外援助计划，监督检查援外项目执行情况，管理援外资金、援外优惠贷款、援外专项基金等中国政府援外资金。

③推进援外方式改革。

（2）部门管理机构

商务部下设援外司，负责对外援助工作中政府层面的事务管理和对外援助政策的制定。援外司的主要职能包括以下几个方面：

①拟定并执行对外援外政策，起草对外援助法律、法规，拟定部门规章；研究和推进对外援助方式改革。

②编制对外援助计划并组织实施，拟定国别援助方案，确定援助项目。

③负责政府援助谈判，商签援助协议，处理政府间援助事务，办理援外项目对外移交；负责援外贷款偿还和债务重组工作。

④核准各类援外项目实施企业的投资资格，组织援外项目决标，下达援外项目任务，监督检查各类援外项目的实施。

⑤负责编报对外援助资金预决算以及援外统计工作。

⑥负责使用援外经费，监督和管理援外优惠贷款和援外合资合作基金项目，并解决政府间的重大问题。

⑦指导国际经济合作事务局的相关援外工作。

⑧承办部领导交办的其他事项。

（3）地方管理机构

在1982年机构调整以后，对外援助工作均由省、直辖市、自治区对外经济贸易委员会（厅、局）归口管理。实行对外经援项目企业总承包责任制后，地方援外管理机构的职责包括以下几个方面：

①归口管理对外援助。

②执行对外援助的政策、规章、制定和援助方案。

③监督检查对外援助项目的实施情况。

④管理多边、双边无偿援助及赠款。

（4）驻外管理机构

中国对外援助工作的驻外管理机构是驻外使馆经商处。驻外使馆经商处是中国与受援国发展经贸合作的桥梁和纽带，在管理中国对外援助工作方面的职责主要包括以下几个方面：

①执行国家援外方针政策和国务院关于援外工作的指示。重视国别研究，加强与驻外国政府和有关部门的沟通，疏通和拓展经济技术合作的渠道，促进双方经济技术合作关系的发展。

②根据国内主管部门的授权，及时办理政府间协议（包括协定、换文、会谈纪要、交接证书、财务处理细则等）的有关事宜。

③加强对各类援外项目的管理和协调。要将项目中中方人员纳入援外人员管理，关心他们的思想、工作、学习和生活。

④做好对受援国的人才培训工作。及时了解对方的培训需求信息和对中国培训项目的反馈意见，审核受训人员，研讨新的培训方式。

⑤及时反馈受援国要求，如认为可行，应报国内主管部门研究。

⑥做好中国援外工作的对外宣传工作，以增进了解，扩大影响，促进双边关系和经贸合作。

经过半个多世纪的建设、调整和改革，中国建立了从中央到地方、从国内到国外、从政府到企业和中介机构的援外管理网络，形成了由商务部牵头，有关部门、金融机构和企业参与，国内外相互配合的援外工作格局。但是由于管理比较分散，各部门职能交叉，工作效率较低。

2. 管理原则

当前中国援外工作按照宏观和微观，决策和执行的科学、合理划分的原则，由商务部援外司执行宏观政策、宏观决策和监督援外项目管理工作的宏观职能，以及涉及援外成套项目管理的少数微观职能。援外司运用行政法规、制度对援外工作进行规范化的宏观调控；运用经济手段保证援外工程的质量和进度；实施援外任务的企业总承包责任制；运用竞争机制，通过招标择优选定承担各类援外任务的总承包企业，视项目规模、性质和内容，分别采取相应的方式招标；择优选定技术、咨询、审计单位对援外项目进行设计审查、质量监督、财务审计和工程验收，实现对外援助工作的宏观管理。而援外项目的具体实施和管理的微观职能主要由国际经济合作事务局执行，包括援外项目招标、援外项目管理和援外财务管理。

3. 管理的主要环节和程序

（1）资格认定

援外项目由具有独立民事主体资格的中国法人具体实施，对援外项目实施主体，中国实行资格认定制定。商务部对取得援外物资企业资格的企业实行动态资格管理，每两年进行一次资格核验。

（2）立项

商务部根据对外援助协议与国务院批准的年度资金计划，负责受理援外项目的立项申请，组织立项评估、确定援外项目并与受援方签订立项协议、办理相关手续。

（3）招标

援外项目执行机构在经资格认定的援外项目实施主体范围内通过招标方式确定援外项目的实施主体。援外项目招标可采取公开招标、有限邀请招标、议标三种形式。

（4）合同的订立

商务部或援外项目执行机构根据招标结果与援外项目实施主体签订承包合同，必要时授权援外项目实施主体与受援方订立实施合同，在前款合同订立后10日内，执行机构应将合同报国务院商务主管部门备案。

（5）项目实施的监督

商务部或其授权的执行机构对援外项目实施主体的质量、进度、投资等进行监督管理。

（6）援外项目的验收与移交

商务部或其授权的执行机构应组织援外项目的验收并与受援方办理移交手续。

（7）项目实施结果评估

在援外项目移交后，商务部对援外项目实施效果组织（追溯性）评估。

二、中国接受国际经济组织援助

（一）中国接受国际组织援助的基本情况

中国自 1979 年开始接受国际多边、双边无偿援助，这些无偿援助资金主要来源于联合国开发计划署、联合国人口基金会、联合国儿童基金会、世界银行、亚洲银行等国际组织，以及欧盟、英国、德国、法国、加拿大、比利时、日本、澳大利亚等 20 多个国家。截全 2011 年年底，中国共接受多边、双边无偿援助 70 亿美元，实施了 2 000 多个项目。近几年，中国接受的国际多边、双边援助金额每年稳定在近 2 亿美元。这些无偿援助项目涉及扶贫救灾、工业技术改造、农业、林业、畜牧业、教育、医疗卫生、艾滋病防治、环境保护、交通、能源、通信、体制改革、司法合作、人力资源开发和提高政府管理能力等众多领域。其中，70% 的援助资金用于中国中西部地区的发展。多年来，中国利用国际经济组织的援助和外国政府贷款成效显著，对促进中国国民经济发展，提高人民生活水平起到了很好的促进作用。利用外国政府贷款和国际发展援助已经成为中国利用外资的重要组成部分。

（二）中国接受的主要国际组织援助

中国接受的国际多边援助主要来自联合国发展系统和世界银行。自 1971 年中国恢复了在联合国的合法席位之后。中国与联合国发展系统的合作经历了从逐步扩大到深入发展的过程。中国于 1972—1978 年曾派代表参与了联合国有关发展问题的决策并向其捐款。从 1979 年起，中国改变了只捐款不受援助的政策，开始接受联合国发展系统的无偿援助。截至 2010 年年底，联合国发展系统的各机构总共向中国提供了超过 40 亿美元的援助。这些援助主要是联合国开发计划署、粮食计划署、农发基金、人口基金会、儿童基金会、粮农组织、世界卫生组织、教科文组织、全球环保基金等机构提供的，涉及农牧渔业、林业、机械、电子、能源、基础设施及"老少边穷"的开发项目达 2 000 多个。

中国与世界银行的合作始于 1981 年，中国是世界银行执行贷款项目最好的成员国之一。截至 2012 年年底，世界银行共向中国提供贷款约 544.1 亿美元，用于约 349 个项目。中国是迄今为止世界银行贷款项目最多的国家之一。世界银行贷款项目涉及国民经济的各个部门，遍及中国大多数省、市、自治区、主要集中在交通（31%）、城市与农村的发展（22%）、能源（15%）和人力开发（6%）等领域。交通项目着眼于将贫困内陆省区与经济蓬勃发展的沿海地区连接起来；城市项目着眼于城市交通、可持续供水和环境卫生；能源项目着眼于满足国家日益增长的电力需求。今后，世界银行将把对话工作重点集中在以下三个主要领域：

（1）支持更加绿色的增长。主要是帮助中国走上可持续能源道路，改善城市环境服务，促进低碳城市交通，推广可持续农业实践，开展可持续自然资源管理试点，示范污染管理方法，加强应对气候变化的管理机制。

（2）推动更具包容性的发展。提高优质医疗服务和社会保护的可及性，加强农民工培训及其他职业技能培训项目，扩大农村和小城镇的机会，改善交通连通性促进更均衡的区域发展。

（3）与世界建立互利共赢的关系，支持中国开展商—商合作，在全球发挥利益攸关的作用。

（三）中国接受的主要国际双边援助

中国接受的国际双边援助主要来自日本、欧盟等国家和地区。其中，日本是较早向中国提供援助的国家。日本政府对华官方发展援助（ODA）分为无偿援助、日元贷款和技术合作三大部分。其中，无偿援助包括一般无偿援助、小规模无偿援助、文化无偿援助、紧急无偿援助等。日本对华援助涉及领域非常广阔，从中国改革开放初期的能源、运输等基础建设到农业项目，直到近期来的环境、人才培养。日本还通过派遣海外协力队、年长志愿者等方式，为中国提供大批志愿者、专家，涉及中国的文化、教育、卫生、环保等领域。

欧盟于1984年开始向我国提供财政技术援助。1995年之前，欧盟对华提供的发展援助以扶贫为主，主要集中在农业领域。1995年之后，欧盟调整了对华政策及对华发展援助政策，扩大了欧盟对华援助的领域。截至2012年年底，中欧发展合作项目共支持了90多个项目，累计援助金额7.7亿欧元。发展合作项目涉及农业、环保、能源、教育、卫生、贸易、司法和政府治理等众多领域。但欧盟委员会从2014年起削减了对中国、印度、巴西等19个新兴经济体的援助，将援助重点放在最贫困国家。

三、中国对外援助的发展趋势

我国对外援助的形式，随着发展以及以往对外援助的经验的积累，也在不断变化着。最初，我国采取的是直接的资金援助，即中国政府直接赠予受援国政府资金，让其发展经济，加快社会建设。但是政局不稳定、政权交替频繁等因素使得许多资金不能使用到合理的地方，造成了浪费，援助的效果不明显。

经过对外援助的实践总结，我国随后采取了物资援助的形式，避免了援助资金不到位或监督困难的问题，使被需要的物资能在实际生产和生活中发挥作用，但是这种形式也存在弊端。我国援助的一些高端物资，如计算机、医疗设备、电子产品等，虽然是受援国需要的物资，但由于受援国当地使用者的能力有限，许多尚无法高效率地使用，在一定程度上造成了很大的浪费。所以，我国经过逐步摸索，提出了新的援助形式——人力资料培训援助。人力咨询培训援助属于项目援助的一种，是指邀请受援国的高级官员以及技术人员到援助国，由援助国政府承担一切费用，并安排一系列相关的高级课程。由援助国委派具有权威性的专业技术人员及官员进行讲解，以使受培训的外国人员在经济、管理、技术水平上有所提高，并使他们回国后能在各自的岗位上发挥才干。这从根本上解决了人才匮乏的问题，也可以大大加深两国之间的友好关系，使受援国对中国有更为直接和深入的了解，为我国营造一个更优越的国际环境。

思考题

1. 国际发展援助有哪些具体方式？
2. 国际发展援助的主要机构有哪些？
3. 简述国际发展援助的实施程序。
4. 简述国际发展援助的方式及其含义。
5. 中国有哪些对外援助方式？

第十一章　国际税收

在任何一项国际经济合作活动中，有关国家政府通常都会依法强制地对从事该项活动的经济实体或个人课税。这种税收不仅涉及合作当事人的收入分配，还关系到合作当事人所属国家的利益划分。因此，研究国家经济合作中的税收问题是更好地利用外资、引进技术、搞好合作的重要条件，也是调整合作环境的重要因素。

第一节　国际税收概述

一、国际税收的概念

（一）税收与税收制度

税收是一个经济范畴，也是一个历史范畴，它的发展受社会生产力发展水平制约。税收是国家为了实现其职能，以公共权力为后盾，按照法律，通过税收工具强制地、无偿地参与国民收入和社会产品的分配和再分配，取得财政收入的一种形式。税收体现了国家与它政治权利管辖范围内的纳税人（包括自然人与法人）之间发生的征纳关系。税收与其他分配方式相比，具有强制性、无偿性和固定性的特征，习惯上称为税收的"三性"。

税收制度简称"税制"，它是国家以法律或法令形式确定的各种课税办法的总和，反映国家与纳税人之间的经济关系，是国家财政制度的主要内容。是国家以法律形式规定的各种税收法令和征收管理办法的总称。税收制度的基本要素主要有：征税对象、纳税人、税目、税率、纳税环节、纳税期限、减免税和违章处理等。广义的税收制度还包括税收管理制度和税收征收管理制度。一个国家制定什么样的税收制度，是生产力发展水平、生产关系性质、经济管理体制以及税收应发挥的作用决定的。

（二）国际税收的概念

国际税收是指两个或两个以上的主权国家或地区由于对参与国际经济活动的纳税人行使管辖权而引起的一系列国家之间税收活动。它体现了主权国家或地区之间的税收分配关系。对这一概念的理解可从下述几方面来把握：①国际税收是一种税收活动不能脱离国家而独立存在，它是以国家为一方，以跨国公司为另一方的税收征纳行为。②跨国纳税人是国际税收中的一个关键性因素。这是因为，一个国家对纳税人征税，行使其征税权力，本属国家税收范围，只是由于纳税人的活动超出了国界，成为跨国纳税人，才引起国家之间的税收分配关系，才产生了国际税收。③国际税收的本质是国家与国家之间的税收分配关系，它同国家税收实质上有着严格区别，国家税收所反映的是一国政府与国内纳税人之间的分配关系，而国际税收所反映的，除了这方面的分配关系以外，更多的是不同国家之间的税收分配关系，或者说是不同国家之间的财权利益分配问题。

（三）国际税收与外国税收和涉外税收的区别

国际税收不仅同国家税收有着明显的区别，而且，它同外国税收以及涉外税收等概念也是不同的。外国税收是相对于本国税收的一个概念，他是外国人眼里的本国税收。同本国税收一样，它也隶属于本国税收的范畴，因而不能将其视为国际税收。涉外税收是一国税收制度中涉及外国纳税人的部分。各国的涉外税收同国际税收有着一定的联系，各国的涉外税收制度是国际税收关系形成的基础，国际税收是各国涉外税收的延伸和扩展。但是，两者的立足点不一样：一国的涉外税收立足于国内，主要是处理本国政府的对外征税的问题，所体现的是该国的对外经济关系，它对别国的税收制度不起约束作用；而国际税收主要立足于国际，所要处理和解决的问题主要是国与国之间的税收分配关系，它把各国的涉外税收制度放在国际关系的整个体系中加以分析和考察，从而揭示出带有规律性的本质联系，调整和规范国际的税收分配关系。所以，也不能把涉外税收同国际税收等同看待。

（四）国际税收中的纳税人和征税对象

国际税收所涉及的纳税人和征税对象就是各个国家税法所规定的纳税人和征税对象。事实上，国际税收本身没有自己单独的纳税人和征税对象，只有当有关国家各自对其税法所规定的纳税人征税，引起了这些国家相互之间的税收分配关系时，才使得这些国家的纳税人和征税对象同时变成了国际税收所涉及的纳税人和征税对象。因而，国际税收所涉及的纳税人是指负有跨国纳税义务的自然人和法人。国际税收的研究范围主要是所得税，所以国际税收中所涉及的征税对象主要是指跨国收入或所得，它包括跨国经常性收入或所得、跨国超额收入或所得、跨国资本利得或跨国其他收入或所得等。

二、税收管辖权和国际双重征税

（一）税收管辖权的概念

税收管辖权是国家主权在税收领域中的表现，是国家依法确定纳税人和征税对象及其纳税义务的权利。税收管辖权的主体，是拥有征税权的国家，其客体是负有跨国纳税义务的跨国纳税人及其跨国所得。

（二）税收管辖权的分类

1. 按属地原则确立的税收管辖权

在国际税收中，属地原则指的是一个国家只能在其所属领土疆域的全部空间（包括领陆、领海和领空）内行使征税权力的指导原则。按这一原则确立的税收管辖权，称为地域税收管辖权。在实行地域税收管辖权的国家里，它只对纳税人来源于或存在于本国领土内的所得或财产课税，即使这个纳税人是一个外国居（公）民，亦不例外；相反，他对于来源于或存在于本国领土以外的所得或财产就不征税，即使这些所得或财产为本国居（公）民所取得或拥有，亦不例外。

2. 按属人原则确立的税收管辖权

在国际税收中，属人原则指的是一个国家对该国的全部公民或居民行使征税权力的指导原则。依照属人原则确立的税收管辖权有两种：一种称为居民税收管辖权，又称居住地税收管辖权。它指的是国家对其居民的全部所得有依法课税的权利；另一种称为公民税收管辖权，意即国家对具有本国国籍的公民之全部所得有依法课税的权利。这两种税收管辖权是根据纳税人同本国的居住联系或政治法律方面的联系（即是否拥有国籍）来确定其纳税义务，而不管这些居民或公民的所得来源于本国领土范围之内或范围之外。

（三）税收管辖权的选择

各国有权选择行使上述税收管辖权其中的一种或几种，他国不得干预。选择的原则自然是根据本国经济条件及维护民族权益的需要。受对外投资、引进外资、收入来源、居民与公民分布等因素的影响，发达国家与发展中国家的选择取向是不同的。

一般而言，世界上大多数国家会同时行使地域税收管辖权和居民税收管辖权，中国也在其列。个别国家甚至"三权并用"，即同时行使地域、居民、公民三种税收管辖权，如美国。当然，也有少数地区和国家只行使地域税收管辖权，如中国香港以及巴拿马、巴西、阿根廷、委内瑞拉、巴拉圭等拉美国家。虽说极少国家会放弃任何一种税收管辖权，但仍有巴哈马、开曼群岛、瑙鲁和安道尔这样的国家和地区完全放弃了对所得税的税收管辖权。

（四）国际双重征税的含义和产生的原因

国际双重征税有时也称为国际重复征税，是指两个或两个以上的国家各自依据自己的税收管辖权就同一税种对同一跨国纳税人或不同跨国纳税人的同一征税对象在同一纳税期限内同时征税。在跨国公司大量发展以后，母公司、子公司以及多层子公司独立经济实体之间的重叠征税，在一定条件下也视为国际双重征税。

国际双重征税可分为两种基本类型：第一种，法律性双重征税是因不同征税主体对同一纳税人的同一纳税客体征税而引起的；第二种，经济性双重征税是因对不同的纳税人的统一征税对象或统一税源征税所引起的，通常是指对两个不同的纳税人就同一项所得或财产征收两次或者两次以上的税收的现象。经济性重复征税不强调纳税主体的同一性。国际双重征税产生的基本原因在于国家间税收管辖权的冲突。这种冲突通常有三种情况。

1. 地域税收管辖权与居民税收管辖权冲突

不同国家同时行使居民税收管辖权和收入来源地税收管辖权，使得具有跨国收入的纳税人，一方面作为居民纳税人向其居住国就世界范围内的收入承担纳税义务；另一方面作为非居民纳税人向收入来源地就其在该国境内取得的收入承担纳税义务，这就产生国际双重征税。

2. 居民税收管辖权与居民税收管辖权冲突

居民身份确认标准的不同，使得同一跨国纳税人在不同国家都被认定为居民，都要承担无限的纳税义务，这也产生了国际双重征税。

3. 地域税收管辖权与地域税收管辖权冲突

收入来源地确认标准的不同，使得同一跨国所得同时归属于两个不同的国家，向两个国家承担纳税义务，这又产生了双重征税。

此外，各国所得税制的普遍化是产生国际双重征税的另一原因。当今世界，除了实行"避税港"税收模式的少数国家外，各国几乎都开征了所得税。由于所得税制在世界各国的普遍推行，使国际重复征税的机会大大增加了；更由于所得税征收范围的扩大，使国际重复征税的严重性大大增强了。

（五）避免、消除或减缓国际双重征税的方式与方法

由于国际双重税收对国际经济的发展产生不良影响，因此为了顺应国际经济发展的潮流，出于各国对自己的财政经济利益和税务管理的需要，各国政府和经济组织采取各种方式、方法来避免和消除国际双重征税。目前各国采取的避免国际双重税收的方式有三种，即多边方式、双边方式和单边方式。双边或多边方式，是指通过双边或多边的谈判，签订双边或多边的避免国际重复征税的税收协定，来免除国际重复征税。单边方式，是指一个国家在本国税法中单方面作出一些规定，来避免、消除或缓和本国纳税人来源于国外的所得的重复征税。

避免、消除或减缓国际双重征税的基本办法有免税法、扣除法和抵免法和减免法。

1. 免税法

免税法亦称"豁免制"，全称"外国税收豁免制"，指规定对本国居民来源于本国境外的所得或财产免予征税，而只对其来源于本国境内的所得征税。采用免税法是以承认地域税收管辖权为前提的。

2. 扣除法

扣除法是居住国政府允许纳税人就境外所得向来源国缴纳的税款从国内外应税所得中扣除的一种方法。扣除法的指导原则是把居住在本国的跨国纳税人在收入来源国交纳的所得税视为一般的费用支出在计税所得中减除。与免税法对比，在扣除法下，纳税人的税收负担水平高，国外所得并没有完全消除重复征税，只是有所减轻。

3. 抵免法

抵免法的全称为"外国税收抵免"，是目前国际上比较通行的消除双重征税的方法。抵免法的指导原则是既承认居民税收管辖权，也承认地域税收管辖权，并承认收入来源地税收管辖权的优先地位。根据这一方法，居住国政府按照居民纳税人来源于国内外的全部所得计算应纳税额，但允许纳税人从应纳税额中抵免已在收入来源国缴纳的全部或部分税款。

4. 减免法

减免法就是指对居住国居民来源于国外的所得或对来源于本国所得的非居民纳税

人，采用较低的税率或减免等优惠政策，如比利时政府规定对来源于国外的所得按正常税率减征 80%。减免法可以减轻或缓和国际重复征税，但不能消除国际重复征税。

以上四种方法中前三种在避免、消除或减缓国际双重征方面都可以起到积极的作用，但相对而言，免税法与抵免法比较彻底，扣除法和减免法的作用要小一些。

三、国际税收协定

（一）国际税收协定的概念与分类

国际税收协定是指两个或两个以上的主权国家为了协调相互间在处理跨国纳税人征纳事务方面的税收关系，本着对等原则，通过政府间谈判所签订的确定其在国际税收分配关系的具有法律效力的书面协议或条约，也称为国际税收条约。它是国际税收重要的基本内容，是各国解决国与国之间税收权益分配矛盾和冲突的有效工具。国际税收协定的意义和必要性主要表现在：一是，弥补国内税法单边解决国际重复征税问题存在的缺陷；二是，兼顾居住国和来源国的税收利益；三是，在防止国际避税和国际偷税问题上加强国际合作。

国际税收协定按照参加国家的多少，可以分为双边和多边两类；按照涉及内容范围的大小，可以分为一般与特定两种形式。凡由两个国家参加签订的协定，称为双边国际税收协定。凡由两个以上国家参加签订的协定，称为多边国际税收协定。凡协定内容一般地适用于缔约国之间各种国际税收问题的，称为一般国际税收协定。凡协定内容仅仅适用于某项业务的特定税收问题的，则称为特定国际税收协定。

（二）国际税收协定及其范本的产生

世界上最早的国际双边税收协定是 1843 年比利时与法国签订的。该协定主要为了解决两国间在税务问题上的相互合作和情报交换。目前，该协定已不再执行。意大利和奥地利于 1925 年 10 月 31 日签订的双边税收协定是目前仍在执行中的最早缔结的税收协定。从第一个国际税收协定出现到现在的一个半世纪中，国际上签订了各种类型的协定 1 000 多个，国际税收协定已成为当今国际经济关系中的一项重要内容。

国际税收协定产生初期，签订税收协定国家比较少。进入本世纪以后，世界经济一体化的进程不断加快，越来越多的国家加入到签订国际税收协定的行列。因此，迫切需要制定出国与国之间签订税收协定时可供参照和遵循的国际标准。国际税收协定范本就是在这种国际环境下产生的。国际税收协定范本的主要作用在于为各国签订税收协定提供一个规范性样本，为解决协定谈判过程中遇到的技术性难题提供有效的帮助。税收协定范本具有两个特征：一是规范化，可供签订国际税收协定时参照；二是内容弹性化，能适应各国的实际情况，可由谈判国家协商调整。

1977 年，经合组织正式通过了《关于对所得和财产避免双重征税协定范本》（以下简称"经合组织范本"）。联合国于 1979 年通过了《关于发达国家与发展中国家间避免双重征税协定范本》（以下简称"联合国范本"）。联合国税收协定范本的主要意义在于探索一条关于发达国家与发展中国家缔结税收协定的便利途径，并且制定适用于这些协定的指导原则。这些指导原则，要既符合发达国家，也符合发展中国家的利益。联合国范本与经合组织范本在结构上和内容上大体一致，但由于站的角度不同，反映国家的利益不同，在一些问题的看法和处理上有些不同和分歧。经合组织范本虽然在某些特殊方面承认收入来源国的优先征税权，但主导思想所强调的是居民管辖权原则，主要是为促进经合组织成员国之间签订双边税收协定的工作，因而比较符合发达国家利益。联合国范本较为注重扩大收入来源国的税收管辖权，即强调收入来源管辖权原则，主要目的在于促进发达国家和发展中国家之间签订双边税收协定，同时也促进发展中国家相互间签订双边税收协定。对于发展中国家而言，联合国范本是他们进行双边税收协定谈判是一个较好的参考样本。此外，联合国范本强调，收入来源国对国际资本收入的征税应当考虑以下三点：①考虑为取得这些收入所应分担的费用，以保证对这种收入按其净值征税；②税率不宜过高，以免挫伤投资积极性；③考虑同提供资金的国家适当地分享税收收入，尤其是对在来源国产生的即将汇出境的股息、利息、特许权使用费所征收的预提所得税，以及对从事国际运输的船运利润征税，应体现税收分享原则。

（二）国际税收协定的主要内容

国际税收协定，在很大程度上受《经济合作与发展组织税收协定范本》和《联合国协定范本》的影响及制约。从各国所签订的一系列双边税收协定来看，其结构及内容基本上与两个范本一致，都包括如下七个主要内容：

1. 协定适用的范围

（1）人的适用。一切双边税收协定只适用于缔约国双方的居民，外交代表或领事官员的外交豁免权除外。

（2）税种的适用。各类税收协定一般将所得税和一般财产税列为税种适用的范围。

（3）领域的适用。一般的税收协定规定各缔约国各自的全部领土和水域。

（4）时间的适用。一般国际税收协定在缔约国互换批准文件后立即生效，通常没有时间限制。

2. 协定基本用语的定义

协定基本用语的定义涉及：首先是一般用语的定义解释，主要包括"人""缔约国""缔约国另一方""缔约国一方企业"等；其次是特定用语的定义解释，因为特定用语对协定的签订和执行具有直接的制约作用，必须对特定用语的内涵和外延做出解释和限定。如"居民""常设机构"等；最后还有专项用语的定义解释。国际税收协定中有一些只涉及专门条文的用语解释，一般放在相关的条款中附带给定义或说明。

3. 税收管辖权的划分

对各种所得征税权的划分，是双边税收协定中包括的一项主要内容。各国对所得的征税有不同的内容，涉及的所得范围各不一样，但总的来看，可分为四大项：一是对营业所得的征税。对缔约国一方企业的营业所得，双边税收协定奉行居住国独占征税的原则；对常设机构的营业利润，一般规定适用来源地国优先征税的原则。二是对投资所得的征税。国际税收协定一般适用来源地国与居住国分享收入的原则。三是对劳务所得的征税。区分不同情况，对居住国、来源地国的征税权实施不同的规范和限制。四是对财产所得的征税。在各国所缔结的双边税收协定中，对上述各项所得如何征税，应有一个明确的权限划分，并对有关问题加以规定。如对各项所得由哪方先行使税收管辖权，先行使税收管辖权的一方应由什么样的条件限制，征税国应对某些收入采取什么样的税率征税等。

4. 避免双重征税的方法

在签订税收协定时，还应考虑采用什么样的方法来避免对优先行使征税权而已征税的那部分所得的重复征税。如何在免税法、抵免法和扣除法中选择采用方法以避免国际间重复征税，如果缔约国双方确定给予对方跨国纳税人的全部或部分优惠以饶让，也必须在协定中列出有关条款加以明确。

5. 税收无差别待遇原则

税收无差别原则在国际税收协定条款规定中具体有以下表现。

（1）国籍无差别条款。即缔约国一方国民在缔约国另一方负担的税收或者有关条件，不应与缔约国另一方国民在相同情况下负担或可能负担的税收或有关条件不同或者比其更重，禁止缔约国基于国籍原因实行税收歧视。

（2）常设机构无差别条款。即缔约国一方企业设在缔约国另一方的常设机构的税收负担，不应高于缔约国另一方进行同样业务活动的企业。

（3）扣除无差别条款。缔约国一方企业支付给缔约国另一方居民的利息、特许权使用费和其他款项，应与在同样情况下支付给本国居民一样，准予列为支出。所有权无差别条款。即资本无差别条款，是指缔约国一方企业的资本不论是全部还是部分、直接或间接为缔约国另一方一个或一个以上的居民所拥有或控制，该企业税负或有关条件，不应与该缔约国其他同类企业不同或比其更重要。

6. 税务情报交换

税务情报交换两个范本都规定，缔约国双方主管当局应交换为实施本协定的规定所需要的情报，或缔约国双方关于本协定所涉及的税种的国内法，按此征税与本协定不相抵触的情报。

7. 相互协商程序

缔约国财政部门或税务主管当局之间通过缔结互助协议完善相互协商程序用以解决有关协定使用方面的争议和问题。该程序是各税务主管当局之间的一个讨论程序，旨在尽可能找到并为各方所能接受。

（三）国际税收协定的法律地位

从目前大多数国家的规定来看，当国际税收协定与国内税法不一致时，国际税收协定处于优先执行的地位。我国是主张税收协定应优先于国内税法的国家。但也有一些国家主张国际税收协定不能干预缔约国制定、补充和修改国内税法，更不能限制国内税法作出比税收协定更加优惠的规定；如果国内税法的规定比税收协定更为优惠，则一般应遵照执行国内税法。国际税收协定在少数国家并不具有优先于国内税法的地位，例如美国。

第二节　国际避税方法与国际反避税措施

一、国际避税与国际逃税

国际避税是指跨国纳税人利用各国税法规定所存在的差别或税法允许的办法，采用各种公开与合法的手段（如变更纳税人身份、改变经营地点或经营方式等），做出适当的财务安排和税务筹划，以达到减少或消除税收负担的目的。

国际避税与国际逃税往往不易区分。国际逃税是指跨国纳税人利用国际税收管理合作的困难和漏洞，采取不向税务机关报送纳税材料、谎报所得、虚构扣除、伪造账册和收付凭证等种种非法的隐蔽手段，蓄意瞒税，以谋求逃避应承担的纳税义务的行为。两者有联系也有区别。它们的联系在于，国际避税与国际逃税都会对所在国的财政收入造成减少的后果，因而成为各国税收征管工作中稽查和防范的重点，也是国际税收合作的重要内容。而两者的区别则体现在以下几点：①性质不同。国际避税具有公开性与合法性，纳税人的行为不具有欺诈性，而国际逃税具有隐蔽性和非法性，是征税国和国际税收协定明确禁止的违法行为。②承担的责任不同。对国际逃税，可由有关国家根据其国内税法或税收协定的规定，依法进行补税和加处罚款，以示惩罚；对国际避税行为，由于是各国税法上的漏洞和各国税法之间的差别引起的，对避税人无法也不可能进行处理。有关国家在发现这些问题之后，只能通过完善税法，如相应做出一些补充规定，或加强与他国税法的衔接，来进行防范。

二、国际避税的成因

（一）国际避税的客观基础

纳税人主观上选择避税，当然是为了减轻税负，获得更多利润。但如果没有产生避税的客观基础，这一动机就不可能实现。国际避税的客观基础，或者说各国税收规定间的差别，主要有以下八种情况：

1. 各国在税收管辖权上的差别

目前世界各国对税收管辖权的选择和行使有很大不同，各国在税收管辖权上的差别，可能会造成双重征税，也有可能导致不纳税。

2. 课税程度和方式上的差别

绝大多数国家基本都实行了以所得课税为主体税的税制格局。但细加比较，各国的所得课税程度和方式又有很大不同。如有的国家公司所得税、个人所得税、财产税、资本利得并举，且征管规范、手续严格；而有的国家则基本不开征财产税和资本利得税，即使开征，税负也很轻。对个人所得税，有的国家采用综合征收制，而有的国家则采用分类征收制。即使是相同名称的税种，如个人所得税和公司所得税，其具体包括的内涵和外延也都存在不同之处。

3. 运用税率上的差别

有些国家使用比例税率，有些国家使用超额累进税率；有些国家最高税率可能达70%，而有些国家税率最高可能不超过35%。

4. 税基上的差别

所得税税基为应税所得，但在计算应税所得时，各国对各种扣除项目的规定可能差异很大。如给予各种税收优惠，会缩小税基；如取消各种税收优惠，则会扩大税基。在税率一定的情况下，税基的大小决定着税负的高低。

5. 避免国际双重征税方法上的差别

为避免国际双重征税，各国采用了不同的方法，如免税法、扣除法、抵免法等。这些不同的方法会使纳税人承担不同的税负。其中扣除法税负最重，其次是抵免法，税负最轻的是免税法。

6. 国与国之间有无税收协定上的差别

国与国之间有无税收协定，直接影响到避免双重征税及子公司向母公司汇出股利及贷款利息等预提税的多寡。如美国规定，对于向没有同美国政府签订税收协定的国家和地区汇出股息、利息或特许使用费，预提费为30%；对于有税收协定的国家，则为10%。

7. 使用反避税措施上的差别

例如扩大纳税义务，在税法中采用国籍原则，以及各种国内和国际反避税措施方面的差别。

8. 税法实施有效性的差别

有的国家虽然在税法上规定的纳税义务很重，但由于税法实施的有效程度差，征管效率很低，从而使税收的征纳过程漏洞百出，名不符实，使跨国纳税人的税收负担名高实低，这也为国际避税创造了条件。

（二）国际避税的刺激因素

一般而言，税负越高，纳税人想方设法进行避税的意愿就越强。而导致税负增加从而刺激国际避税的因素主要有以下三个方面：

1. 税率

税率高意味着纳税人的税负重，纳税人逃税的动机就强。税率有平均税率和边际税率两种形式。平均税率是在税收总额除以税基的比率，即应纳税额占应税所得的百分比。边际税率是指每额外新增的一单位应税所得额适用的税率。在实行累计税率的情况下，边际税率随着税基的增加而增加。纳税人关心的主要是边际税率的大小，即政府要从纳税人新增的每一单位收入中获取多少税收。高边际税率是导致纳税人避税的加速器。经验表明，当边际税率低于50%时，纳税人一般还能接受税收给他带来的负担，但当边际税率超过50%时，纳税人会对纳税产生抗拒心理，选择避税行为的几率大大增加。

2. 税基

税基是征税的客观基础。在税率一定的前提下，如果纳税人所缴纳的税种，其税基很大，则其计税依据就会扩大，其缴纳的税款也就会增加。纳税人不甘心既得利益被征收走，就会利用风险较小的避税手段来减轻税负。近年来，各国所得税税基都有扩大的趋势。

3. 通货膨胀

企业纳税人的纳税活动，同其他经营活动一样，都是在一定的社会经济环境下进行的，必然要受到经济环境的影响。其中，通货膨胀就是对企业纳税活动产生重要影响的因素之一。通货膨胀对企业纳税人的影响有两个方面：一是"档次爬升"，二是纳税扣除不足。所谓"档次爬升"是指在通胀情况下，纳税人应纳税的名义收入增加，从而造成纳税人的适用税率被推向更高的档次，政府借此从纳税人实际所得中征得更大的份额。从某种意义上说，"档次爬升"是政府增加财政收入的一条微妙途径，因为重负不必通过立法机构颁布新的增税法律，通货膨胀通过累计税率的特点，就可使政府从国民收入真实所得中获取较大的份额。所谓纳税扣除不足，是指在通货膨胀情况下，物价水平会发生总体上的持续性上涨，而免征额依然不变，从而发生扣除额实际减少的现象，即扣除不足，这样就造成过分征税。由通货膨胀引起的"档次爬升"和扣除不足，蚕食了纳税人的实际所得和资本，爬升纳税人选择避税这条路。

三、国际避税的主要方法

国际避税的方法分自然人避税方法和法人避税方法。下面重点介绍法人避税方法。

(一) 利用国际避税地避税

国际避税地也称国际避税港，是指对所得与资产免税或按较低的税率征税或实行大量税收优惠的国家和地区。它主要分为以下三类：

第一类是没有直接税的"纯国际避税地"。在这种避税地没有个人和企业所得税，也没有净财富税、遗产税、赠与税。如巴哈马、开曼群岛、英属维尔京群岛、海峡群岛、百慕大、格陵兰、新喀里多尼亚、开曼群岛、瑙鲁、巴巴多斯等。如海外投资者到这些国家或地区设立企业，只需向当地有关部门注册登记，缴纳一定的注册费，而不必缴纳个人所得税、企业所得税和一般财产税。

第二类是指完全放弃居民（自然居民和法人居民）税收管辖权而只实行地域税收管辖权的国家或地区。在这类国家和地区，只对来源或存在于当地的所得与财产征税而不对来源或存在于国外（地区外）的所得与财产征税，如中国香港地区、马来西亚、巴拿马、阿根廷、哥斯达黎加、利比亚等。

第三类是指按照国际惯例制定税法并实行征税，但对外来投资者提供某些税收优惠的国家或地区。此类国家和地区包括加拿大、希腊、爱尔兰、卢森堡、荷兰、英国、菲律宾等。

利用国际避税地进行避税的方法主要有以下三种：

(1) 虚设机构。跨国公司在避税地设立一个子公司，然后制造出母公司销售给另一公司的货物经避税地子公司中转销售的假象，从而将母公司所得转移到避税地子公司账上，达到避税目的。设立于避税地的这家子公司，实际上并不从事生产经营活动，而只从事专门的避税活动，因此又被称为挂牌公司、纸面公司、文件公司或基地公司。例如美国某一国际投资公司——福特汽车公司向巴哈马出售一万辆汽车，虽然这笔交易没有经过巴哈马子公司中转，但福特汽车公司的销售收入转到巴哈马子公司的账上，利用巴哈马的免税优惠达到避税目的。只要子公司不把母公司应得股息汇往美国，福特汽车公司便可长期占用这笔交易所得应缴纳的税款。

（2）虚设信托财产。虚设信托财产是指投资者在避税地设立一个个人持股信托公司，然后把它的财产虚设为避税地的信托财产，从而达到避税目的。例如，加拿大摩尔公司在百慕大设立一个信托公司，并把远离百慕大的财产虚设给"避税地"的信托公司，随后不仅可能避掉这部分财产所得应纳的税额，而且还可以用这笔资金在百慕大从事消极投资牟利，获取不纳消极投资所得税的好处。

（3）在第一类和第三类国际避税地开办企业或银行，从事正常的生产和经营活动，享受其所在地资产以及其他方面的减免税优惠，从而达到避税目的。

（二）利用转移价格避税

所谓转移价格或转让价格，是指一个跨国法人内部具有独立法人身份的母公司与子公司，子公司与子公司之间销售商品、提供劳务、转让无形资产时，人为确定的划拨价格。它不同于独立法人在国际交易中通常使用的市场价格。转移价格包括两个方面：一是有形产品的转移价格，如公司内部相互提供的设备、零部件和原材料的价格；二是无形产品的转移价格，如子公司付给母公司（或其他子公司）的技术使用费、贷款付息、商标使用费、佣金费、管理费和咨询服务费等的价格。

转移价格首先被用来逃避所得税。跨国公司的子公司分布在不同国家，这些国家的所得税税率高低不同。因此，跨国公司就可以利用这一点，将盈利从高税率国家转移到低税率国家，从而减少公司的纳税额。

利用转移价格还可以逃避关税。具体做法有两种：一种是在跨国公司内部企业之间进行商品交易时，以调低的价格发货，减少缴纳关税的基数；另一种做法是利用区域性关税同盟或有关协定对不同的商品进口关税率所做的不同规定逃避关税。

（三）利用变更企业总机构登记注册地或变更企业实际控制与管理机构所在地的方法避税

国际上认定居民身份（公司居住地）的标准主要有两个，一个是以公司总机构登记注册地为标准（指负责管理和控制法人的日常经营业务活动中心管理机构所在地），另一个是以公司的实际控制和管理机构所在地为标准（指做出和形成法人经营管理决定和决策的地点）。如果一家海外企业的所在国是以登记注册地为标准认定法人居民身份，且这个国家是高税国，那么这家企业就可以采取到低税国登记注册的办法避税。同样，如果一家处于高税国的海外企业的所在国是根据实际控制和管理机构所在地来认定法人居民身份，那么这家企业就可以采用将实际控制和管理机构转移到低税国的办法来避税。

（四）利用双边税收协定进行国际避税

利用双边税收协定进行国际避税是指本无资格享受某一特定的税收协定优惠的第

三国居民，为获取该税收协定的优惠待遇，通过在协定的缔约国一方境内设立一个具有该国居民身份的公司，从而间接享受该税收协定提供的优惠待遇，减轻或避免了其跨国所得本应承担的纳税义务。

不同国家间签订的双边税收协定通常为缔约国各方的居民提供了某些优惠待遇，特别是对股息、利息、特许权使用费等消极所得的税收优惠。

协定中的优惠待遇原本只有缔约国双方的居民才有资格享受，但由于世界上多数国家特别是发达国家，都采取允许资本自由进出国境的政策，这就为跨国投资提供了方便。因此，出于全球经营战略的考虑，跨国纳税人可以相对自由地到自认为合适的国家建立具有法人资格的经济实体，这就为跨国纳税人打开了一条新的避税之门。滥用税收协定避税的方式一般是通过设置直接或间接的导管公司、直接利用双边关系设置低股权控股公司，将从一国向另一国的投资通过第三国迂回进行，以便从适用不同国家间的税收协定或从不同国家的国内税法中受益。

（五）选择有利的企业组织方式进行国际避税筹划

跨国投资者在国外新办企业、扩充投资组建子公司或设立分支机构都会涉及企业组织方式的选择问题，不同的企业组织方式在税收待遇上有很大的差别。就分公司和子公司而言，子公司由于在国外是以独立的法人身份出现，因而可享受所在国提供的包括免税期在内的税收优惠待遇，而分公司由于是作为企业的组成部分之一派往国外，不能享受税收优惠。另外，子公司的亏损不能汇入国内总公司，而分公司与总公司由于是同一法人企业，经营过程中发生的亏损便可汇入总公司账上，减少了公司所得额。因此，跨国经营时，可根据所在国企业自身情况采取不同的组织形式达到减轻税负的目的。例如，海外公司在初创期，由于亏损的可能性较大，可以采用分公司组织形式。当海外公司盈利后，若能及时地将其转变为子公司形式，便能获得分公司无法获得的许多税收好处；就股份有限公司制和合伙制的选择而言，许多国家对公司和合伙企业实行不同的税收政策。

设立国际控股公司、国际信托公司、国际金融公司、受控保险公司、国际投资公司等也是当今跨国公司进行税收筹划的重要途径之一。跨国公司往往通过在缔约国、低税国或避税地设立此类公司，获得少缴预提税方面的利益，或者能较容易地把利润转移到免税或低税地。同时还由于子公司税后所得不汇回，母公司可获得延期纳税的好处，此外还可以较容易地筹集资本，调整子公司的财务状况，如用一国子公司的利润冲抵另一国子公司的亏损。我国首钢集团通过在香港设立控股子公司就发挥了其卓著的筹资功能，同时也达到了减轻税负的目的。

（六）避免成为常设机构进行国际避税筹划

常设机构是指企业进行全部或部分营业的固定场所，包括管理场所、分支机构、办事处、工厂、作业场所等。目前，它已成为许多缔约国判定对非居民营业利润征税与否的标准。对于跨国经营而言，避免了常设机构，也就随之有可能避免在该非居住国的有限纳税义务，特别是当非居住国税率高于居住国税率时，这一点显得更为重要。因而跨国公司可通过货物仓储、存货管理、货物购买、广告宣传、信息提供或其他辅助性营业活动而并非设立一常设机构，来达到在非居住国免予纳税的优惠。例如，韩国不少海外建筑公司在中东和拉美国家承包工程，而这些国家规定非居民公司在半年内获得的收入可以免税，所以，这些韩国公司常常设法在半年以内完成其承包工程，以免交收入所得税。

（七）利用资本弱化方式进行国际避税

在一般情况下，跨国公司经营所需资金主要来自股东的股份投资和各自贷款。当跨国企业融资时，是选择股份形式还是贷款形式，通常主要考虑的因素有企业经营控制权、企业的性质和企业的自有资金情况等，而较少考虑税收方面的因素。但在现实的国际经济活动中，跨国股息和利息所得的实际国际税负是不一样的，两者之间存在着差别，这就使得跨国企业可以利用跨国股息和利息所得的实际国际税负差异，来有意弱化股份投资而增加贷款融资比例，将本应以股份形式投入的资金转变为采用贷款方式提供，减轻或逃避国际税负。

（八）利用电子商务进行国际避税

电子商务指进出口交易双方利用国际互联网、局域网、企业内部网进行商品和劳务的交易。目前全球已有52%的企业先后进行电子商务活动。电子商务活动具有交易无国籍无地域性、交易人员隐蔽性，交易电子货币化、交易场所虚拟化，交易信息载体数字化、交易商品来源模糊性等特征。电子商务给跨国企业的国际避税提供了更安全隐蔽的环境。跨国企业利用电子商务的隐蔽性，避免成为常设机构和居民法人，逃避所得税，利用电子商务快速的流动性，虚拟避税地营业，逃避所得税、增值税和消费税；利用电子商务对税基的侵蚀性，隐蔽进出口货物交易和劳务数量，逃避关税。因而电子商务的迅速发展既推动世界经济和贸易的发展，同时也给包括我国在内的各国税收制度提出了国际反避税的新课题。

四、国际反避税措施

反避税是指国家采取积极的措施，对国际避税加以防范和制止。反避税是对避税行为的一种管理活动。其主要内容从广义上包括财务管理、纳税检查、审计以及发票管理，从狭义上理解就是通过加强税收调查，修补税法漏洞。国际反避税的措施主要包括以下几个方面。

（一）国际税务合作

各国税务机关更需加强国家间税务合作，通过交换税收情报，尽可能多地采取防范逃税、避税的联合行动。税收情报交换的范围，一般不在税收协定中列出具体项目，只作出原则性的规定，内容大体有以下三个方面：一是交换为实施税收协定所需要的税收情报。如纳税人在居住国或所得来源地的收入情况，关联企业之间的作价等。二是交换与税收协定涉及税种有关的国内法律情报，其中包括为防范偷逃税所单方面采取的法律措施。但是，这些法律应当与税收协定不相抵触。三是交换防范税收欺诈、偷逃税的情报。前两项情报交换虽然也能够起到防范偷逃税的作用，但其重点是为了实施税收协定。而交换防范税收欺诈、偷逃税的情报，重点就是解决核实征税和依法处理偷逃税案件的问题，以防范和处理国际偷逃税和避税。如对境外所得隐匿不报或者申报不实、虚列成本费用、转移利润以及瞒报境外雇主支付的报酬等。

（二）防止通过征税对象国际转移进行国际避税的一般措施

国际关联企业之间的财务收支活动、利润分配形式体现着"集团利益"的特征，对这种避税活动给予限制，关键是应坚持"独立竞争"标准，即按照有关联的公司任何一方与无关联的第三方公司，各自以独立经济利益和相互竞争的身份出现，在相同或类似的情况下，从事相同或类似的活动所应承担或归属的成本、费用或利润来考查、衡量某个公司的利润是否正常，是否在公司之间发生了不合理的安排。凡是符合"独立竞争"标准的，在征税时就可以承认。否则，要按照这一标准进行调整，这样就可以达到防止避税的目的。

（三）转移价格调整

对关联企业之间销售货物或财产的定价问题，一直是防止国际避税的一个焦点。其中关键环节是确定公平的价格，以此作为衡量纳税人是否通过转让定价方式，压低或抬高价格，规避税收。美国在《国内收入法典》中规定，关联企业或公司彼此出售货物或财产时，财政法规规定的公平价格，就是比照彼此无关联各方，在同等情况下，出售同类货物或财产付出的价格。调整转让定价的方法主要有以下四种：①可比非受控价格法，即比照没有任何人为控制因素的卖给无关联买主的价格来确定；②再售价格法，如无可比照价格，就以关联企业交易的买方将购进的货物再销售给无关联企业关系的第三方时的销售价格扣除合理的购销差价来确定；③成本加利法，对于无可比照的价格，而且购进货物经过加工有了一定的附加值，则采用以制造成本加上合理的毛利，按正规的会计核算办法组成价格的方法；④可比利润法，即把关联企业账面利润与经营活动相类似的非关联企业实际利润相比较，或者将关联企业账面利润与其历史同期利润进行比较，得出合理的利润区间，并据以对价格作出调整。

（四）防止利用避税地避税的措施

针对国际避税地的特殊税收优惠办法，一些国家从维护自身的税收权益出发，分别在本国的税法中相应作出规定，以防止国际避税发生。其中美国的防范措施规定最复杂，也最典型。美国《国内收入法典》规定，只要在国外某一公司的"综合选举权"股份总额中，有50%以上分属于一些美国股东，而这些股东每人所持有的综合选举权股份又在10%以上时，这个公司就被视为被美国纳税人控制的外国公司，即外国基地公司。而且这个股权标准只要外国一家公司在一个纳税年度中的任何一天发生过，该公司当年就被视为外国基地公司。在上述条件下，凡按股息比例应归到各美国股东名下的所得，即使当年外国基地公司未分配，也均应计入各美国股东本人当年所得额中合并计税，这部分所得称为外国基地公司所得，共应缴外国税款可以获得抵免，以后这部分所得实际作为股息分配给美国股东时，则不再征税。

（五）加强征收管理

近几十年，许多国家从以下几个方面加强了征收管理，制定了比较严密的税收管理制度。

（1）纳税申报制度。严格要求一切从事跨国经济活动的纳税人及时、准确、真实地向国家税务机关申报自己的所有经营收入、利润、成本或费用列支等情况。

（2）会计审计制度。与纳税申报制度密切相关的是如何对跨国纳税人的会计核算过程及结果进行必要的审核，以检查其业务或账目有无不实、不妥以及多摊成本费用和虚列支出等问题。

（3）所得核定制度。许多国家采用假设或估计的方法确定国际税纳人的应税所得。征税可以基于一种假设或估计之上，这不是对税法的背弃，而是在一些特殊的情况下采取的有效办法。如在纳税人不能提供准确的成本或费用凭证，不能正确计算应税所得额时，可以由税务机关参照一定标准，估计或核定一个相应的所得额，然后据以征税。

第三节　中国的涉外税收制度

一、中国涉外税收概述

对外商投资企业、外国企业与在华外籍人员征收的各种税收统称为涉外税收。

（一）改革开放以来中国涉外税收政策回顾

我国涉外税收政策是随着国家对外经济与贸易交往活动的发展而逐步建立起来的。尤其是在 1978 年确立对内搞活经济、对外开放的基本方针并由封闭内向型经济向开放外向型经济转变以来，我国对外经济交往和技术合作迅猛发展，形成了对外开放的新局面，这迫切要求制定、建立和实施一整套涉外税收法规，我国涉外税收制度由此得到迅速发展和确立。

20 世纪 80 年代初期，为最大限度地招商引资，"以全面优惠促开放"为导向，以招商引资规模为重点，以全面优惠、最大负担和平等为基本原则，涉外税制体现出税负从轻、优惠从宽、手续从简的若干特点。自 1984 年起至 1993 年，我国陆续颁布了一系列扩大税收优惠的法规，并围绕经济特区、经济技术开发区、沿海经济开放区、高新技术产业开发区和保税区等的建设，逐步设计、形成了"经济特区—经济技术开发区—沿海经济开放区—其他特定地区—内地一般地区"的多层次涉外税收优惠格局。

1994 年后，为改善投资环境，适应建立和发展社会主义市场经济的需要，我国涉外税制建设经过一段时期的发展、局部修改与完善后形成内外两套企业所得税税制，但从涉外税制建设的基本原则看，对外资由最初的全面优惠逐步向特定行业优惠过渡。虽然是内外两套企业所得税税制，但由于 1993 年 12 月 13 日将国有企业、集体企业和私营企业三个企业所得税暂行条例以及《国营企业调节税征收办法》进行整合并制定

《中华人民共和国企业所得税暂行条例》，1994 年 1 月 1 日起开始实施的《中华人民共和国企业所得税暂行条例》，将内资企业所得税税率规定为 33%，与 1991 年制定的《中华人民共和国外商投资企业和外国企业所得税》的税率持平，说明当时内外资企业所得税的税负相对于改革初期已很接近了。除经营期在十年以上的生产性外商投资企业可享受"两免三减半"的优惠外，一般外资企业（不包括可享受特殊优惠的外资企业）与内资企业的征税规定基本相同。另外，在新的个人所得税制度下，中外籍人员适用的税率已完全相同（为照顾外籍人员的生活水平，新个人所得税制度允许在我国工作的外籍人，在就其工资、薪金缴纳个人所得税时，再扣除 3 200 元的附加减除费用）。所以，在涉外所得税的征收上，我国已不再坚持全面优惠的原则。

2007 年 3 月 16 日，十届全国人大五次会议通过《中华人民共和国企业所得税法》，并于 2008 年 1 月 1 日起开始施行，新法的通过及实施标志着我国从此告别企业所得税的"双轨"时代，真正实现"两税合一"。新企业所得税法从我国现阶段的国情出发，针对当前在税收领域存在的新情况和新问题，进一步明确所得税征收的原则，明确内外资企业适用统一的企业所得税税率，进一步规范了企业的税前扣除办法及其标准，完善了税收优惠政策，强化了税收征管。该法的贯彻实施将有利于我国产业结构优化升级，有利于为各类企业创造一个公平竞争的税收环境，标志着未来我国涉外税制建设由对外资优惠转向统一税制、公平竞争。

（二）中国现行涉外税收的税种和税率

我国目前的税制主要是以流转税和所得税为主体，以财产税、资源税、行为税为辅助的复合税制体系，共包括 25 个税种。国家的税收收入绝大部分源于流转类税收和所得类税收，其中关税、消费税、增值税都属于流转税。目前适用于外商投资企业、外国企业和外籍人员的涉外税种共有 12 项，即：流转税、营业税、外商投资企业和外国企业所得税、个人所得税、资源税、城市房地产税、土地增值税、印花税、契税、车船使用牌照税、农业税、屠宰税。中国涉外税收中所采用的税率有比例税率（如外商投资企业和外国企业所得税）、超额累进税率（如个人所得税）和定额税率（如车船使用牌照税）三种。

二、中国涉外税收优惠政策的主要内容

（一）在企业所得税方面的优惠政策

一般情况下，企业所得税税率分为两种：第一种，对在中国境内设立生产经营机构或场所从事生产和经营的企业取得的应税所得，实行 30% 的比例税率，另按应税所得额征收 3% 的地方所得税，两项合计负担率为 33%。第二种，对外国公司、企业和其他经济组织在中国境内没有设立经营机构或场所，而有来源于中国境内的股息、利息、租金、特许权使用费和其他应税所得的；或者在中国境内设立机构、场所，但上述所得与其机构、场所没有实际联系的，一律按 20% 的比例税率征收预提所得税，实行源头扣缴。

但在下列情况下，涉外企业可以享受所得税方面的优惠。

（1）生产性外商投资企业，除了属于石油、天然气、稀有金属、贵重金属等资源开采项目的，由国务院另外规定以外，实际经营期限在十年以上的，从开始获利的年度起，第一年和第二年免征企业所得税，第三年至第五年减半征收企业所得税。

（2）从事农、林、牧业和设在经济不发达的边远地区的外商投资企业，依照前一规定享受减免税待遇期满后，经批准可在以后的十年内继续按应纳税额减征 15%~30% 的所得税。

（3）对设在经济特区的外商投资企业和外国企业，以及设在经济技术开发区的生产性外商投资企业，减按 15% 的税率征税。对设在经济特区和经济技术开发区所在城市的老市区、沿海经济开放区的外商投资企业，减按 24% 税率征收所得税。上述企业属于能源、交通、港口、码头或国家鼓励的其他项目的，还可减按 15% 税率征收所得税。

（4）对外商开办的产品出口企业，在按税法规定减免所得税期满以后，凡当年出口产品的产值达到当年企业产值 70% 以上的，还可以按法定税率，减半征收所得税。

（5）鼓励扩大和增加资本投资的优惠。对外商投资企业的外国投资者将从企业分得的利润在中国境内直接再投资于该企业，增加注册资本，或者作为资本投资开办其他外商投资企业，其经营期限不少于 5 年的，可以退还再投资部分已纳所得税税款的 40%；如果再投资举办、扩建产品出口企业或先进技术企业，可全部退还再投资部分的已纳税款。

（二）在流转税方面的优惠政策

在流转税（包括增值税、消费税、营业税和海关关税）方面，中国政府对外商投资企业开展加工贸易、出口自产产品以及进口属于国家鼓励发展项目的相关设备等给予税收优惠。下面重点阐述在进出口方面享受的优惠政策。

外商投资企业可享受的进出口优惠政策主要体现在以下两个方面：

一是特定项目的优惠。如，《外商投资产业指导目录》鼓励类和限制乙类，且转让技术的外商投资项目，外国政府贷款和国际金融组织贷款项目、符合《当前国家重点鼓励发展的产业、产业和技术目录》的国内投资项目、符合中西部省、自治区、直辖市利用外资优势产业和优势项目目录的项目。

二是特定主体的优惠。如，已设立的"五类"外商投资企业（即鼓励类、限制类乙类外商投资企业、外商投资研究开发中心、先进技术型和产品出口型外商投资企业。）、外商投资设立的研究开发中心。由此可见，并非只要是外商投资企业就当然可以享受进口税收优惠政策。

同时，也并非只要符合上述条件的就必然可以享受优惠政策。从进口商品的种类和资金来源来看，还必须符合以下条件：

一是《外商投资项目不予免税的进口商品目录》外所列的自用设备、加工贸易外商提供的不作价进口设备及随设备进口的技术及配套件、备件。该类设备必须是国内不能生产或性能不能满足需要；对于外商投资研究开发中心进口的自用设备，还仅限于不构成生产规模的实验室范畴。

二是资金必须来源于投资总额或投资总额以外的自有资金，即企业储备基金、发展基金、折旧和税后利润等。

（三）在其他税种方面的优惠政策

在其他税种（如资源税、土地增值税、城市房地产税、印花税、契税、个人所得税和农业税等）方面，外商投资企业、外国企业和外籍人员也可以同内资企业和国内公民一样得到一些减免税待遇。

（四）中国政府还通过与其他国家订立双边协定的方式向外国投资者提供税收优惠

要确保外国投资者从我国的税收优惠中真正得到好处，有赖于税收饶让的争取和实行。税收饶让是指居住国政府对本国纳税人所得因来源国给予的税收减免而未缴纳的税款，视同已纳税给予抵免。

三、中国与外国（地区）签订的双边税收协定

为了从国际法方面保障利用外商投资事业的健康发展，自实行改革开放政策以来，中国已经先后同世界上许多国家签订了双边层次的《关于对所得避免双重征税和防止偷漏税的协定》以及《关于相互促进（鼓励）和保护投资协定》。根据国家税务总局公布的数据，截至2017年5月底，我国已对外征税签署106个税收协定，其中97个协定已生效，和香港、澳门特别行政区签署了税收安排，与中国台湾地区签署了税收协议，并与"一带一路"沿线国家中的54个国家签订税收协定。基本涵盖了我国利用外商投资的主要投资来源国和对外直接投资的主要目的地。另外，中国还于2013年8月签署了《多边税收征管互助公约》的多边税收条约。与此同时，我国还与一些国家就国际运输收入（空运和海运）的税收出了问题签署了议定书或相关协定。税收协定对于企业主要有四个方面的作用，一是消除双重征税，降低"走出去"企业的整体税收成本；二是增强税收确定性，降低跨国经营税收风险；三是降低"走出去"企业在东道国的税负，提高竞争力；四是当发生税务争议时，提供相互协商机制，解决存在争议的问题。一般情况下，税收协定税率往往低于东道国的国内法税率。以俄罗斯为例，其国内法对利息、特许权使用费的标准预提所得税率均为20%，而根据我国与其最新签订的协议，利息的预提税率为0，特许权使用费的预提税率为6%，这就可以明显降低企业的税收成本，增强"走出去"企业的竞争力，给企业带来真正的实惠。现在很多企业到国外投资经营遇到税收问题，首先想到的不是找税务机关解决，而是私下解决，想着花几个钱就能搞定，这是对税收协定缺乏了解的表现。不管是大企业还是小企业，都有权享受税务部门提供的税收服务，税务总局已经出台专门文件，规定"走出去"企业遇到了问题或者在东道国遇到了不公平待遇和歧视，向省级税务部门提出后，10日之内省级税务机关就要向国家税务总局反映，总局则要在20日之内决定是否接受申请。

另外，中国政府还通过与其他国家订立双边税收协定的方式向外国投资者提供税收优惠。通过订立双边税收协定提供税收优惠是通过国际法方式提供，有别于通过国内立法提供。要确保外国投资者从我国给予的税收优惠中真正得到好处，有赖于税收

饶让的争取。税收饶让亦称"虚拟抵免"和"饶让抵免",指居住国政府对其居民在国外得到减免税优惠的那一部分,视同已经缴纳,同样给予税收抵免待遇不再按居住国税法规定的税率予以补征。税收饶让是配合抵免方法的一种特殊方式,是税收抵免内容的附加。它是在抵免方法的规定基础上,为贯彻某种经济政策而采取的优惠措施。税收饶让这种优惠措施的实行,通常需要通过签订双边税收协定的方式予以确定。因此它是一种国家间的措施,是居住国政府对所得来源国吸引外资政策的一种积极配合。

思考题

1. 什么是国际税收?对国际税收概念的理解要把握哪几个方面的内容?

2. 国际税收与外国税收和涉外税收的区别是什么?

3. 什么是税收管辖权?税收管辖权有哪些类型?税收管辖权与国际双重征税是什么关系?

4. 国际双重征税的类型及产生原因有哪些?

5. 国际双重征税的避免和消除方式有哪些?

6. 什么是国际税收协定?其主要内容有哪些?

7. 什么是国际避税?国际避税与国际逃税在性质上的主要区别是什么?

8. 国际避税中企业法人避税的主要方法有哪些?

第十二章 区域经济一体化

国际经济合作是世界各国在经济全球化条件下加快经济发展的最重要因素之一。20 世纪 80 年代以来，随着信息技术的进步，经济全球化浪潮席卷了世界各国，国际经济联系与合作更加密切，各国都在适应和利用这个大趋势，在毗邻国家之间建立多样的经济合作组织，签订区域性自由贸易协定或建立关税同盟。作为全球性经济组织重要补充的多样化区域经济组织，是走向经济全球化和世界多极化必不可少的中间环节。

第一节 区域经济一体化的形式

一、按照区域经济一体化的程度划分

（一）优惠贸易安排

优惠贸易安排是指成员国之间通过协定或其他形式，对全部商品规定特别的关税优惠，也可能包含小部分商品完全免税的情况。这是经济一体化的最低级和最松散的一种形式。第二次世界大战后初建的东南亚国家联盟就属于此种形式的一体化组织。

（二）自由贸易区

它是指由签订有自由贸易协定的两个或两个以上的国家或地区组成的贸易区域。自由贸易区内逐渐减免甚至取消关税与进口数量限制。同时，保留成员国各自的原有独立的对区外国家的关税结构和其他贸易保护措施。

（三）关税同盟

它是指两个或两个以上的国家通过签订条约或协定取消区域内关税或其他进口限制，并对非同盟国家实行统一的关税率而缔结的同盟。这在一体化程度上比自由贸易区更进了一步。它除了包括自由贸易区的基本内容外，而且成员国对同盟外的国家建立了共同的、统一的关税税率，结盟的目的在于使参加国的商品在统一关境以内的市场上处于有利地位，排除非成员国商品的竞争，它开始带有超国家的性质。

（四）共同市场

它是指除了在成员国内完全废除关税与数量限制并建立对非成员国的共同关税外，还取消了生产要素流动的各自限制，允许劳动、资本等在成员国之间自由流动。在商品自由流动方面，它一直对共同市场外的商品统一关税，有协调间接税制度、产品标

准化制度；在资本的自由流动方面，有协调筹资制度；在劳动的自由流动方面，有学历和技术等级的相互承认制度，等等。共同市场下经济调节的超国家性质比关税同盟更进一步。

（五）经济同盟

它是共同市场和经济共同体向超国家一体化的宏观协调机制发展的具体步骤，是一种较高层次的区域经济一体化组织形式。其特点是，在实行关税、贸易和市场一体化的基础上，进一步协调成员国之间的经济政策和社会政策，包括货币、财政、经济发展和社会福利政策，以及有关贸易和生产要素的流动政策，并拥有一个制定这些政策的超国家的共同机构。

（六）完全的经济一体化

这是经济一体化的最高级形式。完全经济一体化不仅包括经济同盟的全部特点，而且各成员国还统一所有的重大经济政策，如财政政策、货币政策以及有关贸易和生产要素流动的政策。在这个一体化组织内，各成员国的税率特别是增值税率和特别消费税率基本协调一致；它建立统一的中央银行，使用统一的货币；取消外汇管制，实行同样的汇率管理；逐步废除跨国界的金融管制，允许相互购买和发行各种有价证券；实行价格的统一管理；等等。完全经济一体化组织一般有共同的组织管理机构，这种机构的权力以成员国的部分经济决策与管理权限的让渡为基础。

表 12.1 区域经济一体化的类型与特点

	自由贸易	共同的对外关税	生产要素流动	共同的经济政策（货币、财政等）	建立统一的超国家经济机构
优惠贸易安排	×	×	×	×	×
自由贸易区	√	×	×	×	×
关税同盟	√	√	×	×	×
共同市场	√	√	√	×	×
经济同盟	√	√	√	√	×
完全的经济一体化	√	√	√	√	√

二、按区域经济一体化的范围划分

（一）部门经济一体化

部门经济一体化是指区域内各成员国的一个或几个部门（或商品，或产业），达成共同的经济联合协定而产生的区域经济一体化组织。

（二）全盘经济一体化

全盘经济一体化是指区域内各成员国的所有经济部门加以一体化的形态。

三、按参加国的经济发展水平划分

（一）水平经济一体化

水平经济一体化，又称横向经济一体化。它是指由经济发展水平大致相同或相近的国家所组成的经济一体化组织。

（二）垂直经济一体化

垂直经济一体化，又称纵向经济一体化。它是指由经济发展水平不同的国家所组成的区域经济一体化组织。

第二节　区域经济一体化的原因及现状

一、发展区域经济一体化的经济原因

当前全球范围内日益加深的市场化改革趋势，为区域经济一体化的发展奠定了体制基础。在战后新技术条件下，各国各地区之间的分工与依赖日益加深，生产社会化、国际化程度不断提高，使各国的生产和流通及其经济活动进一步走出国界。这就必然要求消除阻碍经济国际化发展的市场和体制障碍。当今世界，越来越多的国家通过实践认识到，只有选择市场经济体制，才能加快本国经济发展的速度、提高经济的运转效率和国际竞争力。通过改革，各国消除了商品、生产要素、资本以及技术在国家之间进行流动的经济体制上的障碍，促成了区域经济一体化的发展。

世贸组织多边贸易体制本身的局限性以及近年来多边贸易谈判所遭遇的挫折和困难，刺激了区域经济一体化的发展。虽然世贸组织是推动贸易自由化和经济全球化的主要力量，但由于自身庞大，运作程序复杂，根据世贸组织一揽子接受方式，其成员对各项议题的谈判只有在一致同意的基础上才能进行，从而注定了短时间内所有成员达成共识和消除矛盾并非易事。比如，2001 年 11 月在多哈发起的首轮多边回合谈判一直举步维艰。多边贸易谈判前景的不可预测性，为双边和区域性贸易协议提供了发展空间与机遇，也为参与全球竞争多了一种选择。而且，区域经济一体化组织因其成员常常是地理位置相邻、社会政治制度相似、生产力发展水平相近、有类似的文化历史背景，因而具有开展经济合作的诸多优势。

二、发展区域经济一体化的政治原因

服务于本地区的和平、发展与稳定，是此轮区域经济一体化浪潮的政治原因，其主要包括：谋求政治修好，缓解矛盾冲突，稳定地区局势。世界银行研究表明，区域贸易协议除了促进贸易流动，也对消除政治冲突起着显著的作用。欧洲合作的初始动机和最终目标就是政治。经过两次世界大战的磨难，欧洲人意识到不能再发生战争，必须通过合作、一体化与联合，才能实现欧洲的长久稳定、安全和发展。时至今日，

欧洲各国终于通过经济合作，为实现地区的和平与发展、实现大欧洲联合的梦想，奠定了坚实的基础。在亚洲，1999年东亚领导人关于东亚合作的联合声明，明确提出了开展政治、安全对话与合作的议题。此外，印度和巴基斯坦之间政治紧张局势的缓解，与正在进行的南亚自由贸易区协议谈判密不可分。非洲一些国家政局长期不稳，大多数国家经济又不发达，这些因素促使非洲联盟于2002年问世，其目的是试图以政治和经济合作来推动地区稳定与经济发展。

推动国内的体制改革。一些发展中国家和转轨国家把区域贸易协议作为锁定贸易自由化或国内体制改革进程的机制，即通过外部的条约责任和有形具体的承诺来促进国内的体制改革。20世纪90年代，东欧转型国家与欧盟签署区域贸易协议的目的之一，就在于以此推动向市场经济的转化过程。

寻求区域层面的政治保护以抗衡其他区域集团。这是世界大国加紧组织和巩固区域经济集团的一个重要动因。美国参与跨地区的亚太经合组织，意在抗衡不断扩大的欧盟。而欧盟希望作为一个更强大的整体，用一个强音在国际上更有力地与美、日等大国抗争，不仅在自家门口加紧对外经济扩展，在拉美和亚洲等地积极开展经济合作，而且致力于大欧洲自由贸易区的构想。日本极力在亚太地区推行"雁阵模式"，巩固和扩大大东亚经济圈，同时采取各种措施打入欧美腹地，并期望借此获取安理会常任理事国地位。俄罗斯以独联体为依托，已经建立或正在构建一些区域经济集团，如独联体国家经济联盟、欧亚经济共同体等，以巩固和加强俄的大国地位。东盟通过加强内部协调与合作，在世贸组织、联合国贸发会议等多边经济组织中用一个声音说话，来维护日益增强的自身利益。

三、区域经济一体化的现状

全球范围内区域经济一体化迅速发展主要依靠三条途径：一是不断深化、升级现有形式；二是扩展现有集团成员；三是缔结新的区域贸易协议或重新启动沉寂多年的区域经济合作谈判。其发展现状主要包括以下几点。

（一）区域经济一体化覆盖大多数国家和地区

据世界银行统计，全球只有12个岛国和公国没有参与任何区域贸易协议（RTA）。174个国家和地区至少参加了一个（最多达29个）区域贸易协议，平均每个国家或地区参加了5个。当然，各地区之间的差别很大，发展程度也不相同。世贸组织全体成员同时又是各区域经济组织成员，有的具有多重区域经济一体化组织成员的身份。全世界近150个国家和地区拥有多边贸易体制和区域经济一体化的"双重成员资格"。北方国家签署的区域贸易协议最多，平均每个国家为13个。相当数量的发展中国家已与北方国家签署了双边优惠贸易协议。多数协议发生在东欧、北非和拉美，东亚各国签署的协议少一些，而南亚各国至今尚无与北方国家签署协议的先例。

（二）区域经济一体化内容广泛深入

新一轮的区域协议涵盖的范围大大扩展，不仅包括货物贸易自由化，而且包括服务贸易自由化、农产品贸易自由化、投资自由化、贸易争端解决机制、统一的竞争政策、知识产权保护标准、共同的环境标准、劳工标准，甚至提出要具备共同的民主理念等。比如，北美、欧盟、南南以及其他一些区域一体化协议中，很多都涉及标准、物流、海关合作、服务、知识产权、投资、争端解决机制、劳工权益和竞争政策等条款。

（三）形式与机制灵活多样

一是大多数区域经济集团对成员资格采取开放式态度，以加速扩大。除一些明确由双方构成的区域经济，如美加自由贸易协议、澳新紧密经济合作关系协议等之外，一般区域经济大都经历了成员由少到多的过程。比如，欧盟历经 5 次大规模扩大，现已发展至 27 个成员国。亚太经济合作组织 14 年来也经历了 4 次扩大，达到 21 个成员。二是合作形式和层次由低级向高级发展。许多国家放弃或基于原有贸易优惠安排而成立自由贸易区或关税同盟，有的从关税同盟发展成为共同市场。比如，1995 年 1 月，南锥体四国（阿根廷、巴西、乌拉圭、巴拉圭）根据 1994 年签署的黑金城议定书的规定，将自由贸易区提升为关税同盟，并正式开始运转，从而成为世界上仅次于欧盟的第二大关税同盟。

（四）跨洲、跨区域经济合作的兴起和发展

20 世纪 90 年代以来，区域经济合作的构成基础发生了较大变化，打破了狭义的地域相邻概念，出现了跨洲、跨洋的区域合作组织。比如，日本相继与墨西哥、新加坡签署了自由贸易协议。不同区域经济集团之间也展开了连横合作。南锥体共同市场与其第二大贸易伙伴欧盟之间开始探讨建立自由贸易区，而东盟与欧盟外长会议之间就政治、经济领域内广泛的问题进行探讨也已制度化。北美自由贸易区也有意与南锥体共同市场合作，建立从阿拉斯加到阿根廷的整个美洲范围内的自由贸易区。突尼斯、摩洛哥等成员先后与欧盟谈判建立"欧盟与地中海自由贸易区"，并成为欧盟的伙伴国和联系国。南非则在与印度、澳大利亚、马来西亚等国积极筹建"印度洋经济圈"。

四、区域经济一体化的障碍分析——以亚洲为例

区域经济一体化是当今世界经济发展的一大趋势，已成为各国处理国际事务的出发点和落脚点。但当前区域经济一体化也面临着诸多阻碍。以亚洲区域经济为例，自由贸易区能不能在一个经济发展水平差异巨大的地区中良好发展，这是人们最为关注的一个问题。纵观整个亚洲，既有日本、新加坡这样人均收入达 20 000 美元以上的工业国家，也有人均收入在 2 000 美元左右的越南、柬埔寨等经济不发达国家。在这样的区域经济一体化中存在诸多问题。

（一）如何取消受保护部门的关税和非关税壁垒

理论说来，经济发展水平相近的地区组建自由贸易区时，由于利益冲突较小，比较容易解决关税和非关税壁垒问题，从实际来看，也确实如此，而且这类自由贸易区发展也比较快，如欧盟。而在东亚地区，由于缺乏一个实力较强且能够承担地区责任的大国，这样各成员为了自身的利益都会提出保护部分产业、部门或产品的要求，甚

至连日本这样的经济强国也不会例外。如日本不愿意开放本国的农产品部门，这在1997年亚太经合组织实施部门提出自由化方案时已有较强烈的反映。由于各成员国经济发展水平不平衡，在关税和非关税壁垒减让方面，可调和的空间相比较小，利益冲突也比较多，这无疑会减慢自由贸易区的发展。

（二）如何解决地区货币稳定问题

自由贸易区的建立需要有一个稳定的汇率，这样才能够保证地区商品和要素的流动不会因价格的剧烈波动而受到干扰，才能够达到调整地区产业，提高经济效益的目的。因此，在建立自由贸易区时，世界上各区域集团都尽可能保持地区货币稳定，以保障区内贸易的有效增长。如欧盟在德、法货币基础上建立了欧元，北美自由贸易区由美元发挥地区货币的作用。在亚洲地区，却是另一种情况。长期以来，东亚成员对外贸易中的70%一直都是用美元来计算的，美元升值对它们出口有好处，一旦美元贬值，出口就严重受到影响，同时美元日元联动，即彼长此消，更加不利于东亚成员对这两国的贸易。由于缺乏地区货币，使得东亚各成员汇率具有极不稳定的性质，很容易引发地区经济危机。

（三）如何保证东亚内需的不断增长

与欧盟、北美区域化集团明显不同的是，亚洲地区市场在一定程度上不是一个以内需为主导的市场。由于东亚各国基本上是实行出口导向型的贸易政策，这样包括日本在内的亚洲各国都对世界其他市场形成较强的依赖关系。如亚洲各国在金融危机后能够迅速摆脱危机以及后来又出现的经济增长波动，都与美国市场需求变动密切相关。再从东亚内部的贸易结构来看，也不是以服务内需为第一位的。虽然东亚内贸占有较高的比重，但是由于这种内贸建立在垂直的产业分工基础上，因而东亚各国之间的贸易关系是在不同产业间进行的。日本、韩国等具有较高制造业水平的国家向区内制造水平较低的成员出口设备，这些成员则向日本出口原材料或半成品，这样就使得中国与日本彼此成为重要的贸易伙伴，但是中国与其发展水平最接近的东盟却缺乏互补，因而彼此贸易额在各自的贸易总额中也不占主导地位。上述这种贸易关系与其说是为了彼此的需要，还不如说是为了服务区外市场或提高对区外产品的竞争力，这样自由贸易区将可能因成员的向心力不足而受到影响。

（四）如何解决亚洲地区的政治障碍

地区经济一体化从另一个意义上说是一种政治行为。经济关系的深化可以推进政治合作，反过来国家间政治关系的深化也可以推动地区合作走向更高层次。在亚洲，由于各国政府在区域经济一体化方面起着主导作用，这就意味着，国家间经济关系的深化还需要辅之以政治上的高度互信，才有可能迈向更高层次的经济合作。从实际来看，地区中的两个大国中国和日本之间由于各种原因，要达到政治上的高度互信还有一段相当长的路要走，这样亚洲地区至少暂时还难以形成一个机制化的区域组织。

第三节　区域经济一体化的理论

一、关税同盟理论演化过程

在次优理论提出之前，传统上认为关税同盟是值得鼓励的，其理由在于既然关税同盟是向自由贸易迈进了一步，那么关税同盟即使没有实现福利最大化，也会提高世界的福利水平。李斯特认为，国家出于对自身利益的考虑，可以在某一时期与意向相同的国家结成同盟，以对抗与它们利益相冲突的国家。真正开始系统地对关税同盟进行的研究是在第二次世界大战以后。1950 年，维纳在其代表性著作《关税同盟理论》中系统地提出了关税同盟理论。传统理论认为，关税同盟一定可以增加成员国的福利。维纳指出了这些早期关税同盟理论的非准确性，提出了"贸易创造"和"贸易转移"概念，认为建立关税同盟得益与否，取决于这二者的实际成果，从而将定量分析用于对关税同盟的经济效应的研究，奠定了关税同盟理论的坚实基础。

（一）贸易创造效应

贸易创造效应是指由于关税同盟内实行自由贸易后，产品从成本较高的国内生产转往成本较低的成员国生产，从成员国的进口量增加，新的贸易得以"创造"。此外，一国由原先从同盟外国家的高价购买转而从结盟成员国的低价购买也属于贸易创造。

（二）贸易转移效应

假定缔结关税同盟前关税同盟国不生产某种商品而采取自由贸易的立场，无税（或关税很低）地从世界上生产效率最高、成本最低的国家进口产品；关税同盟建立后，同盟成员国成本高的产品转由从同盟内生产效率最高的国家进口。如果同盟内生产效率最高的国家不是世界上生产效率最高的国家，则进口成本较同盟成立增加，消费开支扩大，使同盟国的社会福利水平下降，这就是贸易转移效应。

建立关税同盟并不等于向自由贸易靠拢。因为它在成员国之间实现自由贸易的同时，也对非成员国实施差别待遇的保护贸易。而这种自由贸易和保护贸易的结合就会产生"贸易创造"和"贸易转移"两种效应。通过局部均衡分析，维纳得出结论："贸易创造"和"贸易转移"两种效应的相对强度就决定了关税同盟是否应该得到提倡。目前，西方探讨关税同盟贸易效应的观点按照逻辑关系分成三个方面进行阐述：一是关税同盟的利益来源；二是关税同盟的产生原因；三是最优对外关税的决定。

1. "消费效应"的提出

"消费效应"指征收关税后由于价格上升，使得国内消费量减少。英国经济学家米德在维纳关税同盟理论的基础上补充性地提出了"消费效应"。米德认为，关税同盟形成后，商品的相对价格会发生变化。

2. 动态效应的研究

（1）竞争促进效应。经济学家西托夫斯基认为，竞争的加强是影响欧共体发展的最重要因素。在关税同盟形成前，各成员国多已形成了垄断的市场结构，长期以来几家企业瓜分国内市场，攫取超额利润，阻碍技术进步，因而不利于各国的资源配置和技术进步。组成关税同盟以后，有助于劳动生产率的提高和成本的下降，增进社会利益。

（2）规模经济效应。美国经济学家巴拉萨认为，假定其他条件不变，则关税同盟越大，其对世界总体的潜在利益越大，关税同盟国间市场越扩大，带给这些国家和世界的利益越增大。对那些国内市场狭小或严重依赖对外贸易的国家而言，建立关税同盟最大的动态效应是它能带来规模经济效应。

（3）资源配置效应。关税同盟带来的各国市场的相互开放，提高了市场的透明度，市场趋于统一。一个较大的区域规模，一般拥有较大量的区域生产要素，在关税同盟的影响下，必然会诱发资本、劳动力、技术、自然资源等生产要素的集聚与扩散，使资源得到重新配置。这些都将使生产要素配置更加合理，提高要素利用率，降低要素闲置的可能性，从而实现资源的最佳配置。

（4）刺激投资效应。关税同盟通过撤销贸易壁垒带来的区域市场扩大将有利于改善投资环境。投资环境的改善既可以吸引成员国厂商的投资，又可以使非成员国企业为绕过贸易壁垒的限制到关税同盟国内投资设厂，以享受大市场的益处。

3. 贸易条件的效应分析

1970年，皮尔斯在其所著的《国际贸易》一书中认为，全球多数国家尤其是贸易小国在国际贸易中所占的比重非常小，无法通过改变贸易条件改善自身在国际贸易中的被动地位。贸易小国组成关税同盟后，贸易创造效应出现，这相应就保证了成员国出口的快速稳定增长。另外，一体化也提升了同盟整体进口量在世界进口总量中所占的份额，而进口规模的扩大使得成员国具备影响世界价格的能力。同时，贸易转移使成员国减少了从同盟外第三国的进口，这在一定程度上会使第三国下调其出口价格。而贸易条件的改善使世界收入向着市场规模大且具有一定垄断地位的关税同盟转移，这对原本是贸易小国的成员国而言肯定是有益的。

二、关税同盟的效应

关税同盟带来的效应主要分为两个方面，一个是静态效应，另一个是动态效应。

（一）关税同盟产生的静态效应

所谓关税同盟的静态效应，是指假定在经济资源总量不变、技术条件没有改进的情况下，关税同盟对集团内外国家、经济发展以及物质福利的影响。

1. 贸易创造效应和贸易转移效应

贸易创造是指成员国之间相互取消关税和非关税壁垒所带来的贸易规模的扩大。贸易规模的扩大产生于相互贸易的便利，以及由取消贸易障碍所带来的相互出口产品价格的下降。相应地成员国相互贸易的利益也会增加。由于关税同盟内实行自由贸易后，产品从成本较高的国内生产转往成本较低的成员国生产，从成员国的进口量增加，新的贸易得以"创造"。此外，一国由原先从同盟外国家的高价购买转而从结盟成员国的低价购买也属于贸易创造。

贸易转移是指，建立关税同盟之后成员国之间的相互贸易代替了成员国与非成员国之间的贸易，从而造成贸易方向的转移。假定缔结关税同盟前关税同盟国不生产某种商品而采取自由贸易的立场，无税（或关税很低）地从世界上生产效率最高、成本最低的国家进口产品；关税同盟建立后，同盟成员国成本高的产品转由从同盟内生产效率最高的国家进口。如果同盟内生产效率最高的国家不是世界上生产效率最高的国家，则进口成本较同盟成立增加，消费开支扩大，使同盟国的社会福利水平下降。

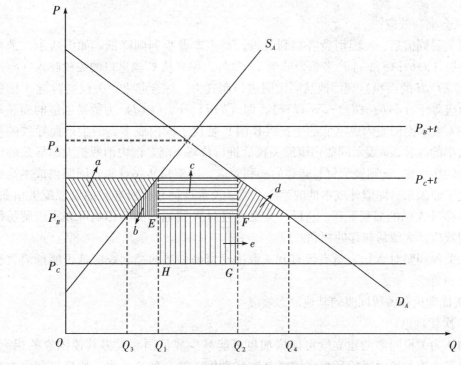

图 12.1　贸易创造效应与贸易转移效应

假设世界上有 A、B、C 三个国家，都生产某一相同产品，但三国的生产成本各不相同。现以 A 国为讨论对象，在图 12.1 中，S_A 表示 A 国的供给曲线，D_A 表示 A 国的需求曲线。假设 B、C 两国的生产成本是固定的，图中 P_B、P_C 两条直线分别表示 B、C 两国的生产成本，其中 C 国成本低于 B 国。

在组成关税同盟之前，A 国对来自 B、C 两国的商品征收相同的关税 t。假设 A 国是一小国，征收关税之后，B、C 两国的相同产品若在 A 国销售，价格分别为 P_B+t、P_C+t（$<P_A$），很显然，B 国的产品价格要高于 C 国，故 A 国只会从 C 国进口，而不会从 B 国进口。此时，A 国国内价格为 P_C+t，国内生产为 OQ_1，国内消费为 OQ_2，从 C 国进口为 Q_1Q_2。

假设 A 国与 B 国组成关税同盟，组成关税同盟后共同对外关税假设仍为 t，即组成关税同盟后，A 国对来自 B 国的进口不再征收关税，但对来自 C 国的进口仍征收关税。如图所示，B 国产品在 A 国的销售价格现为 P_B，低于 P_C+t，所以 B 国取代 C 国，成为

A 国的供给者。由于价格的下降，A 国生产缩减至 OQ_3，Q_3Q_1 是 A 国生产被 B 国生产所替代的部分，此为生产效应。另一方面，价格的下降引起 A 国消费的增加，消费由原来的 OQ_2 升至 OQ_4，消费的净增部分 Q_2Q_4 为关税同盟的消费效应。

组成关税同盟后，A 国的进口由原来的 Q_1Q_2 扩大到 Q_3Q_4，新增加的贸易即是贸易创造效应，如图所示，贸易创造效应＝生产效应+消费效应＝$Q_3Q_1+Q_2Q_4$。除去贸易创造部分，剩下的 Q_1Q_2 部分，原来是从同盟外（C 国）进口的，但组成关税同盟后，则改由同盟内其他成员（B 国）进口，即贸易方向发生了转移，故贸易转移效应等于 Q_1Q_2。

2. 社会福利效应

组成关税同盟后，A 国消费者福利改善，而生产者福利则降低。如图所示，消费者剩余增加（$a+b+c+d$），生产者剩余减少 a。另外，原来从 C 国进口的关税收入（$c+e$）（e 为矩形 EFGH 的面积）现因改从同盟国进口而丧失。综合起来，关税同盟对 A 国的净福利效应等于（$a+b+c+d$）$-a-$（$c+e$），即（$b+d$）$-e$。（$b+d$）为贸易创造的福利效应。其中 b 表示因同盟内成本低的生产（B 国）替代了国内成本高的生产而导致的资源配置效率的改善，d 表示同盟内废除关税后进口价格下降、国内消费扩大而导致的消费者福利的净增；e 则表示贸易转移的福利效应，因贸易转移意味着同盟内成本高的生产替代了原来来自同盟外成本低的生产，故 e 表示这种替代所导致的资源配置扭曲，即贸易转移对 A 国的福利不利。这样，关税同盟对 A 国福利的净影响可表示成贸易创造的福利效应减去贸易转移的福利效应。

加入关税同盟对 A 国究竟有没有利，取决于贸易创造的福利效应是否能抵消贸易转移的福利效应。

3. 次优理论和关税同盟的其他静态效应

（1）次优理论

范纳认为关税同盟的建立既可能增加也可能减少成员国和世界其他国家的福利，而这取决于产生关税同盟的环境，这就是次优理论。这个理论认为，如果福利最大化或者帕累托最优所需要的条件不能全部满足，那么尽量满足尽可能多的条件是没有必要的，并且这样做通常会导致次优情况的发生。因此，建立关税同盟并不仅仅在成员国之间消除贸易壁垒，并不必然产生次优的福利状态。

（2）关税同盟的其他静态福利效应

第一，关税同盟使得各成员国的海关人员、边境巡逻人员等减少而引起的行政费用的减少。

第二，贸易转移型关税同盟通过减少对同盟成员国之外的世界上其他国家的进口需求和出口供给，有可能使同盟成员国共同的贸易条件得到改善。

第三，任何一个关税同盟，在国际贸易投票中以一个整体来行动，较之任何一个独立行动的国家来说，可能具有更强大的讨价还价的能力。

第四，关税同盟建立后，可减少走私。由于关税同盟的建立，商品可在同盟成员国之间自由移动，在同盟内消除了走私产生的根源。这样，不仅可以减少查禁走私的费用支出，还有助于提高全社会的道德水平。

（二）关税同盟产生的动态效应

关税同盟的动态效应，是指关税同盟对成员国贸易以及经济增长的推动作用。关税同盟的动态效应表现在以下几个方面：

（1）关税同盟的建立使成员国间的市场竞争加剧，专业化分工向广度和深度拓展，使生产要素和资源配置更加优化。

（2）关税同盟建立后，成员国国内市场向统一的大市场转换，自由市场扩大，从而使成员国获取转移与规模经济效益。

（3）关税同盟的建立、市场的扩大、投资环境的大大改善，会吸引成员国厂商扩大投资，也能吸引非成员国的资本向同盟成员国转移。

（4）关税同盟建立以后，由于生产要素可在成员国间自由移动，市场趋于统一并且竞争加剧，投资规模扩大，促进了研究与开发的扩大，技术进步提高，加速了各成员国经济的发展。

关税同盟的第一个动态效应就是大市场效应（或规模经济效应）。关税同盟建立以后，为成员国之间产品的相互出口创造了良好的条件。这种市场范围的扩大促进了企业生产的发展，使生产者可以不断扩大生产规模，降低成本，享受到规模经济的利益，并且可进一步增强同盟内的企业对外，特别是对非成员国同类企业的竞争能力。因此关税同盟所创造的大市场效应引发了企业规模经济的实现。关税同盟的建立促进了成员国之间企业的竞争。在各成员国组成关税同盟以前，许多部门已经形成了国内的垄断，几家企业长期占据国内市场，获取超额垄断利润，因而不利于各国的资源配置和技术进步。组成关税同盟以后，由于各国市场的相互开放，各国企业面临着来自于其他成员国同类企业的竞争，结果各企业为在竞争中取得有利地位，必然会纷纷改善生产经营效益，增加研究与开发投入，增强采用新技术的意识，不断降低生产成本，从而在同盟内营造一种浓烈的竞争气氛，提高经济效率，促进技术进步。关税同盟的建立有助于吸引外部投资。关税同盟的建立意味着对来自非成员产品的排斥，同盟外的国家为了抵消这种不利影响，可能会将生产点转移到关税同盟内的一些国家，在当地直接生产并销售，以便绕过统一的关税和非关税壁垒。这样客观上便产生了一种伴随生产转移而生的资本流入，吸引了大量的外国直接投资。

（三）关税同盟的动态劣势

关税同盟的动态劣势表现在以下几方面：

（1）关税同盟的建立促成了新的垄断的形成，如果关税同盟的对外排他性很大，那么这种保护所形成的新垄断又会成为技术进步的严重障碍。除非关税同盟不断有新的成员国加入，从而不断有新的刺激，否则由此产生的技术进步缓慢现象就不容忽视。

（2）关税同盟的建立可能会拉大成员国不同地区之间经济发展水平的差距。关税同盟建立以后，资本逐步向投资环境比较好的地区流动，如果没有促进地区平衡发展的政策，一些国家中的落后地区与先进地区的差距将逐步拉大。

第四节　主要区域经济一体化组织

一、北美自由贸易区

北美自由贸易区（North American Free Trade Area，NAFTA）是在区域经济集团化进程中，由发达国家和发展中国家在美洲组成的。美国、加拿大和墨西哥三国于1992年8月12日就《北美自由贸易协定》达成一致意见，并于同年12月17日由三国领导人分别在各自国家正式签署。1994年1月1日，协定正式生效，北美自由贸易区宣布成立。三个会员国彼此必须遵守协定规定的原则和规则，如国民待遇、最惠国待遇及程序上的透明化等来实现其宗旨，以消除贸易障碍。自由贸易区内的国家货物可以互相流通并减免关税，而贸易区以外的国家则仍然维持原关税及壁垒。美墨之间因北美自由贸易区使得墨西哥出口至美国受惠最大。

（一）北美自由贸易区产生的背景和动因

北美自由贸易区是在经济全球化浪潮中，美、加、墨三国区域内分工协作加强，要求进一步相互开放市场，实现商品、人员、资金、技术的流动，增强北美地区在国际经济中的总体竞争实力的结果。同时也突出地体现了美国为了适应全球化进程中各种区域性贸易安排加快发展的趋势，应对来自欧盟以及可能形成的东亚经济区的竞争，联合加拿大与墨西哥巩固和加强美国在世界经济发展总体格局中的主导地位。

1. 外部原因：世界经济区域集团化

20世界80年代以来，世界经济全球化不断发展，为了适应激烈的竞争，更多的国家组成新的区域经济一体化组织或者进入原有的一体化组织中。1985年欧洲统一市场的建立被提上日程，亚太地区也早就存在一些次区域一体化组织，比如东盟，这些都构成了对北美的挑战。而且美国、墨西哥、加拿大等国家也认同区域和双边自由贸易可以在某种程度上促进多边贸易自由化的进程。

2. 内部原因：美国、加拿大和墨西哥经济发展的必然选择

随着欧洲、日本经济的迅速发展，美国在世界经济中作为绝对超级大国的地位发生了动摇，1971年美国在维持了80多年的贸易顺差后出现了逆差。这极大地打击了美国投资者的信心，不利于美国经济的长期发展。

美国一直以来都与加拿大在经济贸易方面有着密切的联系，在政治、军事上保持着长期的同盟关系。两国是世界上最大的贸易伙伴，1990年双边贸易额高达1 706亿美元，单是加拿大安大略省同美国的贸易额就超过美日两国或美国和欧共体的贸易额。

美国与墨西哥两国有3 200千米长的共同边界，两国在经济上有很大的互补性。1991年美墨贸易额达645亿美元，墨西哥是美国的第三大贸易伙伴，仅次于加拿大和日本。美国对墨西哥的出口额和从墨西哥的进口额分别占墨西哥进口额、出口额的3/4和2/3。墨西哥也是美国投资的重要场所，1989年达71亿美元，占墨西哥所有外国投资的62%。在战略上考虑，成功地将拉美大国墨西哥纳入自由贸易体系，无疑为美国

与其他拉美国家的经济合作打下了良好的基础。

加拿大的进出口严重依赖美国，外贸是加拿大经济的生命线，其出口贸易额占国内生产总值的1/4，1990年加拿大对美国的出口比重占其出口总值的75%，从美国的进口比重占加拿大进口总值的64.6%。

在北美自由贸易区建立以前，加拿大同墨西哥之间的经济联系并不密切，双方在农业、制造业、能源等各方面广泛合作的潜力并没有得到有效地开发，因而双方存在较大的构建自由贸易区的潜在经济利益。而经济改革逐渐取得成效、消费水平逐步上升的墨西哥同样可以为加拿大提供一个更大的潜在市场。如果北美自由贸易区谈判可以顺利完成，那么加拿大诸多具有比较优势的产品便可以进入墨西哥市场，而且加拿大还可以通过扩大对墨西哥的投资，利用墨西哥廉价的劳动力来降低成本、增强产品竞争力。并且为了维护加拿大在美国和加拿大自由贸易区协定中能获得的既定利益，同时为了争夺墨西哥市场，加拿大政府也将十分乐于参加北美贸易协定的谈判。

作为北美地区唯一的一个发展中国家，同经济状况与自己有很大不同、经济影响力比自己大的国家构建自由贸易区，对墨西哥而言意味着巨大的挑战和风险。然而墨西哥之所以积极加入北美自由贸易区，也是出于其自身利益的考虑，是为了适应国内经济形势变化而做出的战略性抉择。

墨西哥作为经济相对落后的发展中国家，在20世纪80年代曾发生过严重的经济恐慌，比索大幅度贬值、通货膨胀、物价上涨、债务累累。冷战结束后，针对世界政治格局的巨变，墨西哥调整对外政策，坚定地推行经济改革，实行经济全球化战略。在美国和加拿大两国签署了《美加自由贸易协定》后，为了扭转经济持续恶化的困境，墨西哥加快了改革的步伐，降低关税、紧缩货币、实行自由贸易、消除关税壁垒，加速国有企业的私有化进程，为墨西哥成为美国的贸易伙伴奠定了基础。墨西哥同美国在经济关系上相当密切，与美国的贸易占全部对外贸易的65%，其中对美国的出口占全部出口的70%。美国是墨西哥最大的投资国，在墨西哥投资总额占其外资的2/3，此外美国还是墨西哥最大的债权国，占其全部外债的35%。因此美加自由贸易区扩大到墨西哥，对墨西哥是十分有利的。

(二) 北美自由贸易区的经济效应及其影响

NAFTA成立十几年来的实践证明三国在一定程度上达到了合作的初衷，并取得了巨大的经济实惠。NAFTA实施后，三国无论是商品进口总额还是出口总额都保持了国际贸易地区份额的首位，远高于欧盟国家的相应总额。同时北美自由贸易区的建立给南北国家区域范围内的合作开创了先河，谱写了南北关系的新篇章，具有一定的示范效应。

1. 促进各成员国之间的贸易增长

NAFTA的建立大大加快了墨西哥与美国和加拿大两国的贸易自由化程度，美墨贸易额从1993年的896亿美元，增加到1998年的1 737亿美元，约占墨西哥外贸总额的80%，这使得墨西哥成为美国的第二大贸易伙伴。

NAFTA成立后，由于其独特性的原产地规则，直接庇护了区域内纺织品服装贸易。

美国、加拿大和墨西哥之间逐渐形成了美国生产棉纱,在墨西哥、加拿大织成布,做成服装再回流到美国的纺织品服装贸易的区内循环。在 20 世纪 90 年代,墨西哥已经取代中国成为纺织品对美国出口的第一大国。加拿大和墨西哥对 NAFTA 内部市场的依赖程度超过 40%,美国对北美市场的贸易依存度也达到 25% 左右。NAFTA 三国的经济贸易联系越来越密切,近几年来,加拿大和墨西哥近 90% 的产品都是出口到 NAFTA 成员国的,从 NAFTA 成员国的进口份额也呈现加速上升的趋势。

2. 对外商直接投资的影响

NAFTA 提供了一个很好的投资环境,以确保长期投资所需要的信心与稳定性。在一个强大透明的投资框架下,NAFTA 已经吸引了创纪录的外商直接投资(FDI)。2000 年 NAFTA 三国之间的 FDI 达到的 2 992 亿美元,是 1993 年 1 369 亿美元的两倍多。同时,从 NAFTA 区域外吸引国家的投资也在增长。目前,北美地区占全球向内 FDI 的 23.9% 和全球向外 FDI 的 25%。

与贸易类似,NAFTA 实施以后,美加之间 FDI 增长基本比较稳定,而美国和加拿大在墨西哥的投资增长迅速,美加在墨西哥外资中的比重也有所增长。墨西哥在 1991—1993 年期间的 FDI 流量为 120 亿美元,2000—2002 年期间则增长为约 540 亿美元,FDI 占国内总投资的比重也从 1993 年的 6% 增长到 2002 年的 11%,而这些主要是由其 NAFTA 伙伴国提供的。墨西哥吸收 FDI 流入量在发展中国家的比重一直保持在 5% 以上,最高时则达到了 2001 年的 12.1%。同期,墨西哥吸收 FDI 流入量占世界吸收 FDI 流入量的比重也保持在 2% 以上,2008 年由于金融危机,墨西哥的 FDI 有所回落。

3. 增加了就业机会,促进了墨西哥和加拿大就业的增长

NAFTA 实行几十年以来,通过贸易的扩大,增加了美国、加拿大、墨西哥三国的就业机会,提高了人民的平均生活水平,增强了人们的社会福利。NAFTA 带来了成员国之间贸易的扩大,也带动了各国相关产业的发展和就业增加。以美国的情况看,受惠于对加拿大、墨西哥两国的出口增长,直接增加的就业机会就达近 30 万个。而且成员国中发达国家的资金、设备和技术的流入,也为发展中国家墨西哥的廉价劳动力的就业开辟了广阔前景。

4. 区内资源的优化配置

NAFTA 规定了从业惯例到贸易服务,投资规则等各项基础政策,政策的稳定性和程序性使得对北美地区的投资者可以进行长远规划,从而实现资源的最优配置。

NAFTA 提供了一个 3.6 亿消费者的巨大市场,区内企业可以从规模经济中获益,降低产品的成本,获得竞争优势。NAFTA 消除了贸易壁垒,市场的扩大提供了更多的专业化生产和协作机会,因而能创造出"范围经济"。区内企业可以选择适当的产业形态,根据"生产分工"战略,区内劳动密集型产业和部分"夕阳产业"可以南迁到劳动力丰富而廉价的墨西哥,将新兴产业和高科技产业留在美国、加拿大国内,促进美加产业结构的升级。产业的转移和升级有力地推动了美国汽车、电信设备等工业部门的发展。而对墨西哥来说,美加的产业结构调整也给它带来了技术含量相对较高的资本重组,提高了其工业资本的有机构成和效率。

另外,NAFTA 的建立还优化了区内资本资源的配置。美、加、墨三国处于不同的

经济发展阶段，当然投资资金供给的多少也不相同。美国是全球外国直接投资的最大输入国。由于美加长期的经贸联系，美国对外直接投资总额中加拿大分享的比例高达20%，而墨西哥的经济发展一直受制于资本的匮乏。NAFTA 建立后，流入墨西哥的外国直接投资大幅度增加。

二、欧盟

欧洲联盟，简称欧盟（EU），总部设在比利时首都布鲁塞尔，是由欧洲共同体发展而来的，创始成员国有 6 个，分别为德国、法国、意大利、荷兰、比利时和卢森堡。该联盟现拥有 28 个会员国，正式官方语言有 24 种。

（一）发展历程

20 世纪 50 年代初，为了防止第三次世界大战的爆发，法国、德国、意大利、比利时、卢森堡和荷兰一起商议，建立了欧洲煤钢共同体。1957 年 3 月，六个成员国签订了建立欧洲经济共同体条约和欧洲原子能共同体条约。此三个共同体合称欧洲共同体，欧盟经济一体化初具模型。欧盟于 1968 年 7 月 1 日取消了各成员国之间的所有关税，建立了统一的海关税则，初步建成了关税同盟，对来自区外的第三国产品实行共同的关税政策，以促进区域内贸易和经济的发展。同时在经济政策协调方面，建立了共同农业政策。1979 年，建立了欧洲货币体系，使经济一体化的程度向前迈进了一步。1992 年各成员国正式签署一系列条约，决定实行统一的财政和货币政策，建立统一的欧洲货币——欧元。欧盟的经济一体化正式成熟。欧盟经济一体化进程以关税同盟为起点，通过实施共同市场、统一大市场而最终向全面的经济货币联盟迈进。

与世界其他地区众多类似经济区域相比，无论从联合的广度和深度，还是从地位和影响看，欧盟都是最成功的典型。除此之外，欧盟的经济一体化不仅取消了所有的有形障碍，如取消海关、统一身份证，还取消了各种技术障碍，便于人才和技术的流动，促进经济的发展。同时，取消了财政税收上的差别和商业投资法律方面的不同，方便了资本的流动。经历了 6 次扩张的欧盟成为一个涵盖 28 个国家、总人口超过 4.8 亿的当今世界上经济实力最强、一体化程度最高的国家联合体。欧盟成了世界上最富足的地区。欧盟的盟内生产总值高达 12 万亿美元，超过了美国。全球人均国内生产总值最高的国家也在欧洲，其中卢森堡、挪威、爱尔兰和丹麦分别位居第一、第四、第六和第七。欧洲每年数百亿欧元的团结基金确保了地区之间的均衡发展。成员国之间人员的自由往来促进了思想的交流，反过来又能够增强欧盟的吸引力和竞争力。为其他区域经济一体化组织做了表率，对世界的经济发展具有极其重要的促进作用。

（二）取得的成果

欧盟是世界上经济最发达的地区之一，经济一体化的逐步深化又促进了该地区经济的进一步繁荣。2013 年，欧盟 28 个成员国国内生产总值达到 12 万亿欧元，人均国内生产总值为 23 100 欧元。欧盟为世界货物贸易和服务贸易最大进出口方。欧盟对外贸易中，美国、中国、俄罗斯、瑞士为主要贸易伙伴。欧盟也是全球最不发达国家最大出口市场和最大援助者，多边贸易体系的倡导者和主要领导力量。

　　欧盟的诞生使欧洲的商品、劳务、人员、资本自由流通，使欧洲的经济增长速度快速提高。欧盟的经济实力已经超过美国居世界第一。而随着欧盟的扩大，欧盟的经济实力将进一步加强，尤其重要的是，欧盟不仅因为新加入国家正处于经济起飞阶段而拥有更大的市场规模与市场容量，而且欧盟作为世界上最大的资本输出的国家集团和商品与服务出口的国家集团，再加上欧盟相对宽容的对外技术交流与发展合作政策，对世界其他地区的经济发展特别是包括中国在内的发展中国家也至关重要。欧盟可以称得上是个经济"巨人"。

三、东盟

　　东南亚国家联盟的前身是由马来西亚、菲律宾和泰国三国于 1961 年 7 月 31 日在曼谷成立的东南亚联盟。1967 年 8 月 7 日至 8 日，印度尼西亚、新加坡、泰国、菲律宾四国外长和马来西亚副总理在泰国首都曼谷举行会议，发表了《东南亚国家联盟成立宣言》即《曼谷宣言》，正式宣告东南亚国家联盟（简称东盟 ASEAN）成立。

（一）发展历程

　　东盟 1967 年成立至今的历程可以分为两大阶段，即冷战时期和冷战结束后。

　　1. 冷战时期的东盟

　　这个时期促进东盟团结的主要因素有两个：一是遏制共产主义；二是柬埔寨问题。冷战时期的东盟的主要贡献，是使原本一盘散沙的东南亚国家出现了初步的团结，培养了地区意识，有效地促进了地区的政治与安全合作，确立了各种组织架构，为冷战后进一步深化区域合作打下了良好的基础。但此时的东盟的兴趣主要集中在政治与安全合作方面，在经济合作方面没有什么建树。

　　2. 冷战结束后的东盟

　　冷战结束后，地区与全球环境发生了重大变化，意识形态在国际关系中的重要性下降了，经济全球化与区域化成为影响国际关系的主要因素，这两大趋势并行不悖，改变了全球与地区的国际关系格局。这一时期的东南亚地区，美国在该地区的影响力下降了，但它仍然企图主导该地区，但是显得有些力不从心；日本的作用正在日益提升。它在该地区的作用开始跳出经济的范围，向政治与安全等领域扩张；中国正在崛起成为一个新兴的大国，它成为对该地区拥有重大影响力的国家。而东盟作为该地区的一个重要的国际组织，在地区事务中正在扮演越来越重要的角色，成为该地区的一支主导力量。

　　20 世纪 90 年代初，东盟率先发起区域合作进程，逐步形成了以东盟为中心的一系列区域合作机制。1994 年 7 月成立东盟地区论坛，1999 年 9 月成立东亚-拉美合作论坛。此外，东盟还与美国、日本、澳大利亚、新西兰、加拿大、欧盟、韩国、中国、俄罗斯和印度 10 个国家形成对话伙伴关系。东盟与中日韩（10+3）、东盟分别与中日韩（10+1）合作机制已经发展成为东亚合作的主要渠道。

　　为了早日实现东盟内部的经济一体化，东盟自由贸易区于 2002 年 1 月 1 日正式启动。2003 年，中国与东盟的关系发展到战略协作伙伴关系，中国成为第一个加入《东南亚友好合作条约》的非东盟国家。根据 2003 年 10 月在印尼巴厘岛举行的第九届东盟首脑会议发表的《东盟协调一致第二宣言》（亦称《第二巴厘宣言》），东盟将于 2020 年建成东盟共同体。为实现这一目标，2004 年 11 月举行的东盟首脑会议还通过了为期 6 年的《万象行动计划》（VAP）以进一步推进一体化建设，签署并发表了《东盟一体化建设重点领域框架协议》《东盟安全共同体行动计划》等。会议还决定起草《东南亚国家联盟先章》以加强东南亚国家联盟机制建设。

（二）取得的成果

在经济方面，东盟国家经济增长稳健。国际货币基金组织（IMF）预测东盟五国（马来西亚、越南、印度尼西亚、泰国、菲律宾）2017 年将达到 5.1%，较 2016 年 10 月公布的《世界经济展望》报告降低了 0.2 个百分点。2015 年东盟五国经济增长率为 4.7%。这对当今面临经济呈现下滑状态的各国如何保本国经济平稳发展是一个了不起的创举。

在政治方面，各国政局趋于平稳。2014 年，印尼诞生了首位平民出身的总统佐科，并顺利实现了政权的更替；泰国军方接管了政权，结束了持续近半年的政局动荡；柬埔寨反对党——救国党也结束了近一年的抵制活动。因此可以看出，东盟的成立对其成员国间的国内政局的稳定也产生了巨大的作用。

在外交方面，2014 年美国国防部长邀请东盟国家的国防部长到美国本土举行首届美国—东盟防长会议；美国与菲律宾签署了《强化防务合作协议》；东盟与日本对话关系在贸易、旅游以及通过建设经济特区推动地区互联互通方面取得进展；东盟与印度的关系进一步密切，双方计划实现 2015 年贸易额达到 1 000 亿美元的目标。东盟还提出与印度加快印缅泰三方高速公路建设，并在粮食安全领域加强合作。因此可以看出东盟在积极拓展与各方面的联系，东盟也在利用其影响力不断地促进和加强成员国的发展。

总结东盟主要成就包括如下七大方面：

（1）东盟自由贸易区从 1992 年开始建设，经过 10 多年的努力于 2004 年正式运作，区域内贸易的比重迅速提升，其他领域的经济合作，包括投资合作、旅游合作、能源合作等也逐步开展。

（2）从 1995 年开始扩大新成员，在原来的 6 个成员的基础上，首先是吸收越南，接着将印支地区各国和缅甸吸收进来，成为一个包括本区域所有国家的国际性组织。

（3）建立东盟区域论坛，为本地区成员与区域外大国提供了一个开展安全对话的平台，有力地促进了本地区各成员的互信和理解，减少了猜疑并且化解了不少冲突。

（4）促进欧亚合作。东盟作为欧亚会议的发起人，在促进欧盟合作和对话方面发挥了非常重要的作用。

（5）与区域外大国建立了对话伙伴关系，还分别与中国、印度、日本、美国等国签署了《东南亚友好合作条约》，充分利用区域外大国在东南亚地区的力量与存在，实现本地区的和平、稳定与发展。

（6）东盟在机构运作和制度化方面取得了长足的进步，包括将原来不定期举行的东盟政府首脑会议改为每年举行一次，加强了东盟秘书处的职能等。

（7）提出到 2020 年建立东盟共同体的发展蓝图，为东盟今后的发展和深化各个领域的合作指明了方向。

思考题

1. 区域经济一体化的组织形式有哪些？这些组织形式有什么区别？
2. 区域经济一体化所带来的效应有哪些？
3. 简述中国参与区域经济一体化的情况。

第十三章　国际经济协调

在经济全球化、区域经济一体化日益增强的国际环境下，国家间经济联系日益紧密，相互影响和相互依存性不断加深，世界各国认识到仅依靠自身的力量常常难以解决国际经济事务中的矛盾和纠纷。跨国经济活动的增加必然对国际经济规则提出更多和更高的要求。国际经济协调在全球开放经济中是必不可少的，是加强国际经济合作的重要保证和必然趋势。

第一节　国际经济协调概述

一、国际经济协调的内涵

国际经济协调是指各国政府通过国际经济组织、国际会议等方式进行对话协商，对国际经济关系和宏观经济政策进行联合调节。国际分工和各国经济相互依存是国际经济协调产生和发展的客观基础。各国经济利益的协调是国际经济协调的本质。解决彼此间在经济交往中的矛盾和冲突，维护并促进世界经济稳定和正常发展是国际经济协调的目标。各国政府是国际经济协调行为的主体。通过一定方式，联合对国际经济运行进程进行干预或调节是国际经济协调的主要手段。国际经济协调有狭义和广义之分。从狭义角度看，国际经济协调是各国政府在制定国内政策的过程中，通过国家间磋商、谈判等方式来对某些宏观经济政策进行共同设置，或各国政府充分考虑国际经济关系，有意以互利的方式调整各自的经济政策；从广义角度看，凡是在国际范围内能够对各国宏观经济政策产生一定程度制约的行为，都可被视为国际经济协调。通过国际经济协调，可以在经济波动中通过各国间一致的微观、宏观经济调节，避免经济不确定因素带来的负面影响，促进各国经济稳定增长，实现和维持世界经济均衡。国际经济协调已成为国际经济合作顺利发展的重要保证。

二、国际经济协调的分类

（一）根据协调的地理范围分类

根据协调的地理范围大小区分，国际经济协调可分为区域性协调和国际性协调。区域性的经济协调主要是指区域经济一体化组织内的各成员国，按照相互间达成的协议，从协调彼此间的关税、资本、劳动力流动等方面的政策开始，建立统一的市场，逐步协调各国国内的经济政策，最终实现区域内经济一体化的目标。国际性的经济协调主要是通过联合国等国际经济组织进行的。不同时期所要协调的目标是不同的，一般包括贸易、投资、金融等政策，以消除贫困、促进世界经济发展。

（二）根据协调方式的规律性分类

根据协调的方式是否具有规律性，国际经济协调分为临时性的和制度化的协调。主要是看协调的形式是否已经形成制度，定期举行，以及具有固定的组织形式等。如国际经济组织和区域经济组织等形式的协调均属于制度化的协调。而为了应对突发事件或解决不同国家相互间出现的问题而临时进行的对话协商则属于临时性的协调。

（三）根据参与协调主体的数量分类

与根据参与协调主体的多少，国际经济协调可以是双边或多边协调。双边协调是指两个国家之间就一些问题而展开的谈判、磋商等协调活动。多边协调则是在两个以上国家间开展的协调活动。

（四）根据协调内容分类

根据协调的内容区分，国际经济协调可以是微观或者宏观方面的协调。微观方面的协调是指具体的国际合作项目中，双方当事人在争议发生后所进行的旨在自行解决争议所进行的协商、调解、仲裁和诉讼。宏观方面的协调是指国家政府之间举行首脑会议、签订国际公约或协定、成立国家间经济组织等经济外交活动，协调内容涉及对国家间的经济活动进行干预和调解时，即为宏观方面的经济协调。宏观经济协调可以是双边的，也可以是多边的；可以是制度化的，也可以是临时的。

三、国际经济协调的发展

国际经济协调作为一种经济现象并不是近期才出现，严格来讲，它在经济国际化和世界市场开始出现和形成时就存在了。只是在第二次世界大战后，国际经济协调才加快发展，形成了当代国际经济协调体制。

（一）第二次世界大战前的最初构建时期

最早的全球性经济协调机制产生于 19 世纪。16 世纪的地理大发现以后，世界市场的产生、国际分工的形成、国际贸易的发展，乃至发达国家争夺殖民地市场的竞争的出现，都要求国家间进行必要的协调和规范。1815 年欧洲国家成立的莱茵河委员会是世界上第一个官方国际经济组织，也是第一个通过机制化和制度化途径协调各国经济利益和确立规范的组织。

19 世纪中后期出现了国际经济协调的最初发展。到 20 世纪初的 1909 年，国际经济组织已达到 37 个。但在此之后至第二次世界大战期间的国际形势决定了国际经济协调的效果是极其有限的。这一期间的协调主要是为应对经济危机的不良影响。西方国家共同采取一定的经济政策，对国际经济关系进行协调，协调的基本特点是特定性和临时性。在战前的世界经济格局下，西方发达国家几乎都拥有各自的经济区域和势力范围，相互之间争斗多于合作。

（二）第二次世界大战后至 20 世纪 70 年代初的建立与启动时期

19 世纪建立的国际经济机制主要是专业性的，这是由当时世界经济体系形成初期的特性所决定的。进入 20 世纪，在吸取战前经济争斗及经济秩序混乱教训的基础上，世界各国均逐渐认识到建立统一的国际经济秩序及进行国际经济协调的重要性。随着国家间相互依存态势的逐步形成和深化，国际经济协调开始在世界经济的各个领域和各个层面得到迅速发展。

第二次世界大战后初期是国际经济协调机制发展的第一个高潮。这一时期协调的重点是建立新的国际货币和贸易关系，相继产生了布雷顿森林国际货币体系和构成国际经济机制核心的国际货币基金组织、世界银行、关贸总协定、经济合作与发展组织、国际开发协会等。这些机构的产生不仅使国际相互依存程度不断增强，也使国际经济的运行逐步走向规则化，促进了经济协调机制的综合化和专门化，对世界经济、国际贸易、国际金融的发展和减缓经济危机的振动幅度产生了一定的积极作用。

进入 20 世纪 60 年代后，随着发展中国家的独立，国际经济机制中出现了新的协调问题。大批发展中国家在世界经济舞台上的出现意味着世界经济开始呈现南北两极的态势。长期在世界经济中处于被剥削、被掠夺地位的发展中国家为了积极谋求经济上的平等地位，开始了争取国际经济新秩序的斗争，有效地促进了国际经济协调机制向平等方向发展。与此同时，发展中国家还加强了自身的南南经济协调，建立了 77 国集团、石油输出国组织等大批经济组织，也导致了国际经济机制的质的转变。同一时期，随着美国经济实力的逐渐衰落，日本和西欧的崛起，以美元为核心的国际货币体系发生动摇。1973 年以后，随着固定汇率制度的解体，国际经济协调的第一阶段遂告结束。

（三）20 世纪 70 年代中至 80 年代初的初步成熟时期

1975 年西方七国首脑会议召开，标志着以世界经济多元化为基础的经济协调进入第二阶段。这一时期出现了许多新的特征。首先，多元化格局出现，不仅西欧、日本等主要发达国家参与到国际经济协调中来，改变了美国一家独大的局面，而且南南合作也得以发展，越来越多的发展中国家参与到国际政治经济生活中，使国际经济协调走向多边化和多极化。其次，协调机制已初步成熟。全球协调、区域协调、政府协调并存，多管齐下的国际经济协调机制使协调向更高水平发展，欧洲共同体、经济合作与发展组织、亚太经济合作组织等不仅在区域协调，也为全球协调发挥了重要作用。最后，国际经济协调方式更为灵活多样，国际经济组织和区域经济合作组织成为国际经济协调的主要渠道，各国根据国际经济运行特征不断地调整战略目标和具体目标。

（四）20 世纪 80 年代中期至 21 世纪初的发展时期

20 世纪 80 年代以后，主要发达国家的国际经济协调继续向纵深发展。1985 年的"广场会议"，美、日、英、法、德五国就联合干预汇率问题达成一致协议，认为美元价值高估，承诺联合干预外汇市场，促使美元有秩序地贬值。会议标志着发达国家间的经济协调已开始落到实处。1986 年的"东京会议"进一步将其政策协调具体化，对 10 项经济指标进行监督。这一指标体系即包括汇率、国际收支，也包括各国的通货膨胀率、利率、货币发行量等指标。这是西方国际经济协调向前迈进的又一标志性会议。

进入 90 年代后，国际经济协调的形式日益多样化，协调的范围不断扩大，几乎涉及世界经济的每个角落。1993 年 1 月 1 日欧洲统一大市场的启动到 11 月 1 日欧洲联盟的成立，推动了世界范围内区域经济一体化的蓬勃发展，促进了区域内经济协调机制日益完善。1995 年 1 月，世界贸易组织替代了关税及贸易总协定开始了它在国际贸易及相关领域里的协调作用。在国际金融领域，国际货币基金组织和世界银行的作用得到一定强化。同时，构建全球性金融机制的问题自 1997 年东南亚金融危机爆发以来已得到了越来越多国家的关注。这一切都表明国际经济协调进入了一个新的发展阶段。

与之前相比，这一阶段的国际经济协调具有以下几个特点：

1. 参与者具有广泛的国际性

各国政府、各类国际经济组织都积极参与国际经济协调。协调可以在两国之间，也可在两个区域经济组织之间，或者国家与区域经济组织之同，甚至还出现了洲际之间的协调。参加国际经济协调的主体越来越具有广泛性，不仅有发达国家，而且出现了越来越多的发展中国家参与的首脑会谈。一般来说，经济发展水平越高，相互间依赖程度越大，协调的领域越广泛，协调的内容越深入具体。当然，由于受经济发展水平的影响，发展中国家间的经济协调程度远不如发达国家间的协调程度高。

2. 多层次、全方位的联合干预

国际经济协调的形式多种多样，协调的层次包括微观和宏观方面，协调的领域涉及贸易、金融、投资、信息和环境保护等几乎所有领域；不仅协调各国对外经济贸易政策，而且还逐步深入到各国国内经济发展目标和经济指标的协调。对于国际经济发展进程中出现的重要事件经常是几个国家同时进行联合干预。

3. 以发达的工业国家为核心

与之前的情况相比较，国际经济协调打破了以美国控制为主的局面，逐渐向多极化发展，但由于受到政治和经济等方面因素的影响，在国际经济协调中发挥主要作用的仍然是世界上一些主要经济发达国家。

（五）2008 年至今的调整时期

进入 21 世纪，特别是 2008 年国际金融危机的爆发给世界经济的发展带来严重影响，各种矛盾和问题不断地涌现，贸易保护主义强势抬头，国际经济环境变得更为复杂。为了促进世界经济平稳持续发展，加强各国的经济合作，国际经济协调比以往任何时候都显得更加重要。国际经济协调已经进入了一个新的阶段，其主要特点如下：

1. 新贸易保护主义增强

近年来在金融危机的影响下，作为各国经济联系重要方式的国际贸易增速放缓、国际投资剧烈波动。随之而来的是新贸易保护主义愈演愈烈，已经波及贸易、投资、技术转让、资源保护等国际经济活动的所有领域。更加重要的是，实行保护自主义的已不再是传统的弱小落后国家，反而是强大先进的发达国家。在当前全球经济越来越紧密联系的背景下，需要各国政府和国际经济组织通过国际经济协调渠道，共同努力来抑制新贸易保护主义，促进国际贸易与投资的恢复和发展。

2. 国际经济组织协调作用减退

国际经济组织协调作用出现减退，急需深化改革和优化国际经济规则。联合国所属的经济组织、国际货币基金组织、世界贸易组织等一直在国际经济协调中发挥着重要作用。但近年来这些主要国际组织的作用开始减退，甚至出现功能缺失。例如，在全球金融危机爆发时期，作为全球最大的国际金融协调组织国际货币基金组织却没能发挥应有的作用，其内部的改革也停滞不前；世界贸易组织的新一轮谈判原定于 2005 年完成，却一直拖至 2013 年 12 月才达成"巴厘一揽子协议"，说明它在国际贸易领域的协调能力有所下降。

3. 国际经济多极化趋势与旧的国际经济体制和规则的冲突

进入 21 世纪后，国际经济格局的多极化趋势呈加速发展之势。主要表现是以金砖国家为代表的新兴市场大国经济的快速崛起，给由美国等少数发达国家主导的国际经济格局带来巨大挑战，对现行的国际经济体制和规则造成冲击。这意味着主要发达国家与新兴市场大国必须要通过必要的经济外交努力，通过有效的国际经济协调机制，来共同调整和改革已经越来越不能适应多极化趋势的国际经济体制和规则。

4. 区域经济一体化和区域贸易协定的迅速发展

21 世纪以来，经济全球化发展进程缓慢，但区域经济一体化趋势得到进一步加强，欧洲、北美经济一体化不断发展的同时，东亚地区的经济合作呈现快速发展势头，全球自由贸易协定如雨后春笋般不断涌现。截至 2015 年年底，全球向世贸组织通报并生效的区域贸易协定达到 423 个。目前，正处于谈判或者研究阶段的 RTA 还在不断增加。可以预见，在今后相当长的时间内，自由贸易区仍会较快地发展。区域经济一体化的发展，各类区域经济合作组织的建立，为国际经济协调提供了更宽广的平台，从而形成双边、多边与区域等多个平台互相补充、相互推动的国际经济协调机制。

5. 各种不安全因素的增多使协调内容深化

当前，国际格局正在经历深刻调整演变，世界经济发展前景充满不确定性。地区冲突、恐怖主义、气候变化、能源资源、网络安全等问题日益凸显，全球治理难度增大，国际经济协调机制面临挑战。这些不安全因素威胁着世界经济平稳发展，各国政府需要加强经济外交，不断深化国际间协调的内容。

四、国际经济协调的主要形式

(一) 国际经济组织

国际经济组织是指活动于经济领域、跨越国界的政府间组织。其成员国为实现共同目标，必须在一定范围内约束自身的行为。国际经济组织有明确的宗旨和职能，并有常设机构开展活动，它所进行的国际协调具有相对稳定、经常和持续的特征。国际经济组织按参加国的广泛程度划分为全球性国际组织、区域性国际组织，如世界贸易组织、世界银行等；按活动领域划分为综合性组织和专门性组织，如联合国的经济机构、原料生产及输出国组织等。国际经济组织是第二次世界大战以后国际经济协调的重要形式。

（二）国际会议

国际会议是指多个主权国家的政府代表通过会晤，就相互间经济关系和有关的国际经济问题进行协商，在共同讨论的基础上寻求或采取共同行动，进而规定各方权利、义务的协调形式。国际会议一般没有固定的议题，与会国主要就当前迫切需要处理的经济问题交换意见，协调各自的政策立场，会议结果可能促使国际协调形式的建立，可能促使各方采取共同措施达成原则性协调，也可能促使各方表明进行某方面政策协调的意向。与会国的责任一般随国际经济环境的改变而自然解除，或者持续到下一次国际会议举行。因此，国际会议所进行的国际协调的约束力不强，大多数是临时性的，而且很不稳定。国际会议既有双边的、部长级的、临时性的会议，也有多边的、首脑级的、定期或不定期的会议。

（三）国际条约和协定

国际条约和协定是两个或两个以上主权国家为确定它们在经济方面的权利和义务而缔结的书面协议。国际条约以国际法形式规范、管理、协调国际经济交往，使世界经济运行受到法律秩序的规范和约束。国际条约和协定可以通过有效期结束、达成新协议、废除旧协议等方式解除签约国的国际协调责任，所以它不同于具有永久性的国际经济组织及区域经济集团的协调形式，具有时效性。

五、国际经济协调的作用

国际经济协调的作用突出地表现在以下三个方面：

（一）促进世界经济的持续和稳定发展

从 20 世纪 60 年代末至 80 年代初，世界经济连续出现了 1969—1971 年、1973—1975 年、1979—1982 年三次经济危机，世界经济的平均年增长率下降了 2%，世界贸易金融秩序严重失衡。危机出现后，主要发达国家加强国际经济协调，采取了必要的共同干预措施，再加上国际社会的共同努力，世界经济能够保持一段时期的持续稳定的发展。但在迅速发展的世界经济新环境中，战后所建立的国际经济协调模式已难以维系往日的辉煌。2008 年，由美国次贷危机引发的全球金融危机，波及各国实体经济，其影响非常严重。在此之后，全球加强合作，共同抵御金融风险逐渐成为各国的共识。从西方七国集团财长和央行行长会议到二十国峰会的召开，从第七届亚欧首脑会议到二十国第二轮金融峰会，从主要经济体联手降息到各国相继出台的刺激经济稳定的各项措施的出台，国际经济协调占有举足轻重的作用，在一定程度上减弱了经济危机在国际间的传递，阻止了经济危机的进一步恶化。

（二）促进各国间经济进一步相互依赖，加速经济全球化的步伐

经济全球化的主要特征之一就是商品和资本市场的全球化、生产过程的全球化以及经济调节的全球化。在这一过程中各国之间的竞争非常激烈，矛盾冲突时常出现，需要及时和不断地通过各种协调形式加以解决。此外还有许多全球性的重大经济问题更需要通过国际经济协调来处理，如汇率问题、南北关系问题、世界经济持续发展问

题、环境保护问题等，不同国家相互之间通过确立共同的经济发展目标，交流信息，协调彼此的政策行动，更进一步加深了相互依赖和共同合作的关系。

（三）有利于国际经济合作的顺利开展

国际经济协调和国际经济合作之间既存在手段与目的的关系，也存在着相辅相成的关系。在国际经济协调过程中需要参与协调的各方密切合作，协调的目标才能实现。另外，国际经济协调又可以促进国际经济合作的顺利开展。在合作关系建立起来之前，需要国际经济协调来解决利益纠纷和矛盾，各方还需要不断地进行经济信息的交换和共享。如一个投资项目，在项目正式确立之前，合作各方需要多次磋商，就有关的投资方式、股权安排、盈亏分担等一系列问题进行谈判。达成协议并开始实施的过程中，各方仍需要不断地协调相互的立场，解决出现的矛盾问题，使合作顺利开展下去。

第二节 国际经济协调的主要组织

联合国是协调国际事务的常设机构，世界贸易组织、国际货币基金组织、世界银行这三大经济组织的出现，则成为通过参与国之间协调而形成全球经济一体化机制的重要标志，在经济利益协调上具有划时代的意义。这三大国际经济组织及其他一些相关组织通过一系列的国际条约将国际经济领域的国际法原则、规则和惯例加以规范化和程序化，使各国在国际经济机制上达成了一定共识。

一、联合国

联合国成立于 1945 年 10 月 24 日，总部设于美国纽约。截至 2016 年年末，联合国共有 193 个会员国、2 个观察员国，包括了世界上所有得到国际承认的主权国家。

《联合国宪章》是一个国际条约，规定了国际关系的基本原则。根据宪章，联合国的宗旨如下：维持国际和平及安全；发展国家间友好关系；合作解决国际问题，增进对人权的尊重；成为协调各国行动的中心。联合国有六个主要机构，其中联合国大会、安全理事会、经济及社会理事会、托管理事会和秘书处五个机构设在纽约联合国总部。第六个主要机构是国际法院，设在荷兰海牙。虽然近年来联合国大会和秘书处对国际经济事务的关注逐渐增多，但在联合国六个主要机构中，只有经济及社会理事会是纯粹的经济组织。经济及社会理事会负责协调联合国及联合国系统的经济和社会工作。作为讨论国际经济和社会问题以及拟订政策建议的中心论坛，经济及社会理事会在加强国际合作，促进发展方面发挥着关键作用。经济及社会理事会有 54 个理事成员国，由大会选出，任期三年。经济及社会理事会每年 7 月举行主要会议，其中包括一次部长级特别会议，讨论重大经济社会问题。经济及社会理事会下属五个区域委员会在各自区域负责促进经济发展，加强经济关系。

在联合国的附属机构中，重点从事经济活动的机构有联合国贸易和发展会议、联合国开发计划署、联合国人口活动基金、联合国环境规划署、世界粮食计划署和世界粮食理事会等。其中联合国贸易和发展会议，成立于1964年，是联合国系统内唯一综合处理贸易、资金、技术、投资和可持续发展领域相关问题的政府间机构。其总部设在日内瓦，目前有成员国188个。贸发会议的主要目标是帮助发展中国家增强国家能力，最大限度地获取贸易和投资机会，加速发展进程，并协助它们应对全球化带来的挑战和在公平的基础上融入世界经济。贸发会议通过研究和政策分析、政府间审议、技术合作以及与非政府机构企业部门的合作实现其目标。贸发会议自成立以来，在促进发展中国家的经济贸易发展，推动南北对话和南南合作方面发挥了重要作用。但是近年来，随着国际政治经济形势的急剧变化，特别是由于发达国家对发展合作态度日趋消极和发展中国家利益要求不同而导致的谈判能力下降的情况下，贸发会议的谈判职能逐渐削弱，但在帮助发展中国家制订经济发展战略和贸易、投资、金融政策，加强它们参与多边经济贸易事务的能力方面，仍然发挥着独特而重要的作用，被誉为"发展中国家的良心"和"南方知识库"。

除了上述联合国主要机构和附属机构之外，还有一些根据各国政府间的协定而设立的重要国际经济组织，它们虽不是联合国的附属机构，但因特别协定而与联合国关系密切，因而被称作联合国的专门机构。它们是国际货币基金组织、世界银行、世界贸易组织、国际开发协会、国际金融公司、联合国粮食及农业组织、国际劳工组织、国际民用航空组织、万国邮政联盟、国际电信联盟、世界气象组织、国际海事组织、世界知识产权组织、国际农业发展基金会、联合国工业发展组织、国际原子能机构、世界卫生组织和联合国教育、科学及文化组织。这18个专门机构绝大部分都属于经济组织。

二、世界贸易组织

世界贸易组织是根据《建立世界贸易组织的协定》建立的独立于联合国的永久性国际组织。世贸组织在1994年4月15日取代了成立于1947年的关税与贸易总协定，于1995年1月1日正式开始运作。世贸组织目前拥有164个成员，成员贸易总额达到全球的98%，有"经济联合国"之称。

（一）世贸组织的宗旨和目标

在《建立世界贸易组织协定》的序言部分，规定了世界贸易组织的宗旨是：提高生活水平，保证充分就业，大幅度稳步地提高实际收入和有效需求；扩大货物和服务的生产与贸易；坚持走可持续发展之路，各成员应促进对世界资源的最优利用、保护和维护环境，并以符合不同经济发展水平下各成员需要的方式，加强采取各种相应的措施；积极努力以确保发展中国家尤其是最不发达国家在国际贸易增长中获得与其经济发展水平相应的份额和利益。

世贸组织的目标是建立一个完整的包括货物、服务、与贸易有关的投资及知识产权等更具活力、更持久的多边贸易体系，以包括关贸总协定贸易自由化的成果和"乌拉圭回合"多边贸易谈判的所有成果。

（二）世贸组织的主要机构

世界贸易组织的执行机构是总理事会，由每个成员方的常设代表组成，平均每月在日内瓦召开一次会议。其最高权力机构是每两年开一次会的部长理事会，讨论和决定涉及世贸组织职能的所有重要问题。

世贸组织中的关键机构是争端解决机构和贸易政策审议机构。所有成员国都可参加解决争端机构。该机构通常每个月开两次会议以听取关于违反世贸组织规则和协议的投诉。该组织设立专家小组研究争端并决定是否违反了规则。世贸组织是具有法人地位的国际组织，在调解成员争端方面具有最高的权威性。贸易政策审议机构也是全体成员都可参加的，负责审议世贸组织所有国家贸易政策的论坛。贸易大国的政策每隔两年审议一次，其他国家的贸易政策每隔四年审议一次。

其他主要机构还有货物贸易理事会、非货物贸易理事会和知识产权贸易相关问题理事会。

（三）世贸组织的基本原则和主要职能

世贸组织继承了关贸总协定的基本原则，包括：第一，非歧视原则；第二，互惠原则；第三，最惠国待遇原则；第四，国民待遇原则；第五，关税减让原则；第六，市场准入原则；第七，一般取得数量限制原则；第八，透明度原则。并将这些原则推广到服务贸易、知识产权保护、与贸易有关的投资措施等领域。

世界贸易组织的职能主要包括：第一，负责多边贸易协议的实施、管理和执行，促进世界贸易组织目标的实现，同时为多边贸易协议的实施、管理和运作提供框架；第二，为各成员就多边贸易关系和有关事务进行谈判以及世贸组织贸易部长会议提供场所，并提供实施谈判结果的框架；第三，通过争端解决机制，解决成员间可能产生的贸易争端；第四，运用贸易政策审议机制，定期审议成员的贸易政策及其对多边贸易体制运行所产生的影响；第五，通过与其他国际经济组织（国际货币基金组织、世界银行及其附属机构等）的合作和政策协调，以保障全球经济决策的凝聚力和一致性，避免政策冲突。

（四）世贸组织的主要协定

"乌拉圭回合"经历 8 年谈判，最后达成以《建立世界贸易组织协定》为主体的一系列协议，英文原版长达 634 页，是当今协调世界贸易与各类经济关系最宏大的一部法典，其中最主要的协议包括以下内容：

1. 有关货物贸易的多边协议

具体包括《1994 年关税与贸易总协定》《农业协议》《关于卫生和动植物检疫措施的协议》《纺织品与服装协议》《与贸易有关的投资措施协议》《贸易的技术性壁垒协议》《反倾销协议》《海关估价协议》《装船前检验协议》《原产地协议》《进口许可证协议》《补贴与反补贴协议》《保障措施协议》。其中最重要的《1994 年关税与贸易总协定》在成员方达成互惠互利协议，寻求大幅度削减关税和其他贸易障碍，取消国际贸易歧视待遇，达到提高生活水平，保证充分就业，保证实际收入和有效需求持续增长，实现世界资源充分利用及发展商品生产与交换，在推动国际贸易新秩序建立和发展自由平等的国际贸易等方面起到了巨大的作用。《与贸易有关的投资措施协议》是"乌拉圭回合"多边贸易谈判的新议题之一，也是国际社会制定和实施的第一个具有全球性的有关国际直接投资措施方面的协议，对日益繁荣的国际投资与贸易活动产生了重大影响，该协议主要适用于与货物贸易有关的投资措施，能够使由于国际贸易而产生扭曲或限制的投资措施得到改善。

2.《服务贸易总协定》及附件

该协定是"乌拉圭回合"多边贸易谈判达成的一项新的独立多边贸易协定，是世贸组织的服务贸易法的基本规范和核心规范。在世贸组织中与《关税与贸易总协定》和《知识产权协定》的地位是平行的。

3.《与贸易有关的知识产权协定》

该协定为国际知识产权保护确立了新的统一国际标准和准则，有力解决了近年来由于贸易而产生的知识产权侵权日益严重的问题，对国际货物贸易、技术贸易、投资以及各国相关国内立法产生了较大影响。

（五）世贸组织的重点调整

随着世界经济政治格局的变化和科学技术的迅速发展，国际分工、生产、协作的广度和深度日益扩大，整个世界已逐步成为一个统一的大市场，国际贸易、国际投资、国际经济技术合作进一步融为一体。因此，世贸组织为了适应全球经济发展的需要，协调的重点发生了许多新的变化。

1. 约束、协调、管辖的范围不断扩大

在货物贸易领域，把长期游离于关贸总协定管辖范围之外的农产品和纺织品、服装贸易纳入了世界贸易组织的约束和管辖范围。同时，在世贸组织的主持下，达成了货物贸易领域的新协议《信息技术协议》；在服务贸易领域，以《服务贸易总协定》为基础，新的服务部门协定不断达成；与贸易有关的知识产权、投资措施等新领域不断纳入约束、协调的范围，达成了《与贸易有关的知识产权协定》；纳入管辖、约束和协调的新议题，包括政府采购透明度、电子商务、贸易与环境保护、贸易与劳工标准、贸易与竞争政策等。

2. 自由化协调的重点发生转移

世贸组织自由化协调的重点从贸易壁垒转向市场壁垒，从商品贸易自由化转向要素流动自由化，从整体自由化转向部门自由化。

3. 协调政策的方向发生变化

世界贸易组织协调政策的方向发生明显变化。主要由边境措施转向国内立法与决策，由贸易政策转向竞争政策，从贸易问题逐步转向社会经济问题。

三、国际货币基金组织

国际货币基金组织（IMF）是根据布雷顿森林会议通过的《国际货币基金协定》建立的全球性国际金融机构，于1945年12月27日成立，1947年3月1日正式开始运行，同年 11 月 15 日起成为联合国的一个专门机构。总部设在华盛顿，现有成员 189 个。

（一）国际货币基金组织的宗旨和目标

国际货币基金组织的宗旨是通过一个常设机构来促进国际货币合作，为国际货币问题的磋商和协作提供方法；通过国际贸易的扩大和平衡发展，把促进和保持成员国的就业、生产的发展、实际收入的提高作为经济政策的首要目标；稳定国际汇率，在成员国之间保持有秩序的汇价安排，避免竞争性的汇率贬值；协助成员国建立经常性交易的多边支付制度，消除妨碍世界贸易的外汇管制；在有适当保证的条件下，基金组织向成员国临时提供资金，使其有信心利用此机会纠正国际收支的失调，而不采取危害本国或国际繁荣的措施；按照以上目的，缩短成员国国际收支不平衡的时间，减轻不平衡的程度等。

国际货币基金组织的目标是促进国际间的金融与货币领域的合作；促进国际经济一体化的步伐；维护国际间的汇率秩序；协助成员国之间建立经常性多边支付体系等。

（二）国际货币基金组织的主要机构

国际货币基金组织的主要组织机构是理事会和执行董事会。

理事会是国际货币基金组织的最高决策机构，由各成员国委派理事和副理事各一人组成，一般由各国的财政部长或中央银行行长担任。理事会决定接纳新成员国或停止成员国资格，调整各成员国应缴纳的基金份额，批准成员国货币平价的统一变动，决定基金组织净收益的分配和基金的清理等。理事会每年举行一次会议，所有会员国都需参加。

执行董事会是国际货币基金组织处理日常业务的机构，行使理事会授予的一切权力。执行董事会现由 24 名执行董事组成。美国、英国、德国、法国和日本各单独指派一名。其他成员国划分为 19 个选区，中国、俄罗斯和沙特阿拉伯为单一国家选区，分别单独指派一名执行董事。

（三）国际货币基金组织的主要职能

1. 管理职能

在有关汇率政策、经常项目支付、货币兑换问题上，确定一套行为准则，如规制各国汇率、外汇管制及国际储备等制度。并负责监督成员国对准则的执行和义务的履行。

2. 融资职能

当成员国纠正国际收支失衡或避免其发生时，向它们提供短期资金融通，帮助其摆脱危机，以稳定外汇市场和扩大国际贸易。

3. 磋商职能

为成员国提供有关国际货币合作与协商等会议场所。与会员国就国际货币领域的有关事项进行磋商，为协调彼此间的货币政策提供资料和建议。

四、世界银行

世界银行（WB）是世界银行集团的简称，是国际复兴开发银行的通称。世界银行是根据 1944 年美国布雷顿森林会议上通过的《国际复兴开发银行协定》成立的，1947年 11 月 15 日成为联合国经济方面的专门机构。世界银行集团包括五个成员机构：国际复兴开发银行、国际开发协会、国际金融公司、多边投资担保机构和国际投资争端解决中心。其总部设在华盛顿，是世界上最大的多边开发援助机构，对各成员国而言，也是最大的国外借贷机构。

（一）世界银行的宗旨和目标

按照《国际复兴开发银行协定条款》的规定，世界银行的宗旨是：通过对生产事业的投资，协助成员国经济的复兴与建设，鼓励不发达国家对资源的开发；通过担保或参加私人贷款及其他私人投资的方式，促进私人对外投资，同时当成员国不能在合理条件下获得私人资本时，可运用该行自有资本或筹集的资金来补充私人投资的不足；鼓励国际投资，协助成员国提高生产能力，促进成员国国际贸易的平衡发展和国际收支状况的改善；在提供贷款保证时，应与其他方面的国际贷款配合。

世界银行的目标是通过提供资金、经济和技术咨询、鼓励国际投资等方式，帮助成员国，特别是发展中国家提高生产力，促进经济发展和社会进步，改善和提高人民生活水平。世界银行为全世界设定了到 2030 年要实现的两大目标：终结极度贫困，将日均生活费低于 1.25 美元的人口比例降低到 3% 以下；促进共享繁荣，促进每个国家底层 40% 人口的收入增长。

（二）世界银行的主要机构

世界银行集团的主要组织机构是理事会和执行董事会。

理事会是世界银行集团的最高权力机构，由各成员国委派理事和副理事各一人组成。一般由各国财政部长、中央银行行长或级别相当的一名高级官员担任。理事会的主要职权包括批准接纳新成员、停止成员资格、确定资本、决定净收入分配等重大问题。

执行董事会是经理事会授权、负责办理日常重要事务的机构。其主要职权包括制定政策，审议并决定贷款提案，向理事会会议提交决算审议、行政预算和年度经营报告等。执董会成员包括世界银行行长和 25 名执行董事。

（三）世界银行的协调与合作

面对全球经济的持续衰退，发达国家与发展中国家必须携手推进国际协调合作，从国际金融危机爆发至今的众多事实都表明，昔日由少数几个发达国家主导的经济治理模式已逐渐弱化，许多国际性问题的解决，都有赖于发达国家与新兴经济体一起平等协商解决。为此，在全球层面，世界银行主要强调加强国际合作伙伴之间的相互协调，以改善资源使用，防止相互掣肘，解决跨国治理问题。具体途径包括：强化对多边相关方工作的支持，改进援助国协调工作，与其他多边开发银行协调开展调查工作等。世界银行推出的"具有包容性和可持续性的全球化"的理念和硬贷款降价措施，稳定和强化了同中等收入国家贷款合作的基础。为落实所提出的发展理念，世界银行将加大对借款国社会和发展领域的支持，以缩小贫富差距，促进社会平衡与和谐发展。具体包括以下六个重点领域：支持最贫困国家的发展；支持脆弱和冲突后国家的建设；加强同中等收入国家的合作；帮助阿拉伯国家寻求新的发展机会；促进全球公共产品领域业务的开展；促进全球学习与知识服务。以上六个领域中有三个涉及同中等收入国家的合作，充分体现了加强同中等收入国家合作的积极态度。

第三节 国际经济协调的主要领域

国际经济协调涉及的领域和内容十分广泛，可以说包括了国际间的所有经济活动。从协调的内容看，主要涉及贸易、金融、投资，此外还包括科技、环境保护、经济发展、南北关系等方面的协调和各国国内政策与国际间政策的调节。

一、国际贸易领域的协调

在国际贸易协调领域主要是对关税和非关税贸易政策与措施以及调整各国贸易关系方面的协调。协调的实施主体主要是国际贸易组织，通过双边和多边贸易规则协调各国、各地间的贸易交往。在这一领域的协调主要在如下两个层次上进行：

一是在区域经济组织成员内部进行。主要是通过消除关税和非关税壁垒，协调各成员国的经济贸易政策和立场等方面措施来实现的。区域经济一体化的加强促进了区域内贸易自由化进程。北美自由贸易区、欧洲联盟、东南亚国家联盟等区域性组织在这方面取得了积极成果。

二是在世界范围内进行的。目前世界上协调范围最广、影响最大的当数世界贸易组织。在关贸总协定和世界贸易组织主持下，各成员国共进行了9轮贸易谈判，在贸易以及与贸易有关的许多领域都取得了成果。在关税方面，世界普遍关税税率大大降低，其中发达国家的关税税率从战后的35%降低到现在的4%，发展中国家平均税率降到13%～15%的水平。对于其他非关税壁垒措施也制定了相关的规则。此外，在与贸易有关的投资、知识产权和服务贸易方面也都达成了一系列相关协议。可以说，通过贸易领域的国际协调，世界贸易的自由化进程显著加快。

关于世贸组织在国际贸易中的协调作用主要包括以下方面：

第一，建立起全球多边贸易谈判的协商机制。全球范围内多边贸易谈判的协商机制主要是由世贸组织主持进行的。世界贸易组织及其前身关税与贸易总协定自成立以来不断定期组织全球范围的贸易谈判，为成员提供处理经济及法律问题的各种协议和协定，为推动多边贸易谈判提供框架协议草案并积极推动协议的签订与落实。世贸组织正式成立后，谈判的议题和重点也由原来的货物贸易领域的谈判逐渐向服务贸易领域，特别是知识产权以及投资领域拓展，为世界经济的发展与协调做出了积极贡献。

第二，制定统一的多边贸易规则。世贸组织的重要成效之一在于制定了一系列行之有效的多边贸易规则，主要包括非歧视原则（最惠国待遇原则/国民待遇原则）、互惠互利原则和透明度原则等。

第三，协调各成员国的贸易政策和措施。通过贸易政策审议机制，定期审议各成员国的贸易政策法规是否与世贸组织相关的协议条款所规定的权利义务相一致。

第四，主持解决各成员国之间的贸易纠纷。世贸组织理事会作为争端解决机构，处理就乌拉圭回合最后文件所包括的任何协定或协议而产生的争端。根据世界贸易组织成员的承诺，在发生贸易争端时，当事各方不应采取单边行动对抗，而是通过争端解决机制寻求救济并遵守其规则及所做出的裁决。

二、国际金融领域的协调

1973 年，布雷顿森林体系崩溃以后，西方各国普遍开始实行浮动汇率制。在浮动汇率制下，汇率由外汇市场的供求所决定，市场汇率的波动对国际收支平衡起着一定的自动平衡作用。因为汇率的变动会引起国内外商品价格的相对变化，当一国货币贬值时，该国出口商品的外币价格降低，因而使原来用于国外商品的支出转移为国内商品的需求。这种转变，不仅能刺激国内需求的增加，引起国民收入的提高，同时这种政策手段还能扩大出口，减少进口，扭转国际收支，实现经济的外部均衡。正是由于各国政府从各自利益出发，加大了对汇率干预的力度，对世界经济的平衡发展构成了威胁，再加上浮动汇率的多变性导致了国际金融市场更大的不稳定性和投机性，给国际贸易和国际投资带来了风险，因此，各国需要相互协调，减少单边行动，实行有管理的浮动汇率。汇率的协调主要包括两种：一种是多边协调，主要是针对发达国家国际收支和汇率政策的相互作用进行的协调，估计这些政策对世界经济的影响；另一种是个别协调，主要是检查会员国的汇率政策，要求会员国尽早将本国汇率变动情况通知相关经济组织。实际上自浮动汇率制实行以来，国际金融领域协调一直没有停止过。

在国际金融领域里起主要协调作用的国际经济组织是国际货币基金组织、世界银行以及一些地区金融组织。它们的协调活动主要有以下三个方面：一是向成员国提供贷款。国际货币基金组织的贷款只能用于解决短期性国际收支不平衡，用于贸易和非贸易的经常项目支付；而世界银行的贷款则大都是中长期项目，目标是促进贷款国的经济发展。二是促进国际货币合作和研究国际货币制度改革。国际货币基金组织在这两方面做了许多工作，比如创设特别提款权、制定浮动汇率制度、份额的增加及分配、稳定汇率、对成员国的汇率政策进行监督、收集和交换国际金融情报等。三是提供技术援助。国际货币基金组织通过向成员国派遣顾问、代表、专家等形式，在财政、货币、国际收支、银行业务、统计、汇价和贸易等方面向成员国提供技术援助。

三、国际投资领域的协调

国际投资领域的协调主要是通过跨国公司的国际产业转移进行的。以往国际产业转移的类型是从劳动密集型产业到资本、技术密集型产业，产业转移是从相对发达的国家转移到次发达国家再到发展中国家和地区逐层推进，产业转移的阶段是从加工贸易到零部件和原材料的本地化生产，产业转移的技术通常是进入标准化产业阶段的技术。但进入 20 世纪 90 年代以后，国际经济环境发生了变化，国际产业转移也出现了一些新的特点和发展趋势：第三产业投资成为国际产业转移中的新热点；国际产业转移出现了跳跃性发展趋势；生产外包成为国际产业转移的主流方式；国际产业转移出现产业供给链整体搬迁趋势。这些都成为国际投资领域经济协调的基础和条件。在国际投资领域进行协调的主要目的，就是要排除投资领域的障碍，推动投资自由化，调整资金流向和投资利益的分配，解决相关国家之间的矛盾和纠纷。

（一）国际投资协调的主要内容

1. 政府投资和经济援助的内外协调

政府投资及经济援助的协调主要包括：对各国政策进行指导性国际协调；通过建立多边国际金融机构，集中管理政府援助资金和贯彻统一援助政策；进行政府间的联合投资等。在发展中国家，进行政府间的联合投资方式是较为普遍的模式。

2. 投资管理的内外协调

这方面的协调主要表现在：限制投资竞争（如发达国家实行的出口信贷君子协定）、平衡竞争条件（如统一国际银行的资本标准）；对跨国公司的行为进行监督与管理（如《巴塞尔协议》规定银行母国与东道国对跨国银行共同承担监督责任）；制定规范的国际投资行为规范等。

3. 外资政策的协调

由于各国在体制及政策方面均存在较大差异，在引进外资过程中难免出现摩擦和障碍，须通过国际投资公约和规范来协调双方的利益，加强对海外投资和外国投资的保护，以维护正常的投资环境。如第二次世界大战后各国开始签订的双边投资保护协定，在外国投资者的待遇标准、投资项目和内容、政治风险、代位权和投资争议等方面做出具体规定，这类协定已成为当今国际投资外部协调的主要形式。

4. 国家间税收分配关系的协调

税收是协调国际分配关系的重要手段，协调的主要形式有：缔结多边税收协定；在区域一体化组织内进行税收合作；非区域性多边合作。另外，国际税收合作在减轻跨国投资经营的税负，促进国际投资及其他国际交易活动的发展方面也起到一定作用。

5. 国际债务的协调

这方面主要采取债务重新安排（债务重议）、内债与外债的协调等措施。

（二）当前国际投资协调的特点

1. 双边投资协定成倍增加

双边投资协定是指为了调整国家间私人投资关系，保护外国投资者的合法权益，维护健康的投资环境，由母国和东道国签订的一种促进和保护投资的双边条约。协定的具体内容因签约国的具体国别而有所不同，但一般均涉及外资的待遇（如国民待遇、最惠国待遇）、涵盖的范围（典型的包括非股权投资和各种类型的股权投资，以及投资周期各阶段的主要问题）、政治风险保障及争端解决（对资金转移、征收和国有化、签约方和投资者与东道国争议解决等具体投资保护标准做出明确规定）等问题。

自 20 世纪 60 年代以来，双边投资协定的扩展速度令人瞩目。60 年代，涉及 75

个；70 年代，涉及 167 个；80 年代，涉及 386 个。截至 2016 年年底，世界各国签订的 BIT 达到了 2 954 个。其中大部分是在发展中国家间签订的。可见，双边投资协定网络的覆盖范围非常广且仍在持续扩大。各国政府积极参与签订的双边层次的国际直接投资协定，已成为推动国际投资迅猛发展的主导力量，并进而加速了经济全球化的进程。

2. 区域层次的国际投资政策协调呈现多样化趋势

现行的区域层次的投资政策协调主要有三类：一是区域经济集团内的协调。一般是在地区经济一体化协议中包含投资问题的条款，如欧洲联盟成员国间资本自由流动的协议；东盟国家投资协定；亚太经济合作无约束性投资原则；北美自由贸易协定等。二是专项能源和原材料输出国组织内的协调。它主要通过分配销售份额、避免成员国内部削价竞争来防止巨型跨国公司操纵国际市场价格，如欧佩克、天然橡胶生产国协会、铜出口政府联合委员会等。三是不同类型国家所组成的综合性组织内的协调。它是主要涉及投资问题或独立的投资协议，如经合组织国际投资与多国公司声明及其相关协议、阿拉伯国家投资协定等。

3. 多边层次的国际投资政策协调受到重视

在多边层次的国际投资政策协调方面，世界银行与世界贸易组织均有重要建树。由世界银行达成了多项多边投资协定，如《国际投资争端解决公约》《建立多边投资担保机构章程》《国际直接投资待遇指南》等。由"乌拉圭回合"最终协议达成并于 1994 年由世贸组织通过的三个涉及投资问题的协议，标志着多边层次国际投资取得重大进展。例如《与贸易有关的投资措施协议》对国际直接投资的业绩要求作了具体规定，该协议明确禁止对外国投资项目提出贸易平衡和出口限制等业绩要求，由此通过逐步取消对外国投资者的障碍而极大地促进国际直接投资的发展。《服务贸易总协定》规定了适用于所有服务部门的普遍义务和规范，因而服务行业的投资要受该协定的协调。《与贸易有关的知识产权协议》是多边层次贸易和投资中知识产权保护最为综合的协调机制，该协议虽然没有直接涉及投资问题，但由于知识产权有可能成为投资的一个组成部分，且对知识产权保护与否直接影响跨国公司做出投资的决策，因而该协议自然成为国际投资政策协调中知识产权保护的重要机制之一。

四、南北经济关系的协调

南北经济关系的协调一直是国际经济协调中的重要领域。所谓南北经济关系，是指发展中国家和发达国家之间的经济关系。第二次世界大战后的较长时期内，世界经济发展中一直存在着不稳定因素，这就是南北经济发展不平衡，贫穷差距不断扩大。发达国家人口仅占世界人口的 1/4，国民收入却占世界的 4/5，而发展中国家的人口占世界人口的 3/4，但国民收入只占世界的 1/5。发展中国家普遍存在经济发展水平落后，技术水平低下，在国际市场上竞争能力差等问题。有些国家由于历史和其他原因，经济结构严重单一，不适应当今世界经济发展的需要。而且，长期以来，债务问题一直困扰发展中国家的经济和社会发展。如非洲由于种种原因一直落后于其他地区，全世界 48 个最不发达国家中有 33 个在非洲，其中一半人生活在贫困线以下，每年都不得不把国内财政收入的大部分用于偿还外债。另外，受金融危机影响，多数发展中国家经济增长、出口收益、侨汇和投资萎缩，汇率波动频繁，借贷成本上升，其债务脆弱性增加。沉重的债务负担已严重阻碍了发展中国家的经济发展，并造成恶性循环，使发展中国家在经济上对发达国家处于依附状态，在国际经济中处于不平等地位。因此，妥善解决债务问题，减轻发展中国家的债务负担，是帮助许多发展中国家，尤其是最不发达国家消除贫困、实现千年发展目标的重要前提。

打破旧的不合理的经济秩序，建立国际经济新秩序，争取良好的外部生存环境是发展中国家多年的共同愿望。为此，发展中国家一直坚持不懈努力，积极协调彼此的立场和步骤，取得了一定的成果。如发展中国家与发达国家就设立商品共同基金达成协议；发达国家对发展中国家实行普惠制；通过《联合国海洋法公约》；发达国家在减免最不发达国家的政府债务问题上做出了不同程度的承诺；二十国集团峰会制度的建立使得一批发展中国家有了与世界最发达的几个经济强国同台竞技、共同参与国际经济协调的平台；国际货币基金组织和世界银行两大机构决定向新兴经济体和发展中国家以及代表权过低的国家转移超过 6% 和 3% 的投票权，这标志着以中国、印度、巴西为代表的一批发展中国家国际地位的提高。在促进南南合作、协调发展中国家争取国际经济新秩序的立场和步骤中，许多南方国家的经济组织发挥了重要的作用。其中影响比较大的有石油输出国组织、中美洲共同市场、中非关税和经济同盟、七十七国集团、阿拉伯共同市场、东非共同体、东南亚国家联盟、西非经济共同体、拉丁美洲经济体系、海湾合作委员会，还有影响越来越大的十五国集团。当然，中国改革开放后经济的迅速崛起也为促进世界经济发展、协调南北和南南经济关系做出了贡献。

另外，在南北关系的协调方面，联合国系统有相当多的经济组织从事着相应的经济协调工作。重要的经济组织有经济及社会理事会、技术合作促进发展部、开发计划署、贸发会议、国际货币基金组织、世界银行、国际农业发展基金会和人口活动基金等，这些组织整体上通常被称为联合国发展体系。长期以来，联合国发展体系向发展中国家提供了大量的资金和技术援助，并帮助培训技术、管理和信息人员。据统计，联合国组织 60% 的人员和约 50% 的各种经费都用于促进南北之间的合作，这些工作推动了发展中国家技术、管理和生产水平的提高，有助于经济和社会的发展。

五、各国国内政策的国际协调

近年来，国际经济协调的领域越来越深入，经常会涉及各国国内政策的协调。这是因为随着经济全球化和世界经济一体化的深入发展，国与国之间的相互依赖关系日益加强，各国国内的政策和调节措施已经具有国际调节性质，它表现在各国政府为了发展本国经济而拓展对外经济关系所采取的国内调节政策和措施。如为鼓励扩大出口商采取的出口信贷、对某些商品出口实行补贴、对本国的跨国公司提供税收优惠、为吸引外资而实施的一系列优惠政策等；再如，各国都制定有竞争政策和竞争立法，如反垄断法、防止不正当竞争法、公平交易法等，以保证市场机制的有效运转和合理的资源配置。有效的竞争政策将促进外国直接投资，但在实际运行时，各国对外国投资者的进入都或多或少施加了许多条件，从而干扰了正常投资活动。因此，世贸组织和亚太经合组织都把协调各国的竞争政策作为谈判的重要议题和协调的重要领域，以达到促进贸易投资自由化的目标。可以说，以上这些调节政策和措施虽然都是一国国内的经济政策，但这些政策又直接影响到国际间的商品、资本、劳务、技术的国际流动。因此，国内调节政策具有国际调节政策的性质是国际经济相互依存的重要表现。两者之间具有相互传导、相互示范的效应。各国国内调节政策应和国际调节政策相互配合，避免冲突，以保证各国经济和世界经济运行的正常秩序。

思考题

1. 什么是国际经济协调？其类型有哪些？
2. 国际经济协调的理论有哪些？
3. 国际经济协调的主要形式有哪些？
4. 国际经济协调的主要组织有哪些？其主要职能分别是什么？
5. 世界贸易组织在国际贸易协调中的作用有哪些？

第十四章　可行性研究与资信调查

第一节　可行性研究概述

一、可行性研究的概念、发展与阶段划分

（一）可行性研究的概念

可行性研究有时也称投资项目可行性研究，是指通过对市场需求、生产能力、工艺技术、财务经济、社会法律环境等方面情况的详细调查研究，就项目的生存能力和经济及社会效益进行评价论证，从而明确提出这一项目是否值得投资建设和如何运营等建议。可行性研究是在项目投资决策之前对项目进行评价的一种科学方法。任何项目的建设都需要做好可行性研究、资信调查、投资环境评估和市场调查等前期准备与分析工作，其中可行性研究是最重要和最综合的一个步骤。

（二）可行性研究方法的发展

项目的可行性研究从 20 世纪初诞生以来（较早的可行性研究工作是在 20 世纪 30 年代美国开发田纳西河流域进行的）到现在，大致经历了以下三个发展时期：

1. 第一个时期（20 世纪初到 20 世纪 40 年代末期）

在这一时期，项目的可行性研究主要采用财务分析方法，即从企业角度出发，通过对项目的收入与支出的比较来判断项目的优劣。

2. 第二个时期（20 世纪 50 年代前期到 20 世纪 60 年代末期）

在这一时期，可行性研究从侧重于财务分析发展到同时从微观和宏观角度评价项目的经济效益，费用—效益分析（或称经济分析）作为一种项目选择的方法被普遍接受。在这个时期，美国于 1950 年发表了《内河流域项目经济分析的实用方法》，规定了测算费用效益比率的原则性程序；1958 年，荷兰计量经济学家丁伯根首次提出了在经济分析中使用影子价格的主张。在这之后，世界银行和联合国工业发展组织都在其贷款项目的评价中同时采用了财务分析和经济分析两种方法。

3. 第三个时期（20 世纪 70 年代初期到现在）

在这一时期，可行性研究的分析方法产生了社会分析方法，即把增长目标和公平目标（两者可统称为国民福利目标）相结合作为选择项目的标准。这一阶段的主要研究成果有：1968 年、1974 年，牛津大学的李托和穆里斯编写的《发展中国家工业项目

分析手册》和《发展中国家项目评价和规划》；1972 年、1978 年、1980 年联合国工业发展组织编写的《项目评价准则》《工业可行性研究手册》《工业项目评价手册》等。

我国自 1979 年起，在总结中华人民共和国成立以来经济建设经验教训的基础上，引进了可行性研究，并将其用于项目建设前期的技术经济分析。

（三）可行性研究的阶段划分

1. 机会研究

机会研究，又称投资机会鉴定，它的主要任务就是针对一个特定的地区与行业，分析和选择可能的投资方向，寻找最有利的投资机会。在此过程中，需要对项目相关数据进行估算。机会研究的步骤大体是：国别研究、地区研究、特定部门或行业研究、提供项目初步报告。

机会研究工作比较粗糙，主要依靠笼统的估计而不是依靠详细的分析。这种粗略研究所依据的各种数据一般是经验数据和规划数据，也有的是参考现有项目匡算得出的数据，其精确度一般为 ±30%。对于大中型投资项目，机会研究所用的时间一般为 2~3 个月，所耗费用一般占投资费用的 0.1%~1%。投资机会鉴定后，凡能引起投资者兴趣的项目，就有可能转入下一阶段即初步可行性研究阶段。

2. 初步可行性研究

初步可行性研究是经投资决策者初步判断并提出进一步分析的要求后，对项目方案所做的初步的技术和经济等方面的分析。这一步骤根据决策者的要求和建议也可省去而直接进入下一阶段的研究。

初步可行性研究，主要是对以下各项作出研究和分析：市场状况、生产能力和销售策略；资源（人力、动力、原材料）；建厂地址选择；项目技术方案和设备选型；管理结构；项目实施进度；项目财务分析（项目资金筹措、产品成本估算、盈利率和还贷估算）；不确定性分析。

初步可行性研究，将为项目是否可以上马提供判别依据。初步可行性研究一般要用 4~6 个月或多一点的时间来进行，各种数据的估算精度为 ±20%，所需费用一般占总投资的 0.25%~1.5%。如果确定项目可以上马，则可进入下一阶段即可行性研究。

3. 可行性研究

这一阶段不但要对项目从技术上、经济上进行深入而详尽的深一步研究，确定方案的可行性，还必须对多种方案进行反复权衡比较，从中选出投资省、进度快、成本低、效益高的最优方案。可行性研究将为如何实施投资项目提供指导性依据。

可行性研究的内容与初步可行性研究的内容基本相同，但它所需要的资料数据比初步可行性研究更精确些，对数据处理精度要求更高些。这一阶段各种数据的估算精度为 ±10%，时间一般为 8~12 个月，所需费用占总投资费用的 1%~3%，大型项目占总投资费用的 0.2%~1%。

4. 编写可行性研究报告

这一阶段的主要任务是将可行性研究的基本内容、结论和建议用规范化的形式写成报告，成为最终文件以提交决策者作为最后决策的基本依据。

下面以中外合营（合资与合作）项目为例说明可行性研究报告的主要内容。其主要内容包括：基本概况（包括合营企业名称、法定地址、注册国家、总投资、注册资本和合营企业期限等）；产品生产安排及其依据；物料供应安排及其依据；项目地址选择及其依据；技术设备和工艺过程的选择及其依据；生产组织安排及其依据；环境污染治理和劳动安全、卫生设施及其依据；建设方式、建设进度安排及其依据；资金筹措及其依据；外汇收支安排及其依据；综合分析（包括经济、技术、财务和法律等方面的分析）和主要附件（包括合营各方的营业执照副本、法定代表证明书等）。

5. 项目评估

项目评估是指银行、政府部门、金融信贷机构对项目的可行性研究报告作出评审估价。项目评估和可行性研究同是为投资决策服务的技术经济分析手段。它们的内容基本相同，但它们是投资决策过程中两个不同的重要阶段。其主要区别在于：项目评估主要是由银行或金融机构进行的，它所关心的是贷款的收益与回收问题，主要评估项目的还款能力及投资的风险。可行性研究是由投资者负责进行的，其考察的重点是更新技术、扩大生产、赚取利润。所以，在项目评估时应侧重考查以下几个问题：

（1）基础数据尤其是重要基础数据的可靠性。

（2）项目方案是否优选。

（3）项目投资估算的误差是否超过允许的幅度。

（4）项目投资建议是否切实可行，有没有错误的建议或遗漏。

（5）项目的关键方面是否达到期望研究的质量。

可行性研究的五个阶段都是在项目投资前进行的，可行性研究是项目发展周期的一个重要组成部分。

二、可行性研究应注意的问题

（一）科学性和公正性

进行可行性研究，必须坚持实事求是的原则，数据资料要求真实可靠，分析要据实比选，据理论证，公正客观。绝不能出现为达到事先已经确定的投资目标而任意改动数据的情况。

（二）评价数据的正确性、合理性和可靠性

（1）认真审核基础数据的可靠性。投资额、生产量、成本费用和销售收入等基础数据一定要比照同类项目，结合当地实际情况认真估算，如果基础数据估算失误，即使后面的内部收益率计算过程再规范、计算数值再准确，也不能起到应有的作用。

（2）合理确定计算期。计算期不宜过长，如果过长，便难以预测环境的变化，进而使计算的各项动态经济指标的可信度降低。

（3）基准收益率的确定必须切合实际，偏高或偏低都会使折现计算失真。

（4）多方案比较时应认真审定方案之间的可比条件，否则，不仅使比较失去实际意义，而且可能导致决策失误。

（三）可行性研究的结论应简单明确

可行性研究的结论和建议，应以简洁的文字总结本研究的要点，建议决策人采用推荐的最优方案，要简述其理由。其中包括推荐方案的生产经营和技术的特点、主要技术经济指标、不确定性分析结论、对项目各阶段工作的指导意见等。同时，对实施项目中要加以注意和预防的问题也应明确指出，切忌有意隐瞒一切可能出现的风险。

三、可行性研究的内容

各类投资项目可行性研究的内容及侧重点因行业特点而差异很大，但一般包括以下内容。

（一）投资必要性

主要根据市场调查及预测的结果，以及有关的产业政策等因素论证项目投资建设的必要性。在投资必要性的论证上，一是要做好投资环境的分析，对构成投资环境的各种要素进行全面的分析论证；二是要做好市场研究，包括市场供求预测、竞争力分析、价格分析、市场细分、定位及营销策略论证。

（二）技术可行性

主要从项目实施的技术角度合理设计方案，并进行筛选和评价。各个行业不同项目技术可行性的研究内容及深度差别很大。对于工业项目，可行性研究的技术论证应达到那个比较明确地提出设备清单的深度；对于各种非工业项目，技术方案的论证也应达到目前工程方案初步设计的深度，以便于国际惯例接轨。

（三）财务可行性

主要从项目及投资者的角度，设计合理财务方案，从企业理财的角度进行资本预算，评价项目的财务盈利能力，进行投资决策，并从融资主体（企业）的角度评价股东投资收益、现金流量计划及债务清偿能力。

（四）组织可行性

制定合理的项目实施进度计划、设计合理的组织机构、选择经验丰富的管理人员、建立良好的协作关系、制定合适的培训计划等，以保证项目的顺利执行。

（五）经济可行性

主要从资源配置的角度衡量项目的价值，评价项目在实现区域经济发展目标、有效配置经济资源、增加供应、创造就业、改善环境、提高人民生活水平等方面的效益。

（六）社会可行性

主要分析项目对社会的影响，包括政治体制、方针政策、经济结构、法律道德、宗教民族、妇女儿童及社会稳定等。

（七）风险因素及对策

主要对项目的市场风险、技术风险、财务风险、组织风险、法律风险、经济及社会风险等风险因素进行评价，制定规避风险的对策，为项目全过程的风险管理提供依据。

四、可行性研究在国际经济合作中的作用

可行性研究是确定建设国际经济合作项目前具体决定性意义的工作，指在投资决策之前，对拟建项目进行全面技术经济分析的科学论证，在投资管理中，可行性研究是指对拟建项目有关的自然、社会、经济、技术等进行调研、分析比较以及预测建成后的社会经济效益。在此基础上，综合论证项目建设的必要性、财务的盈利性、经济上的合理性、技术上的先进性和适应性以及建设条件的可能性和可行性，为投资决策提供科学依据。具体来说，可行性研究在国际经济合作项目中主要有以下作用：

（1）可行性研究是建设项目投资决策和编制设计任务书的依据。

（2）可行性研究是建设单位筹集资金的重要依据。

（3）可行性研究是建设项目进行工程设计、施工、设备购置的重要依据。

（4）可行性研究是建设项目单位与各有关部门签订各种协议和合同的依据。

（5）可行性研究是向当地政府、规划部门和环境保护部门申请有关建设许可文件的依据。

（6）可行性研究是国家各级计划综合部门对固定资产投资实行调控管理、编制发展计划、固定资产投资、技术改造投资的重要依据。

（7）可行性研究是项目考核和后评估的重要依据。

总之，可行性研究为国际经济合作项目的成功提供保障。国际经济合作项目大多是大型项目，对于企业而言具有重大的意义。一般企业在进行国际经济合作之前，都必须进行可行性研究，避免盲目投资产生的风险。通过科学分析，使得企业对该项目的情况更加了解，从而更明确其中的利与弊。如果在国际经济合作之前，没有对项目整体的情况进行系统分析就盲目行动，可能会使公司陷入尴尬的境地，甚至面临潜在的危机。

五、进行可行性研究时的一些重要参考资料

从国外方面来看，联合国工业发展组织曾制定和出版了三本工作手册，作为在世界范围内通用的项目可行性研究标准手册，它们是：《工业可行性研究报告编写手册》《项目评价准则》《项目估价实用指南》。从国内来看，主要是国家发展和改革委员会和原建设部制定出版的《建设项目经济评价方法与参数》。

第二节　可行性研究的实施方式

目前进行项目可行性研究通常采用两种方式：一是由企业自己编制，但同时聘请一些专家作为顾问；二是委托专业咨询公司编制。

一、由企业承担编制任务

（一）可行性研究小组成员的组成

如果由企业自己承担编制任务，则首先要成立一个研究小组。项目可行性研究小组按照理论模式至少应包括下列成员：一名负责人；一名市场分析专家；一名本行业技术专家；一名管理专家；一名财务专家。此外，还应视项目的具体情况聘请一些短期专家协助工作，如法律、金融、生态环境等方面的专家。

（二）由企业自己承担编制任务的利弊分析

以企业自身为主，同时视情况聘请一些短期专家协助编制可行性研究报告的优点主要是：编制人员熟悉本行业和本企业的技术业务以及企业管理特点，编制的报告针对性较强，并且所花费的费用较少。但是，同时也存在着一些缺点：可行性研究结论往往带有一定的倾向性；有些企业因专业人才不全或水平较低，有可能导致可行性研究报告的质量较差，甚至有可能带来一些问题。

二、委托专业咨询公司编制

在国内外，承担项目可行性研究的机构大小各异，有跨国公司、研究院所、大学、设备制造商、施工承包公司以及专门的咨询公司和小型事务所等。目前，在西方国家有一些世界性的跨国咨询公司，专门从事可行性研究工作，如美国的麦肯锡公司和克泰尔公司、法国的雷诺咨询工程公司、瑞士的哈耶克咨询公司等。因此，企业必须按照一定的程序，选择信誉高、经验多的咨询机构为自己服务。委托专业咨询公司编制可行性研究报告时，要注意处理好以下两个问题。

（一）合作程序

1. 确定咨询服务的职责范围

项目投资者应为本次咨询服务划定界限，其中包括：需要提供服务的内容细目，日程安排，报告的最终形式，等等。

2. 发送征求咨询文件

根据咨询服务的职责范围，项目投资者编制出征求咨询文件，然后向项目投资者认为比较合适的咨询机构发送。备选咨询机构一般以三至六家为宜，提出名单过多，会给选择工作带来困难。

3. 确定候选机构的优选顺序

候选机构在接到征求咨询文件后，如果对此次咨询感兴趣，一般都会编制咨询建议书。内容包括可行性研究的工作大纲、时间进度、研究重点、研究深度、费用和支付方式、人员组成、向项目投资者汇报的时间、次数等各方面必须明确的问题。项目投资者在收到各候选机构的咨询建议书后，即可开始对各咨询机构的业务能力、从事工作的人员是否称职以及该建议书的适用程度进行评价，选出一个值得与之进行合同谈判的公司。

选择咨询机构的标准，可以从以下几个方面确定：

（1）咨询机构对项目所涉及的经济和技术活动的一般经验如何。

（2）所提出的工作计划是否切合项目的实际情况。

（3）所提出的费用是否能被项目投资者基本接受。

综合以上三项标准，排出优选顺序。

4. 谈判签订合同

通过以上优选排序确定候选机构后，既可安排与选中的公司谈判，就一些细节问题进行磋商，最后签订咨询合同。谈判结束后，项目投资者将选定咨询公司的消息通知其他候选公司，然后咨询工作人员即可开始工作。

（二）可行性研究咨询费用的计算公式

1. 固定金额计算方式

固定金额计算方式是按照咨询价格的理论构成计算出咨询费用总额，以后的整个咨询活动不再另外计取费用。通常，这项总额费用中还包括有一定比例的不可预见的支出费用。咨询过程中，如费用有结余，归咨询机构；如有超支，投资者不予补偿。对于确定属于业务增加而引起的费用，可以用追加合同的方式解决。

2. 咨询人员工资加一定比例其他费用方式

咨询人员工资加一定比例其他费用方式是将咨询人员的工资加一定比例其他的费用，作为咨询费。其计算公式为：咨询费＝咨询人员工资×（1+系数）+直接费用。

公式中的系数，实际上反映了咨询活动中间接咨询费用的内容，它的高低一般取决于常规的间接费用数量和咨询工程的所在地、工作季节、工程类型等。该系数通常在 2 以上，美国一般取 2.3~3。

3. 概略估计方式

概略估计方式是对于某些投资项目，由于其所需咨询服务的不确定性，可由咨询机构一方根据项目难易程度和以往同类项目咨询的经验，提出一个咨询费用的总金额，并同时规定一个报酬总额的上限和下限。如果项目咨询活动出现意外增减，咨询费用增减的额度以预先议定的上下限为界。

第三节　资信调查

一、资信调查的概念、分类和意义

（一）资信调查的概念

资信调查是指通过一定的方式对贸易客户或合作与投资伙伴的资金及信用等方面的情况进行调查了解。资信调查在有的国家或地区又称征信调查，简单来说，就是验证一个人或企业的信用。资信调查与咨询服务并不完全相同，咨询服务是请人当经营与管理或信息方面的顾问或参谋，而资信调查可以说是请人当商业方面的侦察人员。

我们通常所说的在投资决策之前要做好国外市场调查研究工作，主要讲的是要做好投资环境的评估，当然，如果从广义上来理解，也可以把资信调查包括在其中。

(二) 资信调查的分类

资信调查按照不同的标准可以分为许多不同的类型。以资信调查的地域分类，可以分为国外资信调查与国内资信调查；以资信调查的对象分类，可以分为个人资信调查、企业资信调查、财产资信调查和产业资信调查；以资信调查的目的分类，可以分为投资资信调查、交易资信调查、管理资信调查、聘雇资信调查和婚姻资信调查；按资信调查的方式分类，可以分为直接资信调查、间接资信调查与直接和间接相结合的资信调查；等等。

一般来讲，资信调查是在一项决策作出之前进行，但由于经营管理过程中时常要进行一些较重要的决策，所以资信调查也不是一次就完结的，而是要根据需要选择时机对投资与合作伙伴的资信不断进行了解和掌握。另一方面，投资与合作伙伴的资信状况也是在不断变化的，也需要不断进行了解，特别是当其法律与管理组织结构发生重大改组、人事发生重大调整或生产与经营状况发生逆转时，更需要及时把握其资信的相应变化。由此看来，资信调查又可以分为事前资信调查、事中资信调查、追踪资信调查和应急资信调查等。

(三) 资信调查的意义

从进行国际合作与投资的角度而言，做好资信调查的意义和作用主要有以下几个方面：

(1) 有助于选定资金和信用等方面情况良好的投资合作伙伴。如果我们选定的合作伙伴资信可靠，那么就有助于合作与投资项目的顺利进展；反之，如果选定的合作伙伴资信不佳，不仅对项目的顺利进展不利，甚至还会使我们上当受骗，造成企业亏损甚至倒闭破产。

(2) 进行资信调查有利于作出科学的国际合作和投资项目决策，提高项目的成功率，促进国际经济合作与投资事业的发展。例如，我国利用外资与海外投资工作中，都把对外方投资合作伙伴的资信调查作为一个重要环节来抓，结果是有力地提高了这两方面的审批质量和工作水平。

(3) 搞好资信调查还有助于减少我国海外企业投产开业后合营各方的矛盾和纠纷，避免出现不必要的风险和损失，使我国海外企业能够取得较好的经济效益，使海外投资的本金能够保值和增值。列如，我国某省的国际经济合作公司与巴巴多斯某华人合资创办了一家公司生产服装，由于事先未对合作伙伴的资信情况进行认真调查了解，结果公司创办后该华人采取多种手段侵吞公司资金，招致公司破产，我方损失一百多万美元。

(4) 资信调查一般在项目可行性研究之前进行，因此，资信调查做好了对项目可行性研究工作的顺利开展也有很大的益处。总之，资信调查是做好我国对外经济贸易工作的一个重要前提。

二、资信调查的内容

(一) 关于资信调查内容的不同学说

在关于资信调查的内容（要素）主要应当包括哪些方面的问题上存在着不同的观点和学说，较有代表性的有"三 F"说、"五 C"说、"五 P"说和"五 M"说。下面分别介绍这几个学说。

1. "三 F"说

该学说中的三个 F 是指三个要素，即管理要素（Managerial Factor）、财务要素（Financial Factor）和经济要素（Economic Factor），认为企业资信调查的内容主要是这三个方面。

2. "五 C"说

该学说认为企业资信调查的内容应当是：品行（Character），指潜在的合作伙伴在以往的经营中表现出来的商业道德，如债务偿还情况等；经营能力（Capacity of Business），指潜在的合作伙伴在日常经营管理中所显示出的经营技能和实力；资本（Capital），指潜在的合作伙伴的财务情况；担保品（Collateral），指潜在的合作伙伴担保品的种类、性质和变现性；经营状况（Condition of Business），指潜在的合作伙伴目前经营业务的状况，如市场环境状况、所在行业的现状与前景、企业的竞争力状况等。

3. "五 P"说

该学说认为资信调查主要应当围绕以下五个方面的内容进行：一是人的因素（Personal Factor），二是目的因素（Purposeful Factor），三是还款因素（Payment Factor），四是保障因素（Protective Factor），五是业务展望因素（Perspective Factor）。

4. "五 M"说

该学说认为资信调查的内容是管理（Management）、财力（Moncy）、企业员工（Man）、市场（Market）和机器设备（Machine）五个方面的状况。

以上几种学说的立论有所不同，但实质上区别并不是很大，因为资信调查的内容总是围绕着与被调查对象直接相关的因素而展开。

(二) 资信调查的主要内容

对合作与投资伙伴进行资信调查时，主要应注意和考虑以下一些内容：

1. 公司或企业的注册时间与注册地点

公司或企业的注册时间是一个很重要的信号。根据几个主要西方国家的官方统计，公司的破产率与公司成立的时间长短有很大的关系。在破产的公司中，破产绝大多数是发生在公司成立的早期，破产的高峰期是在公司成立后的前三年，一般破产率达到20%左右，到成立后第十年，破产率逐步趋稳，在5%上下徘徊。所以，在寻找合作伙伴时要特别注意这一点。当然，这并不是说绝对不能与新成立的公司打交道。另外，还要注意公司或企业的注册地点，有些外国企业在一些特殊地点注册，这都是有其用意的。例如，有些企业不在本国或经营业务所在国注册，而是到巴哈马、开曼群岛、百慕大、瑙鲁、利比里亚等地注册，因为上述地区对企业的管制较少，税收政策也较优惠，所以吸引了不少公司去寻求特殊的好处。对在这些地区注册的公司的资信情况，我国应慎重对待。

2. 公司的注册资本金额

现在国外的大多数公司都是有限责任性质的企业，即企业只是以其注册资本的金额为上限对本企业的债务承担有限责任。企业的经营能力与企业的资本实力有着密切的关系。例如，我国内地某进出口公司曾委托内地一家资信调查机构调查我国香港一家公司的资信情况，结果发现其注册资本数量很小，而其却大肆宣传自己资金实力如何雄厚，可出几亿港元与内地合建企业等。

3. 公司的法律或管理组织结构

外国公司有不同形式的组织结构，如：有子公司、分公司与母公司之分；有有限责任公司、无限责任公司和股份有限公司之分；有股票上市公司与不上市公司、独资公司与合资公司、控股公司与非控股公司之分；此外，还有独资公司与合伙企业之分。总之，所有这些组织结构形式，都会在某些关键时刻和关键问题上影响该公司的权益。如子公司与分公司形式就有很大不同：子公司的债务由子公司负责偿还，偿还不了时则企业倒闭破产；而分公司则不同，因分公司不是独立的企业法人，所以分公司所欠的债务在自身偿还不了时，母公司要代为偿还，这说明分公司是无限责任性质的企业。

4. 资产负债比率

资产负债比率是指企业负债总额与企业资产总额的比率。其计算公式为：资产负债比率=（负债总额/资产总额）×100%。资产负债比率是衡量企业资金实力和风险的重要尺度。这里所指的负债，是指企业所负担的全部短期和长期债务（国外把一年以上的欠款均视为长期债务，银行透支额按其性质也算在长期债务之内）。这里所讲的资产是指企业所拥有的一切财产、物资、债权和其他各种可以用货币计价的权益。一般来说，该项比率越高，说明企业资信较差。这项比率原则上不应超过100%。英、美等国工业企业的负债对资产比率平均为50%左右，一般工业企业超过了这个比例，就很难从银行或财务公司借到资金。当然，各国的经营管理理念不同，银行等金融机构对企业的支持程度也有所不同，对这一比率的要求也就不一样。在日本，工商企业的资产负债比率高达60%~90%也属正常。

5. 合作伙伴的性格、道德（品行）和能力

合作伙伴诚实可靠并具有较强的业务开拓能力，是双方合作成功的保障和基础。为此，要对合作伙伴的经历、学历、信用、性格特点、主要经营者之间的相互关系、实际经营者与其继承者关系、经营者对现代经营管理知识的认识与实践程度、经营者的经营作风、履约情况以及经营者的经营能力等进行调查了解。

6. 企业的员工与设备等经营管理方面的情况

企业的员工与设备等经营管理方面的情况对企业资信也有直接的影响，这具体包括：企业员工的数量、构成比例、流动率、敬业精神、薪金水准和工会组织作用；企业设备的技术档次、配套能力和商标牌号；企业经营与管理机构的设置、经营与管理计划的制订和执行情况、经营范围和经营性质等。

7. 往来银行

了解潜在合作伙伴往来银行的名称、地址以及其在银行中的存、贷款情况和对外付款记录也是很重要的。

8. 业务现状与展望

企业供货来源状况、生产状况、销售状况、销售市场的分布与未来销售计划，前后向关联企业现状与预测、该行业发展前景、企业业务开拓规划以及长期投资的行业、产品、时间和地区分布状况等，与企业的资信调查情况也有密切的关系。

三、资信调查的途径和程序

（一）资信调查的途径

（1）通过国内外银行进行调查。通过中国境内的银行（如中国银行）进行调查。调查时，国内企业要先提出委托申请书并提供国外被调查对象的有关资料，然后由银行拟好文稿，附上调查对象资料，寄给其往来银行的资信部门。国内企业也可以直接向对方的往来银行调查。调查时，将企业自拟的文稿和调查对象的资料寄给对方的往来银行资信部门。通过银行系统进行调查，除了可以了解到被调查对象的资金实力与借贷信誉等属于银行内部保密的情况之外，所需费用也相对较低一些。

（2）通过国内外的专业咨询和资信调查机构进行调查。许多咨询机构都进行客商资信调查工作，还有一些咨询机构是以资信调查作为其主要业务的，即专业性的资信调查机构。在通过国内外的咨询和资信调查机构进行资信调查时，也是要先提出委托申请并提供被调查对象的有关资料。目前，中国境内从事国际资信调查业务的机构已建立了不少，仅北京地区较有名的就有：中国国际经济咨询公司、中国对外经济贸易咨询公司、北京中贸商务咨询公司和东方国际保理咨询服务中心等。有些境外或国外的咨询公司也已在内地指定代理机构或设立分支机构，开展资信调查等方面的业务，国内企业也可以直接委托它们进行资信调查。如美国邓白氏信息咨询公司已在中国境内设立机构从事资信调查等业务。由于是专业咨询和资信调查机构，所以调查报告的内容会更全面准确，时效性也会更强，并且因为是中立机构，其所提供的报告也会更客观公正。当然，委托这类机构进行资信调查时，所支出的费用也会相对高一些。

（3）通过国内外商会或进出口协会进行调查。各国的商会组织都拥有各行业企业的详细资料，因此，企业也可以通过商会或进出口协会了解国外调查对象的资信情况。

（4）通过我国驻外使（领）馆商务机构进行调查。我国驻外使（领）馆的商务机构（经济商务参赞处或经济商务参赞室）对当地企业的情况比较了解，委托它们调查当地企业的资信情况也是一个有效的途径。

（5）通过国外的亲朋好友、本企业的海外机构、本国的其他海外企业与机构、本企业的国外现有客户与合作伙伴进行调查。

（6）本企业派人到国外进行实地考察了解，判断对方的资信，或根据对方的来函、报道对方情况的报刊以及对方股票的股市行情等由本企业作出判断。

（7）要求对方直接提供能反映其资信状况的资料，直接与对方接触，面对面核对对方的身份和询问对方的生产经营规模、注册资金、年度盈利情况等，通过这些方式也可以了解和判断对方的资信。对当面询问不要有不礼貌的顾虑。如果怕有悖于对方的风俗人情，则可以先出示自己的合法身份和介绍本公司的情况，然后礼尚往来，也自然引起对方向我方相应地介绍其自身的有关情况，或者我方直接询问对方。签订合同或协议本身就是为了防止今后的纠纷，这样做对双方都有利，任何一个诚实的客户都明白这个道理。

在上面所讲的七个途径中，前五个是间接的资信调查途径，后两个是直接的资信调查途径。有时可以将间接和直接的资信调查途径结合起来使用。凡是进行间接的资信调查都要将被调查对象的全称、地址、电话和传真号码及其往来银行的全称、地址、电话和传真号码告之被委托调查机构或个人，同时，还需要提高被调查对象与自己单位接触的意向。

（二）资信调查的程序

资信调查的程序主要针对间接资信调查而言的。间接资信调查五种途径的程序大同小异，下面以通过国内资信调查机构进行调查为例，介绍基本程序如下：

1. 提出委托申请

即由委托人向资信机构提出书面申请，填写国外资信报告委托书，详细列明调查对象的有关情况和具体事项以及委托方的情况。

2. 付款

零散客户在委托申请提出后付清费用。固定客户付款情况有所不同，采用的是定期结算付款的方式。

3. 开始调查

资信机构在将委托人所填具的委托书统一编号备案后，便开始通过相应的方式进行调查工作。根据国际惯例，资信机构在从事调查时无权向调查对象透露委托来源。

4. 提供资信调查报告

资信机构在事先约定的期限内完成调查工作，向委托人提供资信报告。报告标准文字为中文，如委托人有要求也可提供英文等文种的报告。

四、资信（信用）等级评定

资信（信用）等级评定是指以统计方法，将影响企业信用的各项要素数量化和精确化，按照具体、客观、准确、迅速的原则，对被调查企业的信用状况给予一个总体评价。具体进行评定时要制定出一个评分表，以企业得分总数的多少，评定其信用等级。目前，一般的做法是将企业的综合信用分为四个等级，即最好、好、一般、差。有时也称为 A、B、C、D 四级。

（一）工商企业信用等级评定的具体标准和条件

下面以我国台湾地区中华征信所信用评定等级划分标准为例进行介绍，其将信用评级的等级划分为以下几类：

1. A级：优良客户

标准和条件是：①在本行业与银行界必须具备最高的信誉；②有稳定的高于本行业平均水平的获利能力；③属于第一类股票上市公司，盈余情况良好；④属于全国性成绩优秀的大厂商；⑤财力雄厚的厂商；⑥对本公司盈利有突出贡献的厂商；⑦自动付款交易情况良好者。

2. B级：满意客户

标准和条件是：①长期往来性客户，收付款情况正常；②公司获利情况良好；③往来交易量极为平稳；④企业与其负责人无不良评价；⑤对本公司盈利有贡献的厂商；⑥地方性厂商；⑦上市股票公司，盈余正常；⑧同行业与银行界评价良好；⑨小型企业具有潜力者。

3. C级：应该注意的客户

标准和条件是：①往来交易有延滞或换票情况者；②查询往来银行实绩较差者；③公司或工厂用房与用地为租用者；④企业财力薄弱者；⑤公司新成立，营业未满三年者；⑥旧客户久未往来，近来重新往来者；⑦夕阳行业的厂商；⑧不景气受害较严重的厂商；⑨负债比率偏高的厂商；⑩有财务纠纷或诉讼的厂商；⑪资信资料不全的厂商；⑫在同行业往来交易中有不良记录的厂商。

4. D级：应该特别注意的客户

标准和条件是：①营业情况不良者；②获利能力差，近年严重亏损者；③资产负债比率偏高，负债情况严重；④产品滞销情形严重；⑤关系企业经营失败；⑥被主要往来客户重大倒账；⑦股东不和，情形严重，重大股东退股；⑧遇水灾、火灾等重大自然灾害者；⑨有重大漏税或违法情形者；⑩同行业传说不稳定者；⑪有退票等不良记录者；⑫有刑事犯罪前科者；⑬付款情况不良，经常需要催讨者。

（二）工商企业信用等级评定的对应分值

下面仍然是以我国台湾地区中华征信所企业信用等级评定的对应分值为例加以说明。通过工商企业信用等级评定的对应分值表可以看出，80分至100分对应的是A级，50分至79分对应的是B级，30分至49分对应的是C级，29分以下对应的是D级。

表14.1　　　　　　　　　　　　信用等级评定的对应分值表

等级		分值	信用状况
A	AA	90-100	信用优良，往来交易应无问题
	A	80-89	信用良好，目前往来交易应无问题
B	B+	70-79	信用尚佳，当前正常交易尚无问题
	B	60-69	信用尚可，有保证或有条件之交易尚可往来
	B-	50-59	信用普通，资产有限，大宗交易宜慎重
C	C	30-49	信用欠佳，往来交易应注意

资料来源：我国台湾地区中华征信所。

五、如何阅读和利用资信调查报告

在委托资信机构进行资信调查后，我们会得到一份资信调查报告，在阅读和利用资信调查报告时应注意以下几点：

（1）拿到一份资信调查报告后，首先，要关注调查对象的信用等级，因为信用等级是整个调查报告的核心，通过信用等级可以观察到调查对象的总体资信情况。如果资信等级为 A 级，说明被调查对象的资信较好，在一定条件下可以与之合作。如果资信为 C 级，与之合作时应特别加以注意。如果被调查对象的资信为 D 级，则不应与之合作。其次，要认真阅读报告中的总体分析或重要评论部分的内容，因为这些部分的内容会给我们一些有关调查对象的综合情况分析和评价，并提示我们在与之进行交易时应注意的问题。

（2）不论调查对象的信用等级评定是高还是低，在把握住上面提到的两个关键内容之后，还要对资信报告从头到尾进行仔细阅读。在阅读报告时，一方面要注意分析给调查对象评定某个等级的依据，另一方面，还要注意将自己所了解的调查对象的情况以及调查对象所提供的自身情况同报告中所反映出来的情况进行对照。

（3）要根据本企业与调查对象的接触意向，拟与调查对象进行合作的项目性质，对资信调查报告进行有针对性的阅读，分析是什么因素影响了调查对象的信用情况，而这些因素对本企业与之合作是否有直接的影响，如果有，要慎重考虑本企业应当做出什么样的决策。

思考题

1. 可行性研究的概念与阶段如何划分？
2. 可行性研究的内容有哪些？
3. 简述资信调查的主要内容、途径与程序。
4. 企业信用等级评定的具体标准和对应分值一般如何规定？
5. 如何进行资信调查报告的阅读与利用？

参考文献

［1］夏英祝，闵树琴. 国际经济合作［M］. 合肥：安徽大学出版社，2015.

［2］王志乐. 走向世界的中国跨国公司［M］. 北京：中国经济出版社，2012.

［3］李旭. 国际经济合作［M］. 北京：科学出版社，2010.

［4］许焕兴，赵莹宝. 国际工程承包［M］. 沈阳：东北财经大学出版社，2009.

［5］李小芸. 国际发展援助［M］. 北京：社会科学文献出版社，2009.

［6］许文凯. 国际工程承包务实［M］. 北京：对外经济贸易大学出版社，2003.

［7］李虹，鄂立彬，施锦华. 国际经济合作［M］. 大连：东北财经大学出版社，2011.

［8］李小北，小野寺直. 国际经济合作［M］. 北京：经济管理出版社，2009.

［9］尹国俊，曾可昕，伍利群. 外资风险投资的中国的运行模式及其对中国风险投资的影响［M］. 北京：经济科学出版社，2015.

［10］杜奇华. 国际投资［M］. 北京：高等教育出版社，2016.

［11］卢进勇，杜奇华. 国际经济合作［M］. 北京：对外经济贸易大学出版社，2014.

［12］卢进勇，杜奇华，李峰. 国际经济合作教程［M］. 北京：首都经济贸易大学出版社，2016.

［13］孙莹. 国际经济合作［M］. 北京：机械工业出版社，2015.

［14］窦金美. 国际经济合作［M］. 北京：机械工业出版社，2016.

［15］岳蓉. 中国风险投资的运行机制研究［D］. 武汉：华中科技大学，2013.

［16］袁继国. 风险投资对公司治理的作用机制研究——基于委托代理理论的视角［D］. 成都：西南财经大学，2013.

［17］胡志坚，等. 中国创业投资发展报告 2016［R］. 北京：经济管理出版社，2016.